陈华彬（一九九八年于日本）

陈华彬（一九九八年于日本）

陈华彬（一九九八年于日本）

陈华彬（一九九八年于日本）

陈华彬与刘得宽教授（左一）在一起（一九九六年于日本东京）

陈华彬与渠涛先生（左一）在一起（一九九六年于日本）

中国社会科学院

研究生院录取通知书

陳华彬 同志：

　　根据德、智、体全面衡量，择优录取，确保质量，宁缺毋滥的原则，经我院招生领导小组批准，你已被录取为我院 法学 系 民法 专业一九九一年度博士研究生。请于一九九一年八月三十日，凭本通知到 研究生院招收 报到。

北京东直门外西八同房131号

中国社会科学院研究生院
一九九一年七月廿二日

陈华彬博士生录取通知书（一九九一年）

陈华彬硕士生入学准考证（一九八七年）

作者简介

陈华彬，我国当代主要民法学家之一，中央财经大学教授、博士生导师、博士后合作导师，法学博士，教育部新世纪优秀人才支持计划入选者（2008年），最高人民法院案例指导工作专家委员会委员，中国法学会保险法学研究会副会长。

民法的构筑

陈 华 彬 著

THE

FRAMEWORK OF

CIVIL LAW

陈华彬作品系列

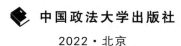 中国政法大学出版社

2022·北京

图书在版编目（ＣＩＰ）数据

民法的构筑/陈华彬著.—北京：中国政法大学出版社，2022.9
ISBN 978-7-5764-0644-3

Ⅰ.①民… Ⅱ.①陈… Ⅲ.①民法－法的理论－中国　Ⅳ.①D923.01

中国版本图书馆CIP数据核字（2022）第155562号

出　版　者　中国政法大学出版社

地　　　址　北京市海淀区西土城路 25 号

邮寄地址　北京 100088 信箱 8034 分箱　邮编 100088

网　　　址　http://www.cuplpress.com（网络实名：中国政法大学出版社)

电　　　话　010-58908441(编辑室)　58908334(邮购部)

承　　　印　北京中科印刷有限公司

开　　　本　720mm×960mm　1/16

印　　　张　23.5

字　　　数　350 千字

版　　　次　2022 年 9 月第 1 版

印　　　次　2022 年 9 月第 1 次印刷

定　　　价　99.00 元

难忘的既往的奋进时光

 这部《民法的构筑》是我的学术文集，其可能的引人注目之处系在于收录了我 1990 年撰写完成并顺利通过答辩的硕士论文，时光飞逝，迄今已然过去三十又一年矣。这篇论文是我讨论于我国建立民法物权制度的著述，现在看来它无疑也是我国民法学界较早研议这一主题的文章了。时光荏苒，寒暑往来，人生不老，文章常青，今日来看，这篇文章仍具很强的（法律）生命力与宽阔的识见。此乃系因为自那时起迄至现今的我国民法的演进历程实证成了当初写作这篇文章的长远思考与愿景。功夫不负有心人，天道酬勤、"酬早"，信哉斯言！

 与此同时，这部《民法的构筑》还收录了原《民法体系的新展开》（中国政法大学出版社 2021 年版）编辑出版时因受篇幅的限制而未能收录的硕士生与博士生时代发表于《法学与实践》（该杂志于早些时候已停刊）及《池州师专学报（哲学社会科学版）》上的著述。这两篇文章如今仍具启迪意义，尽管对于它们的构思、执笔完成乃至最终刊发也已是三十年或以上之事。透过这些文章，以及连同前述我的硕士论文，当可窥见硕士生、博士生时代对于学术的执着、热情、热爱以及其时自己的生活风采，还有就是能感悟到那时的人民、社会、国家乃至整个民族所经历的变革以及社会生活跳动的脉搏。如今回忆起来，一切如历历就在目前。那时的生活啊，充实、淳朴、奋进、向上、踏实，对未来满怀憧憬！"风华正茂，书生意气，挥斥方遒，指点江山，激扬文字，粪土当年万户侯"[1]，

 1　参见毛泽东：《沁园春·长沙》，收录于中共中央文献研究室编：《毛泽东诗词集》，中央文献出版社 1996 年版，第 6—7 页。

当是其时的心境、心志、心气与心田的真切描述!

这部文集也收录了可能具有一些参考意义的自己所经历的我国物权法制定历程的缩影或侧面反映的访谈录。透过此,可以管窥那时的自己对于我国物权立法的点滴初心、求索以及所做的努力之一斑。还有,就是这部《民法的构筑》收录了我曾经指导过的两位硕士(生)对我的《民法总则》(中国政法大学出版社2017年版)、《物权法论》(中国政法大学出版社2018年版)以及《债法通论》(中国政法大学出版社2018年版)所表达的"感悟"(即写的"书评"),这些感悟皆得以正式发表于《检察日报》的"学术"版(栏目)中,无论他们如何界说、品评我的这些著述,至少都可充作未来时光里的若干念想与追忆!之所以如是说,盖因"人生相交,贵在相知"啊!另外,这部《民法的构筑》还收录了一篇"判例评析",它是我托我曾指导过的硕士(生)执笔、构思而得以完成的。于此,谨向这三位硕士同学致以谢忱与感念之意。人生不易,祝愿你们生活顺利、平安、如愿、吉祥!

写至此处,不觉已是凌晨,晨曦已欲微出,尽管徜徉于既往而使自己轻松、惬意,然过往已不可追。愿我的这部文集以及其他文集乃至独著(专著)、合著作品¹,能在我的人生旅程中留下一些印记,如此则至为幸甚与感念。而之所以如是,盖因此等文集与独著(专著)、合著作品生逢其时,成于真心(内心),"究天人之际,通古今之变,成一家之言"²,且有鉴于"温故而知新,述往事而思来者"³,故而它们并非悲伤、忧患之作("忧患之书"⁴),而为开心、喜乐

1　本书作者的独著、合著作品的目录,以及所发表的代表性论文等的目录,可参见陈华彬:《民法体系的新展开》(下册),中国政法大学出版社2021年版,第1303—1314页。

2　这是司马迁自己评述《史记》的话语,指出其所著《史记》所要达到的目的即是"究天人之际,通古今之变,成一家之言"。参见(西汉)司马迁著,张大可译:《史记(文白对照本)》(第一册),商务印书馆2019年版,"导言"第3页。

3　参见钱锺书:《谈艺录》,商务印书馆2016年版,第ⅰ页"出版说明";中国社会科学院历史研究所《简明中国历史读本》编写组编写的《简明中国历史读本》(中国社会科学出版社2012年版,第1页)中,江泽民所作序"高度重视学习中华民族发展史"也谓:"'述往事,思来者';'欲知大道,必先为史'"(第3页)。

4　参见钱锺书:《谈艺录》,商务印书馆2016年版,第3页"序"。该第3页"序"第一句谓:"《谈艺录》一卷,虽赏析之作,而实忧患之书也。"是处的"悲伤、忧患之作",即本于此。

（欢乐）之作啊！

我国春秋末期思想家、道家学派的创始人[1]老子曾曰："吾有大患，及吾有身；及吾无身，吾有何患。"[2]另外，我国战国时思想家、政治家及教育家孟子（约公元前372年—公元前289年）[3]说："老吾老，以及人之老；幼吾幼，以及人之幼。"[4]自通过本书收录的硕士论文的答辩而完成（硕士）研究生学业起，正式迈入民法的门槛迄今已三十余年矣。回望这三十余年来的求索、拼搏、奋斗与进取的艰辛历程，真可谓是风雨兼程、艰难备尝。或许正是因为如此，方能有可堪留下自己的人生足迹的诸文集与诸独著（专著）、合著作品以"供世眼"[5]。幸哉，幸哉！如此审度，是生也无可遗憾或不圆满之处，当然更无不良善之事。正因为如此，自己才觉安然、坦然及心安理得然。自己生于斯、长于斯乃至成（功）于斯的这个浩渺宇宙天地运行的恒久、辽远、强大、广阔无垠、未可尽知与诸多神秘现象或规律的不可预测和把握，与人生时空的局促、微小和短暂形成对照，让人不能不感到苍凉、茫然、不知所措乃至无力，人生真弱小、生命真短促以及个人命运的兴衰与愿景真难逆料啊！亘古万有乃无常，宇宙天地之万物，运动绝对，静止相对。此正如古希腊著名唯物主义辩证法的奠基人之一赫拉克利特（Herakleitos，约公元前540年—公元前470年）[6]所声言："一切皆流，无物常

1　参见张岱年主编：《中国哲学大辞典》（修订本），上海辞书出版社2014年版，2018年6月第5次印刷，第418页。

2　参见冰心："病榻呓语"，载卢今、李华龙、钟越编：《冰心散文》（中），中国广播电视出版社1996年版，第441页。

3　参见张岱年主编：《中国哲学大辞典》（修订本），上海辞书出版社2014年版，2018年6月第5次印刷，第424页。

4　参见《孟子·梁惠王章句上》（凡七章的第七章），收录于杨伯峻译注：《孟子译注》，中华书局2010年版，第15页。

5　这是赵朴初语，参见弘化社编：《弘一大师书法集·佛说阿弥陀经 心经》，古吴轩出版社2018年版，"前言"中"赵朴初先生评价（弘一）大师的一生：'无尽奇珍供世眼，一轮圆月耀天心'。"

6　参见刘延勃、张弓长、马乾乐、张念丰主编：《哲学辞典》，吉林人民出版社1983年版，第686页。

住"，"人不能两次踏进同一条河流""太阳每天都是新的"。[1] 另外，古希腊唯心主义哲学家、埃利亚学派的主要代表之一芝诺（Zenon Eleates，约公元前 490 年—公元前 430 年）[2] 也说："飞矢不动。"[3] 诚哉，人的生命为浩瀚宇宙天地可以忽略不计之一毫瞬，实为万古不易的真谛啊！或许正是因为这样，《楚辞集注卷五·远游第五》才谓："惟天地之无穷兮，哀人生之长勤。往者余弗及兮，来者吾不闻。"[4] 唐代诗人陈子昂的《登幽州台歌》也才方说："前不见古人，后不见来者，念天地之悠悠，独怆然而涕下。"[5] 苏轼诗曰："谁道人生无再少，门前流水尚能

1　参见刘延勃、张弓长、马乾乐、张念丰主编：《哲学辞典》，吉林人民出版社 1983 年版，第 686—687 页。

2　参见马小彦主编：《欧洲哲学史辞典》，河南大学出版社 1986 年版，第 119 页。

3　参见马小彦主编：《欧洲哲学史辞典》，河南大学出版社 1986 年版，第 119 页。

4　参见（宋）朱熹著，（明）萧云从、（清）门应兆绘：（钦定四库全书）《楚辞——〈楚辞集注〉〈钦定补绘离骚图〉合编》，商务印书馆 2018 年版，第 306 页；中国社会科学院文学研究所编《唐诗选》（上）（人民文学出版社 1978 年版）第 33 页 [《登幽州台歌》的注〔三〕] 中也提及是句话，并称"《楚辞·远游》"中的上述话语，其"思想感情"系与陈子昂的《登幽州台歌》"彼此相类"。另外，于此有必要顺便提及，马茂元选注《楚辞选》（中国古典文学读本丛书）（人民文学出版社 1958 年版）中并未收录、选注《楚辞集注卷五·远游第五》中的如上话语。

5　参见（清）蘅塘退士编，陈婉俊补注：《唐诗三百首》，中华书局 1959 年版，"卷二 七言古诗"，第 1 页。马志杰主编《中国古代文学》（齐鲁书社 1985 年版）第 136 页注释 [2] 谓："这首诗作于武则天神功元年（697），当时作者随武攸宜北征契丹，由于提出不同的作战策略，受到降职处分，在登幽州台时，有感于战国时燕昭王重用乐毅的故事，抚今追昔，慷慨悲歌，发出了人生短暂、知音难遇的慨叹。幽州台又称蓟北楼，故址在今北京市西南。唐幽州州治在蓟，是古代燕国的国都。"我国著名哲学学者冯友兰于其著作中引用是首诗后而写道：唐朝诗人陈子昂的这首诗"是居'有限'而望'无限'（'悠悠'），有感于'有限'之不可逾越，所以'独怆然而涕下'。这也是对于人生的反思。"冯友兰：《中国哲学史新编》（第一册），人民出版社 1982 年版，第 23 页。还有，陆文虎著《对钱锺书学术境界的一种理解》（载丁伟志主编：《钱锺书先生百年诞辰纪念文集》，生活·读书·新知三联书店 2010 年版，第 15 页）谓："陈子昂饱读诗书，却怀才不遇，茫茫人海，知音难寻，深感'众人皆醉我独醒'，遂仰天长啸，歌诗抒愤。其《登幽州台歌》因道尽孤独诗人之心声而成为千古绝唱。"另外，中国社会科学院文学研究所编《唐诗选》（上）（人民文学出版社 1978 年版）第 33 页 [《登幽州台歌》的注（三）] 也说：《登幽州台歌》诗的作者陈子昂"登台远眺，独立苍茫，因为这个台是古代的建筑物，不免引起古今变易的感触；又因为眼前是空旷的天宇和原野，又不免引起天地悠久，人生短暂，宇宙无垠，个人渺小的慨叹。作者是有远大抱负的诗人，怀才不遇，所以又有一些不逢知音的孤独感"。还有，中国社会科学院文学研究所总纂，乔象锺、陈铁民主编，王学泰等撰著《唐代文学史》（上册，人民文学出版社 1995 年版）第 192—193 页对于陈子昂的该《登幽州台歌》诗乃进一步云："据《陈氏别传》说，陈子昂赋〈蓟丘览古〉七首后，'乃泫然流涕而歌'此诗。诗中写作者独登古老的幽州台，眺望苍茫寥廓的宇宙，思虑眼前这片广阔土地古往今来的历史变迁，回顾自己的坎坷半生，特别是在武攸宜军中挺身急难、自请赴敌反遭打击的遭遇，不禁悲从中来，不可抑

西，休将白发唱黄鸡。"[1] 是年虽已年届五十六载，尽管"芳林新叶催陈叶，流水前波让后波"[2] 为万物之定律，但自己如今"尚能饭"，人未老，青山仍在。于未来的时光中，当体味生活的乐趣，供奉、赡养、抚养及陪伴自己的家人，并由此充作对社会和他人的回馈。如是，于"溪涧岂能留得住，终归大海作波涛"[3] 之时，乃已无憾。

是为序。

陈华彬

二〇二一年十二月十一日

（接上页）制。在这仅有二十二字的短歌中，交织着诗人缅怀前贤、吊古伤今的激情，天地无穷、人生短暂的慨叹，生不逢时、报国无门的悲哀，志不获骋、理想破灭的苦闷，千百年来，不知引起了多少怀才不遇的志士仁人的共鸣！清黄星星说：'此二十二字，真可以泣鬼神'（〈唐诗快〉卷二）。"另外，中国科学院文学研究所中国文学史编写组编写（即中国科学院文学研究所的中国古代文学组的十八位同志编写，余冠英为总负责人）《中国文学史》（二）（人民文学出版社1962年版）第349页也谓：陈子昂抱着"因遭受打击不能实现远大抱负的悲愤"心情，"登上古老的幽州台，眺望着苍茫、寥廓的宇宙和祖国北方壮丽、广阔的河山，吊古伤今，不能不唱出慷慨激烈的悲歌，……""这是一个有远大抱负的人，因为遇不到可以同心戮力建立功业的知音，感到孤立无援而激起的悲愤；是一个有美好理想的人，感念宇宙的悠远无穷和人生的短促有限，难以实现自己的雄图壮志而发出来的慨叹；陈子昂所以怆然流涕者在此"。此外，刘跃进主编《简明中国文学史读本》（中国社会科学出版社2019年版，第221页）写道：陈子昂的《登幽州台歌》把他的"怀抱抒写得淋漓尽致，……""诗中的'前'与'后'，语义双关，既指在登幽州台四望时，空间上的前后所见，又指时间上悠悠往古与遥远的未来，不经意之间，就将诗人置身于上下四方、往古来今的辽阔宇宙之中，将精神上的超迈高卓以及由此而带来的巨大孤独与孤傲，淋漓尽致地表现出来"。

1　这是我国北宋苏轼《浣溪沙·游蕲水清泉寺·寺临兰溪·溪水西流》诗中的话，载周裕锴、李熙、李栋辉选注：《苏轼诗词选》，中华书局2018年版，第175页；西南师范大学中文系古典文学教研室选注：《东坡选集》，四川人民出版社1987年版，第364页。

2　这是唐朝诗人刘禹锡《乐天见示伤微之敦诗晦叔三君子皆有深分因成是诗以寄》中的话。参见钱锺书选，杨绛录，人民文学出版社编辑部整理：《钱锺书选唐诗》（上），人民文学出版社2020年版，第401页。

3　这是我国唐朝宣宗皇帝（810—859年）《瀑布联句》诗中的后两句话，其前面的两句话为："千岩万壑不辞劳，远看方知出处高。"唐宣宗皇帝名李忱，系宪宗皇帝之子，于会昌六年（846年）立为皇太叔，旋即皇帝位，年号大中，是晚唐较有作为的皇帝。参见钱锺书选，杨绛录，人民文学出版社编辑部整理：《钱锺书选唐诗》（上），人民文学出版社2020年版，第3页。

目 录
CONTENTS

民法（典）总则

我国民法典制定的指导原则与模式选择[*]

一、引言

我国社会主义市场经济体制的确立和发展，迫切要求制定一部观范社会主义市场经济秩序的现代化的、完善的民法典。诚然，民法典的制定涉及政治、经济以及民法理论与实践中的诸多问题和方面，但是，其中有关民法典制定的指导原则与模式选择，无疑将系最具重大意义的问题。之所以如此，盖因一方面，以何种指导原则制定民法典将涉及我国民法典的性质与未来民事立法（含商事立法）发展的基本方向；另一方面，以何种立法模式作为法典的编制体例，也涉及法典的科学性与民法理论中的某些重大问题，譬如民商分立抑或民商合一。有鉴于指导原则与模式选择问题于民法典制定中的重要意义与价值，本文乃尝试作些研讨。

二、我国民法典制定的指导原则

人类自有法典以来的历史表明，任何法典的制定皆需遵循一定的指导原则，我国民法典的制定也不例外。所谓我国民法典制定的指导原则，乃系指贯穿于整

　　* 本文曾载《池州师专学报（哲学社会科学版）》1993 年第 2 期，今收入本书乃作了诸多改订、更动，尤其是校正、变易了原刊物发表时注释与正文中的诸多有误文字，补充了若干注释，并对个别的正文内容加了标题提示。本文的写作自内容到形式得到梁慧星教授的指导与指正，谨致由衷谢忱。

个民法典制定过程，对各项民事法律制定和民法规范起指导作用的立法方针。这些指导原则乃系我国社会主义政治制度、市场经济体制以及国家经济政策于民事法律中的集中反映。研议民法典制定的指导原则，对于确立我国民法典的整体风貌、法特性（或法性质）乃至未来民事立法发展的基本趋向，实具重要价值与意义。笔者认为，我国民法典的制定，乃应遵循如下五项指导原则，试逐一分述如下。

（一）私法自治原则

此原则亦称意思自治原则，系指民事活动中应充分保障当事人的意志自由，由当事人自己确定他们之间的权利义务关系，国家原则上不作干预，仅在当事人双方发生纠纷而不能通过协商解决时，方由司法机关以仲裁者身份对纠纷作出裁决。[1] 以此原则作为民法典制定的指导原则，至为关键与重要的，是必须首先自理论上厘清我国民法系公法抑或私法。

自罗马法以降，尤其是自近代肇始以来，法律乃大抵可界分为公法与私法。所谓公法，系指调整国家与个人之间的不平等关系，也就是权力与服从关系的法律规范的总称；而所谓私法，则系指调整私人之间基于平等法律地位而产生的平等关系的法律规范的总称。法律理论与学理作如是区分与界定，乃系人类法律文明的一项重大成果。现当代各国家和地区法律规范，主要是要么属于公法（规范），要么属于私法（规范）。我国民法的法特性或性质如何，即其系属于公法抑或私法，此为我国制定民法典时必须首先要给出答案的问题。[2]

如所周知，自新中国成立以来的一个相当长的历史时期内，我国民法理论、司法实务乃至国家立法中有一种不恰当的认识，即认为我国民法是公法。此种观点于理论上的根据乃在于我国民法理论于较长时期内曾照搬苏联的民法理论与学说，而于经济基础上的根据则在于我国在原有计划经济体制下，强调管理经济的

1　参见梁慧星："制定一部现代化的完善的民法典"，载《法学研究》1992 年第 5 期，第 5 页。

2　关于 20 世纪 80 年代末至 90 年代初，我国法学界"是否要有公法和私法的划分的论争"，参见梁慧星、雨默："公法与私法划分之争"，载郭道晖、李步云、郝铁川主编：《中国当代法学争鸣实录》，湖南人民出版社 1998 年版，第 465—479 页。

行政手段与指令性计划，否认企业的经济地位和经济利益，限制并消灭商品经济的实践。[1] 毫无疑义，于现今，这种观点在我国民法学界独立建立具有中国特色的民法理论体系，以及国家实施社会主义市场经济制度的新历史条件下，业已走到了它的尽头而该被摒弃了。

我国民法是私法而非公法 [2]，这是由我国民法的本旨所决定的。我国民法的本旨系由我国社会主义市场经济的性质（或法特性）、民法调整的社会关系以及我国民法自身的基本原则所决定。我国民法的私法性质（或法特性）最集中地体现于如下四个方面 [3]：

其一，平等性。我国民法只调整平等主体间的人身关系和财产关系，所有的当事人于民事活动中的法地位平等。

其二，自愿性。我国民法充分保护当事人的意志自由，明定自愿原则为民事活动的基本原则。

其三，我国民法尽管设立有强行性规范（譬如有关法人设立、终止，财产所有权取得方法或途径，以及诚实信用的规范），但大多数规范属于任意性规定，充分允许当事人以约定建立他们之间的权利义务关系。

其四，我国民法规定了当事人协商、和解、调解、仲裁和诉讼多种救济方法，追究民事责任属于当事人的权利，而非法院或其他机关的职权。

界定我国民法的私法特性（或性质），具有至为重要的价值与意义，它将导致或引起法律观念乃至国家观念的变革，[4] 亦即，由国家中心主义的法律观转向人民私权神圣主义的法律观。换言之，由国家利益绝对优于一切个人利益，国家权

1　参见梁慧星：《民法》，四川人民出版社 1988 年版，第 26 页。

2　关于公法与私法，参见［日］美浓部大吉：《公法与私法》，黄冯明译，台湾商务印书馆股份有限公司 1974 年版，第 1 页以下。该书为有关公法与私法的重要著述，可供参考。其对"公法与私法的区别"（第一章）、"公法与私法的共通性和特殊性"（第二章）以及"公法与私法的关联"（第三章）作了深入、有力的论述。

3　参见梁慧星：《民法》，四川人民出版社 1988 年版，第 28 页。

4　参见梁慧星："社会主义市场经济与民事立法"，载《中南政法学院学报》1993 年第 1 期，第 3 页。

力不受任何限制，国家行为具有天然合理性，[1] 以及社会领域一切社会关系皆应受国家权力支配的法律观，转向人民权利、个人权利、民事权利神圣不可侵犯，非有重大正当理由不得限制和剥夺，以及在民事生活中由自然人、法人及非法人组织个体自主决定他们之间的权利义务关系，国家原则上不得干预的法律观。[2] 由此，民法典的制定应贯彻私法自治原则。惟有如是，我们才能在社会经济生活中逐步建立起一套完善的规范社会主义市场经济秩序的法律规范。

（二）公平正义原则

民法是近现代及当代各国家和地区规范社会生活的最为重要的法律部门。近3000年的民法发展史表明，民法之成为各国家和地区最为重要的法律部门绝非偶然，相反，这是由民法本身所固有的价值——公平正义——决定的。考察《法国民法典》（1804年）、《德国民法典》（1896年）、《日本民法》（1896年）以及《瑞士民法典》（1907年）的主要内容，它们无一不集中体现了这一精神。

于现今民法中，公平正义具有其特有（或独有）的涵义。所谓公平，系指"以利益均衡作为价值判断标准来调整民事主体之间的物质利益关系，确定其民事权利和民事责任的要求"。[3] 它反映了现今社会主义市场经济条件下价值规律的客观要求。"民法的各种规定千头万绪、复杂多端，如果要对其作一言以蔽之的说明，必定用得着'公平'二字"。[4] 此盖因若没有公平，民法将不成其为民法。而所谓正义，系指民事主体于民事活动中不得恃强凌弱，巧取豪夺，寡廉鲜耻，为富不仁，它要求民事主体于谋取自身利益时，兼顾社会公共利益和他人利益，

1　参见梁慧星、雨默："公法与私法划分之争"，载郭道晖、李步云、郝铁川主编：《中国当代法学争鸣实录》，湖南人民出版社1998年版，第478页。

2　参见梁慧星、雨默："公法与私法划分之争"，载郭道晖、李步云、郝铁川主编：《中国当代法学争鸣实录》，湖南人民出版社1998年版，第478页。

3　参见徐国栋：《民法基本原则解释——成文法局限性之克服》，中国政法大学出版社1992年版，第64页。

4　参见徐国栋：《民法基本原则解释——成文法局限性之克服》，中国政法大学出版社1992年版，第65页。

不允许靠损害社会公共利益和坑害他人而发财致富。[1]

我国民法典的制定理应贯彻公平正义原则。诚然，公平正义具有一定的道德色彩，但其实质内容不是抽象的，于本旨上它反映了一种人与人之间的利益关系。在我国社会主义制度下，社会生产的根本目的是满足人民群众日益增长的物质和文化生活的需要，因而公平正义原则体现的道德标准完全符合广大人民群众的利益和要求。同时，于社会主义市场经济条件下，民法典扮演着协调各种利益冲突的调节器的重要角色。[2] 所以，我国民法典之贯彻公平正义原则，乃确属得当。

（三）公民的人身权利受到特别保护原则

根据当代民法理论，人身权是指以与权利人的人格和身份不可分离的非财产上利益为客体的民事权利，包括人格权与身份权二类。民法自罗马法到法国民法、德国民法，以至 20 世纪初的瑞士民法，无不对人身权利制度作了较充分而切实的规定，以至于这些规定成为各国家和地区保护公民基本人权的最重要的法律依据。尤其值得注意的是，第二次世界大战后，各国家和地区基于对人权的广泛关注，开始透过增补既有民法典条文或以单行法立法方式加强对人身权的保护。比如现行《德国基本法》于其第 1 条即明确规定，人的尊严不受侵犯；《日本民法》于第 2 条新增加规定，明确整部民法的阐释应以维护个人尊严为最高主旨 [3]。[4]

我国是社会主义国家，人民是国家的主人，因而公民的人身权利应当比在其他任何社会受到更切实的保护与更充分的尊重。人身权是我国公民最基本的权利，是享有和行使其他民事权利与政治权利的基础。没有人身权不能成为法律上

1　参见梁慧星："制定一部现代化的完善的民法典"，载《法学研究》1992 年第 5 期，第 5 页。

2　参见梁慧星：《民法》，四川人民出版社 1988 年版，第 427 页，"后记"。

3　《日本民法》第 2 条规定："本法应以个人尊严及两性本质平等为主旨而解释。"这是 1947 年法律第 222 号所增加的规定。参见王融擎编译：《日本民法条文与判例》（上册），中国法制出版社 2018 年版，第 16 页。

4　参见梁慧星："制定一部现代化的完善的民法典"，载《法学研究》1992 年第 5 期，第 5 页。

的主体，甚至不能算作真正的人。于我国以往长达数千年的历史上，人民从来不被当作真正的人，他们不过是被驱使的奴隶。[1] 1949 年新中国成立后，尤其是改革开放以后，我国民法立法开始重视、关注和强调人身权的民法保护与民法救济。迄至 1986 年 4 月《中华人民共和国民法通则》（以下简称《民法通则》）颁布时，立法者就自然人的生命健康权（第 98 条）、姓名权（第 99 条）、肖像权（第 100 条）、名誉权（第 101 条）、荣誉权（第 102 条）、婚姻自主权（第 103 条）等基本人格权作了明文规定，并明确"婚姻、家庭、老人、母亲和儿童受法律保护。残疾人的合法权益受法律保护"（第 104 条），以及明定"妇女享有同男子平等的民事权利"（第 105 条）。毋庸置疑，此为我国民事立法上尊重人的人身权利、人格法益乃至人格尊严的一个重要里程碑。

我国民法典的制定是法制建设上的一个重大事件。由《民法通则》到民法典，这是民事立法的一个质的飞跃。如此重要的民法典，除为社会主义现代化市场经济提供一般规则，规范市场主体行为，使市场参加者——自然人、法人及非法人组织——可以遵循此等规则从事民事活动，进而使市场交易获得完全保障外，它的另一重大功能乃在于保障我国社会主义人权。[2] 而所谓人权，究其实质，乃是指人之作为人所应有的、最起码、最基本的而不可剥夺的权利。其中首先是自然人的人格权、身份权和财产权 [3]，这三者系民法中最重要的民事权利，它们由民法明确予以规定和加以保护。可见，我国民法典的制定，无疑应将保护自然人的人身权利不受非法侵害作为立法的指导原则或指导方针。据此原则，一方面，应在民法典中进一步完善《民法通则》对自然人人格权客体范围的规定，将自然人的隐私、个人信息、信用等权益明确纳入保护范围；另一方面，也应进一步明确和严格侵害人（加害人）侵害自然人人身权益而应承担民事责任的方式和

---

[1] 参见梁慧星："社会主义市场经济与民事立法"，载《中南政法学院学报》1993 年第 1 期，第 3 页。

[2] 梁慧星著《民法》（四川人民出版社 1988 年版）第 426 页"后记"谓："社会主义是人民当家作主的社会，公民的人身权利应当比在其他任何社会中受到更切实的保护和更充分的尊重。"

[3] 按照现今一般学说或通常理解，自然人的财产权，也为其人权的重要内容，也就是说，它是自然人人权的应有之义。

救济渠道或途径。

(四) 保护消费者利益不受侵害原则

随着现当代商品经济的急速发展,保护消费者利益业已成为各国家和地区法律制度的共同任务。这其中,民法对消费者利益的保护尤具积极意义与价值。

在现当代商品经济社会,消费者虽然常常被称为"上帝",但其实他们乃是弱者。[1]他们大多缺乏商品知识,因而不得不完全依赖厂商的技术与信用。加之消费者缺乏有力的组织,无法与现当代企业组织相抗衡。[2]由此,自20世纪50年代以降,各国家和地区消费者保护运动风起云涌,并提出了"消费者主权"思想。至20世纪60年代,所谓"消费者权利"乃得以形成。[3]1962年3月15日,美国总统肯尼迪于向国会提出的"关于消费者利益保护的国情咨文"中,乃正式表述了现当代商品经济条件下消费者享有的权利,其乃具体包括如下五项权利[4]:

其一,安全的权利。亦即,保护消费者生命健康不受危险商品危害(或损害)的权利。

其二,了解的权利。亦即,保护消费者不因虚伪欺诈或使人误信的广告宣传或表示而受损害,以及向消费者提供选择商品所需具备的知识的权利。

其三,选择的权利。亦即,保障消费者以竞争价格获取各种商品和服务,在由政府进行规制的非竞争性经济中,则应保障消费者以公正价格获得优质商品和服务的权利。

其四,意见被尊重的权利。亦即,要求政府在作出决策时,应保证消费者意见被充分考虑,并公正迅速地予以处理的权利。

其五,损害救济的权利。亦即,消费者因产品而遭受人身或财产上的损害

1　参见梁慧星:"消费者运动与消费者权利",载《法律科学》1991年第5期,第37页。

2　参见梁慧星:"论产品制造者、销售者的严格责任",载《法学研究》1990年第5期,第64页。

3　参见梁慧星:"消费者运动与消费者权利",载《法律科学》1991年第5期,第38页。

4　参见梁慧星:"消费者运动与消费者权利",载《法律科学》1991年第5期,第38页。需说明的是,梁慧星教授在该文的此页(即第38页)中主要讲到前四项权利,即其一、其二、其三及其四四项权利。

时，其有权请求人民法院或仲裁机构判决侵害人赔偿其遭受的损失的权利。

自以上五项消费者权利被确定为消费者享有的基本权利后，世界各国家和地区政府乃纷纷将其规定为保护消费者的基本政策，并从立法上将此政策法律化、固定化。毫无疑义，我国制定民法典也应贯彻保护消费者利益不受侵犯的基本原则与主张。

如前所述，我国实行社会主义的政治经济制度，社会生产的根本目的是不断满足广大人民群众日益增长的物质和文化生活的需要，由此保护消费者利益不受侵犯于我国实乃更具重大意义。易言之，制定民法典时以保护消费者利益不受侵犯作为基本立法指导原则乃是十分必要的。笔者认为，借鉴各国家和地区广泛认可的消费者基本权利以及立法经验，一方面，应将消费者五项基本权利，亦即前述消费者的安全的权利、了解的权利、选择的权利、意见被尊重的权利以及损害救济的权利明确写入民法典；另一方面，也应明定追究侵害者（含产品制造者、销售者、运输者及仓储者）的严格责任系为基本归责原则。

（五）权利本位与社会本位相结合原则

于各国家和地区民法（典）演进、发展的脉络中，民法（典）的制定先后经历了由义务本位到权利本位，最后到权利本位与社会本位相结合的历程。[1] 迄今为止各国家和地区法律实践的经验表明，单纯以义务本位或权利本位，抑或权利本位与社会本位的结合作为民法（典）制定的指导原则，皆无疑有失偏颇。近代《法国民法典》《德国民法典》《日本民法》原本系权利本位的民法（典），但 20 世纪人类经历的三次重大事件，亦即 1914—1918 年的第一次世界大战，1929—1933 年的席卷资本主义世界的经济危机[2]，以及 1939—1945 年的第二次世界大

---

[1] 梁慧星著《民法总论》（第 5 版，法律出版社 2017 年版）第 40 页谓："民法的基本观念，亦即民法的基本目的，或基本作用，或基本任务，学者称之为民法的本位。民法基本观念之演变，因时代之不同，可分为三个时期。其初为义务本位时期，自罗马法至中世纪。其次为权利本位时期，自 16 世纪开始，经 17、18 世纪之孕育，而成熟于 19 世纪。自 20 世纪起开始另一时期，称为社会本位时期。"

[2] 中小学通用教材历史编写组编《世界历史》（第 2 版，下册，人民教育出版社 1979 年版）写道，"1929 年 4 月，美国总统胡佛在他的就职演说中大言不惭地说：'美国已到达了历史上最舒适的程度。没有一个国家的成果比美国更有保障了。'但是，半年后美国就爆发了历史上空前严重的经济危

战，最终促成了各国家和地区民法（典）立法思想的转变，这也就是由权利本位立法思想转换到权利本位与社会本位相结合的民法（典）立法思想。在此种背景下，民事立法已不仅着眼于赋予法律主体（自然人、法人及非法人组织）广泛的民事权利，还着眼于维护社会公共利益与善良风俗的道德要求与观念。

我国民法理论、民事立法以及国家司法实务长期以来似与以上各国家和地区的情况未尽相同，即我国乃表现为较强的社会本位[1]而忽视权利本位。有鉴于此，我国制定民法典时乃无疑应首先突出权利本位（也就是私人利益之保护），强调对自然人、法人及非法人组织的民事权益的关注，于此基础上强调社会本位，也就是着力于对社会公共利益和第三人权益的保护。这正是我国制定民法典时所应秉持的权利本位与社会本位相结合的立法指导原则或指导方针。

三、我国民法典制定的模式选择

民法典制定的模式选择，是指民法典的制定系采民法和商法统一的立法例，抑或采民法和商法分立的立法例。也就是说系采民商合一抑或民商分立，以及民法典的编制体例是采罗马式还是德国式。对这些问题给出答案，乃是我国制定民法典的必要前提与基础，具积极意义、价值与功用。

（一）我国民法典采民商合一立法例，亦即实行民商合一的立法模式

根据法律渊源、形式、方法及立法技术的差异或不同，而将近现代及当代世界法律的类型大别为大陆法系（法典法系）与英美法系（海洋法系）。大陆法系

（接上页）机。危机从美国开始，迅速席卷了整个资本主义世界。这次危机的破坏性极强，使资本主义世界的工业生产减少了三分之一以上，国际贸易缩减了三分之二。这次危机延续的时间也很长，从1929年一直拖到1933年"（第182页）。"1929年至1933年的世界经济危机加剧了帝国主义国家之间的矛盾和竞争。德、意、日三个法西斯国家到处燃起了侵略战火。英、法、美帝国主义姑息养奸，纵虎为患，更加助长了德、意、日法西斯的侵略欲望，到头来搬起石头砸了自己的脚。法西斯德国首先向英、法开刀，第二次世界大战在两个帝国主义集团之间爆发了"（第205页）。

1　19世纪60年代中期以后，"法律保护之标的，已由个人本位，移至社会本位，昔日之注重个人权利者，今则以社会利益为中心"。参见何孝元：《诚实信用原则与衡平法》，三民书局股份有限公司1977年版，"序言"。

对于民法典的制定向来有民商分立与民商合一两种立法模式。[1]所谓民商分立，是指在民法典之外另行制定商法典，即采民法典与商法典并立的立法模式。换言之，根据这种模式，法律对社会生活或民事关系系采民法典和商法典同时规制（或调整）的双轨制立法方式。法史上，1907 年之前编纂民法典的国家和地区大多采取此一模式或办法。而民商合一，则系指在制定民法典外，不复制定商法典，将传统商法或采民商分立国家中的商法的内容纳入、归并到民法典中，由其予以统一调整。自 1907 年《瑞士民法典》[2]起，各国家和地区乃纷纷由之前的民商分立转换到民商合一。也就是说，根据这种模式，乃将商法的内容并入民法典，且于民法典之外复制定一些民事单行法（即民事特别法），例如公司法、保险法、票据法、破产法、海商法、证券法。[3]应值注意的是，除瑞士外，泰国也系此模式的重要代表。[4]

世界各国家和地区民事立法于 20 世纪由之前的民商分立转换到民商合一，此绝非系偶然因素所引起、所导致，相反其间乃蕴含着较深刻的经济基础动因。

19 世纪 60 年代和 70 年代以后，世界主要资本主义国家进入了垄断阶段，[5]市场经济得到进一步发展，而市场经济发展的直接结果就是导致人的商化和产生商化的人。[6]生产者直接成为商人，商人直接成为工业资本家。之后，伴随社会化、

1　关于民商分立与民商合一，梁慧星著《民法总论》（第五版，法律出版社 2017 年版）第 10 页以下作有较翔实论述，可资参考。

2　《谢怀栻法学文选》（中国法制出版社 2002 年版）第 428 页谓："瑞士民法典的民商合一的模式，与法国、德国民法典的民商分立的模式，都是历史的产物，并没有如何深刻的理论存于其间。但是，两种模式一旦形成，就发生了理论上的意义，并引起了理论上的讨论和争论。"

3　梁慧星著《民法总论》（第五版，法律出版社 2017 年版）第 12 页谓："《海商法》、《公司法》、《票据法》、《保险法》、《证券法》等，均属民事特别法。"

4　参见《泰王国民商法典》，米良译，社会科学文献出版社 2018 年版，第 1 页以下。根据该翻译版本，《泰王国民商法典》的编制体例是：第一卷"总则"，第二卷"债"，第三卷"合同"，第四卷"物权"，第五卷"家庭"，第六卷"继承"。

5　傅骊元、王茂根著《政治经济学》（帝国主义部分）（北京大学出版社 1984 年版）第 1 页"前言"谓："十九世纪六十年代和七十年代，自由竞争资本主义发展到了顶点。随着科学技术和生产力的发展，资本主义基本矛盾进一步尖锐化，自由竞争资本主义发展到了垄断资本主义，即帝国主义。"

6　参见梁慧星、王利明：《经济法的理论问题》，中国政法大学出版社 1986 年版，第 117 页。

专业化的发展，商业职能与生产职能融合，并进一步导致商人作为特殊阶层与商人的特殊利益的丧失。从前经营商业系商人的特权，而如今却人人皆可经营。[1]于此种背景下，若仍制定单独的商法典以保护商人的利益，则只能依据特定的职业将人分成不同的种类，而此与资本主义"在法律面前人人平等"原则相矛盾。[2]由此，商人的特殊利益的消失，使民法规范的自由、平等、独立的主体适用于一切人。民法的原则可以保护一切人，也可以避免于一方为商人，另一方为非商人的法律关系中，由于民商分立而造成的适用法律的困难。[3]

我国实行社会主义市场经济体制，并不存在如西方"中世纪末期商法的形成"[4]过程中具有特殊地位的商人阶层，[5]故而一切自然人、营利法人乃至非法人组织原则上皆可平等地从事商行为、商活动，并由此赚得金钱或利润。并且，现代大陆法系的民商分立已没有多大意义，原因就是法国、德国这样一些国家的商法典目前已支离破碎，但民法典却没有大的变化[6]。[7]据此可见，我国民法典的制定采民商合一模式或原则确属得当，也是完全符合我国社会主义市场经济发展的实际状况的。根据民商合一模式，我国民事生活和整个市场适用的相同规则将集

1　参见梁慧星："社会主义市场经济与民事立法"，载《中南政法学院学报》1993 年第 1 期，第 4 页。

2　参见梁慧星、王利明：《经济法的理论问题》，中国政法大学出版社 1986 年版，第 120—121 页。

3　参见梁慧星、王利明：《经济法的理论问题》，中国政法大学出版社 1986 年版，第 121 页。

4　参见谢怀栻：《外国民商法精要》，法律出版社 2002 年版，第 55 页。

5　谢怀栻著《外国民商法精要》（法律出版社 2002 年版）第 55 页谓："中世纪末期，地中海沿岸，商业已经十分繁荣，出现了一些商业城市，如威尼斯、热那亚、佛罗伦萨等。在这些城市里，出现了一些商人，他们的组织是基尔特（行会）。这些商人经营商业，特别是海上商业，形成了一个特殊的阶层。他们发生的商业上的纠纷，当时的封建法及教会法都不能解决。在商人阶层之间逐渐形成了一些商业习惯，这些习惯逐渐为商人自己的团体所采用，用来解决他们之间的纠纷。这种商业习惯年复一年地使用，就形成了我们在法制史上所说的中世纪的商习惯法。"

6　参见谢怀栻：《外国民商法精要》，法律出版社 2002 年版，第 58 页。

7　谢怀栻著《外国民商法精要》（法律出版社 2002 年版）谓，"现代民事与商事的划分也在逐渐合一"（第 58 页）。"现在各种交易市场的发达，如股票市场、债券市场，人人都可以参加营利活动"，也就是说，"现在市场经济高度发达的资本主义社会里，谁是商人或谁不是商人，谁为营利行为或谁不为营利行为，是很难区分的。完全不从事营利行为的人已经没有，任何人都可以买股票、公司债券和使用支票。原来被认为是商事行为的行为现在都变成了普通的民事行为，结果民事与商事的界限已很难划分清楚"（第 59 页）。

中地规定于民法典中，而适用于局部市场或个别市场的法律规则则将规定于各民事单行法（即民事特别法）中——例如公司法、证券法、保险法、海商法、票据法、破产法等。[1]事实上，如此的法制系统或模式正是我国现代化市场经济迫切要求确立、建构或予以完善的。

（二）我国民法典的制定采德国式编制体例

近现代及当代民法典于编制体例上有两种模式，亦即罗马式与德国式编制体例。罗马式编制体例是由罗马著名法学家盖尤斯（Gaius）于其著作《法学阶梯》中采用的。之后，该体例为优士丁尼一世（Giustiniano I）（Iustinianus I）[2]著《法学阶梯》（即《优士丁尼法学阶梯》，institutiones Iustiniani）[3]所沿用。该体例将民法典分为三编：人法（第一编、卷）、物法（第二编、卷）与诉讼法（第三编、卷）。法国民法典等大体采取此种模式。[4]所谓德国式编制体例，亦称潘德克吞式（Pandekten System[5]）编制体例。[6]该编制体例将民法典分为五编：总则（第一编）、债（第二编）、物权（第三编）、亲属（第四编）及继承（第五编）。《德国民法典》《日本民法》《韩国民法典》以及我国台湾地区现行"民法"系采行此

1　参见梁慧星："社会主义市场经济与民事立法"，载《中南政法学院学报》1993年第1期，第5页。

2　参见黄风编著：《罗马法词典》，法律出版社2002年版，第120页。第120页于"（Giustiniano I）（Iustinianus I）优士丁尼一世"条目下写道：优士丁尼一世"出生于公元482年，从公元527年到565年担任东罗马帝国皇帝，在政治、军事、宗教和法律等领域开展了一系列重要的工作，尤其以其庞大的立法工程而闻名，编纂了对后世具有深远影响的《民法大全》（见 Corpus iuris civilis）"。

3　参见黄风编著：《罗马法词典》，法律出版社2002年版，第129页。另外，关于《优士丁尼法学阶梯》，可参见［古罗马］优士丁尼：《法学阶梯》，徐国栋译，中国政法大学出版社1999年版。

4　值得提及的是，梁慧星著《民法总论》（第五版，法律出版社2017年版）第13页注释［19］谓："《法国民法典》现已改采'五编制'。2006年将原第三编中的保证、质押、优先权与抵押权等三部分内容抽出，作为新增的第四编'担保'。2002年新增第五编'适用于马约特岛的规定'，主要内容系关于前三编在新成为法国海外省的马约特岛施行的规定。"

5　参见［日］本城武雄、目﨑哲久编著：《民法总则》，嵯峨野书院1996年版，第17页。法国民法与日本旧民法的构成则被称为"Institutionen System"，其在编别上并无总则编。对此，又请参见本城武雄、目﨑哲久编著的同书，第17页。

6　关于德国潘德克吞式编制体例或体系，可供参考的重要著作是［日］赤松秀岳：《十九世纪德国私法学的实像》，成文堂1995年版。该书第六章的标题（名称）为"近代潘德克吞体系的历史素描"（该书第261页以下），其所作的论述和研议深入、细致，足供参考。

种编制体例。

比较、衡量以上两种编制体例，笔者认为，当以德国式编制体例为优。罗马式编制体例将民法典分为三编，未明文设立总则，且债权与物权未作分隔，并将人格与能力（人在法律世界中的法律资格、法律地位）以及亲属（婚姻家庭）关系等事项合并在一起，未符合现当代民法理论，其弊端或不足是明显的。德国式编制体例将民法典的体例设置为五编，并设立明文的总则以作为整个民法典（主要是民法财产法）的共同规则，界分、区隔总则、债、物权的财产法与亲属（婚姻家庭）、继承的身份法之差异或不同，以及将继承单独列为一编。[1] 如此的编制体例，其体系或系统完整、内容清晰并灿然大备，无疑较之罗马式编制体例，乃是更为合理、更为进步的。[2] 笔者认为，我国民法典的制定于编制体例或系统上采德国式编制体例是妥恰的，应不啻为我国民法典立法的正确抉择。

1　参见王利明、郭明瑞、方流芳：《民法新论》（上），中国政法大学出版社 1988 年版，第 4 页。

2　参见王利明、郭明瑞、方流芳：《民法新论》（上），中国政法大学出版社 1988 年版，第 4—5 页。

我国民法典的创新与时代特征 [*]

一、引言

2020 年 5 月 28 日由我国第十三届全国人民代表大会第三次会议（大会）通过的《中华人民共和国民法典》（以下简称《民法典》）是我国民事法制（或法治）史上的里程碑，系对既往民事单行法进行编纂、整理、修订，同时又新增一些规则的民事领域的集大成的立法，具积极价值、功用与意义。并且，这也是我国自 1954 年首次着手起草民法典以来真正得以最终完成的民法典。由此，其于新中国的民法发展进程中占据关键地位，具特殊意蕴或意涵。

我国自 1978 年开启改革开放的进程起，曾先后制定了诸多民事单行法，比如早期的《经济合同法》《涉外经济合同法》《技术合同法》《继承法》《民法通则》《婚姻法》《担保法》，于 1999 年废弃原三部旧合同法而颁行了统一的《合同法》，2007 年颁行了《物权法》，2009 年颁行了《侵权责任法》，2010 年颁行了《涉外民事关系法律适用法》，2017 年颁布了《民法总则》。[1] 这些民事单行法系为现今《民法典》的基础，也就是说今日的《民法典》乃是在此等既有的民事单行法的基础上得以制定或完成的，它们共同构成《民法典》的主要的或基本的制度基础、规则基础。应当说，没有既有的各民事单行法，《民法典》的制定或颁行乃

---

  * 本文曾发表于《法治研究》2020 年第 5 期，今收入本书乃对正文作有少许增加、更动，且对原注释也有一些补足、充实。

  1 　此处为行文方便，法律名称中均省去了"中华人民共和国"。

是不能完成或得以实现的。有鉴于《民法典》与前述既有的民事单行法之间的密切关联，本文拟对前者（即《民法典》）于原各民事单行法基础上的创新或呈现的亮点予以分析，并同时指明《民法典》存在的阙如、缺憾或不足。也就是说，对于《民法典》于现今时代背景下所呈现的时代特征也予一并分析，进而指出有关问题的解决之道。此一点谨一并加以说明。

二、由与既有民事单行法的比较析《民法典》的创新或亮点

如前述，《民法典》是在既有的诸多民事单行法的基础上制定或完成的，其主要体现为对它们予以修订、整合，此外也增加了一些新规则。如下乃根据《民法典》各编的顺序而逐一分析和指明《民法典》的若干创新或呈现的亮点。

（一）总则编呈现的创新或亮点

《民法典》总则编是在 2017 年颁行的《民法总则》基础上得以制定或完成的，所以二者结构和内容基本完全相同[1]，仅条文的数量有些许变化，即原《民法总则》共计 206 条，而现《民法典》总则编则减少 2 个条文，共计 204 条。此主要是将原《民法总则》"附则"部分的 2 个条文（第 205、206 条）移到了《民法典》的最后，由此使条文数由 206 条减少到 204 条。

《民法典》总则编的主要创新或亮点体现于如下方面。

1. 规定诚信和公序良俗等民法基本原则，将其置于总则编第一章，且将绿色原则确立为民法基本原则。据此原则，民事主体在从事民事活动时应节约资源和保护生态环境。尤其是将诚信原则置于民法典之始规定，表明该原则业已成为民法的"帝王规则"、"皇帝条款"或"帝王条款"（Königparagraph），君临法域，[2] 其不仅适用于民法各领域，还对公法乃至社会主义核心价值观有重要影响和促

1　参见《中华人民共和国民法典》，法律出版社 2020 年版，第 257 页。

2　参见王泽鉴：《民法学说与判例研究》（1），中国政法大学出版社 1998 年版，第 303 页；梁慧星：《民法总论》（第五版），法律出版社 2017 年版，第 275 页。

进。[1]

2. 明定民事主体涵括三类：自然人、法人及非法人组织。尤其是将非法人组织确定为民事主体乃具积极价值与意义。至于法人，其将之分类为营利法人、非营利法人及特别法人，也是对传统民法关于法人的分类的创新。另外，第34条第4款还规定："因发生突发事件等紧急情况，监护人暂时无法履行监护职责，被监护人的生活处于无人照料状态的，被监护人住所地的居民委员会、村民委员会或者民政部门应当为被监护人安排必要的临时生活照料措施。"

3. 以简洁的条文厘定各主要民事权利。具体而言，其总括性地规定人格权的内容、自然人的个人信息受法律保护，自然人因婚姻家庭产生的人身权利受法律保护，民事主体的物权、债权、知识产权、继承权、股权、其他投资性权利以及法律规定的民事主体的其他民事利益受保护。此外，还规定对数据和网络虚拟财产的保护，并规定了物权法定原则（第116条）。

4. 明定民事法律行为有效的判定标准（第143条），单独设节规定"意思表示"（第6章第2节）及规定职务代理（第170条）。[2]

5. 在"民事责任"部分对不可抗力、正当防卫、紧急避险和自愿实施紧急救助的特殊民事责任承担作出规定，明确惩罚性赔偿、继续履行为主要的民事责任承担方式。该部分还规定英烈的人格权益受到民法保护。[3]

应值指出的是，《民法典》总则编还规定了本属于债法总则应规定的内容，譬如规定了（何谓）不当得利、无因管理，以及按份之债与连带之债的基本规则。[4]这些应当说构成其创新或亮点。

（二）物权编呈现的创新或亮点

《民法典》物权编主要是在原《物权法》的基础上编纂、制定而成的，其编

---

[1] 参见陈华彬：《民法总则》，中国政法大学出版社2017年版，第284页以下。

[2] 参见李适时主编：《中华人民共和国民法总则释义》，法律出版社2017年版，第527页。

[3] 参见陈华彬："《民法总则》关于'民事责任'规定的释评"，载《法律适用》2017年第9期，第42页。

[4] 参见陈华彬："《民法总则》关于'民事责任'规定的释评"，载《法律适用》2017年第9期，第39—40页。

纂、制定的指导思想即是小修小改，以免引起社会的震动，进而影响民法典的整体编纂进程。据笔者的研究和统计，如下一些方面是《民法典》物权编于原《物权法》基础上的创新或拓展。

1. 由于《民法典》（总则编）第116条业已规定物权法定原则，原《物权法》第5条所定的物权法定原则即被剔除，也就是《民法典》物权编不复规定该原则。

2. 对于业主大会和业主委员会的成立，明确政府有关部门与居委会应当给予指导和协助；对于建筑物及其附属设施的维修基金，增加了紧急情况下对于它的使用的特别程序；明确基于疫情防控的需要可以征用组织或个人的不动产或动产；明确物业服务企业、其他管理人或业主应积极配合政府依法实施的应急处置措施或其他管理措施；明定小区的共用部分产生的收益于扣除合理成本后归业主共有，具体由业主按自己的专有部分面积所占（区分所有建筑物专有部分总面积）的比例而予分配；[1] 明确由业主共同决定的事项"应当由专有部分面积占比三分之二以上的业主且人数占比三分之二以上的业主参与表决"，由"参与表决专有部分面积四分之三以上的业主且参与表决人数四分之三以上的业主同意"，抑或由"经参与表决专有部分面积过半数的业主且参与表决人数过半数的业主同意"（第278条第2款）。

3. 明定（住宅）建设用地使用权届期后可以续延，至于续延的费用缴纳或减免，依法律、行政法规的规定办理；增定土地经营权，明确土地承包经营权流转期限在5年以上的，自流转合同生效时土地经营权设立，经登记后可对抗善意第三人。同时认可耕地也可抵押。明定当事人可依居住权设立合同或遗嘱并经登记而设立居住权。居住权的设立原则上应当无偿，登记为居住权设立的生效要件。[2]

1　参见陈华彬："我国民法典物权编立法研究"，载《政法论坛》2017年第5期，第34页。

2　参见陈华彬："人役权制度的构建——兼议我国《民法典物权编（草案）》的居住权规定"，载《比较法研究》2019年第2期，第57页以下。

4. 明确融资租赁、保理具有担保的功能或价值；为将来建立统一的动产抵押与权利质押登记制度，剔除原《物权法》中有关担保物权的具体登记机构的规定。[1]明定数个抵押权的清偿顺序，即"同一财产向两个以上债权人抵押的，拍卖、变卖抵押财产所得的价款依照下列规定清偿：（一）抵押权已经登记的，按照登记的时间先后确定清偿顺序；（二）抵押权已经登记的先于未登记的受偿；（三）抵押权未登记的，按照债权比例清偿。其他可以登记的担保物权，清偿顺序参照适用前款规定"（第414条）。明定抵押期间抵押人可以转让抵押财产，除非当事人另有约定。抵押财产转让后抵押权人的抵押权不受影响，而依追及效力规则得到保护。[2]

5. 应予指出的是，《民法典》物权编的占有规则并无任何改易或增加，依旧维持原《物权法》第五编的5个条文规定。

总之，《民法典》物权编主要的基础系在于原《物权法》，其创新和拓展甚为有限，学理与判例实务乃至司法解释的诸多有益成分也少有纳入或吸取，远落后于现今物权法学理与实务发展的状况与水平。对此，应作出并非肯定的评价。

（三）合同编呈现的创新或亮点

1. 由于《民法典》未设债法总则的规定，合同编的第一分编"通则"与第三分编"准合同"（规定无因管理与不当得利）中涵括了诸多属于债法总则的规范和内容。[3]另外，如前述，《民法典》总则编中也有对债法总则的一些规定，比如其对债权的涵义的规定、对连带之债与按份之债的规定，皆属于债法总则的内容。尽管如此，应指出的是，这种分散的多层面规定债法总则内容的立法技术，还是显得有些凌乱，而不如设独立的债法总则编统一规定债法的基本规则为宜、为好。[4]

1　参见《中华人民共和国民法典》，法律出版社2020年版，第262页。

2　参见陈华彬：《物权法论》，中国政法大学出版社2018年版，第541页以下。

3　于现今各国家和地区的民法典设有债法总则的立法成例上，无因管理与不当得利大多被纳入债法总则中规定，盖因其条文少，不易单独设章或节作出规定。

4　参见陈华彬：《债法通论》，中国政法大学出版社2018年版，第55页以下；陈华彬："中国制定民法典的若干问题"，载《法律科学（西北政法学院学报）》2003年第5期，第54页。

2. 明定合同相对性原则及其例外。合同相对性原则，即当事人间依法成立的合同仅对当事人具有法律约束力（《民法典》第 465 条第 2 款）。此原则区别于物权的对世性效力原则。正是因此，合同债权被称为相对权，物权被称为绝对权。惟合同相对性原则也有例外，此即"第三人利益合同"（Vertrag zugunsten Dritter [1]）与"第三人负担合同"（Vertrag zu Lasten Dritter [2]）。前者又称为"向第三人给付的合同"，后者又称为"由第三人给付的合同"。[3] 应指出的是，当事人约定的情形不得作为合同相对性原则的例外，而只有法律规定的情形方可（《民法典》第 465 条第 2 款但书）。

3. 增定预约合同。《民法典》第 495 条规定："当事人约定在将来一定期限内订立合同的认购书、订购书、预订书等，构成预约合同。当事人一方不履行预约合同约定的订立合同义务的，对方可以请求其承担预约合同的违约责任。"据此规定，可知预约合同是当事人为将来订立本约合同而达成的预先协议，也就是为将来订立本约合同而预先作出的"预约"。它通常或主要发生于买卖关系中，其他如租赁、保管、承揽、合伙等场合并不发生订立预约合同的情形。按照解释与学理，构成预约合同（比如构成房屋买卖的预约合同），需要有价款与具体的买卖标的物，也就是需要有未来订立房屋买卖的本约的房屋的总价款与房号，否则并不能称为预约合同，而可能是所谓的框架合同（frame contract）或框架协议，例如实务中的诸多"战略合作协议"，即不是预约合同，而为框架合同或框架协议。另外，按照《民法典》本条（第 495 条）第 2 句的规定，当事人一方不履行预约合同约定的订立合同义务的，另一方可以请求其承担预约合同的违约责任。

1　参见［日］山田晟：《德国法律用语辞典》（第 3 版），大学书林 1994 年版，第 683 页。于第 683 页中，该词条解释说："它是为第三人的利益而订立的契约。又被称为'向第三人给付的契约'（Vertrag auf Leistung an Dritte）或'向第三人给付的约束'（Versprechen der Leistung an einen Dritten）。基于甲、乙间的契约而使第三人丙直接取得权利（《德国民法典》第 328 条第 1 项）。也就是说，它是'为第三人的利益而给予或授予第三人权利的契约'（Berechtigender Vertrag zugunsten eines Dritten）"。

2　参见［日］山田晟：《德国法律用语辞典》（第 3 版），大学书林 1994 年版，第 683 页。于第 683 页中，该词条解释说："它是课予第三人以负担的契约。"

3　参见陈华彬：《债法通论》，中国政法大学出版社 2018 年版，第 265—271 页。

此违约责任，包括支付违约金。[1]

4. 明晰合同生效（时间）制度，尤其是明定当事人违反报批义务的法律后果。《民法典》第 502 条第 2 款规定："依照法律、行政法规的规定，合同应当办理批准等手续的，依照其规定。未办理批准等手续影响合同生效的，不影响合同中履行报批等义务条款以及相关条款的效力。应当办理申请批准等手续的当事人未履行义务的，对方可以请求其承担违反该义务的责任。"依照法律、行政法规的规定，合同的变更、转让、解除等情形应当办理批准等手续的，也应适用该规定。

5. 增定情事变更制度。情事变更制度是合同法上的重要制度或规则，是指订立合同时的法律行为基础与合同履行时的社会基础、交易条件或情形业已发生极大或显著变化，若按当事人订立合同时的约定来履行合同就显然失去公平，由此允许当事人一方变更或解除原合同（条款）。[2]应值指出的是，情事变更制度于 1999 年制定统一的《合同法》时就应加以规定，后因存在分歧意见而未予规定。其后，最高人民法院《关于适用〈中华人民共和国合同法〉若干问题的解释（二）》在实质上确立了该制度。于此基础上，《民法典》合同编将司法解释中的规定上升到法律层面，进而确立了我国《民法典》合同编中的情事变更制度。

6. 原《合同法》规定了 15 种典型合同，《民法典》合同编在此基础上复增加规定了 4 种典型合同，即保证合同、保理合同、物业服务合同和合伙合同。其中，保证合同是对原《担保法》中保证规则的内容的纳入，保理合同是为优化营商环境和适应保理行业发展的需要而新设立的合同形态。物业服务合同是为解决我国小区管理实务中长期存在的业主与物业服务企业之间的关系不清晰，由此而发生各种复杂纠纷甚至酿成刑事案件的突出问题而专设的合同类型，其旨趣在于通过清晰厘定业主与物业服务企业之间的法律关系来规范小区的业主与物业服务

---

1 参见梁慧星：《合同通则讲义》，人民法院出版社 2021 年版，第 93—104 页。
2 参见彭凤至：《情事变更原则之研究》，五南图书出版公司 1986 年版，第 1 页以下；陈华彬：《民法总则》，中国政法大学出版社 2017 年版，第 287 页以下。

企业之间的正常关系，进而使小区的共用部分与附属设施等物业乃至业主的一些（生活）行为得到有效管理。至于合伙合同，则是将原《民法通则》中的有关个人合伙的规定纳入《民法典》中加以规定，并将之作为一种独立的合同形态而予对待。[1]

7. 新增有关无权处分效力的规定。无权处分的效力并非无效，而是有效。"因出卖人未取得处分权致使标的物所有权不能转移的，买受人可以解除合同并请求出卖人承担违约责任"（第 597 条第 1 款）。至于"法律、行政法规禁止或者限制转让的标的物，依照其规定"（第 597 条第 2 款）。

8. 典型合同中一些新增的完善、细化的规则。比如明确赠与合同系双方法律行为，亦即赠与人对受赠人的"恩惠"不能强制施与，而需得到受赠人的"同意"（第 657 条）；[2] 明确"当事人在保证合同中对保证方式没有约定或者约定不明确的，按照一般保证承担保证责任"（第 686 条第 2 款）；明确所有权变动不破租赁的适用需是"租赁物在承租人按照租赁合同占有期限内"（第 725 条）。

9. 明确禁止高利放贷，借款的利率不得超过国家规定的有关基准。《民法典》第 680 条第 1 款规定："禁止高利放贷，借款的利率不得违反国家有关规定。"以高利的方式放贷乃为现今社会生活中较常见的现象，因其为诸多纠纷的来源并影响社会安定，立基于保护社会弱者即债务人的利益的考量，有必要予以禁止。

10. 明定房屋的现在承租人享有优先承租权。此即《民法典》第 734 条第 2 款规定："租赁期限届满，房屋承租人享有以同等条件优先承租的权利。"此规定系在于保护房屋的现在承租人。盖因房屋的现在承租人既然占有、使用——租赁——房屋，则其对于后续的继续占有、使用（也就是租赁）就应优先于现在并未占有、使用（也就是租赁）房屋的社会一般人。

11. 进一步细化并明确客运合同中当事人的权利义务。有鉴于近年来实务中

1　参见《中华人民共和国民法典》，法律出版社 2020 年版，第 264 页。

2　我国《民法典》对赠与合同系采双方法律行为说，此无疑应值肯定。传统大陆法系法谚也有所谓"恩惠、好处、益处、恩德或善心不能被强制施与（给与）对方"。此盖因尊重与顾及接受赠与一方的意思、内心、感受、尊严与脸面也。

不时出现乘客霸座、不配合承运人采取安全运输措施，甚至抢公交司机的方向盘抑或打斗、推搡正在驾驶公交车的承运人（司机）的现象，《民法典》合同编于第19章"运输合同"第2节"客运合同"中，对客运合同当事人的权利义务作出了细化规定（第815条第1款、第819条及第820条）。

12. 最后，如前述，《民法典》合同编第三分编"准合同"，对无因管理与不当得利作出了规定，此系《民法典》不设债法总则，而是将本属于债法总则的内容和规则零星、分散地规定于总则编、合同编的结果。应当指出的是，无因管理与不当得利本为法定之债，而因合同关系所生的债则为意定之债，故此它们之间的差异乃是明显的，立法体例上将之一并规定于合同编中不免有些牵强。并且，于立法理念与法律发展的进步观念上，将作为法定之债的产生原因的无因管理与不当得利作为"准合同"加以解释或理解，于近代以前或罗马法时代乃并无不可，然于现今时代，其无疑是落后或滞后的。[1]

（四）人格权编呈现的创新或亮点

人格权独立成编是《民法典》的最大亮点。也就是说，人格权制度或规则作为独立的一编而被规定于《民法典》中，且其与其他各编如总则编、物权编、合同编、婚姻家庭编、继承编及侵权责任编并立，凸显了人格权制度或规则在民事法中的突出地位，构成《民法典》的亮点。惟应当指出的是，《民法典》人格权编规定的人格权制度或规则也并不完全是新创的，而更多的是原《民法通则》《民法总则》乃至最高人民法院司法解释中业已作出规定或于实务中予以适用的。故此，自此视角而论，《民法典》人格权编的（规则）内容主要的或大多数的乃是业已存在或适用过的，其基础仍然在于既往。如下谨提出人格权编主要的亮点或所作的一些创新性规定。

1. 明定人格权的涵义（定义），即人格权是指"民事主体享有的生命权、身体权、健康权、姓名权、名称权、肖像权、名誉权、荣誉权、隐私权等权利。除

---

[1]　参见［日］平田健治：《无因管理的构造、机能之考量》，大阪大学出版会2017年版，第9页以下；陈华彬：《债法分论》，中国政法大学出版社2018年版，第233页以下、第263页以下。

前款规定的人格权外，自然人享有基于人身自由、人格尊严产生的其他人格权益"（第 990 条）。基于对学理与法理的总结，明确"人格权受法律保护，任何组织或者个人不得侵害"（第 991 条），"人格权不得放弃、转让或者继承"（第 992 条）。[1] 基于司法实践经验、学理或法理乃至对最高人民法院司法解释规定的吸纳，[2] 明确死者的人格利益受到保护（第 994 条）。明定"人格权请求权"规则，即"人格权受到侵害的，受害人有权依照本法和其他法律的规定请求行为人承担民事责任。受害人的停止侵害、排除妨碍、消除危险、消除影响、恢复名誉、赔礼道歉请求权，不适用诉讼时效的规定"（第 995 条）；明定"精神损害赔偿请求权聚合"，即"因当事人一方的违约行为，损害对方人格权并造成严重精神损害，受损害方选择请求其承担违约责任的，不影响受损害方请求精神损害赔偿"（第 996 条）。尤其是明确"人格权行为禁令"，即"民事主体有证据证明行为人正在实施或者即将实施侵害其人格权的违法行为，不及时制止将使其合法权益受到难以弥补的损害的，有权依法向人民法院申请采取责令行为人停止有关行为的措施"（第 997 条）。另外，还明定认定人格侵权责任应考虑的主要因素（第 998 条）、人格权的合理使用（第 999 条）及"消除影响、恢复名誉、赔礼道歉等民事责任"的承担（第 1000 条）。最后，还明确身份权的法律适用，也就是"对自然人因婚姻家庭关系等产生的身份权利的保护，适用本法第一编、第五编和其他法律的相关规定；没有规定的，可以根据其性质参照适用本编人格权保护的有关规定"（第 1001 条）。

2. 明确器官捐献的基本规则。也就是说，"完全民事行为能力人有权依法自主决定无偿捐献其人体细胞、人体组织、人体器官、遗体。任何组织或者个人不得强迫、欺骗、利诱其捐献。完全民事行为能力人依据前款规定同意捐献的，应当采用书面形式，也可以订立遗嘱。自然人生前未表示不同意捐献的，该自然人死亡后，其配偶、成年子女、父母可以共同决定捐献，决定捐献应当采用书面形

---

1 参见梁慧星：《民法总论》（第五版），法律出版社 2017 年版，第 91 页。
2 参见陈华彬：《民法总则》，中国政法大学出版社 2017 年版，第 362 页。

式"（第 1006 条）。

3. 明确禁止人体买卖。也就是说，以任何形式买卖人体细胞、人体组织、人体器官、遗体的，皆被禁止。违反此规定的买卖行为无效（第 1007 条）。

4. 明确人体临床试验的基本遵循。亦即，"为研制新药、医疗器械或者发展新的预防和治疗方法，需要进行临床试验的，应当依法经相关主管部门批准并经伦理委员会审查同意，向受试者或者受试者的监护人告知试验目的、用途和可能产生的风险等详细情况，并经其书面同意。进行临床试验的，不得向受试者收取试验费用"（第 1008 条）。

5. 明确从事人体基因、人体胚胎等有关的医学和科研活动的基本原则。亦即，"从事与人体基因、人体胚胎等有关的医学和科研活动，应当遵守法律、行政法规和国家有关规定，不得危害人体健康，不得违背伦理道德，不得损害公共利益"（第 1009 条）。

6. 明确禁止性骚扰。也就是说，"违背他人意愿，以言语、文字、图像、肢体行为等方式对他人实施性骚扰的，受害人有权依法请求行为人承担民事责任。机关、企业、学校等单位应当采取合理的预防、受理投诉、调查处置等措施，防止和制止利用职权、从属关系等实施性骚扰"（第 1010 条）。

7. 明确侵害行动自由和非法搜查身体的民事责任。[1]亦即，"以非法拘禁等方式剥夺、限制他人的行动自由，或者非法搜查他人身体的，受害人有权依法请求行为人承担民事责任"（第 1011 条）。

8. 明确自然人选取姓氏的原则与例外。[2]亦即，"自然人应当随父姓或者母姓，但是有下列情形之一的，可以在父姓和母姓之外选取姓氏：（一）选取其他直系长辈血亲的姓氏；（二）因由法定扶养人以外的人扶养而选取扶养人姓氏；（三）有不违背公序良俗的其他正当理由。少数民族自然人的姓氏可以遵从本民族的文化传统和风俗习惯"（第 105 条）

1　参见陈华彬：《民法总则》，中国政法大学出版社 2017 年版，第 350 页。
2　参见陈华彬：《民法总则》，中国政法大学出版社 2017 年版，第 352 页。

9. 明确姓名、名称的登记及其变更不影响此前民事法律行为的效力（第1016条），并对笔名、艺名等予以保护。[1]具体而言，对于后者，第1017条规定："具有一定社会知名度，被他人使用足以造成公众混淆的笔名、艺名、网名、译名、字号、姓名和名称的简称等，参照适用姓名权和名称权保护的有关规定。"

10. 明定肖像权的内容与肖像的定义（第1018条）、肖像权消极权能（第1019条）、肖像权的合理使用（第1020条）、肖像许可使用合同解释规则（第1021条）、肖像许可使用合同解除权（第1022条）。尤其是明确姓名许可和声音保护参照适用以上规定，也就是说，对姓名等的许可使用，参照适用肖像许可使用的有关规定。对自然人声音的保护，参照适用肖像权保护的有关规定（第1023条）。应当指出的是，此处对于声音人格法益的保护具积极价值。《民法典》尽管未认可和规定声音权，但自然人对自己的声音的（法）利益无疑应当受到保护。比如自然人公开的演讲、授课、评论或谈话，若未经主办者、演讲者抑或授课人的明示或默示同意，他人就不得擅自录音，由此使本来转瞬即逝的事物物体化（Verdinglichung），得以被保存或使用。此外，擅自模仿他人声音用于商业广告也构成对声音人格法益的侵害。[2]

11. 明定名誉权的内容与名誉的定义（第1024条）。特别规定名誉的内容不仅指社会对于民事主体的道德的评价，也包括对其声望、才能乃至信用等的社会评价或价值判断，[3]此点具积极意义；明定为公共利益实施新闻报道、舆论监督[4]而影响他人名誉的，不承担民事责任，但是捏造、歪曲事实，对他人提供的严重失实内容未尽到合理核实义务及使用侮辱性言辞等贬损他人名誉的除外（第1025条）。此外，明确认定行为人是否尽到合理核实义务的考量因素（第1026条）。

12. 明定文学创作与艺术作品侵害名誉权的民事责任（第1027条），明确媒

1 参见陈华彬：《民法总则》，中国政法大学出版社2017年版，第352—353页。
2 参见王泽鉴：《侵权行为》，北京大学出版社2009年版，第135页；陈华彬：《民法总则》，中国政法大学出版社2017年版，第358—359页。
3 参见郑冠宇：《民法总则》（第六版），新学林出版股份有限公司2019年版，第125页；陈华彬：《民法总则》，中国政法大学出版社2017年版，第348页。
4 参见陈华彬：《民法总则》，中国政法大学出版社2017年版，第349页。

体报道内容失实侵害名誉权的补救（第 1028 条）、信用评价（第 1029 条）以及民事主体与信用信息处理者之间关系的法律适用（第 1030 条）。

13. 明确荣誉权为一种独立的人格权，平息了学界既往对于荣誉权是否为一种独立的人格权的争论，具重要价值与意义。具体而言，第 1031 条规定："民事主体享有荣誉权。任何组织或者个人不得非法剥夺他人的荣誉称号，不得诋毁、贬损他人的荣誉。获得的荣誉称号应当记载而没有记载的，民事主体可以请求记载；获得的荣誉称号记载错误的，民事主体可以请求更正。"

14. 明定隐私的涵义，即隐私是"自然人的私人生活安宁和不愿为他人知晓的私密空间、私密活动、私密信息"（第 1032 条第 2 款）。规定自然人的隐私权受法律保护，并具体列举侵害隐私权行为的形态或表现（第 1033 条）。

15. 明定个人信息的涵义及其保护。亦即，规定个人信息是指"以电子或者其他方式记录的能够单独或者与其他信息结合识别特定自然人的各种信息，包括自然人的姓名、出生日期、身份证件号码、生物识别信息、住址、电话号码、电子邮箱、健康信息、行踪信息等"（第 1034 条第 2 款），并明确自然人的个人信息受法律保护。

16. 明确处理个人信息应当遵循的原则与信息处理者不承担民事责任的情形（第 1035、1036 条）；明确个人信息主体的权利、信息处理者的信息安全保障义务与国家机关、承担行政职能的法定机构及其工作人员的保密义务（第 1037、1038、1039 条）。

（五）婚姻家庭编呈现的创新或亮点

婚姻家庭编是关于自然人的婚姻与家庭关系的民事规则。婚姻家庭是社会的基础，家庭更是社会的细胞，有家才有社会，才有国，是所谓"家国"也。《民法典》对于婚姻家庭关系的规范除沿用和承袭原有的基本规定与原则外，于如下方面进行了创新和变革。

1. 明确收养中应坚持最有利于被收养人的原则，保护被收养人和收养人的合法权益，且明定禁止借收养名义买卖未成年人（第 1044 条）。

2. 明确亲属、近亲属及家庭成员的范围。亦即，亲属包括配偶、血亲和姻亲；配偶、父母、子女、兄弟姐妹、祖父母、外祖父母、孙子女、外孙子女为近亲属；配偶、父母、子女和其他共同生活的近亲属为家庭成员（第1045条）。

3. 明确因胁迫结婚的，受胁迫的一方可以向人民法院请求撤销婚姻。请求撤销婚姻的，应当自胁迫行为终止之日起一年内提出（第1052条第1、2款）。

4. 将既往医学上认为不应当结婚的疾病作为禁止结婚的情形剔除，同时明确隐瞒疾病的可撤销婚姻。具体而言，《民法典》第1053条第1款规定："一方患有重大疾病的，应当在结婚登记前如实告知另一方；不如实告知的，另一方可以向人民法院请求撤销婚姻。"

5. 明确婚姻无效或者被撤销的，没有过错的一方可请求损害赔偿（第1054条第2款）。

6. 明确夫妻共同债务的范围。亦即，第1064条规定："夫妻双方共同签名或者夫妻一方事后追认等共同意思表示所负的债务，以及夫妻一方在婚姻关系存续期间以个人名义为家庭日常生活需要所负的债务，属于夫妻共同债务。夫妻一方在婚姻关系存续期间以个人名义超出家庭日常生活需要所负的债务，不属于夫妻共同债务；但是，债权人能够证明该债务用于夫妻共同生活、共同生产经营或者基于夫妻双方共同意思表示的除外。"

7. 明定亲子关系确认和亲子关系否认之诉规则。亦即，第1073条规定："对亲子关系有异议且有正当理由的，父或者母可以向人民法院提起诉讼，请求确认或者否认亲子关系。对亲子关系有异议且有正当理由的，成年子女可以向人民法院提起诉讼，请求确认亲子关系。"

8. 明定离婚冷静期制度。亦即，第1077条规定："自婚姻登记机关收到离婚登记申请之日起三十日内，任何一方不愿意离婚的，可以向婚姻登记机关撤回离婚登记申请。前款规定期限届满后三十日内，双方应当亲自到婚姻登记机关申请发给离婚证；未申请的，视为撤回离婚登记申请。"

9. 明确于人民法院判决不准离婚后双方又分居满一年，且一方再次提起离婚诉讼的，人民法院应当判决准予离婚（第 1079 条第 5 款）。

10. 对于夫妻离婚后子女的抚养，明确"离婚后，不满两周岁的子女，以由母亲直接抚养为原则。已满两周岁的子女，父母双方对抚养问题协议不成的，由人民法院根据双方的具体情况，按照最有利于未成年子女的原则判决。子女已满八周岁的，应当尊重其真实意愿"（第 1084 条第 3 款）。由此使实务中处理离婚后的父母子女关系更具实操性。[1]

11. 明定离婚时的经济补偿规则。亦即，《民法典》第 1088 条规定："夫妻一方因抚育子女、照料老年人、协助另一方工作等负担较多义务的，离婚时有权向另一方请求补偿，另一方应当给予补偿。具体办法由双方协议；协议不成的，由人民法院判决。"

12. 明确因"有其他重大过错"而导致离婚的，无过错方有权请求损害赔偿（第 1091 条第 5 项）。也就是说，有"其他重大过错"是离婚损害赔偿的适用情形。[2]

13. 扩大被收养人的范围，明确符合条件的未成年人皆可被收养（第 1093 条），且收养人无子女或者只有一名子女的皆可收养（第 1098 条第 1 项）。另外，明确"无不利于被收养人健康成长的违法犯罪记录"是收养人得收养的条件，民政部门应当依法进行收养评估（第 1098 条第 4 项、第 1105 条第 5 款）。

（六）继承编呈现的创新或亮点

继承编是关于自然人死亡后其生前财产如何继承、债务如何清偿等的规则系统。自然人凡生皆有死，其生前积累的财产于自己死后如何被处分，及其生前所欠债务如何于自己死后被清偿，皆为重要问题。故而《民法典》继承编的规定实乃具积极且重要的价值与功用。具体而言，《民法典》继承编于如下方面呈现出其创新或亮点。

1. 明定同时死亡的推定规则（第 1121 条第 2 款）。二人以上同时遇难（比如

1　参见《中华人民共和国民法典》，法律出版社 2020 年版，第 271 页。

2　参见《中华人民共和国民法典》，法律出版社 2020 年版，第 271 页。

天灾、船舶沉没或飞机失事），不能证明其死亡的先后时应认定孰先死孰后死，系一重要问题，其尤其与财产继承有重大关系。其他国家和地区有生存推定主义[1]与同时推定死亡主义[2]两种立法成例。罗马法、《法国民法典》第 721 条至第 722 条及《英国财产法》（Law of Property Act 1925[3]）第 18 条等采取生存推定主义；《德国失踪法》第 11 条、《瑞士民法典》第 32 条第 2 项、《日本民法》第 32 条第 2 项及我国台湾地区"民法"第 11 条，则采同时推定死亡主义。[4]我国最高人民法院《关于贯彻执行〈中华人民共和国继承法〉若干问题的意见》［1985 年 9 月 11 日，法（民）发 1985 第 22 号］规定：相互有继承关系的几个人在同一意外事故中死亡，不能确定死亡的先后时间的，推定没有继承人的人先死亡。各自都有继承人，如辈分不同，则推定长辈先死亡；辈分相同，则推定为同时死亡。可见，此系采折中主义。[5]《民法典》第 1121 条第 2 款之规定也与此同，其乃系对最高人民法院司法解释的直接吸纳。

应当指出的是，受同时死亡推定的同死者，以遭遇同一危难而死亡的情形为最多，但解释上应不限于"同时遇难"的情形。凡法律上有利害关系的二人以上死亡，而不能辨别其死亡的先后的，比如父子二人在异地于相近时间先后死亡

1　按照罗马法，父子同时遇难而死亡时，如子已成年，则推定子比父后死；子如未成年，则推定子比父先死。《法国民法典》第 720 条以下规定：同时遇难者未满 15 岁时，推定年长者比年幼者后死；反之，如满 15 岁，则推定年长者比年幼者先死。《英国财产法》第 18 条规定：二人以上同时遇难时，推定年长者比年幼者先死。对此，参见刘得宽：《民法总则》（修订新版），五南图书出版公司 1996 年版，第 66 页注释（二）。

2　参见《德国民法典》第 20 条、《瑞士民法典》第 32 条第 3 项及《日本民法》第 32 条第 2 项。

3　关于该法的较详细情况，田中英夫等编集《英美法辞典》（东京大学出版会 1991 年版）第 502 页在"Law of Property Act"条目下作有释明，其大意为：Law of Property Act 一是指财产权法，二是指财产法改革的诸法律。就前者而言，它是对中世纪以来复杂的英国财产法，尤其是不动产法进行基本变革的立法，这其中以 1922 年的与 1925 年的 Law of Property Act 最为重要。其主要的改革系为了交易安全。后者指除 Law of Property Act 1922 与 Law of Property Act 1925 外，还包括补充它们的一系列的制定法，比如 Administration of Estates Act 1925（遗产管理法）、Land Charges Act 1925（土地负担法）、Land Registration Act 1925（土地登记法）、Settled Land Act 1925（继承的财产设定地法）以及 Trustee Act 1925（受托者法）等。

4　参见［日］石田穣：《民法总则》，悠悠社 1992 年版，第 95 页。

5　参见陈华彬：《民法总则》，中国政法大学出版社 2017 年版，第 218 页。

（与遇难无关），而不能证明其死亡的先后的，皆可类推适用同时死亡的规则。盖因法律仅对死亡时期的同时性作推定，而并非对死亡本身作推定，故不应限于同一场所或同一危难。例如二人外出，一人上山，一人下海，皆不幸死亡，于不能辨别其死亡的先后时就属之。[1]

2. 明定对继承人的宽恕制度，也就是明确继承权的丧失和恢复规则。具体而言，继承人有遗弃被继承人，或者虐待被继承人情节严重，伪造、篡改、隐匿或者销毁遗嘱，情节严重，以及以欺诈、胁迫手段迫使或者妨碍被继承人设立、变更或者撤回遗嘱，情节严重的行为，确有悔改表现，被继承人表示宽恕或者事后于遗嘱中将其列为继承人的，该继承人不丧失继承权（第1125条第2款）。另外，受遗赠人有故意杀害被继承人等行为的，丧失受遗赠权（第1125条第3款）。

3. 完善代位继承制度，明确被继承人的兄弟姐妹先于被继承人死亡的，由被继承人的兄弟姐妹的子女代位继承（第1128条第2款）。[2]

4. 明确遗嘱可以采取打印、录音录像的方式为之。"打印遗嘱应当有两个以上见证人在场见证。遗嘱人和见证人应当在遗嘱每一页签名，注明年、月、日"（第1136条）。"以录音录像形式立的遗嘱，应当有两个以上见证人在场见证。遗嘱人和见证人应当在录音录像中记录其姓名或者肖像，以及年、月、日"（第1137条）。

5. 剔除公证遗嘱效力优先的规则，以切实尊重立遗嘱人的真实意愿。[3]

6. 明定遗产管理人制度。为确保被继承人死亡后继承人可顺利有序继承遗产、分割遗产，尤其是为确保遗产不被转移、丧失，更好地维护继承人与被继承人（死者）的债权人的利益，对遗产管理人的产生方式、职责和权利乃予以必要的明确（第1145—1149条）。[4]

---

[1] 参见刘得宽：《民法总则》（修订新版），五南图书出版公司1996年版，第66页；陈华彬：《民法总则》，中国政法大学出版社2017年版，第218—219页。

[2] 参见《中华人民共和国民法典》，法律出版社2020年版，第272页。

[3] 参见《中华人民共和国民法典》，法律出版社2020年版，第273页。

[4] 参见《中华人民共和国民法典》，法律出版社2020年版，第273页。

7. 为适应老龄化社会与养老形式多元化的需要，于遗赠扶养协议制度中扩大扶养人的范围，明定继承人以外的组织或者个人皆可以成为扶养人（第 1158 条）。[1]

8. 明确无人继承的遗产归国家所有时，该财产（遗产）应当用于公益事业（第 1160 条）。[2]

（七）侵权责任编呈现的创新或亮点

侵权责任编是关于侵害民事权利、民事法益乃至某些民事利益而应承担民事责任的规则系统。比如，对物权、人格权、身份权、债权乃至死者人格法益实施侵害的，皆应承担侵权责任。《民法典》侵权责任编于原《侵权责任法》的基础上作了一些创新，由此显示出其亮点。

1. 明定自甘风险规则（第 1176 条第 1 款）。自甘风险又称自甘冒险（assumption of risk），系指被害人明知危险存在，但仍自愿进入该危险领域，并于其后遭受该危险所生的损害。[3]应指出的是，"与有过失"（contributory negligence，过失相抵、过错相抵）系欧陆各国民法皆明文规定的被告抗辩事由，而自甘风险则否。[4]于荷兰，曾发生如下案例：在一场足球赛中，一方球队的球员（以下称"加害球员"）出于不必要的侵略性动作严重伤害对方球员（以下称"被害球员"）的脚部。加害球员于被请求损害赔偿的诉讼中辩称，其所属球队不守球场规矩及侵略性的比赛方式，系属恶名昭著、众所皆知，故被害球员于参与球赛时，乃已属自甘冒险（自甘风险）。本案加害球员攻击被害球员脚部的行为系属违法，被害球员也无"与有过失"可言。[5]

另外，有必要提及的是，于现今其他国家和地区立法和实证经验上，下列情形是否属于自甘风险值得斟酌：（1）同意接受医疗。（2）运动所生伤害。（3）搭乘

---

1 参见《中华人民共和国民法典》，法律出版社 2020 年版，第 273 页。
2 参见《中华人民共和国民法典》，法律出版社 2020 年版，第 273 页。
3 参见詹森林：《民事法理与判决研究》（六），元照出版有限公司 2012 年版，第 348 页。
4 参见詹森林：《民事法理与判决研究》（六），元照出版有限公司 2012 年版，第 348 页。
5 参见詹森林：《民事法理与判决研究》（六），元照出版有限公司 2012 年版，第 348 页。

便车。（4）内有恶犬，即忽视内有恶犬的警语而进入他人住宅，致遭狗咬伤者，并非自甘风险，故而主人不得以其已竖立警语而主张不负侵权责任。然被害人忽视警语的行为构成"与有过失"，故其赔偿请求应予减免 1。2

2. 明定自助行为规则（第 1177 条）。所谓自助行为（Selbsthilfe），系指为保护自己的权利而对于他人的自由或财产施予拘束、押收或毁损的行为。比如债务人变卖财物准备搭机潜逃境外，于餐厅白吃白喝后正欲乘车溜走时，得扣留其人或护照证件，取去汽车的钥匙，于必要时也可毁损其轮胎，不让其驾车离去。3

按照法理与学理，实施自助行为需符合下列要件 4：（1）权利人保护的需为自己的权利。自助行为，以保护自己的权利为限，对于他人的权利不得为自助行为。所谓"保护自己的权利"中的"权利"，系指请求权，且特性上适于以公权力直接、强制执行，包括债权的请求权、物权的请求权以及身份的请求权。盖因自助行为不过为一时的权宜的办法，事后仍应请求国家机关处理。5 不能强制执行的权利，比如夫妻同居请求权（参见我国台湾地区"民法"第 1001 条），或请求权已罹于诉讼时效的自然债务，皆不得为自助行为。（2）权利人必须因时机紧迫而来不及请求国家机关救济。此要件为法律认可自助行为的最主要的理由。所谓时机紧迫，系指非于其时为之，则其请求权不得实行或实行显有困难。是否具备之，应就具体情形，根据客观情形而确定。例如债务人已变卖财产，正搬离现在的住所。此时再依法定程序请求国家机关协助，将缓不济急，且非于其时为之，其请求权不得实行或实行明显有困难。6（3）权利人仅可拘束他人（债务人）的自由，或押收、毁损他人（债务人）的财产。换言之，自助行为的对象仅限于他人（债务人）的自由或财产。自助行为的方法，也以拘束、押收、毁损为限。所

1　此为德国梅明根（Memmingen）地方法院案例，参见詹森林：《民事法理与判决研究》（六），元照出版有限公司 2012 年版，第 351 页及该页注释 54。

2　参见詹森林：《民事法理与判决研究》（六），元照出版有限公司 2012 年版，第 349—351 页。

3　参见王泽鉴：《民法总则》，北京大学出版社 2009 年版，第 451 页。

4　参见陈华彬：《民法总则》，中国政法大学出版社 2017 年版，第 301—302 页。

5　参见刘得宽：《民法总则》（修订新版），五南图书出版公司 1996 年版，第 426 页。

6　参见郑冠宇：《民法总则》（第二版），瑞兴图书股份有限公司 2014 年版，第 215 页。

谓他人，系指债务人。拘束，乃限制义务人的自由，以防其逃匿。押收、毁损，是限制债务人的财产，以防止权利标的或可供执行的财产隐匿或灭失。押收并不以直接实施为限，请求国家机关停止债务人的处分行为，也属之。例如请求不动产登记机关暂时停止债务人移转或设定登记不动产物权即是。[1]另外，所押收的财产不必限于所欲保全的标的物，对于债务人的一般财产也可押收，以保全金钱请求权，然对于特性上不得查封、不得强制执行的器具物品，乃不得押收。为达拘束自由或押收财产的目的，也可将乘坐的小汽车或载货卡车的轮胎戳破，使之漏气。[2]（4）自助行为需不逾越保全权利所必要的限度。正当防卫、紧急避险与自助行为，皆为例外的救济途径，故此，自助的方式需适当且不逾越保全请求权所必要的程度，否则为过当自助。[3]譬如仅需押收财产即可的，就不得拘束人身自由，然若非拘束人身自由不可的，则不得进而实施伤害。[4]

自助行为的法律效果系在于使自助行为阻却违法，行为人对他人的自由或财产施以拘束、押收或毁损，不负损害赔偿责任。另外，自助行为系法律允许的适法行为，行为人于对债务人的自由或财产为拘束、押收、毁损的过程中，通常会造成债务人的损害，但此并不构成侵权行为，自无需对债务人所遭受的损害负赔偿责任。[5]比如于餐厅白吃白喝后准备溜走时不免引起一阵拉扯，其间或将债务人的衣服扯破或表带拉断，并不构成侵权行为。[6]行为人所为的自助行为是否具备自助行为的要件，应由行为人负举证责任，自助行为过当时，应负损害赔偿责任。[7]

另外，实施自助行为后，如债务人已应自助人的请求为一定的行为或不行为，自助人（权利人）已达目的的，保全措施自然解除，自助行为结束。若请求权未获实现，而仍押收债务人的财产或拘束其自由的，则自助人应请求国家机关

1　参见刘得宽：《民法总则》（修订新版），五南图书出版公司 1996 年版，第 426 页。

2　参见施启扬：《民法总则》（修订第八版），中国法制出版社 2010 年版，第 386 页。

3　参见施启扬：《民法总则》（修订第八版），中国法制出版社 2010 年版，第 386 页。

4　参见郑冠宇：《民法总则》（第二版），瑞兴图书股份有限公司 2014 年版，第 215 页。

5　参见郑冠宇：《民法总则》（第二版），瑞兴图书股份有限公司 2014 年版，第 215 页。

6　参见施启扬：《民法总则》（修订第八版），中国法制出版社 2010 年版，第 385 页。

7　参见施启扬：《民法总则》（修订第八版），中国法制出版社 2010 年版，第 385 页。

处理。[1]

自助行为因属紧急措施，影响债务人的利益甚大，故仅为保全措施，行为人不得借此恣意实现其权利，行为人为自助行为后，即在拘束他人的自由或押收财产后，需即时向国家机关申请处理，称为公力救济。所谓"即时"，乃指迅速且不迟延之意。由于自助行为对债务人的自由和财产影响甚大，为自助行为之初虽具备自助要件，但于实施后申请迟延，并由此造成损害的，则仍应负损害赔偿责任。[2] 申请因不具备自助要件（如过当自助、误想自助）或迟延申请而被国家机关驳回的，行为人无论有无过失，皆应负赔偿责任，以保障债务人的自由、财产免于随时受到侵害[3]。

3. 明确自然人具有人身意义的特定物因侵权人故意或者重大过失而被侵害，由此造成（自然人）严重精神损害的，其有权请求精神损害赔偿（第 1183 条第 2 款）。[4]

4. 明定故意侵害他人知识产权且情节严重的，被侵权人有权请求相应的惩罚性赔偿（第 1185 条）。[5]

5. 明定委托监护的（侵权）责任。亦即，《民法典》第 1189 条规定："无民事行为能力人、限制民事行为能力人造成他人损害，监护人将监护职责委托给他人的，监护人应当承担侵权责任；受托人有过错的，承担相应的责任。"

6. 细化规定网络侵权责任，完善权利人通知规则与网络服务提供者的转通知

1　参见施启扬：《民法总则》（修订第八版），中国法制出版社 2010 年版，第 386 页。

2　行为人申请迟延而仍不返还所押收的物或不释放债务人的，债务人除可请求损害赔偿外，也可请求法院强制其履行。若具备法定要件的，并可对之为自卫或自助。另外，德国有学者根据《德国民法典》第 230 条第 4 项的规定认为，行为人若违反应即时申请法院或其他有关机关援助的义务，或其申请因程序瑕疵而被驳回，违反应即时返还押收物或释放债务人的义务的，应依一般侵权行为规则，以具有故意或过失为要件，负损害赔偿责任。对此，参见刘得宽：《民法总则》（修订新版），五南图书出版公司 1996 年版，第 427—428 页，注释（一）（第 427—428 页）、注释（二）（第 428 页）。

3　参见施启扬：《民法总则》（修订第八版），中国法制出版社 2010 年版，第 387 页；施启扬：《民法总则》，三民书局股份有限公司 2007 年版，第 452 页。

4　参见《中华人民共和国民法典》，法律出版社 2020 年版，第 274 页。

5　参见《中华人民共和国民法典》，法律出版社 2020 年版，第 274—275 页。

规则（第 1195、1196 条）。[1]

7. 明确生产者、销售者承担召回缺陷产品的责任时，应负担被侵权人因此支出的必要费用（第 1206 条第 2 款）。[2]

8. 明定交通事故责任承担主体的赔偿顺序。亦即，《民法典》第 1213 条规定："机动车发生交通事故造成损害，属于该机动车一方责任的，先由承保机动车强制保险的保险人在强制保险责任限额范围内予以赔偿；不足部分，由承保机动车商业保险的保险人按照保险合同的约定予以赔偿；仍然不足或者没有投保机动车商业保险的，由侵权人赔偿。"

9. 明定医务人员说明义务与保障患者的知情同意权，强化对患者隐私和个人信息的保护（第 1219、1226 条）。[3]

10. 明定环境污染、生态破坏侵权的惩罚性赔偿规则，以及对生态环境损害的修复责任和公益诉讼的赔偿范围（第 1232、1234、1235 条）。[4]

11. 明确、完善占有或使用高度危险物致害的责任承担（第 1239 条）。[5]

12. 明确高空抛物中物业服务企业与公安等机关的必要的安全保障措施与及时调查、查清责任（第 1254 条）。

三、我国《民法典》的时代特征

2020 年 5 月 28 日由第十三届全国人民代表大会第三次会议（大会）通过的《民法典》是新中国历史上的第五次民法典制定运动的产物，前四次即 1954 年、1962 年、1979 年及 2001 年的历次民法典制定运动皆因各种原因而未能成功。第五次民法典制定运动起于 2014 年，距通过《民法典》只有 6 年时间，而《德国

1　参见《中华人民共和国民法典》，法律出版社 2020 年版，第 275 页。
2　参见《中华人民共和国民法典》，法律出版社 2020 年版，第 275 页。
3　参见《中华人民共和国民法典》，法律出版社 2020 年版，第 275—276 页。
4　参见《中华人民共和国民法典》，法律出版社 2020 年版，第 276 页。
5　参见《中华人民共和国民法典》，法律出版社 2020 年版，第 276 页。

民法典》的制定则用了 22 年（1874—1896 年），日本若从法国人波伦索那得（G. Boissonade，1825—1910 年）于 1873 年（日本明治 16 年）来到该国帮助其制定民法典起直至于 1898 年最终完全颁行（日本）民法典止，则用了 25 年的时间。[1] 至于 1804 年公布施行的人类第一部资本主义国家的和以资本主义经济制度为基础的民法典——《法国民法典》，[2] 则也是历经若干年的积累、努力方得以最终完成。[3] 如前述，我国的此次民法典制定运动仅以 6 年时间就得以完成，一方面实值称道，但同时并加之其他缘由也使这部民法典带有明显的时代特征，或曰一些阙如、缺憾或不足。对此，乃可举出如下一些方面而予说明。

第一，由于立法采行小修小改、非必要不修改、非必要不增加的做法或对策，一些实属需要（甚至急需）而本应增加、完善或改易的制度或规则未能被规定、完善或改易。此尤其体现于物权编中的无主物先占、遗失物拾得、取得时效、担保物权以及建筑物区分所有权中的诸多制度或规则未能得到规定、完善或改易，由此留下阙如、缺憾或不足。还有，原《物权法》第五编中关于占有的 5 条规定也只是原原本本地被纳入《民法典》物权编中，而未作出任何增加规定，此甚或造成学理与未来实务对于占有制度或规则的需要的很大的阙如。[4] 另外，对于新增加的添附的规定，由于在内容设计上具有很强的（中国）特色，而并非自传统上其他国家和地区共通的法理、学理乃至立法成例的视角作出规定，学理与未来实务对于它的解释论（"评注论""注释论"）也不免会成为棘手的难题。[5]

第二，如前述，如今颁布的《民法典》是新中国第五次民法典制定运动的成果，然与以往历次民法典制定运动不同的是，此次民法典制定运动自始至终充满

1　参见［日］西村重雄、儿玉宽编：《日本民法典与西欧法传统》，九州大学出版会 2000 年版，第 3 页以下；陈华彬：《民法总则》，中国政法大学出版社 2017 年版，第 169—171 页。

2　参见谢怀栻：《大陆法国家民法典研究》，中国法制出版社 2004 年版，第 5 页。

3　参见陈华彬：《民法总则》，中国政法大学出版社 2017 年版，第 147 页以下。

4　对我国《民法典》物权编宜对此等制度或规则作出规定、完善或改易的论证与分析，请参见陈华彬："我国民法典物权编立法研究"，载《政法论坛》2017 年第 5 期，第 29 页以下。

5　参见陈华彬："我国民法典物权编添附规则立法研究"，载《法学杂志》2019 年第 9 期，第 67 页以下。

了激烈甚至是十分尖锐的论争，且这种论争甚或并不因现今《民法典》得以颁布而画上休止符。譬如对于人格权的体例安排，亦即人格权应否独立成编，对于应否规定居住权，对于应否删除无权处分的效力待定的规定等，都始终存在很大争议。应当认为，这些争议很大程度上使现今《民法典》带有明显的时代特征。至少可以认为，它所确定的规则、制度乃至体例安排存在异议，存在否定的声音，乃至存在不同的甚至是很大的分歧意见。

第三，《民法典》共分七编，分别是总则编、物权编、合同编、人格权编、婚姻家庭编、继承编和侵权责任编。尽管有立法机关的人士极力解释此种体例安排的正当性与合理性，但还是应当指出，自严格、谨严的民法典本身的逻辑、法理、学理乃至比较立法成例的体系看，这一体例编排还是不够谨严，甚至是有些紊乱的。尤其是它将人格权编置于总则编、物权编与合同编以后（尤其是置于后二者以后），可以解释为先有了财产，先有了物权，方谈得上有"人格（权）"，但它是有违《民法典》系先调整人身关系，然后方调整财产关系的既有规定（《民法典》第2条）的。并且，物权编（第二编）、合同编（第三编）以及侵权责任编（第七编）皆属对于财产关系的规定，总则编（第一编）中对于"人"（含自然人、法人与非法人组织）的规定，以及人格权编（第四编）对于人格权的规定，也都具有诸多的共通之处。至于婚姻家庭编与继承编置于一起规定，应当说并无不当。综上而言，笔者认为，《民法典》各编的体例作如下两种安排（编排）乃更为恰当：（1）总则编、人格权编、物权编、合同编、侵权责任编、婚姻家庭编、继承编；（2）人格权编、总则编、物权编、合同编、侵权责任编、婚姻家庭编、继承编。

第四，如前述，由于《民法典》的制定时间较短，且制定过程中充满争议，加之立法机关秉持尽量减少社会震动，以如期通过《民法典》的方针，这部法典多少带有"急就章"的特性。比如对于拾得价值较小或甚小的遗失物，拾得人能否取得其所有权，以及拾得人于遗失人领取拾得物（遗失物）时得否有报酬请求权，立法机关或许已有研议，但最终并未付诸行动（条文的拟定）。之所以如此，盖因此等问题重要、敏感，一旦拟定条文让社会与人民讨论，必会引起社会强烈反响乃至震动，也必然会延缓、拖延乃至影响《民法典》的如期颁布，所以最好的办法也就是不规定、不讨论，而直接将原《物权法》中的规定纳入《民法典》中。于其他方面也存在这样的问题。一言以蔽之，《民法典》的制定过程整体感觉好似在"赶路"，由此就使一些制度或规则的讨论未尽充分、未能彻底。

第五，如今的《民法典》尽管存在诸多创新或亮点，然也应当指出的是，其内容与制度或规则的设计、厘定于一些（甚或诸多）方面乃并未达到甚或落后于现今民法学理、法理业已达到的研究水平和程度。仅就晚近学界对物权法学理、法理的研究而言，其已达到一个较高的水平和程度，单就笔者发表的《民法典》物权编立法研究的成果就有十数篇以上[1]，再加之其他一些学者的研究成果，乃已然将物权法的学理与法理研究水平推至一个较高的层次。然遗憾的是，这些建言或既有的学术研究成果并未有多少被立法（直接）吸纳或采取。这其中的缘由应当说是多方面的，然前文指出的若干方面无疑是造成这一局面的主要因素。

第六，美国学者艾伦·沃森（Alan Watson）谓：政治因素于法典编纂中是重要的，法典的问世必定（要）有适当的政治环境。[2]如今的《民法典》的编纂起于中共十八届四中全会的决议（意见），从那时起到《民法典》最终通过，政治的因素、政治的环境都是具备的、充分的。由此点看，《民法典》的制定并不单纯是学界或立法机关的举动，而更多的是政治的因素、政治的决议或意见所决定的、所造就的。

四、结语

人类迄今为止乃主要经历了四次民法典编纂运动（或所谓的"浪潮"抑或"热

1　对此，参见陈华彬著《民法体系的新展开》（中国政法大学出版社 2021 年版，上、下册）第 3 页以下所载的相关论文。

2　参见［美］艾伦·沃森：《民法法系的演变及形成》，李静冰、姚新华译，中国政法大学出版社 1992 年版，第 130 页。

潮"[1]）：第一次是古罗马优士丁尼于公元 6 世纪开启的《罗马法大全》（《民法大全》《国法大全》）编纂运动。第二次是欧陆国家与亚洲的日本在 19 世纪与 20 世纪初进行的民法典编纂运动，1804 年《法国民法典》、1811 年《奥地利普通民法典》、1896 年《德国民法典》和《日本民法》以及 1907 年《瑞士民法典》皆为此次运动的重要成果。第三次是 20 世纪 70 年代至 90 年代的民法典编纂运动，其代表性成果是《荷兰民法典》各编的陆续公布。[2]而我国如今的《民法典》应当说是人类世界的第四次民法典编纂运动的成果。故而，无论如何估量《民法典》的意义与价值皆不为过。

民法典被称为"权利的宪章"或"权利的宣言书"，是向国家、社会、人民赋权（利），规定 right（私权、权利），使其与作为国家公权力的 power（公权、权力）形成对照。私权与国家公权力的平衡对于国家、社会、人民而言始终是重要的。《民法典》的颁行，尤其是其中的人格权编规定的人格权制度与规则的付诸实施应能对（人格）私权起到积极的保护作用，进而遏制国家公权力可能产生的肆意或横暴行为。由此而言，《民法典》的颁行乃对国家公权力的行使产生了限制，实具积极与重大意义。

如本文前述，《民法典》既有其创新或亮点，也有其阙如、缺憾或不足所映现的时代特征。对于后者，期冀未来于实施过程中不断总结经验而适时以修法、司法解释抑或审判工作会议纪要等形式予以增删、克减、弥补或改易，以实现《民法典》的与时俱进，进而使之得以不断因应国家、社会的发展、变革与变迁的需要。透过这样的工作和努力，可期冀我们的人民、社会与国家于《民法典》的庇护下能尊严、安宁、富足及和谐地生活于如斯的这个世界。

1　梁慧星于"关于我国民事法律制度的几个问题"［载全国人大常委会办公厅研究室编：《全国人大常委会法制讲座汇编》（第二辑），中国民主法制出版社 2000 年版，第 136 页］中称之为"热潮"。

2　参见梁慧星："关于我国民事法律制度的几个问题"，载全国人大常委会办公厅研究室编：《全国人大常委会法制讲座汇编》（第二辑），中国民主法制出版社 2000 年版，第 136—137 页。

行使民事权利应遵循诚实信用原则[*]

一、引言

按民法法理，民事权利系民法的中心概念，民法因此成为权利之法，民法的主旨由此即是确认个人享有的私权。尽管如此，自然人、法人及非法人组织等享有的民事权利（私权）并非可以任性或不受限制，相反，在现今，公共利益（公共福祉）原则、诚实信用¹原则及权利滥用的禁止原则，系自然人、法人及非法人组织行使权利、履行义务应遵循的原则，也是司法机关在法律对某一事案并无规定时据以裁判案件、解释民商事法律的依据。更重要的是，它们还是对民事权利的内容和行使予以限制，使其不致任性的准绳。

二、民事权利（私权）的内容和行使需合于公共利益（公共福祉）

民事权利或私权必须符合公共利益（公共福祉），系 1945 年二战结束以降各国家或地区私法中确立的一项基本原则。譬如在日本，此原则于 1947 年修改民法时被追加规定。按照该原则，无论私权的内容抑或私权的行使，均须与公

　＊　本文发表于《检察日报》2017 年 6 月 25 日第 3 版，今收入本书，正文内容乃基本未作更动、变易。惟为阅读方便计，对正文的内容作了标题提示，并添加若干注释。

　1　所谓诚实信用，简称诚信，学者谓："舍利取义，谓之诚信。"参见徐国栋：《民法基本原则解释：诚信原则的历史、实务及法理的研究》，［日］矢泽久纯、李伟群译，溪水社 2018 年版，"扉页"。

共福祉（公共利益）相符合。[1]此外，该原则也被认为是私权（民事权利）的基本理念之一，并于司法裁判具体民事案件时发挥其功用。[2]应当注意的是，依民事权利或私权应当服从公共利益的旨趣，民事权利或私权的内容必须与"社会全体的利益"相协调，民事权利或私权具有社会性且公益应当优先。[3]所谓"社会全体的利益"，也必须还原为构成社会的每个个体的利益。易言之，并不存在与构成社会的每个个体相分离的、抽象的"社会全体的利益"。譬如，修建高速公路系为"社会全体的利益"服务。但此"社会全体的利益"，应还原为利用高速公路运营的司机的利益、货物运送业者的利益、将新鲜的食品快速运送到消费者手中而获取高额利润的食品生产者的利益，以及迅速获得新鲜食品的消费者的利益等。而反对修建高速公路的沿途所经过的土地的权利人，于"社会全体的利益"的名义下即受到限制。[4]概言之，民事权利或私权的不可任性或受限制，乃系自然人、法人及非法人组织于社会生活中产生与他人的权利冲突或对立时，对其民事权利或私权的内容（范围）予以限缩并划定其行使的界限。[5]

三、民事权利（私权）的行使也受诚实信用与权利滥用的禁止原则的限制

民事权利或私权的行使，系自然人、法人及非法人组织就权利的内容加以主张，以实现其所得享受法律保护的利益。私权的享有、私权的保护，以至于私权的实现，皆须经由私权的行使，方可达成。现今主要系透过公共利益（公共福祉）原则、诚实信用原则及权利滥用的禁止原则对民事权利或私权的行使加以

1　参见［日］四宫和夫、能见善久：《民法总则》（第9版），弘文堂2013年版，第21页以下。

2　参见［日］四宫和夫、能见善久：《民法总则》（第9版），弘文堂2013年版，第21页。

3　参见［日］四宫和夫、能见善久：《民法总则》（第9版），弘文堂2018年版，第21—22页。

4　参见［日］石田穣：《民法总则》，悠悠社1992年版，第41页。

5　参见［日］石田穣：《民法总则》，悠悠社1992年版，第41页。

限制。

　　当代民事权利或私权应当服从公共利益，不仅是限制民事权利或私权的内容的原则，还是限制民事权利或私权的行使的原则。换言之，民事权利或私权的行使，不得有悖于社会的共同利益（公共利益、公共福祉），违反此点时，即构成民事权利或私权的滥用而不得被容许。[1]诚实信用原则，也称"诚信原则"、"信义诚实原则"或"信义原则"（日文汉字：信義則），[2]系指符合公平正义的原理、原则，其为人类社会生存和发展的重要基础（我妻荣语）[3]，故被称为民法上的"帝王规则"、"皇帝条款"或"帝王条款"（Königparagraph），[4]处于整个民法的最高原则的地位。[5]《德国民法典》第 242 条（该条中的德语 Treu und Glauben 即被翻译为诚信原则）、《法国民法典》第 1134 条（该条规定的 Bonne Foi 规则）及《瑞士民法典》第 2 条第 1 项等明定了该原则。[6]《日本民法》最初并未规定该原则，但其自大正时期（1911 年）起，判例、学说即认可该原则。[7]1947 年修改后的《日本民法》将该原则明定于第 1 条第 2 项："权利行使与义务履行必须遵守信义，以诚实（的方式或态度）为之。"[8]

四、诚实信用原则对民事权利（私权）的行使与义务的履行的具体规制

　　我国《民法典》第 7 条规定："民事主体从事民事活动，应当遵循诚信原则，秉持诚实，恪守承诺。"据此，包括行使民事权利或私权在内的所有民事活动，

---

[1]　参见［日］四宫和夫：《民法总则》（第四版），弘文堂 1972 年版，1995 年 1 月第 22 刷发行，第 29—30 页。

[2]　参见［日］四宫和夫、能见善久：《民法总则》（第 9 版），弘文堂 2018 年版，第 23 页。

[3]　参见［日］四宫和夫、能见善久：《民法总则》（第 9 版），弘文堂 2018 年版，第 23 页。

[4]　参见王泽鉴：《民法学说与判例研究》（1），中国政法大学出版社 1998 年版，第 303 页；梁慧星：《民法总论》（第五版），法律出版社 2017 年版，第 275 页。

[5]　参见谢怀栻：《大陆法国家民法典研究》，中国法制出版社 2004 年版，第 80 页。

[6]　参见［日］四宫和夫、能见善久：《民法总则》（第 9 版），弘文堂 2018 年版，第 23 页。

[7]　参见［日］四宫和夫、能见善久：《民法总则》（第 9 版），弘文堂 2018 年版，第 23 页。

[8]　参见［日］四宫和夫、能见善久：《民法总则》（第 9 版），弘文堂 2018 年版，第 23 页。

自然人、法人及非法人组织皆应遵循或依诚实信用原则 [1] 而为之。具体而言，诚实信用原则主要在以下方面发挥其功用和价值。

1. 诚实信用原则因系道德观念的法律化，故无论权利人与义务人，皆须予以适用。由此，行使权利若不符合该原则，将不发生行使权利的效力；履行义务若不符合该原则，将不发生义务消灭的效力。[2]

2. 权利义务的具体化，即诚实信用原则得使已经存在的权利义务具体化。在法制史上，诚实信用原则的适用范围曾经历了一个不断扩大的演变过程。1804 年《法国民法典》规定，诚实信用原则只是关于"契约的履行"的原则，之后的发展是 1896 年《德国民法典》将其扩大到"债务的履行"的原则，进一步的发展是 20 世纪以后制定的民法（如《瑞士民法典》）将其适用范围扩大到债法以外的领域，被明定为行使权利、履行义务的基本原则。1947 年经修改的《日本民法》第 1 条第 2 项也将该原则扩大到权利的行使与义务的履行的总原则。归纳言之，法国法和德国法最初将诚实信用原则的适用主要限定于债法领域（当然，现今的法国法、德国法已将其适用范围扩大）。瑞士法和日本法并未限定诚实信用原则的适用领域，认为其系行使权利、履行义务的总的"指导原理"，故而即使于物权法、亲属法、身份法、商事法、团体法及诉讼法等领域也应适用该原则。[3] 另外，在现今，于社会接触关系（如相邻关系、地役权关系和夫妻关系）者之间及公法关系领域，诚实信用原则也有广泛的适用余地。[4] 概言之，诚实信用原则系今日行使私权与履行义务的总原则。

---

1 郑强著《合同法诚实信用原则研究：帝王条款的法理阐释》（法律出版社 2000 年版）第 4 页指出："在我国，诚实信用原则一词作为法律术语，是由外国引进。诚实信用，以拉丁文表达为 Bona Fide，以法文表达为 Bonne Foi，以英文表达为 Good Faith。直译均为'善意'。在德文中表达为 Treu und Glauben（忠诚和相信），在日语中表达为'信义诚实'。由于我国近代继受了大陆法系的法文化传统，通过日本为中介受到德国很大影响，汉语中诚实信用原则一词是德文指称的直接移译。"

2 参见郑冠宇：《民法总则》（第二版），瑞兴图书股份有限公司 2014 年版，第 199 页。

3 参见 [日] 四宫和夫、能见善久：《民法总则》（第 9 版），弘文堂 2018 年版，第 24 页。

4 参见 [日] 四宫和夫：《民法总则》（第四版），弘文堂 1972 年版，1995 年 1 月第 22 刷发行，第 30 页。

3. 规范的创设。于权利义务关系并不存在的情形，诚实信用原则也可用来设立规范。[1]

4. 使社会接触关系者之间的规范关系具体化。于某行为在义务的履行上是否有其意义、债务人为实现合同目的而负有各种附随义务（如说明义务、保护义务、包装义务等）及权利人是否也负有协助实现债务的义务等方面，诚实信用原则皆有使社会接触关系者之间的规范关系具体化的功用。[2]

5. 诚实信用原则作为法理的一种形态，可补充制定法规定的不足及克服制定法形式适用上的不合理。这一功能，表明诚实信用原则可对既存权利的存续或行使加以变易。[3]

6. 诚实信用原则可用于解释或补充法律或合同。惟适用上须注意，此应以私权的存在为要件，而不能废止或变更法律，且依合同的解释可达目的时，就无需再适用诚实信用原则。[4]

7. 法律行为的解释基准。对合同等进行解释时，可依诚实信用原则而提出自己的权利主张。[5]

从实质上看，权利滥用的禁止系诚实信用原则的具体体现。权利滥用的禁止，系罗马法以来民法的一项重要原则。《德国民法典》第 226 条设立其明文规定，依该条规定，仅以损害他人的目的而行使权利的构成权利滥用，由此得被禁止。1947 年经修改后的《日本民法》于第 1 条第 3 项未设《德国民法典》的此项限制，而是于更加广阔的视角客观性地禁止权利滥用。[6]有无权利滥用，通常应由法院等依职权调查后确定。具体言之，外观上系行使权利的行为一旦被判定为权

1　参见 ［日］ 四宫和夫、能见善久：《民法总则》（第 9 版），弘文堂 2018 年版，第 24 页以下。

2　参见 ［日］ 四宫和夫、能见善久：《民法总则》（第 9 版），弘文堂 2018 年版，第 24 页以下；刘得宽：《民法总则》（修订新版），五南图书出版公司 1996 年版，第 416 页。

3　参见 ［日］ 四宫和夫、能见善久：《民法总则》（第 9 版），弘文堂 2018 年版，第 24 页以下；刘得宽：《民法总则》（修订新版），五南图书出版公司 1996 年版，第 416 页。

4　参见郑冠宇：《民法总则》（第二版），瑞兴图书股份有限公司 2014 年版，第 199 页。

5　参见 ［日］ 四宫和夫、能见善久：《民法总则》（第 9 版），弘文堂 2018 年版，第 25 页。

6　参见 ［日］ 四宫和夫、能见善久：《民法总则》（第 9 版），弘文堂 2018 年版，第 30 页。

利滥用，即会产生如下三项后果：（1）权利的行使构成滥用的，不得认可其效果；[1]（2）权利的行使构成滥用而侵害他人的权利时，受侵害的人可依情形而要求排除妨害、损害赔偿或返还不当得利；[2]（3）法律有特别规定，且滥用权利的情形特别彰显时，可将私权人的"权利"予以剥夺。[3]

五、现今应强调民事权利（私权）的内容与行使不可任性或应受限制

民事权利或私权的内容与行使不可任性或应受限制，于现今民法理论、实务及民法典编纂中，皆系十分重要的关口。尽管民法为权利之法，是人民的"权利宣言"，保护或保障人民的权利系我国民法的基本任务，但我们应清醒地看到，我国自 1978 年实行改革开放、1992 年实行市场经济的经济体制和制度以来，人们的权利意识、权利观念已极大觉醒，尤其是人们的个人主义意识或倾向已变得较强。故此，在现今编纂民法典使个人尽享民事权利的同时，也宜使单个的自然人、法人及非法人组织负有社会义务〔譬如所有权的行使即负有义务，亦即"所有权负有义务"（Eigentum verpflichtet）[4]〕、社会责任，尤其是使其私权的行使不得任性。惟有如此，方能使我国人民、社会及国家得以持续、健康、和谐、稳定发展，并促使我国民法典以科学、先进、和谐的面目因应人民、社会及国家的需要。

1　参见［日］四宫和夫、能见善久：《民法总则》（第 9 版），弘文堂 2018 年版，第 31 页。

2　参见［日］四宫和夫、能见善久：《民法总则》（第 9 版），弘文堂 2018 年版，第 31 页。

3　参见刘得宽：《民法总则》（修订新版），五南图书出版公司 1996 年版，第 420 页。《日本民法》第 834 条规定："有受父或母虐待或恶意遗弃时，及因父或母之亲权行为使乃显著困难或不适当而显著有害子女之利益时，家庭法院依子女、其亲属、未成年监护人、未成年监护监督人或检察官之请求，得就其父或母，作出亲权丧失之裁定。但两年以内其原因有消灭之希望时，不在此限。"王融擎编译：《日本民法条文与判例》（下册），中国法制出版社 2018 年版，第 777—778 页。另外，我国台湾地区"民法"第 1090 条也定有亲权滥用之禁止的规定，即"父母之一方滥用其对于子女之权利时，法院得依他方、未成年子女、主管机关、社会福利机构或其他利害关系人之请求或依职权，为子女之利益，宣告停止其权利之全部或一部"。陈聪富主编：《月旦小六法》，元照出版有限公司 2014 年版，第（叁）—136 页。

4　参见洪逊欣：《法理学》，永裕印刷厂 1988 年版，第 20 页，"索引三 外文翻译对照索引"。

民法（典）物权

物权优先于债权原则及其例外情形[*]

一、引言

按照法理、学理与物权立法成例，民法中的物权法规则系统或类型乃涵括所有权、用益物权、担保物权以及作为类（似）物权的占有。其中，根据《民法典》物权编的规定，用益物权又包括土地承包经营权、建设用地使用权、宅基地使用权、地役权及居住权，（典型）担保物权则有抵押权、质权和留置权。值得注意的是，尽管此等物权因种类或类型的不同而于效力上存在差异，然它们既然皆为物权而有共同的特性，也就具有共同的效力。[1] 易言之，物权系权利人直接支配特定物而享受其利益的财产权，其具有对客体的直接支配性与排他的保护绝对性，[2] 基于此二项特性，衍生出物权的排他效力、优先效力、追及效力及物权的物上请求权（含物权标的物的返还请求权、物权标的物的妨害排除请求权与物权标

---

  * 本文曾发表于《财经法学》2021 年第 5 期，今收入本书乃基本未作更易、变动，仅为阅读方便计而对正文的个别内容作了标题提示，并增加、补足个别注释。

  1 参见谢在全：《民法物权论》（上，修订七版），新学林出版股份有限公司 2020 年版，第 28 页。

  2 参见温丰文：《民法物权案例研究》，新学林出版股份有限公司 2017 年版，第 7 页；王泽鉴：《民法物权》，2014 年自版，第 37 页以下；谢在全：《民法物权论》（上，修订七版），新学林出版股份有限公司 2020 年版，第 9 页以下。也就是说，对物直接支配并享受其利益，与排他的保护绝对性，系来自于物的归属（Zuordnung），即法律将特定物归属于某权利主体，由其直接支配，享受利益，并排除他人对此支配领域的侵害或干扰，这是物权的本质之所在。又请参见王泽鉴前揭书，第 38 页。

的物的妨害预防请求权）效力。[1]限于篇幅，本文着重研议物权优先于债权的效力（原则）及其诸多例外情形或状态。尤其是后者，即物权优先于债权的例外情形或状态，本文拟加以翔实展开，力图作较深入的讨论。

二、物权优先于债权为物权法乃至民法之重要原则

按照法理与学理，物权优先于债权为物权法乃至民法的重要原则。所谓"优先（效力）"又称"（物权的）优先权"，系指一物上有物权与债权竞合而无法相容（或两立）时，无论物权是否成立于债权之前，其原则上皆具有优先于债权的效力。[2]之所以如是，盖因如前所述，物权系权利人直接支配特定物的权利，故其客体乃仅限于独立的特定物，而债权系为债权人得请求债务人为一定行为或不为一定行为的权利，故其客体乃为债务人的特定行为，即债务人的应为一定行为或不为一定行为的债务。[3]这其中，债务人应为的一定行为若以物的给付为内容，则债权人需透过债务人给付物的行为方能达到对物的支配目的。概言之，债权不具有直接支配物的权能或功能。[4]物权乃为对物的直接的支配权、绝对权，债权仅为透过债务人的行为而间接支配物的请求权、相对权，于二者发生冲突时，物权乃应优先于债权，[5]也就是说物权原则上具有优先于债权的效力。[6]

---

1 参见陈华彬："论所有权人的物上请求权"，载《比较法研究》2020年第1期，第79页以下。应提及的是，陈荣隆《物权之一般效力》（载杨建华教授七秩诞辰祝寿论文集《法制现代化之回顾与前瞻》，月旦出版社股份有限公司1997年版，第432页以下）对物权的一般（共同）效力的类型或种类归纳甚全，认为其计有6种或6类效力：排他效力（排他权）、优先效力（优先权）、追及效力（锁定效力）、去害效力（物权请求权、物上请求权）、别除效力（别除权）以及对世效力（绝对效力、对世权、绝对权）。又请参见陈华彬：《物权法论》，中国政法大学出版社2018年版，第71页以下。另外，有学者谓：排他效力与优先效力乃系源自于物权的直接支配性，而追及效力则出自物权保护的绝对性。温丰文：《民法物权案例研究》，新学林出版股份有限公司2017年版，第7页。

2 参见温丰文：《民法物权案例研究》，新学林出版股份有限公司2017年版，第8页。

3 参见温丰文：《民法物权案例研究》，新学林出版股份有限公司2017年版，第8页。

4 参见温丰文：《民法物权案例研究》，新学林出版股份有限公司2017年版，第8页。

5 参见郑冠宇：《民法物权》（第八版），新学林出版股份有限公司2018年版，第20页。

6 参见［日］我妻荣著，有泉亨补订：《新订物权法》，岩波书店1983年版，1997年4月第18刷发行，第20页。

如前所述，同一个物上的物权与以该物为给付标的（物）的债权相冲突或无法相容时，物权无论成立于债权之前或之后，皆具有优先于债权的效力，[1] 是为物权对债权的优先权抑或物权优先于债权原则。而于学理、实务与立法成例中，物权对债权的优先权抑或物权优先于债权原则又具体表现于三种形态或场合。易言之，物权优先于债权的效力，抑或物权对债权的优先权，乃涵括所有权对债权的优先性、用益物权对债权的优先性以及担保物权对债权的优先性。[2] 兹逐一分述、考量如下。

第一，一特定物已为债权的标的物，而于该特定物上又有物权存在时，无论该物权的成立系发生于债权成立之前或之后，该特定物上存在的物权皆有优先于债权的效力。[3] 譬如于一特定物上既有所有权又有债权时，所有权的效力得优先于债权即是。在"一物二卖"的情形尤其如是。[4] 也就是说，于此情形，后买者若已取得所有权，其所有权即当然优先于先买者的债权。[5] 换言之，于"一物二卖"的情形，先买者与后买者对同一买卖标的物所有权的取得乃面临冲突，而后买者并非当然应退居后位，若其已先取得所有权，即应受到保障，可对先买者主张对标的物的所有权。[6]

进一步而言，于"一物二卖"的情形，标的物为动产，后买者若已受领该动产的交付，标的物系不动产，后买者若已办理所有权的移转登记，则后买者皆已取得所有权，其取得的所有权（物权）即当然优先于先买者的请求移转标的物所有权的债权。[7] 也就是说，于此情形，先买者对出卖人仅能依债务不履行（给付不

1　参见谢在全：《民法物权论》（上，修订七版），新学林出版股份有限公司2020年版，第30页。

2　参见王泽鉴：《民法物权》，2014年自版，第59页。

3　参见［日］我妻荣著，有泉亨补订：《新订物权法》，岩波书店1983年版，1997年4月第18刷发行，第20页。

4　参见温丰文：《民法物权案例研究》，新学林出版股份有限公司2017年版，第3页。

5　参见谢在全：《民法物权论》（上，修订七版），新学林出版股份有限公司2020年版，第30页。

6　参见郑冠宇：《民法物权》（第八版），新学林出版股份有限公司2018年版，第20—21页。

7　参见温丰文：《民法物权案例研究》，新学林出版股份有限公司2017年版，第3页。

能）的规则请求损害赔偿，而不可以其债权发生在先为由主张后买者不能取得标的物所有权；于不动产，此种情形，先买者已受领交付而未办理标的物所有权的移转登记的，亦系如此。[1]

第二，一特定物尽管已为债权给付的内容（如为使用借贷——借用——的标的物），然若该特定物上有用益物权，则该用益物权无论成立于债权发生之前或之后，皆有优先于债权的效力。[2]譬如甲借房屋给乙使用（使用借贷），之后甲根据《民法典》物权编有关居住权的规定将该房屋设定居住权于丙时，丙得向乙请求交付房屋，由其使用。反之，若甲先设立居住权于丙，之后复将同一房屋借给乙使用，乙不得向丙请求交付房屋。之所以如是，盖因《民法典》中用益物权特性（性质）的居住权得优先于债权特性（性质）的借用权（使用借贷权）。此也系如前所述，一特定物上成立的用益物权得优先于该同一物上成立的债权。[3]

第三，债务人的特定财产上存在担保物权时，就该特定财产卖得的价金，担保物权人（如抵押权人、质权人、留置权人）有优先于债务人的一般（普通）债权人受偿的权利。此即担保物权优先于一般（普通）债权，[4]担保物权人较一般（普通）债权人具有优先受偿的权利。[5]具体又涵括如下情形。

其一，债务人（担保人）的物上存有担保物权的，于该担保物被拍卖时，无论债务人（担保人）的财产是否够清偿债务，担保物权人（债权人）就拍卖（担保）标的物所得的价金，皆优先于债务人的一般（普通）债权人受清偿。[6]概言之，于同为债权人的情形，享有物权担保的债权人可优先于一般（普通）债权人

1　参见温丰文：《民法物权案例研究》，新学林出版股份有限公司 2017 年版，第 8 页；王泽鉴：《民法物权》，2014 年自版，第 59 页。

2　参见谢在全：《民法物权论》（上，修订七版），新学林出版股份有限公司 2020 年版，第 30 页。

3　参见王泽鉴：《民法物权》，2014 年自版，第 59 页；温丰文：《民法物权案例研究》，新学林出版股份有限公司 2017 年版，第 8—9 页。

4　参见谢在全：《民法物权论》（上，修订七版），新学林出版股份有限公司 2020 年版，第 30 页。

5　参见吴光明：《新物权法论》，三民书局股份有限公司 2009 年版，第 10 页。

6　参见谢在全：《民法物权论》（上，修订七版），新学林出版股份有限公司 2020 年版，第 30 页。

而受清偿。[1]譬如甲有价值 1000 万元的一套房产，先向乙借款 800 万元，未以该套房产设立抵押，即乙以甲的总财产（责任财产）担保其对甲的一般（普通）债权，乙对甲的权利仅为债权。之后甲又向丙借款 500 万元，以该套房产为丙设立抵押，即丙以甲的特定财产担保其对甲的特定债权，丙对甲的权利则为物权。于此情形，甲的房产尽管先为乙的权利标的物，之后为丙的权利标的物，然因乙对甲的权利为债权，丙对甲的权利为物权，丙就该房产被拍卖所得的价金便有优先受偿的权利。即使债务人甲已受破产宣告，此种优先效力也不因之而受影响。[2]

其二，根据我国台湾地区"民法"与实务，就同一不动产设立抵押权后复设立典权，抵押权人届期未受清偿，其实行抵押权而拍卖抵押物时，因有典权存在，若无人应买或所出价金不足以清偿抵押权所担保的债权，执行机构（法院）得除去典权负担而重新估价拍卖，所得价金于清偿抵押权所担保的债权后，若有余额，典权人就其典价，相对于登记在后的权利人（如后顺位抵押权人）享有优先受偿权。[3]以此推论或进而言之，该典权人自也优先于一般债权人受偿。[4]

其三，根据我国台湾地区"强制执行法"第 15 条"第三人异议之诉"的规定，质权人、留置权人以及典权人于其标的物受其他债权人的强制执行请求时，得基于物权优先效力而诉请加以排除。[5]

其四，标的物的所有权移转时，即使该所有权移转的原因债权业已先存在，之后存在的担保物权与用益物权也不因此而受影响。譬如甲将其房产出卖给乙，

1　参见郑冠宇：《民法物权》（第八版），新学林出版股份有限公司 2018 年版，第 21 页。

2　参见温丰文：《民法物权案例研究》，新学林出版股份有限公司 2017 年版，第 9 页；谢在全：《民法物权论》（上，修订七版），新学林出版股份有限公司 2020 年版，第 30 页。

3　参见我国台湾地区"司法院"大法官会议释字第 119 号解释；温丰文：《民法物权案例研究》，新学林出版股份有限公司 2017 年版，第 9 页；谢在全：《民法物权论》（上，修订七版），新学林出版股份有限公司 2020 年版，第 30—31 页。

4　参见我国台湾地区"司法院"大法官会议释字第 119 号解释；温丰文：《民法物权案例研究》，新学林出版股份有限公司 2017 年版，第 9 页；谢在全：《民法物权论》（上，修订七版），新学林出版股份有限公司 2020 年版，第 31 页。

5　参见谢在全：《民法物权论》（上，修订七版），新学林出版股份有限公司 2020 年版，第 31 页。

于移转房产所有权之前复将该房产为丙设立抵押权，以担保其对丙的债务，该抵押权即便成立或发生于买卖合同缔结之后，买受人乙于取得该房产所有权后，也不得主张丙的抵押权对其不生效力。[1] 于此种场合，若甲为丙设立《民法典》物权编的居住权（并经登记），买受人乙于取得该房产所有权后，也不得主张丙的居住权无效或对其不生效力。

行文至此，我们看到，物权优先于债权确为物权法乃至民法的重要原则。此种优先效力系由物权与债权的本质或根本属性的差异或不同所造成、所使然，[2] 合于物权法法理与学理，并有积极的实务与应用价值。然同时，物权优先于债权这一物权法原则又存在诸多例外。此等例外也可谓对该原则的突破，或该原则不能适用（或作用）的特殊情形。如下乃逐一对其诸多特殊情形展开讨论。

三、租赁权的优先效力

按照学理、法理与立法规定，《民法典》中的租赁关系系为纯粹的债权债务关系（债之关系）（《民法典》第703—734条），承租人对租赁物并不取得所有权（物权）。其中第703条规定："租赁合同是出租人将租赁物交付承租人使用、收益，承租人支付租金的合同。"第725条规定："租赁物在承租人按照租赁合同占有期限内发生所有权变动的，不影响租赁合同的效力。"此即买卖不破租赁，租赁权物权化，其与物权乃有对等的地位，[3] 也就是租赁权具优先效力的规定。

（一）租赁权具优先效力的比较法观察

为更充分、全面地理解《民法典》中的买卖不破租赁（即租赁权具优先效

1　参见郑冠宇：《民法物权》（第八版），新学林出版股份有限公司2018年版，第21页。

2　应值提及的是，正因物权与债权具有本质或根本属性的差异或不同，所以其结果是，前者应优先于后者。也就是说，物权优先于债权乃是由物权与债权作为权利而存在的构成上的差异所造成、所使然。参见［日］原岛重义等：《民法讲义2物权》，有斐阁1977年版，1980年12月再版第4刷发行，第25页。

3　参见郑玉波著，黄宗乐修订：《民法物权》（修订十五版），三民书局股份有限公司2007年版，第32页。

力）的规定，于此有必要考察日本、德国、瑞士、奥地利、法国的租赁权具优先效力（即买卖不破租赁）的立法、学理乃至法理的梗概，以及我国台湾地区相关情况。[1]

1. 日本法

日本民法系将租赁权厘定（规定）为债权，根据学理与法理，该债权不应有优先效力。也就是说，租赁权不应有对抗第三人的效力。出租人若将租赁物出让给第三人，承租人仅可依债务不履行的规定受到保护，而不可根据租赁契约对抗作为受让人的第三人。[2]

应值指出的是，上述立法、学理与法理远在罗马法时代即已存在并于实践中得以运用。具体而言，按照罗马法，乙自所有人甲处租赁（承租）标的物，于甲将该租赁（标的）物出让给丙时，乙不得对标的物的新所有人丙主张租赁权。这也就是罗马法中的买卖击破租赁原则（Kauf bricht Miete [3]）。

1898 年施行的《日本民法》即系采罗马法买卖击破租赁原则。《日本民法》第 605 条规定："不动产租赁已登记的，对之后就其不动产取得物权的人也生效力。"[4]也就是说，据此条文（规定），不动产租赁已登记的，得对抗之后取得不动产物权的人。然根据实务做法，依据此条而进行不动产租赁登记，乃需有出租人的协助方得为之，承租人自身并无法单独申请登记，以取得不动产租赁权的对抗力。故而，尽管《日本民法》有第 605 条的规定，但该法实际上并未脱离买卖击破租赁的轨道。[5]由于此事实上的买卖击破租赁原则的施行，日本于 1906—1908年间发生了严重的"地震买卖"的社会问题。[6]具体而言，1904—1905 年日本因

1 　以下有关日本情况的考察系主要参考温丰文：《民法物权案例研究》，新学林出版股份有限公司 2017 年版，第 11—12 页。

2 　参见温丰文：《民法物权案例研究》，新学林出版股份有限公司 2017 年版，第 11 页。

3 　参见［日］山田晟：《德国法律用语辞典》（第 3 版），大学书林 1994 年版，第 355 页。

4 　应注意的是，此条文为平成 29 年（2017 年）法律第 44 号修改前的条文，而平成 29 年（2017年）法律第 44 号修改本条文为："不动产租赁已登记之时，得对抗就其不动产取得物权之人及其他第三人。"参见王融擎编译：《日本民法条文与判例》（上册），中国法制出版社 2018 年版，第 509 页。

5 　参见温丰文：《民法物权案例研究》，新学林出版股份有限公司 2017 年版，第 11 页。

6 　参见温丰文：《民法物权案例研究》，新学林出版股份有限公司 2017 年版，第 11 页。

日俄战争（的胜利）而带动了社会经济的景气繁荣，地价由此飙涨，不少土地所有人趁机出售其业已出租的土地。土地买受人于买受土地后乃根据买卖击破租赁原则，要求承租人拆屋还地。由是，承租人于基地（土地）上建筑的房屋被迫拆除，以回复土地原状，将土地返还于新地主（新土地所有人、土地买受人）。易言之，承租人于承租土地上建筑的房屋乃犹如被地震震垮，对土地买受人并无丝毫对抗力。其结果乃不仅造成承租人经济上的重大损失，还使社会经济的发展受到影响。[1]在此背景下，日本乃于1909年制定《建筑物保护法》，明定出租的土地只要承租人于基地（土地）上所建的房屋办理登记（承租人可单独申办建筑物的保存登记），即具对抗力（《建筑物保护法》第1条）。由是，基地（土地）承租人乃得到保护。及至1921年日本制定《借家法》［1992年改（合）称《借地借家法》］，明确出租人的房屋只要交付于承租人，即具对抗力（《借地借家法》第31条），以保护房屋承租人。[2]另外，日本于1938年制定《农地调整法》（1952年改称《农地法》），明确出租的农地只要交付于承租人（小作人），即具对抗力（《农地法》第18条），以保护农地承租人。[3]综合此等规定，我们看到，有关不动产租赁，在日本乃系透过特别法的规定而将《日本民法》中的买卖击破租赁原则逐渐转换或改易为买卖不破租赁（Kauf bricht nicht Miete [4]）原则，以使不动产租赁权逐渐取得与物权对等（或相同）的地位，[5]也就是具有优先效力。[6]

1　参见温丰文：《民法物权案例研究》，新学林出版股份有限公司2017年版，第11—12页。

2　参见温丰文：《民法物权案例研究》，新学林出版股份有限公司2017年版，第12页。

3　参见温丰文：《民法物权案例研究》，新学林出版股份有限公司2017年版，第12页。

4　参见［日］山田晟：《德国法律用语辞典》（第3版），大学书林1994年版，第355页。

5　［日］我妻荣著，有泉亨补订：《新订物权法》，岩波书店1983年版，1997年4月第18刷发行，第21页；［日］松坂佐一：《民法提要：物权法》（第4版），有斐阁1980年版，第7页；［日］三和一博、平井一雄编：《物权法》，青林书院1989年版，第13页；［日］高岛平藏：《物权法制的基础理论》，敬文堂1986年版，第43页；［日］田山辉明：《通说物权法》，三省堂1992年版，1993年10月第3刷发行，第37页；［日］林良平：《物权法》，青林书院1986年版，第20页。

6　参见温丰文：《民法物权案例研究》，新学林出版股份有限公司2017年版，第11—12页；［日］我妻荣著，有泉亨补订：《新订物权法》，岩波书店1983年版，1997年4月第18刷发行，第21页。

2. 德国法

1887 年公布的《德国民法典第一草案》采与《日本民法》事实上相同的买卖击破租赁原则，之后因受到批判而于 1896 年正式公布的《德国民法典》中改采买卖不破租赁原则。《德国民法典》第 571 条（"买卖不能击破租赁"）第 1 项规定，使用出租人[1]将租赁的土地交付于承租人后，以之出让于第三人的，取得人就其所有权存续的时期中由于租赁关系所生的权利与义务，承受出租人的地位。[2]据此（规定）并依《德国民法典》第 580 条[3]的规定，土地或房屋等的使用出租人出让（让与）租赁物时，受让人得承继由使用租赁而生的权利义务。[4]动产的使用出租人出让（让与）动产时，承租人得以其因对出让人（让与人、出租人）所为的占有的权利而得主张的抗辩对抗新所有人（受让人）（《德国民法典》第 986 条）。[5]动产租赁权由此具优先效力，亦即动产承租人得以其租赁权对抗租赁物的受让人（买受人、新所有人）。[6]2001 年德国修改民法典，调整条文的规定内容，第 566 条规定房屋租赁（买卖不破租赁），第 578 条规定准用于土地及

---

1 应值注意的是，德国民法将租赁分为使用租赁（Miete）与用益租赁（Pacht），我国《大清民律草案》效仿之而称为使用租赁借与用益租借。对此，参见王泽鉴：《民法学说与判例研究》（第六册），1991 年自版，第 194 页注释 2。惟值注意的是，根据邵义著、王志华勘校《民律释义》（北京大学出版社 2008 年版）第 258 页以下与第 270 页以下的记述，《大清民律草案》于第二编"债权"的编名下，于第五节、第六节分别启用"使用赁贷借"与"用益赁贷借"的概念与术语，并对二者作出规定。另外，《大清民律草案》公布于宣统三年，即 1911 年。对此，参见王泽鉴：《民法学说与判例研究》（第五册），1992 年自版，第 2 页。

2 参见台湾大学法律学研究所编译（梅仲协等编译）：《德国民法》，1965 年 5 月印行，第 404 页。应值提及的是，本条中所称的"出让"（让与），乃系指使用出租人的任意让与（出让），而并不涵括强制拍卖（RG. 71，404；103，68；124，195）以及破产管理人（《德国破产法》第 21 条第 3 项，RG，127，116）的让与（出让）。对此，参见该编译的《德国民法》第 405 页。

3 《德国民法典》第 580 条规定："关于土地租赁的规定，也适用于住宅及其他处所的租赁。"参见台湾大学法律学研究所编译（梅仲协等编译）：《德国民法》，1965 年 5 月印行，第 407 页。

4 参见［日］山田晟：《德国法律用语辞典》（第 3 版），大学书林 1994 年版，第 355 页。

5 参见［日］山田晟：《德国法律用语辞典》（第 3 版），大学书林 1994 年版，第 355 页。应注意的是，此等规定即是德国法中的买卖不破租赁的规定。惟根据德国现行法，仅有买卖合意，标的物的所有权还不能移转，尚需有所有权让与（出让）的物权行为。对此，参见山田晟该同书，第 355 页；台湾大学法律学院、财团法人台大法学基金会：《德国民法（总则编、债编、物权编）》（上册，第 2 版），元照出版有限公司 2016 年版，第 913—915 页。

6 参见［日］山田晟：《德国法律用语辞典》（第 3 版），大学书林 1994 年版，第 355 页。

其他非居住目的的房屋租用，也就是"土地与房屋的使用租赁关系"。[1]综合这些规定，一言以蔽之，根据德国法，不动产与动产的承租人得以其租赁权对抗租赁物的受让人（买受人、新所有人），不动产租赁权与动产租赁权由此具优先效力。

3. 瑞士法、奥地利法与法国法

瑞士民法、奥地利民法及法国民法，皆为现今大陆法系民法法圈的重要组成部分。按照《瑞士债务法》的规定，租赁权的优先效力不仅及于不动产租赁权，还及于动产租赁权。对此，1989 年 12 月 15 日的瑞士联邦法律第 I 项修正，自1990 年 7 月 1 日起生效的《瑞士债务法》第八章"使用租赁"（第 261 条）明定："租赁契约订立后，出租人让与租赁物，或者因强制执行程序或破产程序而丧失租赁物所有权者，其租赁关系随同租赁物的所有权移转于取得人。但是，1）在住房租赁和营业场所租赁的情形，新所有人，如其本人、近亲属确有急迫需要者，得通知租赁关系在下一个法定许可的终止日期终止；2）在其他物租赁的情形，如契约未约定得更早终止租赁关系者，新所有人得通知租赁关系在下一个法定许可的终止日期终止；3）新所有人终止租赁关系的日期，早于承租人与原出租人在契约中约定的终止日期者，原出租人对于承租人因此所受的一切损害，应负赔偿责任；4）关于征收的规定，不受影响。"[2]

现行《奥地利普通民法典》对于租赁权登记于公共登记簿后乃有优先效力，系予以明文。其第 1095 条规定："租赁契约已登记于公共登记簿者，承租人的权利视为物权（对世权），在租赁关系存续期间，租赁物的占有承继人须容忍承租人继续行使其权利。"[3]第 1120 条又进一步明确："承租人的权利未登记于公共登记簿者，如租赁物的所有权人将租赁物让与并交付于第三人，经以合法方式通知承租人终止契约后，承租人不得对抗新的占有人。但承租人就其所受的损害和所

1　参见台湾大学法律学院、财团法人台大法学基金会：《德国民法（总则编、债编、物权编）》（上册，第 2 版），元照出版有限公司 2016 年版，第 570、593 页。
2　参见《瑞士债务法》，戴永盛译，中国政法大学出版社 2016 年版，第 88—89 页。
3　参见《奥地利普通民法典》，戴永盛译，中国政法大学出版社 2016 年版，第 210 页。

失的收益，得请求出租人完全赔偿。"[1] 值得指出的是，《奥地利普通民法典》此等条文规定的租赁契约，是否既指不动产租赁契约，也涵括动产租赁契约，自条文的字面上看并不清楚，若是兼指二者，则根据《奥地利普通民法典》的这些规定，不动产租赁权与动产租赁权一经办理登记，即皆具优先效力。

《法国民法典》将租赁权的优先效力的适用范围规定于第 1743 条。按照经 1945 年 10 月 17 日第 45—2380 号法令、1946 年 4 月 13 日第 46—682 号法令修改后的该第 1743 条的规定，租赁权的优先效力仅得适用于不动产租赁（权）。也就是说，若（不动产如土地）租赁契约经公证或定有确定日期，该不动产（如土地）租赁权具对抗第三人的效力。具体而言，现行《法国民法典》第 1743 条明定："如出租人出卖其出租物，买受人不得辞走已订立经公证或规定有确定期日的租赁契约的土地承租人、佃农或房屋承租人。但是，如在租赁契约中原已保留此种权利，买受人得辞走非乡村财产的承租人。"[2]

4. 我国台湾地区"法"

这里有必要提及我国台湾地区"法"有关租赁权具优先效力的规定情况。对此，应值指出的是，我国台湾地区 1999 年于其"民法"债编修改前，并不区分租赁标的物而一概规定，无论动产或不动产，其租赁权皆有优先效力，均具对抗力。[3] 1999 年我国台湾地区修改其"民法"债编，将原不动产、动产租赁权皆具优先效力的条文（第 425 条）修改为："出租人于租赁物交付后，承租人占有中，纵将其所有权让与第三人，其租赁契约，对于受让人仍继续存在。前项规定，于未经公证之不动产租赁契约，其期限逾五年或未定期限者，不适用之。"[4] 修改后的该新条文的旨趣是：强化租赁契约应有一定的公示手段或方法（占有），方具

1　参见《奥地利普通民法典》，戴永盛译，中国政法大学出版社 2016 年版，第 215 页。

2　参见《法国民法典》，罗结珍译，中国法制出版社 1999 年版，第 393 页；《法国民法典》（拿破仑法典），李浩培、吴传颐、孙鸣岗译，商务印书馆 1979 年版，第 243 页。

3　我国台湾地区"法"原第 425 条规定："出租人于租赁物交付后，纵将其所有权让与第三人，其租赁契约，对于受让人仍继续存在。"温丰文：《民法物权案例研究》，新学林出版股份有限公司 2017 年版，第 13 页。

4　参见陈聪富主编：《月旦小六法》，元照出版有限公司 2014 年版，第（叁）—44 页。

优先效力，由是以维护交易安全。[1] 然将未经公证而期限逾 5 年与未定期限的不动产租赁排除于优先效力保护范围之外，学说认为其乃系不足或有待商榷。[2] 譬如温丰文先生就此评判道：（台湾地区）现行"民法"第 425 条的（新增）规定，除为民间公证人提供一项业务诱因，并对诈害不动产受让人或拍定人的假租赁有防止的功能外，乃与资本运动法则相悖，且与现今其他的立法成例相违和。[3] 具体而言，从前者看，于土地所有与土地利用分离时，应强化土地利用权，而强化土地利用权的方式，乃系以强化土地承租人的法律地位为首要。要强化土地租赁权，则需保障土地租赁权的存续期间。惟土地租赁期间长期化后，于其存续中，土地所有人主体常有更替的可能，租赁权的存续应不因此情事而破坏，也就是使承租人得以其租赁权对抗新所有权人，此系保护承租人的不可或缺的方法或手段。[4] 故此，（台湾地区）现行"民法"第 425 条新增的第 2 项规定限缩了不动产租赁权对抗力所及范围，明定期限逾 5 年或未定期限的不动产租赁需经公证方具对抗力，乃系不妥；（台湾地区）现行"民法"（即修改后的第 425 条）限缩了不动产租赁权优先效力的适用范围，而这与现今其他的立法成例也系背道而驰，因而也系不妥。[5]

此外，有必要提及的是，对我国台湾地区"民法"第 425 条的规定，有学说认为其不仅适用于买卖的场合，且凡于所有权出让时，无论其原因为买卖、赠与或互易，皆得有其适用。故而，买卖不破租赁宜改称为"所有权让与不破租赁"。[6] 而之所以如此，盖因买卖不破租赁的用语，容易使人误解为该第 425 条的规定仅于买卖的场合方得适用。最后，学说还认为，第三人若得所有人的同意而出租标

1　参见温丰文：《民法物权案例研究》，新学林出版股份有限公司 2017 年版，第 13 页。

2　参见苏永钦："关于租赁权物权效力的几个问题——从民法第 425 条的修正谈起"，载《律师杂志》1999 年第 241 期，第 19 页以下；温丰文：《民法物权案例研究》，新学林出版股份有限公司 2017 年版，第 13 页以下。

3　参见温丰文：《民法物权案例研究》，新学林出版股份有限公司 2017 年版，第 13 页。

4　参见温丰文：《现代社会与土地所有权理论之发展》，五南图书出版公司 1984 年版，第 43 页。

5　参见温丰文：《民法物权案例研究》，新学林出版股份有限公司 2017 年版，第 13—15 页。

6　参见郑冠宇：《民法物权》（第八版），新学林出版股份有限公司 2018 年版，第 22 页。

的物，也应类推适用该第 425 条的规定。[1]

(二) 我国租赁权优先效力的释明

由以上考察、分析，我们看到，对于租赁权的优先效力，如前述，日本乃系透过特别法的规定而将《日本民法》中的买卖击破租赁原则逐渐改易为买卖不破租赁原则，由此使不动产租赁权取得或具优先效力。现行《德国民法典》则是直接透过明文的买卖不破租赁的规定而使租赁权具对抗第三人的优先效力，且此对抗第三人的优先效力无论不动产租赁权抑或动产租赁权而皆具有之。现行瑞士法（《瑞士债务法》）采与德国法相同规定，而明确无论不动产租赁权抑或动产租赁权，皆有对抗第三人的优先效力。之所以如此，盖因瑞士民法乃系属于德国民法支流的立法。此二国法对于租赁权的优先效力的适用范围采相同（立法）规定，也大体直可表明它们于民法观念、民法史乃至民法实务方面具相当的同源性。奥地利法明定经登记的租赁权具优先效力，尽管其所称的租赁权（"租赁契约"）系指不动产租赁权（"不动产租赁契约"），抑或也涵括动产租赁权（"动产租赁契约"），自条文的字面看并不明确、清晰。惟根据法律的解释原则，将之解为无论不动产租赁权抑或动产租赁权而皆有优先效力，也并不为过，也就是说，乃是恰当的。法国民法明定租赁权的优先效力仅得适用于不动产租赁（权）。具体而言，若租赁契约经公证或定有确定日期，其不动产租赁权即具对抗第三人的效力。至于我国台湾地区"民法"第 425 条，其不独认为不动产租赁权具优先效力，也认为动产租赁权具对抗第三人的效力。只是基于不动产租赁权的物权化（即不动产租赁权具优先效力）而应有占有等公示方法的需要或要求，其"民法"第 425 条第 2 项乃对不动产租赁权的适用予以限缩。此种限缩乃受到学说的批判，被认为未臻妥当，值得商榷。

对于租赁权的对抗第三人的优先效力或曰租赁权的物权化（债权物权化，Verdinglichung obligatorischer Rechte[2]），抑或买卖不破租赁原则，我国学理、学说

---

[1]　参见郑冠宇：《民法物权》（第八版），新学林出版股份有限公司 2018 年版，第 22 页。

[2]　参见王泽鉴：《民法学说与判例研究》（第六册），1991 年自版，第 195 页。

乃至法理通常的解释是 [1]：租赁权是物权化的债权，承租人行使租赁权主要体现在对租赁物的使用、收益，故对人的依赖较弱而对物的依存较强，出租人为谁对于承租人使用租赁物并不具特别意义。自保护承租人利益和维护交易秩序出发，我国通说采取"法定契约承受"（法定的契约承担，gesetzliche Vertragsübernahme [2]）观点对买卖不破租赁进行解释。于租赁期间转移租赁物所有权，即发生所谓"先租后卖"时，受让人于受让该租赁物的所有权时就与承租人产生了租赁合同关系而成为一个新的出租人，继承原出租人的权利和义务，也就是买受人承受原租赁合同而成为原租赁合同的当事人，原出租人则脱离租赁合同。[3] 一言以蔽之，租赁物所有权发生移转后，存在于买受人和承租人之间的租赁合同与原先存在于出租人和承租人之间的租赁合同，系具有"债的同一性"，故而原租赁合同不受影响 [4]。[5]

如前述，我国《民法典》对于租赁权具对抗第三人的优先效力的规定乃见于第 725 条。[6] 据此规定，租赁物于承租人按照租赁合同占有期限内发生所有权变动的，该租赁权具对抗租赁物所有权的效力。也就是说，租赁权具有优先于租赁物所有权的效力。[7] 惟其前提须是承租人按照租赁合同而对租赁物加以占有的期限

1　参见最高人民法院民法典贯彻实施工作领导小组主编：《中华人民共和国民法典合同编理解与适用》（三），人民法院出版社 2020 年版，第 1550 页。

2　参见王泽鉴：《民法学说与判例研究》（第六册），1991 年自版，第 215 页。

3　参见全国人民代表大会常务委员会法制工作委员会编：《中华人民共和国合同法释义》，法律出版社 2009 年版，第 339 页。

4　参见黄凤龙："'买卖不破租赁'与承租人保护——以对《合同法》第 229 条的理解为中心"，载《中外法学》2013 年第 3 期，第 620 页。

5　参见最高人民法院民法典贯彻实施工作领导小组主编：《中华人民共和国民法典合同编理解与适用》（三），人民法院出版社 2020 年版，第 1550 页。

6　另外，《民法典》第 726 条第 1 句规定："出租人出卖租赁房屋的，应当在出卖之前的合理期限内通知承租人，承租人享有以同等条件优先购买的权利。"第 925 条规定："受托人以自己的名义，在委托人的授权范围内与第三人订立的合同，第三人在订立合同时知道受托人与委托人之间的代理关系的，该合同直接约束委托人和第三人；但是，有确切证据证明该合同只约束受托人和第三人的除外。"此等规定也表明，租赁关系或其他债之关系尽管是相对性法律关系，其效力原则上仅存在于当事人之间，不能约束当事人以外的人，但于某些特殊情形（譬如此二条规定的情形）也存在债的相对性的例外，使原本仅于当事人之间发生效力的债，对第三人也有约束力。参见陈华彬：《债法通论》，中国政法大学出版社 2018 年版，第 16 页。

7　参见崔建远：《物权法》（第三版），中国人民大学出版社 2014 年版，第 36 页。

内，若并不是承租人按租赁合同对租赁物加以占有的期间中，则不发生或并无租赁权得对抗第三人的优先效力的问题。[1] 至于租赁权优先效力的适用范围，根据该第 725 条的规定，其也并不因不动产或动产而有差异或不同，也就是说，无论不动产租赁权抑或动产租赁权，皆具对抗第三人的优先效力。[2] 此种立法主张与前述德国、瑞士、奥地利乃至我国台湾地区相同，应值肯定和赞赏。之所以如此，盖因租赁物所有权的受让人若不受原租赁合同的约束，则事实上相当于赋予出让人（即出租人）片面的租赁合同终止权，也使得听由出让人和受让人共同侵害承租人的债权，如是将对财产秩序产生破坏。[3] 故此，无论不动产租赁权抑或动产租赁权，乃皆应使之具对抗第三人的优先效力。至于不动产买卖不破租赁，因尤其在于保护承租人阶层的生存利益，故而不动产租赁权具对抗第三人的优先效力乃更系得当。此盖因"居住为人生之基本需求，物价高昂，购买不易，承租人多属经济上弱者，实有特别保护之必要"。[4]

应值提及的是，我国不仅民事立法认可租赁权具对抗第三人的优先效力，民事审判实践长期以来也一直将买卖不破租赁作为处理涉及租赁关系案件的基本原则。譬如最高人民法院《关于贯彻执行〈中华人民共和国民法通则〉若干问题的意见（试行）》（已失效，以下简称《民法通则意见》）第 119 条第 2 款规定："私有房屋在租赁期内，因买卖、赠与或者继承发生房屋产权转移的，原租赁合同对承租人和新房主继续有效。"还有，根据《最高人民法院关于适用〈中华人民共和国民法典〉有关担保制度的解释》第 54 条第 2 项的规定，"抵押人将抵押财产出租给他人并移转占有，抵押权人行使抵押权的，租赁关系不受影响，但是抵押权人能够举证证明承租人知道或者应当知道已经订立抵押合同的除外"。另外，最高人民法院《关于审理城镇房屋租赁合同纠纷案件具体应用法律若干问题

1　参见王泽鉴：《民法学说与判例研究》（第六册），1991 年自版，第 202 页。

2　参见最高人民法院民法典贯彻实施工作领导小组主编：《中华人民共和国民法典合同编理解与适用》（三），人民法院出版社 2020 年版，第 1550 页。

3　参见陈鸣："'买卖不破租赁'的司法续造及其局限性——兼论《民法典·合同编》中租赁合同对抗规则的重构"，载《西部法学评论》2017 年第 1 期，第 19 页。

4　参见王泽鉴：《民法学说与判例研究》（第六册），1991 年自版，第 194 页。

的解释》第 14 条也明确规定，"租赁房屋在承租人按照租赁合同占有期限内发生所有权变动，承租人请求房屋受让人继续履行原租赁合同的，人民法院应予支持"。[1]

四、预告登记的优先效力

预告登记，日本法又称假登记，[2] 系指为保全对于他人的不动产物权变动请求权所实施的登记，其旨趣在于防止登记名义人（如不动产出卖人、不动产所有权人）对不动产物权实施有碍于保全请求权的处分，以保护请求权人的权益。[3] 简言之，预先为保全对于他人土地或建筑物权利的取得、丧失、变更请求权所进行的登记，即为预告登记。[4] 也就是说，预告登记特性上为债权的保全措施，系为确保以不动产物权变动为内容的债权得以实现，而限制不动产权利人的处分权。[5] 譬如不动产的买受人为确保对于出卖人基于买卖合同的债权（请求交付标的物与移转标的物所有权）得以实现，将其债权预告登记后，即使出卖人将该不动产所有权出让给第三人，买受人仍可基于其买卖合同的债权，对就该买卖标的物取得所有权的人主张其权利。[6] 质言之，于不动产移转过程中，当事人间的债权合同生效后还不能进行本登记（正式登记），受让人（买受人）只享有债权请求权，为保护自己的利益，受让人（买受人）可以通过预告登记使出卖人处分行为中的妨碍

1　参见最高人民法院民法典贯彻实施工作领导小组主编：《中华人民共和国民法典合同编理解与适用（三）》，人民法院出版社 2020 年版，第 1550 页。

2　按照《日本不动产登记法》第 105 条第 2 项、第 106 条的规定，请求产生不动产物权变动的债权（或以不动产物权的变动为目的的请求权——债权）一经完成假登记，即具有优先于后成立的物权的效力。当然，对此的反面解释即是：未进行假登记的，则无优先于后成立的物权的效力。参见[日]我妻荣著，有泉亨补订：《新订物权法》，岩波书店 1983 年版，1997 年 4 月第 18 刷发行，第 20—21 页；[日]松井宏兴：《物权法》，成文堂 2017 年版，第 21 页；[日]舟桥谆一：《物权法》，有斐阁 1970 年版，第 25 页。

3　参见温丰文：《民法物权案例研究》，新学林出版股份有限公司 2017 年版，第 9 页。

4　参见温丰文：《土地法》，洪记印刷有限公司 2017 年版，第 214 页。

5　参见郑冠宇：《民法物权》（第八版），新学林出版股份有限公司 2018 年版，第 23 页。

6　参见郑冠宇：《民法物权》（第八版），新学林出版股份有限公司 2018 年版，第 23 页。

其权利的行为无效。[1]

《民法典》第 221 条规定："当事人签订买卖房屋的协议或者签订其他不动产物权的协议，为保障将来实现物权，按照约定可以向登记机构申请预告登记。预告登记后，未经预告登记的权利人同意，处分该不动产的，不发生物权效力。预告登记后，债权消灭或者自能够进行不动产登记之日起九十日内未申请登记的，预告登记失效。"据此规定，请求不动产物权变动的债权，若经预告登记，其效力即优先于物权。[2] 也就是说，按照《民法典》的该条规定，有关房屋或其他不动产物权移转（变动）的请求权经预告登记后，未经预告登记的权利人同意，登记名义人（如房屋所有权人或其他不动产登记权利人）尽管仍可将其房屋或其他不动产物权出让给他人，但该出让与预告登记所保全的请求权发生抵触或有妨碍时，乃系无效。进言之，预告登记的权利人得以房屋或其他不动产物权变动的请求权已作保全登记为由，对抗受让人。譬如甲出卖房屋给乙，而作移转请求权的预告（保全）登记后，仍可将其房屋所有权出让给丙，丙尽管可对抗其他任何人，但不得对抗乙。[3] 换言之，由于乙的移转请求权（债权）经预告（保全）登记后的预先存在，丙乃无法完成房屋的过户登记而取得房屋的所有权（物权）。此即前述《民法典》第 221 条"预告登记后，未经预告登记的权利人同意，处分该不动产的，不发生物权效力"。另外，根据《民法典》第 221 条的规定，为平衡预告登记中各方当事人的利益，预告登记后，债权消灭或者自能够进行不动产登记之日起 90 日内未申请登记的，预告登记丧失其效力。

综上所论，一言以蔽之，预告登记的优先效力乃具体表现为：（不动产）债权一经预告登记即具否定之后于不动产债权标的物上成立的物权的效力，未经预

1　参见申卫星：《物权法原理》，中国人民大学出版社 2008 年版，第 162 页。

2　应值注意的是，此在日本法和我国台湾地区"法"上也系通说。对此，可参见温丰文：《民法物权案例研究》，新学林出版股份有限公司 2017 年版，第 10 页。然也有学者对此提出异议，谓："预告登记有使土地权利人所为之处分归于无效之效力，根本无物权优先于请求权（债权）之意义存在，故均与物权优先于债权之效力无关。"参见姚瑞光：《民法物权论》，吉锋彩色印刷股份有限公司 2011 年版，第 9 页，以及海宇文化事业有限公司 1999 年版，第 10 页。

3　参见温丰文：《民法物权案例研究》，新学林出版股份有限公司 2017 年版，第 10 页。

告登记的权利人同意，出卖人或转让人处分该不动产的，不发生物权效力（即不发生不动产物权变动的效力）。再举例言之，若买受人甲就其请求开发商乙移转 A 商品房所有权的债权办理了预告登记后，开发商乙将 A 商品房出卖给丙或抵押于丁，即使办理了过户登记手续或抵押登记手续，也不发生 A 商品房所有权的移转，A 商品房抵押权也不设立。[1] 另外，若对《民法典》第 221 条第 1 款作反面推论，则可得出如下结论：于出卖人或转让人处分已经预告登记的债权标的物时，预告登记的权利人同意的，则发生（不动产）物权变动的效力。[2]

五、物权关系中债权约定的优先效力

此即于物权关系的场合，若当事人之间存在关涉该物权的使用、收益、分割（或禁止分割）乃至管理的约定，经登记后，该债权约定乃具对抗第三人的效力。若物权关系移转，则该债权约定也随同移转于受让人。易言之，物权的（新）受让人得受该经登记后的债权约定的拘束。对此，我国台湾地区"民法"第 826 条之 1 第 1 项规定："不动产共有人间关于共有物使用、管理、分割或禁止分割之约定或依第八百二十条第一项规定所为之决定，于登记后，对于应有部分之受让人或取得物权之人，具有效力。其由法院裁定所定之管理，经登记后，亦同。"[3]

应值指出的是，根据物权法定原则，物权的种类与内容尽管不得创设，然基于私法自治原则，当事人之间可于物权关系上进行或实施债权（关系）约定，也就是可于物权关系中订立附随的债权契约。此种附随于物权关系的债权契约有无对抗第三人的效力，也就是有无物权效力或优先效力，乃曾于我国台湾地区实务中的共有物分管（或分割）契约场合发生争议。[4]

---

1   参见崔建远：《物权法》（第三版），中国人民大学出版社 2014 年版，第 62 页。
2   参见崔建远：《物权法》（第三版），中国人民大学出版社 2014 年版，第 62 页。
3   参见陈聪富主编：《月旦小六法》，元照出版有限公司 2014 年版，第（叁）—95 页。
4   参见温丰文：《民法物权案例研究》，新学林出版股份有限公司 2017 年版，第 15 页。

按照我国台湾地区实务，共有物分管（或分割）契约系指共有物的共有人之间就共有物的使用、收益或管理方法所订立的契约。该种契约特性（或性质）上系为共有人之间的契约，而非共有物上的物权负担，故此其仅具债权的效力，且该契约也并不当然随应有部分（份额）的移转而移转于受让人。[1] 然为维护法律秩序的安定，我国台湾地区 1959 年台上字第 1065 号判例谓："共有人于与其他共有人订立共有物分割或分管之特约后，纵将其应有部分让与第三人，其分割或分管契约对于受让人仍继续存在。"据此，应有部分（份额）的受让人应受前手所订立的分管（或分割）契约的拘束。质言之，分管（或分割）契约尽管是债权契约，然具物权效力（优先效力）。[2] 不过，至 1994 年时，我国台湾地区"司法院"大法官会议释字第 349 号乃认为，分管（或分割）契约的优先效力应受到限缩，其应仅以应有部分（份额）的受让人知悉或可得而知者为限，对受让人方有拘束力。也就是说，应有部分（份额）的受让人（第三人）明知或可得而知存在分管（或分割）契约仍依然受让应有部分（份额）的，该分管（或分割）契约乃对之具对抗力，也就是有优先效力。[3] 但如此的结果，则恐势将难以维持物权法秩序的安定，并有妨碍交易安全之虞。有鉴于此，我国台湾地区"民法"遂作出前述规定，明确共有物分管（或分割）契约经登记后，其对应有部分（份额）的受让人具拘束力（对抗力、优先效力）。[4]

六、法律基于公益等明确规定的债权优先效力

基于公益或社会政策，法律明定物权不具优先顺位，也就是债权具优先效

[1] 参见温丰文：《民法物权案例研究》，新学林出版股份有限公司 2017 年版，第 16 页。
[2] 参见温丰文：《民法物权案例研究》，新学林出版股份有限公司 2017 年版，第 16 页。
[3] 参见温丰文：《民法物权案例研究》，新学林出版股份有限公司 2017 年版，第 16 页。
[4] 参见温丰文：《民法物权案例研究》，新学林出版股份有限公司 2017 年版，第 16 页。应值注意的是，对于前述我国台湾地区"民法"第 826 条之 1 第 1 项以"物权关系上的债权约定"为登记对象，且以登记为"对抗要件"，学说认为此此已完全逸出了台湾地区"法"的以"不动产物权变动"为登记对象，而登记为"生效要件"的权利登记制的范围，是否妥适及有无必要，乃实值检讨。温丰文："论不动产登记——以探讨民法物权编修正草案之规定为主"，载《月旦法学杂志》2001 年总第 68 期，第 108 页以下。

力，譬如根据税法的规定，税收债权得优先于一切债权与抵押权。[1]另外，按照《海商法》第 21 条、第 22 条第 1 款及第 25 条第 1 款的规定，船长、船员和其他在编人员依法及依劳动合同产生的工资、其他劳动报酬、船员遣返费用和社会保险费用的给付请求权，于船舶营运中发生的人身伤亡的赔偿请求权，船舶吨税、引航费、港务费及其他港口规费的缴付请求权，海难救助的救助款项的给付请求权，船舶于营运中因侵权行为产生的财产赔偿请求权，得优先于船舶所有权、船舶留置权及船舶抵押权受（清）偿。[2]还有，2003 年最高人民法院《关于审理商品房买卖合同纠纷案件适用法律若干问题的解释》第 7 条第 1 款规定："拆迁人与被拆迁人按照所有权调换形式订立拆迁补偿安置协议，明确约定拆迁人以位置、用途特定的房屋对被拆迁人予以补偿安置，如果拆迁人将该补偿安置房屋另行出卖给第三人，被拆迁人请求优先取得补偿安置房屋的，应予支持。"据此规定，若该第三人已经就房屋办理了过户登记手续，则该条款就确立了如下规则：被拆迁人的债权优先于该第三人的房屋所有权。也就是说，于此就出现了债权优先于物权（所有权）的现象。[3]

七、结语

经由以上考察、分析，我们可以明了，由物权与债权的本旨上的差异或不同所造成、所使然，物权优先于债权乃系罗马法以来的重要原则。此原则经中世纪的淬炼而于近代民法（尤其是德国民法）中得以确立，于当代民法中获得完善，彰显其所具有的很强的法律生命力。然法谚云："举凡原则乃皆有例外。"前文以较大篇幅论述的债权优先于物权的诸多情形，正为物权优先于债权这一原则的例外。换言之，此等特殊情形，物权优先于债权的物权法乃至民法原则对之并不适

1　参见谢在全：《民法物权论》（上，修订七版），新学林出版股份有限公司 2020 年版，第 31 页。

2　参见崔建远：《物权法》（第三版），中国人民大学出版社 2014 年版，第 37 页。

3　参见崔建远：《物权法》（第三版），中国人民大学出版社 2014 年版，第 36 页。

用，实际上属于例外。依"例外证明规则"（Exceptio probat regulam），"惟有例外，故知规则的存在"。[1]易言之，债权优先于物权的诸多特殊情形，实反过来证立物权优先于债权这一原则确系存在，以及其所具价值、功用与意义。

《民法典》物权编尽管未明定物权优先于债权原则，也未逐一明示该原则的诸多例外情形，然本文的分析与论证表明，对于这一物权法乃至民法原则与例外情形的学理、法理的诠释以及适用，当依本文的阐释、论述而为之。由此，方可建构起我国民法中的物权优先于债权原则及其诸例外情形的妥适基础理论，进而发挥这一原则与例外情形的固有功用与价值。本文若能于此等方面有所助益，则幸甚。

1　参见陈卫佐：《拉丁语法律用语和法律格言词典》，法律出版社 2009 年版，第 203 页。

十九世纪德国普通法学围绕所有权移转对尤里安与乌尔比安法言的释读*

一、引言

按照《德国民法典》第 873 条第 1 项与第 929 条，不动产（土地）所有权的移转，需有当事人双方关于所有权的变动（移转）的合意（Auflassung）与登记（Eintragung in das Grundbuch）；动产所有权的移转，需有当事人双方关于所有权

* 本文新近曾发表于费安玲、［意］桑德罗·斯奇巴尼主编《罗马法·中国法与民法法典化（文选）——二十一世纪民法典的科学体系》（中国政法大学出版社 2020 年版，第 341—374 页），今收录于本书而作有诸多更动、变易，文章的名称稍稍作有更易，尤其是修订了个别意译，新增加了若干注释，重新翻译、校对了诸重要的原日文文献。另外，为阅读方便计也对正文中的个别内容作了标题提示。本文的主要或基本内容未有特别说明，乃皆系依据、参考海老原明夫的《19 世纪德国普通法学的物权移转理论》（载《法学协会杂志》第 106 卷第 1 号，第 1—73 页）而意译。也就是说，本文是对海老原明夫先生的该文章的大部分或主要内容（该文章的有些内容或部分未作意译）的意译，谨此特别说明并向海老原明夫先生致敬和致以谢忱。另外，日文方面的著述，本文还参考了［日］好美清光："Jus ad rem 与其发展、消灭：特定物债权的保护强化的一断面"，载一桥大学研究年报《法学研究 3》（1961 年），第 179—432 页；［日］小川浩三："普通法学的 causa（原因）论的考察"，载《法学协会杂志》第 96 卷第 6 号（1979 年），第 721—751 页；［日］滝沢聿代：《物权变动的理论》，有斐阁 1987 年版；［日］谷口贵都："物权契约的历史展开"，载《早稻田大学院法研论集》第 31 号及其以下（相关）各号；［日］原岛重义："无因性概念的系谱"［无因性概念的研究（一）］，载九州大学法学部创立 30 周年纪念论文集《法与政治的研究》（1957 年），第 451—477 页；［日］川岛武宜：《所有权法的理论（新版）》，岩波书店 1987 年版。于此也谨向这些（日文）著述的作者们致以谢忱与敬意。中文所参考的著述，请参见各有关注释，也一并向各参考的中文著述的作者们致以谢意与敬意。尤其应当指明的是，海老原明夫先生为日本研究德国民法的著名学者，其所发议论细腻深刻，汪洋恣肆，尤能引人入胜。本文援引的德文文献，非有特别说明，也出自于海老原明夫先生的该文，此一点一并加以释明。

的移转的合意（Einigung）与交付（Übergabe）。此合意与登记，或合意与交付，性质上属于和买卖契约等债法上的法律行为迥然不同的另一种法律行为——物权行为，并且，其效力不受作为原因行为的债权行为的效力的影响，学说谓为物权行为的无因性。

《德国民法典》尽管并未从正面明定物权行为的无因性，但由该民法典的制定过程来看，它毋庸置疑是采取了物权行为的无因性的。《德国民法典第一草案》（1887 年）于第 828 条——即现行《德国民法典》第 873 条的原形——之后的第 829 条规定："前条所定的契约的有效，无需有法律上的原因。该契约的有效，于当事人怀抱不同的法律原因，或当事人设想的法律原因不存在，抑或无效时，皆不丧失其效力。"[1] 并且，《德国民法典第一草案》第 874 条第 1 项规定：第 829 条，得准用于动产所有权的移转。[2] 至德国民法典第二次起草委员会，尽管明定物权契约（物权的合意）的无因性的《德国民法典第一草案》第 829 条被剔除了，[3] 但此并不意味着德国民法典第二次起草委员会放弃了物权行为的无因性。

德国民法典草案第二次委员会的"议事录"就删除《德国民法典第一草案》第 829 条有这样的记述："第 829 条的规定是正确的，但它是多余的、无用的。该条第 1 项第 1 款，未对第 828 条增定任何别的内容，仅因考虑到于迄今为止的法律领域，取得权源与取得方式的理论占据支配地位，认为往后取得土地的物权，除需有无因的契约与登记外，不再需有特别的法律原因的纯粹的教育旨趣。……由第 828 条第 1 项的文义可以明了，只要具备该条所定的取得土地物权的要件，即获满足。"[4] 由此记述可以知悉，德国民法典第二次起草委员会因考虑到物权行

1　[日]海老原明夫："19 世纪德国普通法学的物权移转理论"，载《法学协会杂志》第 106 卷第 1 号，第 2 页。

2　[日]海老原明夫："19 世纪德国普通法学的物权移转理论"，载《法学协会杂志》第 106 卷第 1 号，第 2 页。

3　[日]海老原明夫："19 世纪德国普通法学的物权移转理论"，载《法学协会杂志》第 106 卷第 1 号，第 2 页。

4　[日]海老原明夫："19 世纪德国普通法学的物权移转理论"，载《法学协会杂志》第 106 卷第 1 号，第 2 页。

为的无因性系一项当然的前提与原则，故决定剔除《德国民法典第一草案》第
829 条。

　　以上被《德国民法典》的立法者视为当然前提的物权行为的无因性，是由 19
世纪的德国普通法学，尤其是历史法学派的重要代表人物弗里德里希·卡尔·冯·
萨维尼（Friedrich Carl von Savigny，1779—1861 年）（以下仅称"萨维尼"）首
创的。惟萨维尼创立物权行为的无因性，又绝非凭空杜撰，而是经由对罗马法的
法律概念进行论理加工而获得的。本文的任务，即是对萨维尼等 19 世纪的德国普
通法学者围绕所有权的移转而展开的对罗马法的法言，尤其是对尤里安（Salvius
Julianus）与乌尔比安（Domitius Ulpianus）的法言所作的解读，予以考量、分
析。[1]

　　笔者将首先考察围绕"交付"需有"正当的原因"的保罗（Julius Paulus）
的法言（D. 41，1，31pr.）的议论，其次考察围绕尤里安的法言（D. 41，1，36）
与乌尔比安的法言（D. 12，1，18）的议论。需要说明的是，无论对于罗马法的
法言作何解读，都是难以释明德国民法的所有权移转理论的历史渊源的全貌的。
此盖因德国民法的物权行为及无因性理论，其固有法，即"让与土地所有权的物
权的合意"（Auflassung），乃是对其产生了决定性作用的。[2]另外，登记制度的应
有姿态或固有状况，也对物权行为及无因性理论的确立起到了推波助澜的作用。
限于篇幅，这些皆不涉及，拟另设专文研究。对此一点，谨于此一并予以说明。

二、物权行为独立性的罗马法的法言的解释论

（一）格鲁克的解读

　　关于所有权的移转，德国的普通法学者克里斯蒂安·弗里德里希·格鲁克

1　值得提及的是，当此之时，德国普通法学者们的学问的根本事业，即在于罗马法的研究。此
间学者提出的任何有影响的理论，皆非闭门造车、冥思苦想而化出，而系经由对罗马法法源（或法
言）的解读，尤其是自相互对立的解读中提出的。

2　[日]川岛武宜：《所有权法的理论（新版）》，岩波书店 1987 年版，第 202 页以下。

（Christian Friedrich Glück，1755—1831 年）（以下仅称"格鲁克"）的重要贡献在于：提出了迄至 19 世纪初期一直占据通说地位的"取得权源"与"取得方式"的思想。[1]其于《潘德克吞详解》(Ausführliche Erläuterung der Pandecten nach Hell-feld，ein Commentar) 第 8 卷中写道：

"依学者的通说，要取得标的物的所有权，需要具备二项要件：一是使物权的取得成为可能的所谓'权源'，二是使物权的取得成为现实或依取得标的物的现实占有而使物权取得的可能性转化为现实性的'取得方式'(modus acquirendi)。……例如，我在书店购买一本图书，若书店将图书交付给我，我则成为该图书的所有权人。我的权源，是我与书店缔结的买卖契约。之所以如此，乃正因有此买卖契约，我才有成为（图书的）所有权人的可能。我的取得方式，是交付（Tradition）。交付，使取得图书所有权的可能性变成现实性，并使我现实地成为图书的所有权人。"[2]

依该"取得权源"与"取得方式"思想，仅有"交付"这一取得方式，是不能取得标的物的所有权的，此外尚需有引起所有权移转的原因。为了说明自己的此一思想，他举出了保罗《论告示》第 31 卷中的法言以为证实："单纯交付（nuda traditio）永远不会使所有权移转；若先有出卖或其他正当的原因（justa causa），而后据此为交付，则会使所有权移转。"[3]

对于保罗的这一法言，格鲁克解释说："要通过交付而取得某物的所有权，以让与标的物为目的的债权（obligatio）需要先期存在。……所谓交付，是所有人或拥有让与权利的人，依债权债务关系而将物的占有移转给我的事实，称为取

---

[1] 关于所有权的移转的"取得权源"与"取得方式"的详情，参见［日］好美清光："Jus ad rem 与其发展、消灭：特定物债权的保护强化的一断面"，载一桥大学研究年报《法学研究 3》（1961年），第 179—432 页。

[2] ［德］Christian Friedrich Glück, Ausführliche Erläuterung der Pandecten nach Hellfeld, ein Commentar, Bd. 8, Erlangen 1807，§. 578—579，第 83 页；［日］海老原明夫："19 世纪德国普通法学的物权移转理论"，载《法学协会杂志》第 106 卷第 1 号，第 5 页。

[3] 参见［意］桑德罗·斯奇巴尼选编，范怀俊、费安玲译，［意］纪蔚民、阿尔多·贝特鲁奇校：《物与物权》（第二版），中国政法大学出版社 2009 年版，第 97 页；［日］海老原明夫："19 世纪德国普通法学的物权移转理论"，载《法学协会杂志》第 106 卷第 1 号，第 5 页。

得方式、取得行为或取得形态（样态）。只有实施了该交付，受让人才能取得所意欲取得的物的物权。基于权源（债权债务关系、债之关系）而享有债权，只不过被赋予了得请求义务人履行交付的'人的权利'[1]。"[2]

这样，在格鲁克看来，要取得标的物的所有权，除需有事实行为的占有的移转（即交付）外，尚需有先期存在的"正当的原因"（justa causa praecedens）。所谓"正当的原因"，照他的理解，即是买卖契约等债权债务关系或债之关系。然就所有权的移转而言，若绝对要求需要有先于交付的债权债务关系，则会有悖于实际情况。故此，对"正当的原因"的先期存在，格鲁克遂作了如下的弹性说明："债权债务关系的成立与交付在时间上通常是分离的，即迄至债务依交付而被清偿前，往往要经过一段时间，……事实上，债权债务也有可能依履行它的行为本身而成立，比如赠与和事先未有约束关系的消费借贷即是。"[3]

显而易见，格鲁克这里所关心的，是在赠与和消费借贷的情形，尽管无先期的债权债务，但实施了现实的交付。根据保罗的法言，只有单纯的交付，是不会移转所有权的。那么，这种情况又应作何解释呢？对此，格鲁克说：现实的交付行为本身，不仅使赠与和消费借贷契约成立，还同时完成了这些契约的履行。由于作了如此的法技术的说明，他便自圆其说地维持了自己的主张：交付及先期的"正当的原因"的存在，是必需的。

对此"正当的原因"，发生问题的是，若当事人双方就交付的原因发生"错误"（如一方打算赠与，而对方却误为消费借贷）而造成意思表示的不合致（不

---

1 此即，只有"取得权源"的债权债务关系，仅可使债权人享有请求义务人履行交付的权利，此权利因法特性上属于相对的、请求特定人为特定行为的权利而被当时的学者称为"人的权利"。日本学者好美清光于前揭论文中称之为"jus ad rem"，并作有深入研究。

2 ［日］海老原明夫："19世纪德国普通法学的物权移转理论"，载《法学协会杂志》第106卷第1号，第6页。

3 ［日］海老原明夫："19世纪德国普通法学的物权移转理论"，载《法学协会杂志》第106卷第1号，第6页。

合意）[1]，标的物的所有权得否移转？对此，远在罗马法时代即已有不同的见解，此即存在尤里安与乌尔比安的法言的对立。此点将于后文论及，兹不涉及。

（二）萨维尼的解读

如所周知，长期以来，研究萨维尼的物权移转理论的主要材料，是威廉·费尔根特雷格（Wilhelm Felgentraeger，1899—1980 年）（以下仅称"费尔根特雷格"）对萨维尼的讲学活动的记录。[2]根据 1927 年发表的研究报告，物权行为及无因性理论的创始人萨维尼早在 1803—1804 年的冬期讲学中，对于物权的移转，即持与格鲁克大致相同的"取得权源"与"取得方式"的主张。但于 1815—1816 年的冬期讲学中，萨维尼则一改原有主张，而采独立的物权行为说。根据费尔根特雷格的听课笔记，萨维尼于这一时期的讲学活动中说："某人给予乞丐一枚金币时，从何处能找到其正当的原因呢？这里存在的只是惟一的事实，即金币的交付，此外再无其他事实。在这里，无论契约抑或别的其他东西，都是未有先于交付的行为而存在的。……当然也无任何债权关系，而只是事实上的交付使金币的所有权发生了移转。……受赠人即乞丐之所以成为金币的所有权人，根本上乃在于赠与人的意图，而不是别的原因。因而我们应当称之为'正当的原因'的，是打算依交付而移转金币的所有权的所有权人的意图。……交付，就其性质而论，是一个真的契约；正当的原因，不折不扣地指的正是这个契约。但是，它不是债权契

_____

1　民法自罗马法以来有所谓意思表示的不合致。意思表示的不合致，也称意思表示的不合意，即构成契约的各个意思表示未趋于一致。根据当事人是否知悉，不合意囊括两种情形：其一，意识的不合意（亦称公然的不合意），即当事人自知其不合意，发生此种不合意时，契约不能成立。其二，无意识的不合意（亦称隐存的不合意），即当事人不知其不一致。换言之，当事人信其意思已趋一致，而实际并未一致，包括契约当事人的不合意、契约标的物的不合意以及契约性质的不合意三种情形。此处所谓不合意，系指契约性质的不合意，"例如甲以贷与的意思向乙要约，而乙误为赠与而承诺"[见郑玉波：《民法债编总论》（第十五版），三民书局股份有限公司 1996 年版，第 41 页]，即属之。对此，参见郑玉波：《民法债编总论》（第十五版），三民书局股份有限公司 1996 年版，第 41 页；郑玉波著，陈荣隆修订：《民法债编总论》（修订二版），中国政法大学出版社 2004 年版，第 37 页。

2　研究萨维尼的"法学方法论"的系统、完整的资料是雅各布·格林（Jacob Grimm，1785—1863 年）所作的《1802—1803 年法学方法论听课笔记》。此听课笔记已有中译本，也就是杨代雄译、胡晓静校《萨维尼法学方法论讲义与格林笔记》（法律出版社 2008 年版）。

约，……而为物权契约，即物权法上的契约。"[1]

　　萨维尼这里所举的向乞丐施舍金钱的例子，是在无先期的债权债务关系的情况下实施的。对此，格鲁克也是认同的。惟他对于这一问题，系采取一种技巧性的说明，即赠与这一债权债务关系，在依交付这一单独行为成立时，也同时完成了它的履行。所不同的是，格鲁克虽然也承认此一例外情况，但其认为，于履行交付前，原则上应当有先期的作为"正当的原因"的债权（债务）的存在，否则，依单纯的交付，所有权不得移转。萨维尼则是从赠与之前并无先期的债权债务关系的存在这一特殊事例出发来展开其议论，并阐明自己的独立的物权行为理论的。

　　萨维尼正式发表自己的物权行为理论，是在 1840 年出版的《当代罗马法体系》（System des heutigen römischen Rechts）第 3 卷中。但根据费尔根特雷格的研究，听过萨维尼讲学的弟子们自 1820 年前后起即开始祖述其老师的物权行为理论，结果使萨维尼的直接弟子以外的采纳与接受物权行为理论的人相当多。这其中的代表，可以举出利奥波德·奥古斯特·瓦恩柯尼希（Leopold August Warnkönig，1794—1866 年）（以下仅称"瓦恩柯尼希"）。该人于 1823 年发表《交付中的正当原因的概念的备忘录》（Bemerkungen über den Begriff der justa causa bei der Tradition），表示自己已然接受了萨维尼的物权行为理论。

　　瓦恩柯尼希说，所谓交付中的"正当的原因"，并不以债权债务关系或其他有效的法律行为为必要。"正当的原因，不是别的，是对物的受领人表示依交付而意欲移转自己的标的物的权利的意思，故而是使受领人作为所有权人而对标的物的占有正当化的事实。于此种场合，债权债务关系或有效的法律行为是否存在，抑或是否以之为前提，皆非所问。"[2]"因占有的移转通常并不是让与的同义

　　1　［德］Wilhelm Felgentraeger, Friedrich Carl v. Savignys Einfluß auf die Übereignungslehre, Lucka i. Th . 1927, 第 31 页；［日］海老原明夫："19 世纪德国普通法学的物权移转理论"，载《法学协会杂志》第 106 卷第 1 号，第 7—8 页。

　　2　［德］Leopold August Warnkönig, Bemerkung über den Begriff der justa causa bei der Tradition, in：Archiv für die civilistische Praxis, Bd . 6（1823），第 115 页；［日］海老原明夫："19 世纪德国普通法学的物权移转理论"，载《法学协会杂志》第 106 卷第 1 号，第 8—9 页。

语，故而，依交付而移转所有权的让与人的意思，是必需的，这就是'正当的原因'。受让交付的占有人的占有之所以是正当的，乃正在于有此'正当的原因'。"[1]

这样，瓦恩柯尼希虽然将"正当的原因"说成"有移转所有权的意思"，但在他的议论中，最具意义的莫过于他是怎样论证自己的这一观点本身的。为了证明自己的观点，他也援引了罗马法的法言。[2] 他的如下话语是颇有意味的：

"如果不考虑一切的实定法上的规定，而询问在权利的移转上，迄今为止使我们所保有的权利变成对方的权利的原因或根据是什么，我想无论法学家抑或普通人都会如此回答：那是因为我们有权利，即有把自己的权利让与给他人的权利。之所以如此，是因为权利概念本身包含了这样的内容：权利必然归属于权利人，权利人自由地行使其权利，以及为了第三人的利益而有让与权利的自由。"[3]

由这段话语，可以看到，瓦恩柯尼希是完全不受罗马法的法言的影响而纯粹凭"历史、哲学与体系的感觉"展开其议论的，此与格鲁克完全以罗马法的法言（保罗的法言）为根据并受其影响而展开其议论，迥乎不同。由此，我们也可以清晰地推知萨维尼的治学风格，即他在治学过程中对于"历史、哲学与体系"的深切意识。[4]

1　［德］Leopold August Warnkönig，Bemerkung über den Begriff der justa causa bei der Tradition，in：Archiv für die civilistische Praxis，Bd. 6（1823），第126页；［日］海老原明夫："19世纪德国普通法学的物权移转理论"，载《法学协会杂志》第106卷第1号，第9页。

2　据考证，其所援引的法言，也是萨维尼特别喜爱并常常提及的罗马法学家盖尤斯（Gaius）的法言（I. 2，1，§40）。

3　［日］海老原明夫："19世纪德国普通法学的物权移转理论"，载《法学协会杂志》第106卷第1号，第9页。

4　考萨维尼一生的学术活动，可以说这三点皆得到了淋漓尽致的体现。历史的感觉与意识，可由萨维尼本人就是德国历史法学派的代表人物，以及其民法思想大都与罗马法存在或多或少的关联获得证明。哲学的感觉与意识，根据笔者的研究，其主要表现在他的物权契约思想系源自于康德（Immanuel Kant，1724—1804年）对"法（权利）的认识"。易言之，萨维尼之所以提出物权契约思想，乃是直接受到了康德关于法（权利）的思想的启迪。至于体系的感觉与意识，则主要表现于他的物权契约理论乃是以他为首的19世纪德国普通法学者们将民法的财产权分隔为物权与债权，并进而建立起统一的法律行为制度和规则为端绪的。并且，萨维尼将自己的物权契约（物权行为）与债权契约（债权行为）理论圆润一致、一以贯之地落实到了自己的气势磅礴的民法理论系统中。此点尤其表现了他重视制度的系统构成与协调发展的意识。另外，萨维尼的"历史的感觉与意识"与"哲学的感觉与意识"，乃是其"法学方法论"的三条基本原则之二。关于此，杨代雄译、胡晓静校《萨维尼法学方法论让我们就此打住，继续考察萨维尼的所有权移转思想。

如所周知，萨维尼所有权移转思想的核心与根本点，是把所有权的移转行为解作独立的物权契约，其所有权移转思想是在《当代罗马法体系》第 3 卷中论及契约时而展开的。他说："在私法上，契约是以（或作为）所有种类的法制度而登场的，无论在什么地方，它都是最重要的法律形式之一。……在物权法领域也是如此。即使在这里（即在物权法领域），它也不亚于在债法上运用得那样多、那样广阔。例如，交付就具有契约的一切特性，故而是一个真的契约。也就是说，它（即交付）内蕴了面向占有与所有权的现实的移转的当事人双方的意思表示。据此，行为人方面的法律关系被重新规定。惟仅依此意思表示，所有权的完全的移转还不能成立，还必须有占有的现实的取得这一外在的行为，作为其基础的契约的存在是不能被否定的……在这些事例中，该行为（即交付）具有契约的性质是不能忽略的。何以这样？盖因该行为（即交付）是与通常作为它的准备的且伴随该行为（即交付）的债权契约不能正确地作出区别或区分的。比如，于出卖房屋的情形，就通常把作为债权契约的买卖置于重心或中心。……向乞丐施舍食物的行为（赠与），尽管包含真的契约，但是，在这里无论如何都不存在债权，而仅有关于给予和受取食物的一致的意思。还有，以动产出质而设定质权于债权人（质权人），也就是出质人不占有质物而由债权人（质权人）占有质物的设定质权的情形，也系如此。故而，根据契约，仅作为物权的质权得以成立，而债权并不登场。为了对它作出更加清晰的区分、辨别（或区别），可以称这些例子中的契约为物权契约。"[1]

以上是物权行为独立性思想的原形的表达。对于物权行为的无因性，即作为原因的债权行为未有效成立，但物权行为本身并不受其影响，萨维尼是如何议论的呢？据考证，萨维尼明确言及物权行为的无因性，是在他论及意思表示的错误

（接上页）讲义与格林笔记》（法律出版社 2008 年版）第 4 页也谓，萨维尼"最引人注目的是关于法学方法论的三条基本原则：其一，法学是一门历史性的科学；其二，法学也是一门哲学性的科学；其三，法学是历史性科学与哲学性科学的统一"。

1　[德] Savigny, System des heutigen römischen Rechts, 3. Bd., 第 312 页；[日] 海老原明夫："19 世纪德国普通法学的物权移转理论"，载《法学协会杂志》第 106 卷第 1 号，第 10 页。

时。他说："错误出现或得以发生的最重要、最广泛的情形，是日常生活中的法律行为，尤其是债权契约的场合，此即债权契约与本旨上仍然属于契约的交付。在这里，错误，无论是事实上的错误，抑或法律上的错误，无论是有过失的错误，抑或无过失的错误，原则上皆无影响。基于错误的买卖是不能取消（撤销）的买卖，源于错误的交付也是完全有效的。错误，原则上不对行为的效力产生任何影响这一点，是从广阔无垠的不安定与恣意中拯救交易的惟一法宝。…… 基于错误而成立的契约，其本身并不当然无效，而且，纵依通常之诉与回复原状之诉，也不能使之无效。"[1]

萨维尼本人并未把作为物权行为的交付与作为原因的债权行为解作两个彼此对立的概念，并明确提出后者的无效不能引起前者的无效这一一般性的主张。但交付系因"错误"（如一方打算赠与，而对方却误为消费借贷）而实施时，得否引起所有权的移转，远在罗马法时代的尤里安与乌尔比安的法言中即以之作为例子（让与人怀抱赠与的意思，受让人却怀抱消费借贷的意思）进行了讨论。不言自明，萨维尼是熟知这一点的。关于萨维尼是如何看待尤里安与乌尔比安之间的对立的法言的，后文将要论及。以下让我们看看萨维尼是如何使"错误不会对契约的效力产生影响"这一命题正当化的。萨维尼于作了以上的叙述后，接着说："这一结论（错误不会对契约的效力产生影响——本书作者注），现在需要从对它的各种各样的攻击中受到保护。这一结论的最大优点在于，它是从自由意思的本性中推导出来的。自由意思的存在、作用和动机的正确与否并无关涉。"[2]

在这里，萨维尼尽管没有否定罗马法的法言的正当性，但他把叙述的着力点放在了"自由意思的本性"这一哲学原理上。不言而喻，"自由意思的本性"之说是否真的具说服力，并非没有疑问。但是，萨维尼由意思表示的错误中提出无因性的思想，此点乃特别值得重视。尤其因为他对意思表示的错误情形的无因性

1　[日] 海老原明夫："19 世纪德国普通法学的物权移转理论"，载《法学协会杂志》第 106 卷第 1 号，第 10—11 页。

2　[德] Savigny, System, Bd．3, Beylage Ⅷ Irrthum und Unwissenheit. X．，第 356 页；[日] 海老原明夫："19 世纪德国普通法学的物权移转理论"，载《法学协会杂志》第 106 卷第 1 号，第 11 页。

思想的论述，乃是抛开罗马法的法言而展开的，这就为后世学者将意思表示的错误情形的无因性思想全面地发展为一般性的无因性思想开启了先河。

让我们进一步考量提出物权行为独立性思想的萨维尼是如何解读保罗《论告示》第 31 卷中的法言的。

保罗《论告示》第 31 卷："单纯交付永远不会使所有权移转；若先有出卖或其他正当的原因，而后据此为交付，则会使所有权移转。"[1]萨维尼谈到保罗的这一法言，是在 1853 年的《作为现代罗马法之一部的债法》（Das Obligationenrecht als Theil des heutigen römischen Rechts）第 2 卷中。其谓：

"近年来发表的著述，对于保罗《论告示》第 31 卷中的'交付'作这样理解的人不少：需要先期存在旨在实现'交付'的债权，或者'交付'必须是为了履行（solutio）债务。如此的理解，尽管是以保罗的'先有出卖或其他正当的原因'的话语为依据的，但其真正的目的是一望即知的。保罗的法言，是只字未提债权债务关系的。而且，实际上也无债权债务关系的任何影子，而仅有有效的交付。向乞丐施舍金钱，金钱的所有权显而易见地随交付行为的完成而移转。于此场合，无所谓债权债务关系的存在。某人提出借贷金钱，而出借人向对方交付了金钱的情形，也与此同。正当的原因的真正意义，毋宁说应作这样的说明：交付，通常可以基于各种各样的目的而为之。例如，出租、寄存以及以物设定质权，皆有交付。但在这些场合，标的物的所有权显然不发生移转。然于买卖、交换（互易）、赠与和消费借贷的情形，标的物一经交付，其所有权即要发生移转。此两种情形中的交付的本质差异乃在于，于后一种场合，出卖人有打算移转所有权的意思，而在前一种场合，则并无（移转所有权的意思）。由此可以得出如下的结论：交付，是依行为人双方的意思的合致而使所有权移转的。无该意思的合致，

1　［意］桑德罗·斯奇巴尼选编，范怀俊、费安玲译，［意］纪蔚民、阿尔多·贝特鲁奇校：《物与物权》（第二版），中国政法大学出版社 2009 年版，第 97 页。

所有权便不移转。"[1]

行文至此，萨维尼还就自己的这段话语加了一个注释，简要记述了他在《当代罗马法体系》第 3 卷中表述的物权契约思想："交付本身乃是一个真的契约。但是，它并不是债权契约，而为物权契约。确实，债权契约（买卖、交换等）可以成为交付的基础，并且实际上它大多是作为基础而先于交付存在，但是，必须将交付与像这样的债权契约严格区分开来。"[2]

这里发生疑问的是，此注释中所称的交付是独立的物权契约，与"在交付，正是所有权移转的意思促成了所有权的移转"存在何种关联？需要注意的一个事实是，萨维尼的契约概念，是以意思表示的合致为其本旨要素的。[3] 换言之，交付并不仅仅是单纯的标的物占有的移转，而是一个包含了意思表示的合致的（民事）法律行为。亦即，基于内蕴了移转所有权的意思的交付，标的物的所有权方发生移转。并且，它是所有权发生移转的原始动力。

萨维尼关于交付之所以能使所有权发生移转，乃在于当事人之有移转所有权的意思的思想，可由罗马法的法言佐证。盖尤斯《日常事务》第 2 卷（D. 41，1，9，3）谓："根据万民法，交付给我们的物为我们所有。因为没有什么比尊重想将其物转让给另一个人的所有权人的意志（voluntas）更符合自然的公平（naturalis ae-quitas）。"[4] 关于此项法言与要求存在先期的"正当的原因"的保罗的法言的关系，萨维尼说："交付，通过或透过它，所有权的移转便得以明示（或公示）乃

1　[德] Savigny, Das Obligationenrecht als Theil des heutigen römischen Rechts, Bd. 2, Berlin 1853, § 78，第 256 页；[日] 海老原明夫："19 世纪德国普通法学的物权移转理论"，载《法学协会杂志》第 106 卷第 1 号，第 12—13 页。

2　[德] Savigny, System des heutigen römischen Rechts, 3. Bd., Berlin 1840, § 140, S. 257, Anm. (m)；[日] 海老原明夫："19 世纪德国普通法学的物权移转理论"，或《法学协会杂志》第 106 卷第 1 号，第 13 页。

3　[德] Savigny, System des heutigen römischen Rechts, 3. Bd., Berlin 1840, § 140, S. 309；[日] 海老原明夫："19 世纪德国普通法学的物权移转理论"，载《法学协会杂志》第 106 卷第 1 号，第 13 页。需要注意的是，萨维尼于此处提出：所谓契约，系指"复数的人聚在一起，而为规定他们之间的法律关系的一致的意思表示"。

4　参见 [意] 桑德罗·斯奇巴尼选编，范怀俊、费安玲译，[意] 纪蔚民、阿尔多·贝特鲁奇校：《物与物权》（第二版），中国政法大学出版社 2009 年版，第 89 页。

是一般的情况，……但在（人的）自然行为的场合，则可以说是过分抽象与理性的（故而是不足以判定所有权发生了移转的）。其结果，……为了作出确实的判断，除考察周围的状况、意图、目的及与交付粘连在一起并引起它发生的（民事）法律行为外，别无他途（他法）。真的，这就是'正当的原因'的真正的意义。之所以如此，乃系因为由这里，意图即当事人的意思是要实现所有权的移转（买卖、交换的情形），抑或相反，即通常可以获得明确的认识。由此观之，先期存在应认为是正当的。事实上，债权的先期存在，尽管是一般的情况，但先期存在的也未必一定就是债权。向乞丐施舍食物时，赠与的意图，由行为的外观看十分清楚。施舍的人在为施舍前，即有赠与的意图。并且，因该意图要移转所有权，所以，该意图也就成为交付的'正当的原因'。若这样理解'正当的原因'，则保罗与盖尤斯的法言也就不矛盾了，它们只不过是从不同的侧面把握与描述同一事物而已，即对于交付，一个法言要求有移转所有权的意图，因而是在直截了当地描述事物的本旨；与此相对，另一个法言则要求有'正当的原因'，而该'正当的原因'，是伴随交付的（民事）法律行为的所有权移转的意图的表征。"[1]

　　萨维尼的这些论述，一方面力图对以当事人的意思为移转根据的法言，与以"正当的原因"的先期存在为移转根据的法言予以调和；另一方面也试图统一说明债权债务关系先于交付而存在这一一般的情况，以及向乞丐施舍食物时，债权债务关系未先期存在的特殊情况。如前述，在格鲁克看来，仅有事实行为的占有的移转（即交付），所有权并不移转，而是需要有先于交付的债权债务关系的"正当的原因"之存在，所有权方发生移转。惟依此思想，乃势必难以说明向乞丐施舍食物时，尽管无先期的债权债务关系的存在，但同样发生所有权移转的现象。由于从根本上反思了过往对施舍食物情形的"正当的原因"的理解，萨维尼提出，交付中内蕴了所有权移转的意思这一本质要素，进而交付即为独立的物权契约。

　　1　［德］Savigny, Das Obligationenrecht als Theil des heutigen römischen Rechts, Bd. 2, 第 258 页；［日］海老原明夫："19 世纪德国普通法学的物权移转理论"，载《法学协会杂志》第 106 卷第 1 号，第 14—15 页。

尽管如此，因交付是一个于各种各样的场合皆可发生的行为，故此，仅依交付行为本身，尚不能判明所有权移转的情况乃是相当多的。由此，考虑先于交付的债权债务关系也就有其必要。惟在他看来，促使所有权移转的意思，是始终内蕴于作为物权契约的交付中的。先期的债权契约的当事人的意思，是不能使所有权移转的。先期的债权债务关系，只不过是用来判定内蕴于交付中的当事人的意思的"资料"。此在施舍食物的场合，也不例外。的确，于此场合，先期的债权契约并不存在，但所有权移转的意图由该行为的外观上看，是明了、清楚的。并且，若以判定存在所有权移转的意思的"资料"为"正当的原因"，则此种场合，称由该行为的外观而清楚地表现出来的施舍食物的"意图"本身为"正当的原因"，也是妥当的。这样，萨维尼所说的"正当的原因"，对于交付而言，即无需于法律上复增加其他内容了。对于所有权的移转而言，其必需的一切移转的要件，皆因有作为物权契约的交付而具备了。但于不清楚或发生疑问时，"正当的原因"则是作为判定有无移转所有权的意思的"资料"而起作用的。故"正当的原因"本身，仅单纯用作表示与判明情况的"资料"而被启用。萨维尼于《当代罗马法体系》第3卷中论及物权契约而使用面向所有权移转的意思的概念，于施舍食物的场合论及"正当的原因"而使用"赠与的意图"的概念，大抵正是出于这样的考虑。也就是说，自行为的全体外观上变得清楚明了的"赠与的意图"，与作为该交付的、物权行为之核心要素的所有权移转的意思，并不是同一个东西，前者是为了认识后者而得以存在的"资料"。[1]

（三）普赫塔的解读

萨维尼的物权契约思想，为相当多的学者所重视。这些学者认为，萨维尼的思想，是关于物权行为的通说。也正因如此，萨维尼才被称颂为物权行为理论的始祖。例如，商法学者莱温·戈尔德施密特（Levin Goldschmidt，1829—1897年）于《商法便览》（Handbuch des Handelsrechts）第1卷第2分册（1868年）中就

1　[日]海老原明夫："19世纪德国普通法学的物权移转理论"，载《法学办会杂志》第106卷第1号，第15—16页。

说：让与标的物的所有权人与受让标的物的所有权人的意思，是抽象（无因）的、只面向所有权的移转的，其与动机和让与的间接目的没有干系。于此意义上而言，交付是一种形式，或者准确地说，是一种抽象（无因）的行为，即独立于原因的行为，此为现今的通说。[1]

内容大致相同的叙述，也可在伯恩哈德·温德沙伊得（Bernhard Windscheid，1817—1892 年）（以下仅称"温德沙伊得"）的《潘德克吞教科书》（Lehrbuch des Pandektenrechts）中见到："交付，是所谓的形式行为，而非实质行为。意思（移转所有权的意思——本书作者注）本身，便发生法律上的效果，而非意思与规定的原因（如买卖契约）相结合方发生法律上的效果。交付的规定原因（如买卖契约），是所有权的移转意思的认识根据，是不能发生最终的法律效果的东西，这是通说。"[2]

这些叙述给人的印象是：交付的物权契约思想似乎已经获得了多数人的赞同。但是，若仔细考察如下的格奥尔格·弗里德里希·普赫塔（Georg Friedrich Puchta，1798—1846 年）（以下仅称"普赫塔"）的议论，则可明了，萨维尼的物权契约思想的根本部分并未获得学者的普遍赞同。其中，与萨维尼的物权契约思想的根本部分形成鲜明对垒的正是萨维尼的弟子与他的柏林大学讲席位置的继受者普赫塔所主张的学说。

1. 普赫塔的所有权移转说

普赫塔论及交付，是在其遗稿《现代罗马法讲义》（Vorlesungen über das heutige römische Recht）第 1 卷中。他写道："交付，是标的物的占有的现实的移转。它之所以有移转所有权的法律效果，根本上乃在于有与之结合的指向所有权移转的意思。此项意思存在于当事人双方间。它便是交付的正当的原因。正当的原因，是一个内蕴了关于所有权授受的合致的意思的法律行为，例如买卖、赠

1　［日］海老原明夫："19 世纪德国普通法学的物权移转理论"，载《法学协会杂志》第 106 卷第 1 号，第 16—17 页。

2　［德］Bernhard Windscheid, Lehrbuch des Pandektenrechts, Frankfurt-Main, 1. Bd.，§ 172, Anm.（16a），4. Aufl.，1874，第 541 页；［日］海老原明夫："19 世纪德国普通法学的物权移转理论"，载《法学协会杂志》第 106 卷第 1 号，第 17 页。

与、婚资、清偿及消费借贷等。"[1]

可见，普赫塔并非以交付为独立的物权契约，而是以之为标的物的单纯的事实上的占有的移转。不过，他同时认为，要移转标的物的所有权，除需有交付外，尚需有买卖及其他作为"正当的原因"的法律行为。显而易见，这是在所有权的移转上，对要求交付需有买卖等"正当的原因"的前述保罗的法言的五体投地般的忠诚的所有权移转思想。自总体上看，这属于萨维尼物权契约思想滥觞前格鲁克等人的"取得权源"与"取得方式"的所有权移转思想的范域。这样，普赫塔的学说即在根本上与萨维尼的学说形成了鲜明对照（或对垒）。

惟在学说的发展史上，普赫塔的学说也曾产生了重要影响。何以他的学说会有如此效果？为了明了此一点，我们有必要继续考察普赫塔的学说。

在上引的那段话语中，普赫塔一方面把"正当的原因"解为所有权授受的意思，另一方面也将内蕴了所有权移转的意思的法律行为说成"正当的原因"。在这里，他以（民事）法律行为为"正当的原因"，虽说是注意到了罗马法的法言的逻辑构造，但他的真意仍然是强调所有权授受的意思。他说："在包含了正当的原因的法律行为中，仅所有权授受的意思对所有权具有意义。（民事）法律行为的其余内容，只不过是正当的原因的意思的动机。"[2]

这样，普赫塔即由与交付的"正当的原因"的关联中抽绎出了买卖等法律行为，但作为"正当的原因"而赋予其法律意义的，则仅是所有权移转的意思（即所有权授受的意思）这一抽象的要素。普赫塔于《法学阶梯教程》（Cursus der Institutionen）中对此有更直截了当的陈明。其谓："正当的原因，系指关于所有权授受的合致的意思，包含该意思的法律行为的其余内容，一般地说，不属于正

1　［德］Georg Friedrich Puchta, Vorlesungen über das heutige römische Recht. hrsg. von Adolf August Friedrich Rudorff, Leipzig, 1. Bd.，§148，1852，第294页；［日］海老原明夫："19世纪德国普通法学的物权移转理论"，载《法学协会杂志》第106卷第1号，第17—18页。

2　［德］Georg Friedrich Puchta, Vorlesungen über das heutige römische Recht, 1. Bd.，§148，1852，第296页；［日］海老原明夫："19世纪德国普通法学的物权移转理论"，载《法学协会杂志》第106卷第1号，第18—19页。

当的原因。"[1] 这样,因认为"正当的原因"并非指法律行为的全部内容,而仅指蕴藏于该法律行为中的所有权授受的意思,基于交付的所有权的移转,便独立于作为交付的基础的法律行为了。作为基础的法律行为纵有瑕疵,只要该瑕疵不致影响作为"正当的原因"的所有权移转(即所有权授受)的意思,基于交付的所有权的移转就不会受到影响。对此,普赫塔说:"尽管法律行为因意思有瑕疵而无效,但该瑕疵只要不是重要的瑕疵、本质的瑕疵,经由交付,所有权就仍然要发生移转。例如,双方当事人内心都怀抱要成立有效的法律行为的念头,结果却发生了一方怀抱赠与,对方怀抱清偿债务的意思的,就属于这种情况。在这里,无论赠与或债务的清偿,皆不成立。盖无论就赠与或清偿,双方皆未形成合意。虽然如此,所有权还是要发生移转的。之所以如此,乃系因为双方当事人的意思是指向并旨在实现所有权移转的。"[2]

这样,从作为交付的基础的法律行为的内容中,仅抽绎出所有权移转(即所有权授受)的意思,并认为要移转所有权,仅需有事实行为的占有的移转与移转(授受)所有权的意思即为已足,而无需再考虑法律行为的其余内容。其结果,在根本上,普赫塔便达到了与萨维尼相同的目的:使以所有权的移转为目的的物权契约无因性地得以构成,谓为"物权契约的无因性"。无因的物权契约,因仅由占有的移转(交付)与所有权移转(授受)的意思这两项因素构成,故此,普赫塔的思想是:只要具备这两项因素,所有权移转的要件也就真的具备了。

2. 普赫塔的学说与萨维尼的学说的差异

不过,需要注意的是,以上情况并不表明普赫塔是在追随萨维尼的物权行为理论,正相反,普赫塔与萨维尼在这一点上未有合流,而且正是于关键之点上,

---

1 [德] Georg Friedrich Puchta, Cursus der Institutionen, Leipzig, 2. Bd., §.241, 1841, 第644页;[日] 海老原明夫:"19 世纪德国普通法学的物权移转理论",载《法学协会杂志》第 106 卷第 1号,第 19 页。

2 [德] Georg Friedrich Puchta, Cursus der Institutionen, Leipzig, 2. Bd., §.241, 1841, 第644页;[日] 海老原明夫:"19 世纪德国普通法学的物权移转理论",载《法学协会杂志》第 106 卷第 1号,第 19 页。

二人存有重要歧见。如果认为普赫塔是持与萨维尼相同的物权行为理论，就会致命地妨碍对普赫塔学说的正确理解。[1]亦即，在萨维尼看来，将所有权移转的意思与原因关系相分离，是自然而然之事，而普赫塔则认为，物权的合意，并非独立存在于原因行为之外，而是通过纯粹的理论演绎得以被抽象出来。可见，普赫塔主张和构筑所有权移转（授受）的意思的概念，乃有人为的、学问的操作的倾向。及至19世纪后半期，德国学者已然普遍地意识到物权行为独立性、无因性这一理论构成的法技术特征，于是讨论此法律构成（物权行为独立性、无因性）的法律效果及其法律意义的著述纷纷面世。萨维尼之说与普赫塔之说的差异，是不应置于此种历史发展的逻辑上去理解的，而应作如下的理解：是把交付解为独立的法律行为，还是认为只有依单纯的占有的移转（交付）与内蕴于原因行为（债权行为、负担行为）中的所有权移转（授受）的意思的"结合"，所有权方发生移转。进言之，普赫塔之说的特征，是不区分物权行为与债权行为，而将交付与交付的"原因"解为一体性的法律行为，仅以该一体性的法律行为中的所有权移转（授受）的意思为无因的因素，并把它抽绎出来，称为"正当的原因"。也就是说，所谓"正当的原因"，乃是指法律行为的内容中的所有权移转（授受）的意思。这就意味着普赫塔是在契约的一般原因的框架内来把握所有权移转的无因性的，从而也就使无因的债权契约，即债务约束与债务承认的成立变成可能。[2]萨维尼与普赫塔尽管都把"正当的原因"解为所有权移转的意思，但萨维尼认为所

---

1 对普赫塔的所有权移转思想发生误解的典型，是德国著名行政法学者奥托·迈尔（Otto Mayer，1846—1924年）。该氏于《交付和使用取得的正当的原因——罗马法领域的一试论》（Die justa causa bei Tradition und Usukapion. Ein Versuch auf dem Gebiete des römischen Rechts，1871）中对普赫塔的所有权移转思想作了并不准确的理解。[日] 海老原明夫："19世纪德国普通法学的物权移转理论"，载《法学协会杂志》第106卷第1号，第20页以下。

2 富有趣味的是，根据《法国民法典》第1108条的规定，移转所有权的契约，也要求非有"原因"（cause）不可。该法典对于所有权的变动尽管采有因性，不认有所谓无因性，但无论如何，对于旨在实现物权变动的效果的法律行为，与旨在使债权债务关系有效成立（发生）的法律行为，其（该法典）皆要求有"适法的原因"。具体而言，该《法国民法典》第1108条规定："契约有效成立应具备四项根本条件：负担债务的当事人的同意；其订立契约的能力；构成权利义务客体的确定标的；债的合法原因。"参见《法国民法典》，罗结珍译，中国法制出版社1999年版，第283页；[日] 海老原明夫："19世纪德国普通法学的物权移转理论"，载《法学协会杂志》第106卷第1号，第62页。

有权移转的意思独立存在于交付这一行为中，而普赫塔则并不作这样的理解，即他认为所有权移转（授受）的意思存在于买卖等债权行为中。

如前所述，促使萨维尼采取独立的物权行为这一崭新的法律构成的，是对乞丐施舍食物的场合。在此场合，其债法上的义务尽管未先期存在，但经由交付而仍然使所有权发生了移转。在这里，所谓作为"正当的原因"的法律行为应"先于"交付而存在，是站不住脚的。但是，如果像普赫塔那样，将"正当的原因"解为所有权移转（授受）的意思，则既可以维持"正当的原因"应先期存在的主张，又可自圆其说地释明施舍食物的情况。于《法学阶梯教程》中，普赫塔说："在赠与的场合，……打算赠与的意思，是先于标的物的交付而存在的。因而，在这里，正当的原因，不必非为独立的法律行为不可。推而言之，即使有此必要，它也不是指法律行为的全体的内容，而是指该行为所内蕴的所有权授受的意思。正是它，才是本质的正当的原因。"[1]

这样一来，普赫塔也就成功地从全局的高度将施舍食物的情形纳入了保罗的法言的解释框架中。将"正当的原因"解作所有权移转（授受）的意思，对于保罗的法言的解释论的贡献是重大的，而且，使即使作为原因的法律行为不成立，所有权也要有效移转意义上的所有权移转效果的无因性，由要求有"正当的原因"的保罗的法言中被抽绎出来成为可能。值得指出的是，关于所有权移转效果的无因性，一如后文将要论及的，在尤里安的法言中业已存在了。

但是，保罗的"若先有出卖或其他正当的原因，而后据此为交付"的法言，是显然排斥以上所有权移转效果意义上的无因性的。故而普赫塔认为，作为"正当的原因"，其重要的仅仅是所有权移转（授受）的意思。如果这样考量，则所有权移转（授受）的意思以外的东西纵未有效成立，也不会妨碍基于交付的所有权的移转。只要以所有权移转（授受）的意思替代"正当的原因"，所有权移转

1　［德］Georg Friedrich Puchta, Cursus der Institutionen, 2. Bd., §241, Anm.（d），1841，第436 页；［日］海老原明夫："19 世纪德国普通法学的物权移转理论"，载《法学协会杂志》第 106 卷第 1 号，第 23 页。

效果的无因性即可由保罗的法言中被推导（推演）出来。

　　与以上不同，理论上构筑物权行为独立性的萨维尼，则需要设法解决如何使自己的物权行为无因性理论得以正当化的难题。从正面为它的正当化奠定基础的罗马法的法言，无论如何是找不到的。萨维尼关于意思表示的错误的理论之所以不得不援引"自由意思的本质"这一哲学的原理，大抵系出于如此的缘由。同时，他也需要释明保罗的法言中的"正当的原因"指称的是什么。萨维尼将交付本身把握为独立的物权行为，所以不可能像普赫塔那样复以"所有权移转（授受）的意思"来替代"正当的原因"，从而"正当的原因"只能在物权行为之外去寻找（即只能是物权行为以外的东西），但又因主张物权行为的无因性，故将"正当的原因"规定为具有实质内容的要件，乃是不妥的。其结果，萨维尼不得不以"所有权移转的意图的表征"来替代"正当的原因"。[1]

　　需要注意的是，对于"正当的原因"作如此理解的不仅仅是萨维尼一人，前面提到的瓦恩柯尼希也系作同样的理解。此外，温德沙伊得与阿道夫·埃克斯纳（Adolf Exner，1841—1894 年）也作这样的理解。这些学者之所以追随萨维尼的物权行为理论，绝非出于偶然，其原因乃在于：既然已认可独立的物权契约为一项基本的法观念，则"正当的原因"也就成为一个多余的东西。并且，在学者中间，最彻底地埋葬了"正当的原因"的，是温德沙伊得其人。他说："重要之点，是移转标的物的所有权的意思，与取得标的物的所有权的意思发生龃龉时，所有权的移转即变成无效。作为取得的对象的所有权，可谓是重要之点，而移转与取得的原因，则为非重要之点。"[2] "无论移转的意思抑或取得的意思，皆无加以明确表示的必要。究竟属于何种意思，只要可以由具体情况推知便获已足。如果意思得到确定，则既无需返回至伴随该意思的具体的情况，也无需表示由该具体的

　　1　［日］海老原明夫："19 世纪德国普通法学的物权移转理论"，载《法学协会杂志》第 106 卷第 1 号，第 25 页。

　　2　［德］Windscheid, Lehrbuch des Pandektenrechts, 1. Bd., §172.；［日］海老原明夫："19 世纪德国普通法学的物权移转理论"，载《法学协会杂志》第 106 卷第 1 号，第 25 页。

情况所判明的移转的规定原因。"¹这样一来，温德沙伊得就从所有权移转的要件中摒弃了"正当的原因"。

与此不同，如果像普赫塔那样，将交付把握为单纯的占有的移转，则就变成非有"正当的原因"不可。而此正如弗朗茨·霍夫曼（Franz Hofmann, 1845—1897 年）所言："如果从交付中排除所有的意思的内容，则正当的原因的先期存在，就是必需的。如果交付中不蕴含（移转所有权的）意思，则该意思便需要先期存在。"²而且，以交付为占有的移转，并特别重视"正当的原因"的，也不独有普赫塔一人，弗里德里希·路德维希·冯·凯勒（Friedrich Ludwig von Keller, 1799—1860 年）也为其中之一人，其于《潘德克吞》（Pandekten）中说："仅经由交付，就使标的物的受领人成为所有权人，乃是不充分的。盖交付是一个可以基于各种各样的意图而实施的多义性的行为。要发生所有权移转的效果，依包含了移转所有权的意思的法律行为，然后再为交付，是必要的。此所谓法律行为，就是正当的原因。"³此外，学者阿道夫·冯·朔伊尔（Ch. G. Adolf von Scheurl, 1811—1893 年）也持相同的主张，他说："交付本身只是一个单纯的事实，仅有事实上的意义。使交付成为法律行为，以及成为取得标的物的手段的，乃是构成交付的基础并被该行为实现的意图。"⁴

这些人之所以持与普赫塔相同的主张，与其说是直接受到了其影响的结果，毋宁说他们的立论本身，乃是由罗马法的法言顺理成章地推导出来的更为恰当。萨维尼的学说尽管具有极大的魅力或诱惑力，但它与罗马法法源相去甚远，甚至

1　［德］Windscheid, Lehrbuch des Pandektenrechts, 1. Bd.，§172.；［日］海老原明夫："19 世纪德国普通法学的物权移转理论"，载《法学协会杂志》第 106 卷第 1 号，第 25 页。

2　［日］海老原明夫："19 世纪德国普通法学的物权移转理论"，载《法学协会杂志》第 106 卷第 1 号，第 26 页。

3　［德］Friedrich Ludwig von Keller, Pandekten Vorlesungen, Leipzig, 1861，§127，第 243 页；［日］海老原明夫："19 世纪德国普通法学的物权移转理论"，载《法学协会杂志》第 106 卷第 1 号，第 26 页。

4　［德］Ch. G. Adolf von Scheurl, Sachenerwerb durch Tradition, in：Beiträge zur Bearbeitung des Römischen Rechts, Erlangen 1853，第 190 页；［日］海老原明夫："19 世纪德国普通法学的物权移转理论"，载《法学协会杂志》第 106 卷第 1 号，第 26 页。

风马牛不相及。故而，对罗马法的法言进行忠实解读的人们，在长达半个多世纪的时间里，莫不始终不渝地支持普赫塔之说。

但是，及至 19 世纪六七十年代，萨维尼的物权行为理论便于民法学界坚如磐石地扎下了根。在此，让我们看看可以证实这一点的例子吧！如所周知，在学说的发展上，通常以莫里茨·福格特（Moritz Voigt，1826—1905 年）（以下仅称"福格特"）之说为萨维尼学说的"反对说"。故通过福格特的学说，我们也就可以明了萨维尼的学说占据支配地位的情况。于《基于原因的不当得利返还请求权和关于原因与一般权源》（Über die condictiones ob causam und über causa und titulus im allgemeinen）中，福格特写道："交付之产生法律上的效果，根本上乃在于该法律行为中存在相应的目的规定。而且，该目的规定的存在，是基于指向它的双方当事人的合意。故而，它不独是单纯的关于物的授受的合意，也是关于该行为的法律目的的合意，并构成交付这一法律行为的本质的构成部分。"[1] 同时，福格特把交付的原因定义为："为给付奠定债权性义务的权利关系，……且成为该给付履行的基础的，便是交付的原因。"[2] 确实，这就是关于交付要求有作为原因的债权的法律行为（债权行为）的主张，这一见解显而易见是与萨维尼的学说相对垒的。不过，福格特说："此原因的存在，只要让与人主观上确信之就可以了。"[3] 显然，如果如此软化"原因"这一要件，则交付引起移转所有权的效果尽管形式上要求有"原因"的存在，但实际上也是采无因说的。[4]

不过，最富趣味的是福格特将"交付"解作法律行为，把"关于物的授受的

1　［德］Moritz Voigt, Über die condictiones ob causam und über causa und titulus im allgemeinen, Leipzig 1862，第 129 页；［日］海老原明夫："19 世纪德国普通法学的物权移转理论"，载《法学协会杂志》第 106 卷第 1 号，第 27 页。

2　［德］Moritz Voigt, Über die condictiones ob causam und über causa und titulus im allgemeinen, Leipzig 1862，第 145 页；［日］海老原明夫："19 世纪德国普通法学的物权移转理论"，载《法学协会杂志》第 106 卷第 1 号，第 27 页。

3　［日］海老原明夫："19 世纪德国普通法学的物权转理论"，载《法学协会杂志》第 106 卷第 1 号，第 27 页。

4　［日］海老原明夫："19 世纪德国普通法学的物权移转理论"，载《法学协会杂志》第 106 卷第 1 号，第 27 页。

合意"与"关于该行为的法律目的的合意"相区分，并进而形成对照这一点。他说，"'交付'这一行为，是由两个要素构成的：一是授受的行为，属于客观性的要素；二是面向该授受的当事人的合致的意思"。[1]不言自明，这完全是对萨维尼的物权行为理论的重述。福格特即使将交付的效力系于原因的存在，对于单纯的事实上的占有的移转（即交付），也不认为是原因最初赋予了占有的移转（即交付）以法律上的效果，而只不过是把本身就是独立的法律行为的交付与其原因相当"柔和"地连接到了一起。[2]

至此，我们看到，即使是反对萨维尼的学说的福格特，也明显地受到了萨维尼物权行为理论的影响，足见萨维尼的学说对当时的德国民法学界影响之大。于19世纪六七十年代，以独立的物权行为为一项基本理念的思想，开始蔓延开来。当然，在同一时期，对萨维尼的无因性学说加以批判、反思的著述也是存在的。特别值得提到的，是在萨维尼所代表的无因性学说的内部，这一时期乃出现了不同的声音。这些不同的声音，来自那些严格依罗马法法言的固有意义而进行"紧密性""密着性"解释的人们。

三、围绕所有权移转对尤里安法言的无因性解读

尤里安（D. 41, 1, 36）谓："当我们同意物的交付而对交付的原因有异议时，我认为交付无效没有道理。譬如，我认为根据遗嘱我有义务将一块土地交付给你，而你却认为它是根据要式口约被交付给你的；又如我将一笔现金赠与你，而你却将之作为贷款接受。虽然我们对交付和接受交付的原因有异议，但这并不

1　［德］Moritz Voigt, Über die condictiones ob causam und über causa und titulus im allgemeinen, Leipzig 1862, 第123页；［日］海老原明夫："19世纪德国普通法学的物权移转理论"，载《法学协会杂志》第106卷第1号，第27页。

2　［日］海老原明夫："19世纪德国普通法学的物权移转理论"，载《法学协会杂志》第106卷第1号，第29页。

妨碍我将所有权移转给你。"[1]

乌尔比安（D. 12，1，18）曰："我以赠与的意思交付给你金钱（即我怀抱赠与的意思把金钱交付给对象方），而你却作为借金受领（即对象方却误为借金而受领）这样的场合，尤里安写道，赠与不成立。但是，消费借贷是否成立，需要检讨。我认为，因为受领人是基于别的（即借贷的）意思而受领金钱的，所以消费借贷不成立，该金钱不能成为受领人的东西。受领人如果花光（消费掉）了该金钱，则需要为不当得利的返还（即需被请求返还不当得利），但因金钱是根据或依让与人的意思而被花光（消费掉）的，所以受领人也是可以提出恶意的抗辩的吧。"[2]

以上两项罗马法法言所涉及的，是关于交付的原因，如果双方当事人发生错误，即一方为赠与，另一方却误为消费借贷时，标的物的所有权是否移转。对此，尤里安认为，经由交付，金钱的所有权移转；与此不同，乌尔比安则认为金钱的所有权不发生移转。如果将原因"不一致"而所有权仍然要发生移转的情形称为所有权移转的无因说，则尤里安的法言就属之；与此相对，乌尔比安的法言则为有因说。惟无论无因说或有因说，19 世纪的德国普通法学者们对它们的理解皆未获得一致，以下我们考量围绕此两项法言展开的议论。

（一）格鲁克的解读

格鲁克之翔实涉及尤里安与乌尔比安的上述法言，是在《潘德克吞详解》第4 卷"关于契约的错误"中。他写道："导致契约无效的重要的错误，是契约当事人对契约的种类发生的错误。比如，我将一定数额的金钱赠与对象方，对象方却因错误而当作借金受领即是。按乌尔比安的见解，于此种场合，无论赠与或消费借贷，皆不成立。"[3]"赠与和消费借贷之所以不成立，其理由一望即知。赠与，

1　参见［意］桑德罗·斯奇巴尼选编，范怀俊、费安玲译，［意］纪蔚民、阿尔多·贝特鲁奇校：《物与物权》（第二版），中国政法大学出版社 2009 年版，第 97 页。

2　［日］海老原明夫："19 世纪德国普通法学的物权移转理论"，载《法学协会杂志》第 106 卷第 1 号，第 29 页。

3　［德］Christian Friedrich Glück，Ausführliche Erläuterung der Pandecten，Bd. 4，1796，§297，第152 页；［日］海老原明夫："19 世纪德国普通法学的物权移转理论"，载《法学协会杂志》第 106 卷第 1 号，第 30 页。

以受赠人方面有'接受'（Acceptation）为必要。……而在这里，对象方却因错误而当作借金受领，故并没有所谓'接受'。……另外，因为该金钱的交付不是在依消费借贷关系而使对象方也要负担义务的情况下实施的，故根据消费借贷而产生的债务也不成立。"[1] 换言之，在格鲁克看来，受领人因无"受领"，所以赠与不成立，又因无使对象方负担债务的意图，所以消费借贷也不成立。一言以蔽之，因发生契约的种类错误，所以契约当然无效。另外，格鲁克还举出其他的例子来进一步释明自己的观点。他说："我本想通过以物设定质权关系而自对象方那里取得一定的金钱，但对象方因错误而误为买取该物。这与我单纯把一定数额的金钱寄存于某处而为交付，对象方却误为借金受领，是同出一辙的。在这些场合，有效的契约皆不成立，故基于所有权，我可以取回已给付的物。亦即，得根据原因不存在的不当得利返还请求（condictio sine causa）权而请求返还。"[2]

不言自明，格鲁克这里所说的"原因不存在的不当得利返还请求权"，并非指原因行为无效而所有权仍然要移转的萨维尼的"返还给付的请求"（Leistungs-kondiktion），而是指受领人将受领的金钱花光，抑或把物变价成了金钱时，根据所有权的返还请求权而要求返还替代物的不当得利返还请求权。也就是说，在格鲁克看来，发生契约的种类错误而导致契约不成立时，标的物所有权是当然不发生移转的。惟需注意的是，尽管标的物所有权不发生移转，但是这并不意味着标的物的受领人是不受任何保护的。对此，乌尔比安的法言的最后一小句话就明确地谈到了。并且，认为所有权要发生移转的尤里安的法言也同样谈到了这一点。此外，忠实于法言的格鲁克也明确地意识到了这一点，他说："在前面所举的例子中，我虽然打算把金钱赠与对象方，但对象方误为借贷并把金钱花光了时，我尽管可以借口对象方有错误而请求返还给付的金钱，但此时该对象方也是受'恶

---

1 ［德］Christian Friedrich Glück, Ausführliche Erläuterung der Pandecten, Bd. 4, 1796, §297, 第152 页；［日］海老原明夫："19 世纪德国普通法学的物权移转理论"，载《法学协会杂志》第 106 卷第 1 号，第 30 页。

2 ［德］Christian Friedrich Glück, Ausführliche Erläuterung der Pandecten, Bd. 4, 1796, §297, 第152 页；［日］海老原明夫："19 世纪德国普通法学的物权移转理论"，载《法学协会杂志》第 106 卷第 1 号，第 30—31 页。

意抗辩'的保护的。不过，尤里安认为，于此种场合，虽然发生错误，但金钱的所有权仍然要移转给对象方。盖双方当事人同时实施了使所有权发生变动的法律行为——意思表示。而且，……受领人至少也是知悉或明了对象方的这一'好意的'（wohlthätig）意图（意思）的。"[1]

需要注意的是，对照尤里安的法言，可以看到，此所谓"受领人至少也是知悉或明了对象方的这一'好意的'意图（意思）的"于尤里安的法言中是只字未提的。因而，此可以说是格鲁克对尤里安的法言的创造性释读。格鲁克为自己的这一释读加了一个注脚："本来意义上的消费借贷，即不支付利息的消费借贷，与使他人无偿使用标的物的情形相同，是一种'好意'，从而被视为一种'赠与'。"[2]易言之，在格鲁克看来，因消费借贷也属于赠与，故而，尽管双方当事人在意思表示上出现不一致（错误），但一定程度的"共通的理解或理会"仍然是存在的。由于有该"共通的理解或理会"——受领人"接纳"对象方的"好意"，标的物的所有权方发生移转。格鲁克的这一释读，显示了对尤里安的法言的原因尽管有错误，但是标的物的所有权依旧要发生移转的无因说主张作某种程度的有因性理解的端绪，从而被视为19世纪60年代以后立于有因性的视角来释读尤里安的法言的先驱。[3]

那么，于尤里安和乌尔比安的法言之间，格鲁克本人是站在哪一边的呢？换言之，是追随尤里安还是乌尔比安？本来，由契约的种类发生错误将使契约无效这一点看，格鲁克是倾向于乌尔比安的法言的。但是，格鲁克在1807年刊行的《潘德克吞详解》第8卷中又说了如下话语：

1　［德］Christian Friedrich Glück, Ausführliche Erläuterung der Pandecten, Bd. 4, 1796, § 297, 第152—156页；［日］海老原明夫："19世纪德国普通法学的物权移转理论"，载《法学协会杂志》第106卷第1号，第31页。

2　［德］Christian Friedrich Glück, Ausführliche Erläuterung der Pandecten, Ed. 4, 1796, § 297, 第156页；［日］海老原明夫："19世纪德国普通法学的物权移转理论"，载《法学协会杂志》第106卷第1号，第32页。

3　［日］海老原明夫："19世纪德国普通法学的物权移转理论"，载《法学协会杂志》第106卷第1号，第33页。于民法学说上，自19世纪60年代以降，由有因性的视角把握和理解尤里安的法言的主张已蔚成风气，弥漫德国。此一时期的学者们称格鲁克为对尤里安的法言作有因性释读的先驱。

"关于双方当事人就交付的客体（金钱）形成了合意，而法律上的权源不一致，即一方怀抱赠与，另一方怀抱消费借贷的意思时，所为的交付的行为有效，但标的物的所有权得否因交付的完成而移转，学者见解不一。对此，尤里安和乌尔比安持不同的意见。尤里安持肯定说，认为所有权得移转；乌尔比安持否定说并说明了之所以如此的缘由。……由乌尔比安用来佐证自己的主张的根据看，可以说他的意见是正确的。而且，一如我在别的地方所讲到的，根据法律的类推，这一主张也可以说是优秀的。尤里安的意见呢？如果对照当时的法的惯行，可以说是在领导当时的法律的潮流，故也可谓为妥当……根据尤里安之说，于双方当事人实施了使所有权移转的法律行为时，纵有意思表示的不合意，也不会影响所有权的移转。时至今日，此作为一项法律原则，仍然是妥当的。"[1]

所谓"一如我在别的地方所讲到的"，是指格鲁克所声言的，因为无受领人的"接受"，所以赠与不成立，又因为对受领人，无使之承担债务的"意图"，故消费借贷也无从成立。如此一来，从表面上看，格鲁克似乎是站在乌尔比安一边，但这只不过是表象，实际上，他是通过谈论乌尔比安和尤里安的法言的差异（或对立）而间接地表达如下的主张：尤里安之说，是罗马法时期固有的思想。在随后的19世纪德国普通法学上，于尤里安和乌尔比安之间，赞同尤里安法言之人占压倒性的多数。惟对于尤里安的法言的真正涵义究竟是什么，学者们的见解却始终未能达成一致。

（二）萨维尼的解读

萨维尼论及尤里安与乌尔比安的法言，是在《当代罗马法体系》第4卷"关于赠与契约的性质"中。他在介绍了这两个法言的内容后说："尤里安的法言的第一句话，是单纯涉及所有权移转的。依尤里安的见解，如果双方当事人一致想移转所有权，一般而言，即使他们怀抱不同的意思，所有权的移转也是确定的。

1　[德] Christian Friedrich Glück，Ausführliche Erläuterung der Pandecten，Bd. 8，1807，§ 582，第121—123页；[日] 海老原明夫："19世纪德国普通法学的物权移转理论"，载《法学协会杂志》第106卷第1号，第32—33页。

此为一般原则。尤里安将此'一般原则'适用于两种不同的场合。第一种场合，是双方当事人怀抱清偿的原因，但各自以不同的先期债务的存在为前提；第二种场合，是一方怀抱赠与的原因，而对象方却怀抱负担债务或供与（提供）信用的原因。而且，无论此两场合中的哪一种场合，结论上皆无不同。乌尔比安对于所有权的命运的问题，仅在论述消费借贷的有效性时，顺便涉及。……而且，他的'金钱不能成为受领人的东西'的话语，不是在否定所有权的取得……概言之，尤里安认为，使所有权移转的意思，乃是具有决定性的意义的。关于该意思的原因（双方当事人以之为前提的原因）即使不一致，也不妨碍所有权的移转；与此相对，乌尔比安则认为，由特定的原因所规定或蕴含的移转的意思乃具有决定性的意义。双方当事人怀抱不同的原因时，所有权的移转本身便要受到妨碍或影响。"[1]

紧接上述话语，萨维尼还加了如下注释："尤里安之说，可以从《法学阶梯》第二部分第一章关于'物的分类'的第40节'赋予期望把自己的物（财产）移转给他人的所有权人的意思以（法律）效力，是最合于自然公平的道理（或原理）的'法言中找到其根据。之所以这样，是因为该意思在这里是明显地存在的，而且对于此点，受领人也是心领神会的。"[2]

由以上叙述可以明了，萨维尼一方面认为尤里安的法言是在谈论所有权的移转，另一方面又认为不能断言乌尔比安的法言是在谈论此问题，并指明乌尔比安的法言总体上是在谈论债权关系的成立。如果认为乌尔比安的法言不是在谈论所有权的移转，则乌尔比安和尤里安的法言便不会从正面形成对立，其结果，关于所有权的移转，尤里安的法言的主张也就变得妥当了。但又因不能否定乌尔比安的法言是在谈论所有权的移转，所以需要决定采取这两个法言中的哪一个法言的主张。对此，萨维尼在注释中以《法学阶梯》第二部分第一章第40节的法言为

1　［德］Savigny, System des heutigen römischen Rechts, 4. Bd., 1841, §161, 第159页；［日］海老原明夫："19世纪德国普通法学的物权移转理论"，载《法学协会杂志》第106卷第1号，第34页。

2　［德］Savigny, System des heutigen römischen Rechts, 4. Bd., 1841, §161, Anm. (d), 第160页；［日］海老原明夫："19世纪德国普通法学的物权移转理论"，载《法学协会杂志》第106卷第1号，第34—35页。

根据，指明从总体上而言，尤里安的法言的主张是正确的。但遗憾的是，萨维尼并未就此展开进一步的论述。盖他是在专门谈论赠与契约的性质问题，所有权的移转是无需涉及的。而且，关于所有权的移转，如前述，其早在《当代罗马法体系》第 3 卷中业已提出了独立的物权行为思想，并在与错误的关联上主张物权行为无因性。因而，在《当代罗马法体系》第 4 卷中论及尤里安与乌尔比安的法言时，在他看来，所有权移转的无因性乃早已作为结论而确定下来。然遗憾的是，萨维尼并未从事使自己的这一结论于乌尔比安和尤里安的法言的对立中得以正当化的作业。此正如菲利波·拉尼尔伊（Filippo Ranieri，1944—2020 年）所言："萨维尼始终未能与交付相联系来探讨此一难题。"[1]

但是，这并不意味着萨维尼针对尤里安和乌尔比安的法言的对立并未表示其他的意见。事实上，他虽然未从正面论及所有权移转，但在与债权契约的成立的关联上，也是作了相当多的论述的，且由此得出的结论，至少间接地对所有权移转产生了影响。基此考虑，让我们再来读一读上文引述过的《当代罗马法体系》第 4 卷中话语后面的一段话："在这里，成问题的是法律行为的有效性。对此，乌尔比安说，有效的赠与的确不成立，尤里安也赞同此点。这是无可争议的，且由上述的所谓'一般原则'也可推导出来。这一点，对于我们现在的目的来说，是重要的。"[2]

所谓"一般原则"，指前文谈到的赠与依契约而为之时，双方当事人的合意，即赠与人的赠与的意思与受赠人的"接受"是必需的这一点。但这里富有趣味的是，萨维尼以乌尔比安的法言为根据，声言二人在赠与不成立这一点上是一致的。亦即，一如萨维尼所言，尤里安的法言仅仅是在讨论所有权的移转，至于赠与是否成立，则未涉及。但是，乌尔比安的法言中有这样的话语："尤里安写道，

1　［德］Filippo Ranieri，Die Lehre der abstrakten Übereignung in der deutschen Zivilrechtswissenschaft des 19. Jahrhunderts，in：Helmut Coing-Walter Wilhelm，Wissenschaft und Kodifikation des Privatrechts im 19. Jahrhundert，Bd. 2，Frankfurt Main 1977，第 99 页；［日］海老原明夫："19 世纪德国普通法学的物权移转理论"，载《法学协会杂志》第 106 卷第 1 号，第 36 页。

2　［德］Savigny，System des heutigen römischen Rechts，4. Bd.，1841，§161，第 160 页；［日］海老原明夫："19 世纪德国普通法学的物权移转理论"，载《法学协会杂志》第 106 卷第 1 号，第 36 页。

赠与不（能）成立。"萨维尼作了如下的注释："乌尔比安此处援引的尤里安的法言，显然不是我在本文中所说的'关于取得物的所有权'的第 36 节。之所以这样，盖因至少在优士丁尼《学说汇纂》收录的范围内，该法言是未提到这一点的。"[1]

这样，萨维尼遂断言，乌尔比安尽管援引了尤里安的法言，但是在未留传给现今的我们的尤里安的法言中，是当然否定了赠与的成立的，并认为在赠与不成立这一点上，二人并无歧见。

既然赠与不成立，那么消费借贷又如何呢？对此，萨维尼写道："乌尔比安说，消费借贷契约也是未缔结的。对此，尽管乌尔比安未援引尤里安的法言，但是不能认为这是双方存在争议的证据。亦即，乌尔比安下断言的根据，是与赠与的场合相同的，即关于该特定的行为，并无合意的存在。"[2]

值得注意的是，萨维尼的这一简略的叙述，实际上显示了他的大胆的推论。关于赠与不成立，在确认尤里安与乌尔比安并无争议后，萨维尼说此点由赠与的成立需有双方当事人的合意这一"一般原则"也可推导出来。比即，萨维尼大抵认为，无论乌尔比安或尤里安，皆是依此"一般原则"而否定赠与的成立的。正因如此，萨维尼才说，乌尔比安否定消费借贷成立的根据，正在于"与赠与的场合相同，即关于该特定的行为，并无合意的存在"。乌尔比安说"受领人是基于别的（即借贷的）意思而受领金钱的，所以消费借贷不成立"。从而，乌尔比安也认为，根据此"一般原则"，也是无问题的。

对此，尤里安如何呢？萨维尼说，关于赠与，尤里安因为是依上述"一般原则"而否定其成立的，所以，关于消费借贷也应作同样的判断。故而他说：在这一点（即消费借贷不成立）上，"尽管乌尔比安未援引尤里安的法言，但是不能认为这是双方存在争议的证据"。[3]

1　[德] Savigny, System des heutigen römischen Rechts, 4. Bd., 1841, § 161, 第 160 页；[日] 海老原明夫："19 世纪德国普通法学的物权移转理论"，载《法学协会杂志》第 106 卷第 1 号，第 37 页。

2　[德] Savigny, System des heutigen römischen Rechts, 4. Bd., 1841, § 161, 第 161 页；[日] 海老原明夫："19 世纪德国普通法学的物权移转理论"，载《法学协会杂志》第 106 卷第 1 号，第 37 页。

3　[日] 海老原明夫："19 世纪德国普通法学的物权移转理论"，载《法学协会杂志》第 106 卷第 1 号，第 38 页。

　　萨维尼于是得出结论：尤里安与乌尔比安，因认为关于这些行为（赠与和消费借贷）并无合意的存在，故而他们是否定赠与和消费借贷的成立的。

　　以上围绕赠与和消费借贷的议论，确实与所有权移转无直接的关联，但是它间接地变成了对萨维尼物权行为理论的一种准备。关于一方怀抱赠与一定金钱的目的而交付金钱给对象方，对象方却怀抱消费借贷的目的受领金钱，尤里安的法言认为，所有权的移转是不受影响的。但是，对此情形，尤里安是否认为消费借贷成立，仅由法言本身是不能下断语的。而且，如果认为尤里安是在肯定消费借贷的成立，则标的物所有权的移转当是其必然的归结，从而可以得出尤里安的法言中未内蕴所有权移转的无因性因素的结论。但是，为了以尤里安的法言来证明自己的物权行为无因性思想，他需要说明尤里安的法言的这一点：尽管赠与、消费借贷不成立，但所有权仍然要发生移转。只有这样，才能援引它来佐证自己的即使债权契约不成立，物权契约的效力也不会受其影响的无因性主张。[1]

　　（三）普赫塔的解读

　　在尤里安与乌尔比安的法言之间，萨维尼赞同尤里安的法言，认为尽管赠与、消费借贷不成立，但所有权仍然要发生移转。值得注意的是，这一观点也为普赫塔所主张。关于是否以交付为独立的物权行为，萨维尼与普赫塔对于尤里安和乌尔比安的法言的解释，于根本之点上也是一致的。普赫塔于《现代罗马法讲义》第 1 卷《关于交付的正当的原因》（Von der iusta causa traditionis）中论及尤里安和乌尔比安的法言时说："乌尔比安，此处显然不是在讨论所有权的问题，而是在谈论债权的问题。但他间接地与尤里安的法言形成了对立。乌尔比安说，……如果消费借贷不成立，则不当得利返还请求权便因金钱被花光而成立，受领人仅因花光了金钱才负不当得利的返还义务。但是，金钱是依给付者的意思而花光的，所以，……可以依恶意抗辩（权）对抗之。在金钱被花光前，并无不当得利返还请求权，而仅有基于所有权的返还请求（权）。尤里安说，在花光前，即有

---

　　[1]　[日] 海老原明夫："19 世纪德国普通法学的物权移转理论"，载《法学协会杂志》第 106 卷第 1 号，第 40 页。

不当得利返还请求（权），但它不是依消费借贷的不当得利返还请求（权），而是基于原因之不存在的不当得利返还请求（权）。"[1]

概言之，在普赫塔看来，尤里安与乌尔比安的法言的对立之点乃在于，乌尔比安认为，金钱的受领人保有其金钱时，给付者得行使基于所有权的返还请求权；受领人花光了金钱时，给付者得行使不当得利返还请求权。而尤里安则认为，自金钱被交付给对方之时起，给付者便可行使不当得利返还请求权。普赫塔的断语的根据，在于乌尔比安的法言说"受领人如果花光（消费掉）了该金钱，则需要为不当得利的返还（即需被请求返还不当得利）"。自反面解释，就是受领人如果没有花光金钱，则给付者无此权利，而其仅可行使基于所有权的返还请求（权）。尤里安则认为，纵当事人间存在意思表示的不一致，所有权移转也要发生，故给付者仅可行使基于不当得利的返还请求权。并且，于此种场合，普赫塔认为："它不是依消费借贷的不当得利返还请求（权），而是基于原因之不存在的不当得利返还请求（权）。"[2]可见，普赫塔乃与萨维尼相同，认为尤里安也是在否定消费借贷的成立。

那么，对于二人的法言，普赫塔是站在哪一边的呢？前文谈到，普赫塔因认为，仅依内蕴于原因行为中的所有权移转（授受）的意思，标的物所有权就要发生移转，所以可以肯定，他是支持尤里安的法言的。那么，他又是怎样看待乌尔比安的法言的呢？他说：乌尔比安的法言，重心在于讨论债权问题，故而对于所有权的议论是不当的。[3]

事实上，普赫塔指陈乌尔比安关于所有权的议论之不当，无论如何都是难谓

1　［德］Georg Friedrich Puchta，Vorlesungen über das heutige römische Recht，1. Bd.，Beilage XV. Von der justa causa traditionis，1854 年版第 492 页，1862 年版第 494 页，1873 年版第 505 页；［日］海老原明夫："19 世纪德国普通法学的物权移转理论"，载《法学协会杂志》第 106 卷第 1 号，第 41 页。

2　［日］海老原明夫："19 世纪德国普通法学的物权移转理论"，载《法学协会杂志》第 106 卷第 1 号，第 42 页。

3　［德］Georg Friedrich Puchta，Vorlesungen über das heutige römische Recht，1. Bd.，Beilage XV. Von der justa causa traditionis，1852 年版第 450 页，1854 年版第 492 页，1862 年版第 494 页；1873 年版，第 506 页；［日］海老原明夫："19 世纪德国普通法学的物权移转理论"，载《法学协会杂志》第 106 卷第 1 号，第 42 页。

妥当的。与其这样说，毋宁说他没有作令人满意的说明，而更多的是在对尤里安与自己的主张作调和性的释明。如所周知，尤里安与乌尔比安的法言的对立，从来都是罗马法法言的解释中最有名的难题之一。19 世纪时，几乎所有的德国普通法学者都勇于挑战这一难题，并力图作自圆其说的释明，但大都未获成功。德国普通法时期的著名学者鲁道夫·冯·耶林（Rudolph von Jhering，1818—1892 年）的如下话语，可以多少反映出此一时期挑战这一难题的普通法学者们的心境："熟悉罗马法的学者，无论谁都知道这两个法言，也都更加清楚伴随对它们的解读的兴趣与困难。……为调和这两个法言的龃龉而进行解读的尝试是不计其数的。但遗憾的是，迄于现今的各种努力似乎皆未获成功。"[1]不言而喻，此所谓"皆未获成功"，是指尽管众多的德国普通法学者们进行了锲而不舍的解读，但其中的解读皆未能获得学界的普遍认同。于是，对这两个法言作调和的解读，就成为一个"不可解"的难题，此种局面一直持续至今。

四、不当得利返还请求权与所有权移转的无因性

如下有必要讨论德国民法的不当得利返还请求权与所有权移转的无因性之间的关联。

如前述，由法言的内在构造证明尤里安的法言是在表达无因性主张，乃是罗马法时期的本来的思想。为了获得此结论，学者们启用的理论构成是，在罗马法上，于实施了原因有瑕疵的交付时，物的原来的所有人，非依所有权返还请求权，而是依不当得利返还请求权取回所作的给付。此点，海因里希·德恩堡（Heinrich Dernburg，1829—1907 年）在 1857 年的论文中明确地谈到了。他说："在我们遇到的各个法言上，为交付行为时，让与人的意图不充分的，是不认可

1　［德］Rudolf von Jhering, Kritisches und exegetisches Allerlei, Ⅵ. Vereinigung von. 1. 18 pr. de reb. cred.（12. 1）und 1. 36 de A. R. D.（41. 1），in：Jahrbücher für die Dogmatik des heutigen römischen und deutschen Privatrechts, 12. Bd.（1837），第 389 页；［日］海老原明夫："19 世纪德国普通法学的物权移转理论"，载《法学协会杂志》第 106 卷第 1 号，第 43 页。

得依所有权返还请求权提起诉讼的，而仅认可得依不当得利返还请求权提起诉讼。但是，不当得利返还请求权的成立要件，是标的物的所有权由让与人移转给了受让人。"[1]

如果仔细分析这段话语，可以明了，并不能由行使基于所有权的返还请求权，而应由行使基于不当得利的返还请求权推导出所有权移转的无因性。但是，不当得利返还请求权与认可所有权移转的无因性之间，并无必然的直接关联。也就是说，基于所有权的返还请求权与不当得利返还请求权，理论上并非"二者择一"的关系，而系各有其独立的适用领域。19 世纪的德国普通法学者中，有人正确地指明了这一点。例如，维也纳大学的弗朗茨·霍夫曼在 1873 年发表的《取得权源、取得方式理论与交付的正当原因》（Die Lehre vom titulus und modus adquirendi, und von der iusta causa traditionis）中便说："根据罗马法，即便有效的交付变成无效，易言之，在让与人实际不能行使基于所有权的返还请求权时，纵不能行使此请求权，也仍然有认可不当得利返还请求权存在的余地。…… 不当得利返还请求权，多数是在不能行使基于所有权的返还请求权时登场的。…… 不当得利返还请求权的对象，通常为金钱。在这一点上，由于众所周知的原因，基于所有权的返还请求权是不具实际意义的……让与人行使不当得利返还请求权，也不意味着其已然丧失了标的物的所有权（即所有权已有效地移转了）。"[2]

尽管存在像弗朗茨·霍夫曼这样的认识，但认为正是不当得利返还请求权为所有权移转的无因性奠定了理论基础的人，也还是有的。而且，《德国民法典第一草案理由书》（Motive zu dem Entwurfe eines Bürgerlichen Gesetzbuchs für das Deutsche Reich, 1888 年）正是自这一视角来说明物权移转的无因忹的合理性的，其写道：

1　[德] Heinrich Dernburg, Beitrag zur Lehre von der Justa causa bei der Tradition, in：Archiv für die civilistische Praxis, Bd. 40（1857），第 2 页；[日] 海老原明夫："19 世纪德国普通法学的物权移转理论"，载《法学协会杂志》第 106 卷第 1 号，第 45 页。

2　[德] Franz Hofmann, Die Lehre vom titulus und modus adquirendi, und von der iusta causa traditionis, Wien 1873, S. 121—123.；[日] 海老原明夫："19 世纪德国普通法学的物权移转理论"，载《法学协会杂志》第 106 卷第 1 号，第 45—46 页。

"因物权在私权的体系中被认为占有独立的地位，所以，（德国）民法典必须而且当然应当作如下理解与规定：使媒介物权交易的法律行为，同私权体系的其他部分的法律行为相独立。不仅如此，无因性还有其历史的基础，即在罗马法上，拟弃诉权、法庭让与以至交付，皆为无因的。在德国，让与土地所有权的物权合意（Auflassung）也采无因性理论。但是，19 世纪的普通法理论及受其影响而制定的诸法典偏离了这一轨道或路径，认为物权取得的要件，除需有取得方式（modus acquirendi）外，尚需有特别的权源（取得权源、法的权源或法的原因）。如果此一见解是正确的，则权源的无效便会妨碍物权的变动，让与人为了取回所作的给付，就需要提起物权性质的诉讼。惟实际生活中，于此等场合，当事人的意思是面向标的物的出让和取得的，并且，只要作了适当的表示，请求返还不当得利的诉讼即可成立，进而应当承认：该行为所生的物权移转的效果，是与权源（原因行为）无关的，即它是独立的、无因的。既然对于依法律行为的物权变动，权源（原因行为）这一要素是无足轻重的，则（德国）民法典即应将它摒弃（抛弃）。"[1]

这样，原因行为无效，物权依然要发生移转的无因性理论，就在德国民法典草案中被规定下来了。而且，规定它的历史的理由，是罗马法上的交付（traditio）也是采原因行为无效，物权也要发生移转的，且有不当得利返还请求权的制度（作为支撑）。所谓交付的原因行为无效，物权依然发生移转，不言而喻，乃是以尤里安的法言为根据的。《德国民法典第一草案理由书》采取了萨维尼与普赫塔对尤里安法言的无因性解读，即无论赠与、消费借贷是否成立，标的物的所有权皆要发生移转。当然，反对萨维尼与普赫塔对尤里安法言的无因性解读之人（即作有因性解读的人）也是存在的。于以下篇幅，让我们考察学者是如何立于有因性的视角来解读尤里安法言的吧！

---

[1] Motive zu dem Entwurfe eines Bürgerlichen Gesetzbuches für das Deutsche Reich, Bd. Ⅲ. Sachenrecht, Amtliche Ausgabe, Berlin und Leipzig 1888，第 6 页；［日］海老原明夫："19 世纪德国普通法学的物权移转理论"，载《法学协会杂志》第 106 卷第 1 号，第 46—47 页。

五、围绕所有权移转对尤里安法言的有因性解读

以上谈到，无论萨维尼、普赫塔还是《德国民法典第一草案理由书》，莫不对尤里安的法言作这样的理解：让与人怀抱赠与的目的赠与金钱，而受领人却怀抱消费借贷的目的受领金钱，此时，尽管赠与和消费借贷皆不成立，但金钱的所有权仍然要发生移转。当然，正因赠与和消费借贷不成立，所有权的移转才是无因的。但是，自 19 世纪 60 年代起，出现了对尤里安的法言是否真的如萨维尼等人所声言的那样为无因性举行了奠基礼表示怀疑的声音。尤里安的法言，依萨维尼等人的解释，乃为使无因性得以成立的最重要的法言，所以，主张尤里安的法言为有因说的人，便对萨维尼等人对尤里安的法言的解读予以抵制。

通常认为，自 19 世纪中期以降，对尤里安的法言作有因性解读的学者，乃以福格特为代表。该氏在前述《基于原因的不当得利返还请求权和关于原因与一般权源》中写道："尤里安的法言，绝不是在否定原因行为的必要性与重要性。准确而言，他是在表述这样的意思：当事人尽管未就原因（行为）达成合意，但原因是存在的。"[1]一望即知，这是自有因性的视角来把握尤里安的法言的。但是，一方面说存在"原因"，另一方面又说关于"原因"欠缺合意，这似乎是矛盾的。不过，在福格特看来，情况则并非这样。福格特认为，交付尽管要求有作为原因的债权行为，但该原因的存在，只要让与人主观上予以确信便可以了。

毫无疑问，福格特的观点是很特异的，以致未能获得学界多数人的支持。但是，赫尔曼·维特（Hermann Witte，1833—1876 年）在 1864 年对福格特的这一观点加以评论时说的话，值得注意。在他看来，尤里安与乌尔比安的法言的对立，并不在于交付使所有权发生移转是否需要有原因这一点。他写道："尤里安说，某人怀抱赠与的目的赠与对方金钱并实施交付，对方却误为借金而受领时，金钱的所有权发生移转。乌尔比安说，……因为受领人是基于别的意图（或目的）而受

1　[日]海老原明夫："19 世纪德国普通法学的物权移转理论"，载《法学协会杂志》第 106 卷第 1 号，第 48 页。

领金钱，所以，金钱不能成为受领人的东西。在这里，交付有法律上的效力，其是否需要有原因，并不是双方议论的对象。为交付这一债务的成立奠定基础意义上的原因（即客观性原因）并无存在的必要，这对二人来说是共通的。与此相对，特别促使所有权发生移转的动机，或通过所有权的移转而意欲达成的特定目的意义上的原因（即主观性原因）……则是需要的，且其为当然的前提。"[1]

赫尔曼·维特在指陈尤里安与乌尔比安的法言的差异并不在于"原因"需要与否后，进一步把原因区分为客观性原因与主观性原因。主观性原因，即移转所有权的动机或目的，蕴藏于当事人的心中。从而，如果抽出之，也就无所谓有交付本身；但关于客观性原因，赫尔曼·维特说，无论尤里安或乌尔比安，皆不以之为交付的要件。赫尔曼·维特尽管未指明之所以这样的原因，但他大抵认为，如果客观性原因是交付的要件，则尤里安与乌尔比安的法言也就不会形成对立了。也就是说，客观性原因并不是交付必需的要件。那么，这二人的对立又表现在何处呢？对此，赫尔曼·维特说：

"（这）两人的对立之点在于：尤里安由成为问题的赠与和消费借贷的法律行为中，概括和抽象出了二者共通的所有权移转的要素，而不考虑效果上的差异，认为仅在有合意时，方可发生所有权移转的效果；而乌尔比安则认为，不应把法律行为的各个构成要素作这样的分割，而以赠与和消费借贷的不成立为由来否定所有权移转效果的发生。对于称乌尔比安的见解难谓优秀的观点，我是怀抱十分怀疑的态度的。盖因所有权的法律上的意义，即它是依赠与而取得，或依消费借贷而取得，实际上是截然不同的。进而，绝不能赋予各种各样的法律行为中的让与或取得所有权的抽象的意思以独立性。"[2]

赫尔曼·维特的功绩，在于依尤里安的当事人间的意思表示尽管不合致（不

1　［日］海老原明夫："19 世纪德国普通法学的物权移转理论"，载《法学协会杂志》第 106 卷第 1 号，第 49 页。

2　［日］海老原明夫："19 世纪德国普通法学的物权移转理论"，载《法学协会杂志》第 106 卷第 1 号，第 50 页。

合意），但是所有权仍然要发生移转的理论构造，从正面探究尤里安主张所有权要发生移转的缘由。他的结论是，尤里安因由赠与和消费借贷中抽绎出了共同的要素，所以主张所有权发生移转。此共同的要素，便是所有权的移转本身。在认为促使所有权移转的共同的要素是让与或取得所有权本身这一点上，赫尔曼·维特之说，与仅依移转所有权的意思的合致，便可使所有权发生移转的萨维尼之说，乃存在共通点。

学者奥托·卡洛娃（Otto Karlowa，1836—1904 年）也是将尤里安的法言从通说的无因性的框架中解放出来，并自有因性的视角进行释读的人。他在《法律行为及其效果》（Das Rechtsgeschäft und seine Wirkung）中写下了这样的话语：“尤里安说，尽管关于授受标的物的原因不一致，但标的物的所有权也要移转于受让人……与此相对，乌尔比安则强调和重视关于目的的当事人的合意，认为如果没有合意，所有权便不能有效发生移转。我认为，由法言的对立，是不能得出尤里安是认所有权的授受的意思只要作为事实而存在即获满足的结论的。在尤里安看来，当事人也需要表示法律允许所有权移转的原因的目的意思。并认为，如果就原因欠缺合意，则仅仅不能达成目的本身，而对所有权的移转并无影响。”[1]

这样一来，奥托·卡洛娃就指明了尤里安的法言是采有因主义的了。值得提及的是，随着时间的推移，积极主张尤里安的法言是有因主义的文献也陆续面世了。其中，立于这样的视角而作了积极的论证的学者还有弗里多林·艾泽勒（Fridolin Eisele，1837—1920 年）。该人在 1855 年《耶林年报》的 “私法学杂稿”（Civilistische Kleinigkeiten）第三部中谓：“尤里安和乌尔比安的法言的对立，绝不在于交付是否为无因的物权契约这一点，……而是交付为有因契约的主张的内部的对立。”[2] 那么，对于被现今的学者们广泛用来支持自己的无因性主张的尤里安的法言，又当作何解释呢？对此，弗里多林·艾泽勒说：“尤里安列举了一方

1　[日] 海老原明夫：“19 世纪德国普通法学的物权移转理论”，载《法学协会杂志》第 106 卷第 1 号，第 51 页。

2　[日] 海老原明夫：“19 世纪德国普通法学的物权移转理论”，载《法学协会杂志》第 106 卷第 1 号，第 51 页。

怀抱赠与的目的，对方却怀抱消费借贷的目的受领金钱的情况。通说认为，于双方当事人怀抱的原因里如果蕴藏了所有权移转的因素，纵原因不一致，也不会发生问题。如果将此一般化，便与所有权的交付是无因的物权契约没有二致，……在尤里安所举的例子中，不能忽略的重要因素，是一方打算为赠与这件事。那么，赠与的意图，又何以有如此的特别意义呢？" [1] 对此，弗里多林·艾泽勒解释说："赠与的意图，为非经济性质的（东西），……赠与的意图以外的其他一切的意图，属于具有经济性质的意图。基于赠与的意图而为给予的人，使给予的标的物的所有权于法律上发生移转，若考虑受领人的财产状态的最终结果，则可明了，它比基于信用供与和清偿的原因而为的给予乃是更多。如果进行这样的考量，则可以从量上将赠与的原因与信用供与及清偿的原因作一比较，前者为大的东西，后者为小的东西。" [2]

这样，弗里多林·艾泽勒便根据"大的东西包括小的东西"的逻辑，认为赠与的意图内蕴了信用供与（消费借贷）的意图。于是，尤里安就变成不是站在无因主义的视角上的人了。"由此出发，……不仅所有权的移转，此外的其他结论也可被推导出来。因赠与的意图内蕴了小的信用供与的意思（意图），所以尤里安说，小的信用供与的合意是成立的。这样，尽管赠与关系不成立，但消费借贷关系不能不说是成立的。" [3]

值得提到的是，以上见解，在《德国民法典》施行后立足于历史的认识而对《德国民法典》采无因主义进行批判时，曾作为重要的论据之一而被援用。而且，此种对尤里安的法言的有因性解读，于《德国民法典》施行后的作为历史认识的罗马法史学上也被维系下来。例如，恩斯特·拉贝尔（Ernst Rabel，1874—1955年）于《罗马私法纲要》（Grundzüge des römischen Privatrechts）中谈到"正当的

---

1 ［日］海老原明夫："19世纪德国普通法学的物权移转理论"，载《法学协会杂志》第106卷第1号，第51—52页。

2 ［日］海老原明夫："19世纪德国普通法学的物权移转理论"，载《法学协会杂志》第106卷第1号，第52页。

3 ［日］海老原明夫："19世纪德国普通法学的物权移转理论"，载《法学协会杂志》第106卷第1号，第52页。

原因"（justa causa）时就说：

"根据罗马法的学说，自己的占有要为所有权这一本权奠定基础。一般而言，自己的占有，非有正当的原因不可。这尽管表现在取得时效中，……但对于交付，也是应当提出同样的要求的。……这一要求虽然给后世的人们留下了非常多的难题，但确切地说，是这样的情况：无论何种场合，……权源，如买卖、赠与及遗赠的有效存在，是必需的。……让与人打算赠与一定数额的金钱，受让人却误为借金受领的事例所引发的学说的对立，是不能抵触这一原则的。何以如此？因为大的东西包括小的东西。所以，像《学说汇纂》第 41 卷第 1 章第 36 节的最后指明的那样，尤里安时代的通说（往后，乌尔比安于《学说汇纂》第 12 卷第 1 章第 18 节中与他唱反调）也是肯定所有权要发生移转的。"[1]

此种理解，为现当代罗马法史学所继受。1963 年的《萨维尼法律史、罗马法杂志》（Zeitschrift der Savigny-Stiftung für Rechtsgeschichte, Romanistische Abteilung）刊载学者京特·雅尔（Günther Jahr, 1923—2007 年）的论文《关于交付的正当的原因》（Zur iusta causa traditionis），其指出："古典时期的罗马法及受其影响的所有法律，通常有因性地把握和处理契约问题。这绝不是契约的有效于契约之外，还需要有以'原因'或债务之发生为'目的的权利关系'，正相反，它只涉及该行为本身的内部构造。如果立足于当代债务法的观点来修正有名的尤里安与乌尔比安的法言的对立，则在 A 约定赠与 B 10 万单位的金钱，而 B 误为融资的约定而受领时，纵关于法律上的效果（A 负支付 10 万单位的金钱的义务）形成了意思的合致，债务契约也会因欠缺合意而不成立。……关于目的的合意即使成立，该目的也有不能实现以致落空的可能。盖目的的实现，往往于行为的要件之外，被当事人的意思以外的情况左右。……这就是'外部的无因性'，相对应的则是'内

1　[德] Ernst Rabel, Grundzüge des römischen Privatrechts, in: Holtzendorf、Kohler, Enzyklopädie der Rechtswissenschaft in systematischer Bearbeitung, 7. der Neubearbeitung 2. Aufl., 1. Bd. München und Leipzig 1915, §39, 第 440 页；auch als Nachdruck, Darmstadt 1955, 第 66 页；[日] 海老原明夫："19 世纪德国普通法学的物权移转理论"，载《法学协会杂志》第 106 卷第 1 号，第 56—57 页。

部的无因性'。"[1] 归纳言之，在京特·雅尔看来，物权行为的效力，不受其原因
行为的效力影响的特性，就是物权行为的"外部的无因性"。

需要注意的是，京特·雅尔的"外部的无因性"与"内部的无因性"，是分
别对应于德国学者海因里希·西贝尔（Heinrich Siber, 1870—1951 年）的"源自
法律原因的客观妥当性的无因性"与"源自关于原因的合意的无因性"的概念
的。而且，京特·雅尔说，罗马法上的所有权的移转行为，在外部是无因的，于
内部是有因的。对于应当如何释读尤里安的法言，京特·雅尔说："尤里安于《学
说汇纂》第 41 卷第 1 章第 36 节的法言中所下的断语与我的想法并不对立。……
在法言所举的第二个例子中，尤里安依'大的东西包括小的东西'的命题，肯定
消费借贷是成立的……尤里安的法言，不能给'内部无因说'——依单纯的移转
的合意便获已足的学说——任何支持。"[2]

值得指出的是，对尤里安的法言作以上有因性释明，是否真的合于法史学的
认识，这里无从论及。但应当提及的是，对关于尤里安的法言的无因性解读进行
批判的有因性解读，实质上于现当代的罗马法史学中受到了相当的重视。这只能
说明，作有因性解读的学者乃是更加紧扣法言的文义而进行解读的。与此不同，
作为通说的无因性解读，则是远离法言的文义而实施的自由主义的解读。于此意
义上，我们可以说，德国民法（典）的无因的所有权移转理论乃至制度的确立，
乃是应当归功于萨维尼其人的。

六、结语

德国学者罗伯特·诺伊纳（Robert Neuner, 1898—1945 年）于 1926 年发表的
《动产的无因性与有因性的让与》（Abstrakte und kausale Übereignung beweglicher

---

1　[日] 海老原明夫："19 世纪德国普通法学的物权移转理论"，载《法学协会杂志》第 106 卷
第 1 号，第 57 页。

2　[德] Günther Jahr, Zur iusta causa traditionis, in：Zeitschrift der Savigny Stiftung für Rechtsge-
schichte, 80. Bd. (1963), Romanistische Abteilung, 第 170 页；[日] 海老原明夫："19 世纪德国普通
法学的物权移转理论"，载《法学协会杂志》第 106 卷第 1 号，第 58 页。

Sachen）中说："关于所有权的移转，'取得权源'与'取得方式'的思想，……曾几乎支配了时至 19 世纪初期的欧洲的全部民法史。即使到了今天，这一思想仍几乎受到所有国家的重视（德国除外）。此一思想，准确而言，是对一切法律行为作囊括履行在内的一体性的把握。依此思想，交付是债权行为的完成与归结，绝无独立的法律行为的特性。总之，与独立的物权契约思想形成对照的，正是此一获得广泛支持的'取得权源'与'取得方式'的思想。"[1]

"取得权源"与"取得方式"的思想，对欧陆 18 世纪末期勃兴的法典编纂运动产生了重要影响，此表现在它被当时的民法立法采为正式的规定。

1794 年《普鲁士普通邦法》第一部第二章第 131 条规定，所谓取得方式，是指人们为取得物权而实施的行为；第 132 条规定，赋予前条所称的行为以取得物权的效力的法律上的原因，称为权源。[2]

1811 年的《奥地利普通民法典》也规定有与 1794 年《普鲁士普通邦法》相同的内容。其第 380 条规定："无权源与无法律上的取得方式的，不能取得所有权。"第 424 条规定："可以成为继受取得的权源的，有契约、遗嘱、判决和法律的规定。"第 425 条规定："仅有单纯的权源，所有权不移转。所有权及其他一切的物权，除法律有特别规定外，仅可依法律上的交付与受领而取得。"[3] 第 426 条规定："原则上，动产仅能依实物交付而转让于他人。"第 431 条规定："不动产所有权仅于将取得行为登记于为此项目的而设定的公共簿册中时，始生转让的效力。此项登记称为过户登记。"[4]

如所周知，在立法史上，与以上规定形成鲜明对照的，是《法国民法典》所

1　［德］Robert Neuner, Abstrakte und kausale Übereignung beweglicher Sachen, in：Rheinische für Zivilund Prozeßrecht des In-und Auslandes, 14 . Jg .（1926），第 20 页；［日］海老原明夫："19 世纪德国普通法学的物权移转理论"，载《法学协会杂志》第 106 卷第 1 号，第 59 页。

2　此《普鲁士普通邦法》第 131、132 条的规定，系引自［日］海老原明夫："19 世纪德国普通法学的物权移转理论"，载《法学协会杂志》第 106 卷第 1 号，第 59 页。

3　此《奥地利普通民法典》第 380、424、425 条的规定，系（转）引目［日］海老原明夫："19 世纪德国普通法学的物权移转理论"，载《法学协会杂志》第 106 卷第 1 号，第 59—60 页。

4　此《奥地利普通民法典》第 426、431 条系引自苏永钦："物权行为的独立性与相关问题"，载苏永钦主编：《民法物权争议问题研究》，五南图书出版公司 1999 年版，第 28 页。

代表的立法。《法国民法典》系依债权契约的效力而使所有权直接移转。也就是说，标的物的所有权自债权契约生效时起移转。《法国民法典》第 711 条规定："财产所有权，得因继承、生前赠与或遗赠，以及因债的效力而取得与移转。"第 1138 条第 1 项规定："交付标的物之债，一经缔结契约的诸当事人同意，即告完全成立。"[1] 自物件应交付之日起，即使尚未现实移交，债权人也成为所有权人，并负担该物件受损的风险，但若交付人迟延交付，物件受损的风险则由交付人承担。

不言而喻，《法国民法典》的以上规定，属于典型的所有权移转的"意思主义"（或称"债权意思主义"），其与需要移转标的物的占有（交付）或进行登记，所有权方发生移转的"形式主义"是截然对立的。但自是否将交付解作独立的物权行为这一点可以明了，《法国民法典》实际上是采与"取得权源"和"取得方式"相同的主义的。《法国民法典》在关于出卖人的义务的部分尽管设有关于交付（délivrance）的规定（第 1604 条）[2]，但因标的物的所有权本身已依债权的效果而移转于买受人，故不以交付为权利移转的单独行为，而是解为出卖人在履行使已经成为标的物的所有权人的买受人现实取得标的物的占有或登记的义务。[3] 当然，也不能认为交付是一个不具任何法律色彩的单纯的事实行为。盖为交付之际，存在考量为交付行为的人有无相应的行为能力和代理权的问题。惟在与标的物的所有权移转的法律效果的关联上，乃是不能将交付解为独立的物权行为的。从而，如果把《法国民法典》的规定与 1794 年《普鲁士普通邦法》及 1811 年《奥地利普通民法典》对所有权移转的规定相对照，便可明了，于"取得权

---

1 《法国民法典》第 711、1138 条第 1 项系引自《法国民法典》，罗结珍译，中国法制出版社 1999 年版，第 201、288 页。同时也请参见 ［日］海老原明夫："19 世纪德国普通法学的物权移转理论"，载《法学协会杂志》第 106 卷第 1 号，第 60 页对《法国民法典》第 711 条、第 1138 条第 1 项的引用。

2 《法国民法典》第 1604 条规定："交付是指将卖出物的所有权及占有移转给买受人。"参见《法国民法典》，罗结珍译，中国法制出版社 1999 年版，第 373 页。

3 ［日］滝沢聿代："物权变动的意思主义·对抗要件主义的继受——以不动产法为中心（四）"，载《法学协会杂志》第 94 卷第 4 号，第 568 页。

源"和"取得方式"这两项要素中,《法国民法典》采取的是抛弃后者(即"取得方式"),仅依前者(即"取得权源")而使所有权发生移转的主义。

但是,萨维尼则抛弃了以交付为占有的移转的事实行为的认识,而径将交付解为以所有权移转的意思为内核的独立的法律行为,进而使物权行为的效力不受作为原因的债权行为之存在与否以及有无效力的影响,学说谓为物权行为的无因性。其结果,使受萨维尼之说影响的德国普通法学者与《德国民法典》最终走上了与"取得权源"和"取得方式"分道扬镳的道路。也就是说,以"取得权源"为所有权移转的要件,固无问题,惟原本不过是单纯的占有的移转的事实行为的"取得方式"(即交付),现今却被解为独立的物权行为,并使之成为所有权变动的直接的驱动力。于最终结果上,《德国民法典》采取了严格区分物权行为的支配空间的物权法领域与债权行为的支配空间的债权法领域的法律构成。《德国民法典第一草案理由书》谓:"在本草案上,物权行为主要是在关于其固有目的的范围内被规定的。物权行为,因为是以直接引起物权的发生(设定)、移转、消灭为内容的行为,所以只要当事人表示了面向这些目的的意思,就要求有与之相应的单个的物权行为的内容。物权行为必然是无因行为。物权行为,在法律无特别规定时,适用关于法律行为的总则的规定;与此相对,债权法的规定,除有明文(规定)外,不得适用于物权行为。"[1]

行文至此,我们看到,关于所有权移转的"取得权源"与"取得方式"的理论之所以历久不衰,以至于为近现代及当代民法广为接受,并最终成为当代民法关于所有权移转的基本理论,除了其自身合于人类对所有权交易的感性与理性认识,更重要的还在于,它是植根于罗马法这一近现代乃至当代民法的法源的深厚土壤中的。正因如此,这一思想在由格鲁克等人提出后,便为当时的民事立法(譬如1794年的《普鲁士普通邦法》)采为明文规定。19世纪肇始以后制定的民法(典),比如1804年《法国民法典》、1811年《奥地利普通民法典》、1896年

---

[1] Motive(oben Anm).(96),Bd. Ⅲ,第7页;[日]海老原明夫:"19世纪德国普通法学的物权移转理论",载《法学协会杂志》第106卷第1号,第61页。

《日本民法》、1907 年《瑞士民法典》、1922 年《苏俄民法典》，以及 1945 年代以后诞生的民法典（例如 1964 年《苏俄民法典》、1992 年开始施行的《新荷兰民法典》及 1996 年的《俄罗斯民法典》），于总体上，莫不采"取得权源"与"取得方式"的制度或规则，尽管它们于实际的表述上存在差异或有不同。

我国自 1949 年以来的民事立法，比如 1986 年颁行的《民法通则》与 2007 年 3 月 16 日通过的《物权法》以及现今施行的《民法典》对基于民事法律行为的所有权的移转，从总体上而言，系采"取得权源"与"取得方式"的规则与制度，称为"债权合同"与"登记或交付"的结合，且不认可有所谓物权行为无因性规则或制度。有鉴于此一主义的优越性并与现当代多数国家物权法的规定相通，合于 21 世纪乃至更远的民法发展的潮流与趋向，可以预计，不独现在，将来我国的民法（物权法）关于所有权移转的解释论（"评注论""注释论"）乃至立法论，也将继续沿着这一道路而前行。

动产所有权让与中的交付 *

一、引言

动产所有权让与，又谓动产所有权转让、出让或移转，系指有意地使动产物权（动产所有权）发生变动的行为，由此使让与人的动产物权（动产所有权）透过移转而由受让人取得，其于特性或性质上乃属于基于民事法律行为而发生的动产物权变动。[1] 因动产具有可移动性，且可经由不断地创造而产生，具不确定性，其较难如不动产那样作完整的登记，[2] 于是乃通常以占有作为其公示方法，[3] 并以让与合意[4] 与占有的移转——交付（Übergabe、traditio）——作为发生（物权）

---

* 本文曾发表于《比较法研究》2021 年第 2 期，今收入本书乃基本未作更动、变易，仅补足、增加个别注释。

[1] 参见郑冠宇：《民法物权》（第八版），新学林出版股份有限公司 2018 年版，第 86 页。

[2] 参见 ［日］ 松井宏兴：《物权法》，成文堂 2017 年版，第 121 页。

[3] 参见郑玉波著，黄宗乐修订：《民法物权》（修订十五版），三民书局股份有限公司 2007 年版，第 51 页。

[4] 应值指出的是，此所谓让与合意（Einigung），现今有力的学理认为，系指让与人与受让人双方意思表示的合致，故其为民事法律行为，且其内容仅涉及物权的变动，故而又为物权行为（物权契约、物权的合意、物权合同）、处分行为，而非债权行为。在实务中，让与人与受让人间的动产所有权的让与合意，通常皆非以明示的方式为之，而系透过动产的交付，可推知存在默示的让与合意。譬如出卖人实施的交付买卖标的物动产，就含有使买受人取得该动产所有权的默示的意思表示。让与合意仅涉及动产所有权的让与。换言之，让与人将动产所有权移转于受让人，受让人接受让与人的所有权移转，除此之外，不复涉及其他内容。另外，让与合意既然以动产所有权的移转为其惟一内容，所有权移转的目的、动机为何，乃原则上皆与让与合意的内容无关。也就是说，其系道德伦理上的中性而不涉及公序良俗。MüKoBGB/Oechsler, 7. Aufl., 2017, § 929, Rn. 8；Vieweg/Werner, Sacher, 7. Aufl., 2015, § 4 II 2j, Rn. 15. 郑冠宇：《民法物权》（第八版），新学林出版股份有限公司 2018 年版，第 86—87 页。

变动的效力的要件 [1]。[2] 本文着重研议这其中的引起动产所有权让与发生（物权）变动效力的要件之一的交付。

按照《民法典》第 224 条的规定，动产所有权的设立和转让除法律另有规定外，自交付时发生效力。也就是说，原则而言，交付（即占有的移转）为动产所有权变动——设立和转让——的生效要件。于法律另有规定时则并不如是。具体而言，船舶、航空器和机动车的所有权转让，即并不以交付为物权（所有权）变动的（生效）要件，而系采登记对抗主义，亦即未经登记不得对抗善意第三人（《民法典》第 225 条）。另外，简易交付（《民法典》第 226 条）、指示交付（返还请求权的让与，《民法典》第 227 条）与占有改定（《民法典》第 228 条），也不以实施现实的交付作为动产所有权变动的（生效）要件，而系允许让与人和受让人之间透过观念的改变而达到或实现对作为交易标的的动产的管领力的变更，[3]因此使动产所有权的变动得以实际发生。

应值注意的是，于我国现今实务中，除《民法典》以上规定乃至学理认可的诸现实交付与观念交付形态外，由于交易实践的复杂性，尚存在着交付的诸多特殊情形，譬如契据交付 [4]，有价证券代替交付，机动车、航空器和船舶所有权的特

1　参见郑冠宇：《民法物权》（第八版），新学林出版股份有限公司 2018 年版，第 86 页。另外，我国台湾地区有学者认为：交付乃让与动产物权的生效要件。而所谓让与，系指依物权人的意思移转其物权于他人，亦即其仅限于依民事法律行为（合同、单独行为、共同行为）而发生变动的动产物权。至于依继承、强制执行、先占、取得时效、遗失物拾得及添附等原由而发生变动的，则不属之。之所以如此，盖因此等情形，或有专门的（民事法）规则可据，抑或早已掌握（占据、占有）其物，进而自不必待践行此交付行为方生效力。郑玉波著，黄宗乐修订：《民法物权》（修订十五版），三民书局股份有限公司 2007 年版，第 51 页。

2　值得提及的是，《日本民法》第 178 条规定："动产物权的让与，非交付其动产的，不得对抗第三人。"［参见王融擎编译：《日本民法条文与判例》（上册），中国法制出版社 2018 年版，第 161 页。］也就是说，在日本民法中，动产所有权让与系采意思主义与交付对抗主义（《日本民法》第 176 条）。于现今的日本，动产所有权让与采行（债权）意思主义，交付为动产所有权让与对抗第三人的要件，此点并无异议。参见［日］滝泽聿代：《物权法》，三省堂 2013 年版，第 117—118 页。另外，应注意的是，法国民法对物权变动尽管也采（债权）意思主义，但关于动产物权变动，并不采对抗要件主义（《法国民法典》第 1141、2279 条）。参见［日］於保不二雄：《物权法》（上），有斐阁 1966 年版，1989 年初版第 4 刷发行，第 146 页。

3　参见郑冠宇：《民法物权》（第八版），新学林出版股份有限公司 2018 年版，第 91 页。

4　参见谢哲胜：《民法物权》（增订四版），三民书局股份有限公司 2016 年版，第 102 页。

殊移转，合意移转占有，连锁交易及海上保险的委付 [1]等。另外，对于作为交付的基本方式或形态的现实交付与观念交付的法构成与内容，我国现今学理的释明、厘清、厘定乃至实务上的因应也有不充分或阙如之处。尤其是立基于为我国《民法典》有关此等问题的规定提供较为完善、充分、翔实的解释论（"注释论""评注论"）的考量，本文乃尝试对动产所有权让与中的交付的前述诸方面展开讨论。

二、动产所有权让与中交付的涵义、法特性、法史上的嬗变及作为公示方法的不足或不充分

（一）动产所有权让与中交付的涵义、法特性与法史上的嬗变

按照物权法法理与学理，动产所有权让与中的交付，乃系指将自己（出卖人）对标的物的占有移转至对方（买受人），简言之，标的物的占有的移转即为交付。[2]具体而言，动产所有权让与中标的物的占有的移转（即交付）具有如下法特性 [3]：

第一，按照《民法典》物权编第五分编（第二十章）"占有"规定的立法论与解释论，占有乃系对标的物的事实上的管领（力），为一种事实状态，[4]故此作

---

[1] 参见郑冠宇：《民法物权》（第八版），新学林出版股份有限公司 2018 年版，第 96—99 页。

[2] 值得提及的是，对于此点，我国台湾地区学者谢哲胜谓：将物权的客体移转占有即是标的物的交付。在动产，其通常会移动所在位置，由让与人物理上可支配的范围移转到受让人物理上可支配的范围；在不动产，因无法移动其所在，故不动产的交付只是一种事实上管领力的移转，而无标的物所在位置的移动，惟通常会有让与人和受让人同时到场实施移交的动作。另外，动产公示的方式固然是标的物的交付，但也不能排除不动产物权变动以交付为公示的方式。于人类社会早期，或尚未建立登记制度时，不动产物权可能以交付为公示的方式。即使已建立登记制度，也不能完全排除交付作为不动产物权变动的公示方式。譬如买卖不破租赁的规定，尽管不动产租赁被归类为债权，但其本质上是物权（盖因承租人于租赁物交付后享有的是对物的权利），乃是以承租人占有作为公示方式。还有，对于无法登记的物权，譬如违章建筑物所有权，解释上也不得以登记为物权的公示方式，其最妥当的（公示）方式是交付。参见谢哲胜：《民法物权》（增订四版），三民书局股份有限公司 2016 年版，第 101—102 页。

[3] 参见郑冠宇：《民法物权》（第八版），新学林出版股份有限公司 2018 年版，第 88—89 页。

[4] 参见全国人大常委会法制工作委员会民法室编：《中华人民共和国物权法条文说明、立法理由及相关规定》，北京大学出版社 2007 年版，第 427 页以下；全国人大常委会法制工作委员会民法室编著：《中华人民共和国物权法解读》，中国法制出版社 2007 年版，第 512 页以下。

为占有的移转的交付，也就是对标的物的事实上的管领、支配（力）的变更、更易，即由出让人将标的物移交于受让人，使其得对该标的物实施管领、支配。[1]

第二，动产所有权让与中的交付因与意思表示无关而为事实行为，故不得透过代理的方式为之，然可经由作为占有辅助人或占有媒介人的中间人而实施（交付）。由此之故，限制民事行为能力人不需要经法定代理人的同意（允许）也可实施有效的标的物的占有的移转——交付。[2]

第三，动产所有权让与中的有效的交付，需为立基于让与人与受让人的意思而完成标的物的占有的移转，若欠缺该移转占有的事实意思，则不能成为（有效的）交付。易言之，透过或经由交付，让与人需有使受让人取得标的物的占有的意思，且需自己永久、完全，而非部分、暂时性地放弃对标的物的占有。[3]惟让与人根据占有改定仍旧保持对标的物的占有而使受让人成为间接占有人的，则为例外。[4]另外，还应指出的是，受让人于受交付前任意取走让与人应移转占有（交付）的标的物的，因其所实施的占有并非基于让与人的意思，故而并不成为（有效的）交付。[5]还有，若标的物的占有的移转——交付，并不是根据受让人的意思而完成的，则也无法形成或确立受让人对标的物的支配关系。譬如并未告知受让人而将标的物任意摆放于受让人的处所抑或投入受让人的信箱的，即并不构成（有效的）交付。[6]

第四，标的物的占有的移转——交付，系动产所有权让与发生效力（即发生物权变动）所应具备的物权契约（物权合同、物权的合意、物权行为）的生效要件。[7]也

1　参见［日］舟桥谆一：《物权法》，有斐阁 1960 年版，1970 年初版第 20 刷发行，第 219 页。

2　参见郑冠宇：《民法物权》（第八版），新学林出版股份有限公司 2018 年版，第 88 页。

3　Staudinger/Wiegand, 12. Aufl. , § 929, Rn. 62 f. , 67 ff.

4　参见郑冠宇：《民法物权》（第八版），新学林出版股份有限公司 2018 年版，第 88 页。

5　参见郑冠宇：《民法物权》（第八版），新学林出版股份有限公司 2018 年版，第 88—89 页。

6　参见郑冠宇：《民法物权》（第八版），新学林出版股份有限公司 2018 年版，第 88—89 页。

7　也就是说，动产物权根据民事法律行为而变动的，需当事人间有动产物权变动的意思表示并与交付相结合，方能发生效力。之所以如此，盖因交付（占有的移转）乃动产物权变动的公示方法。惟当事人间动产物权变动的意思表示或让与合意，通常多未明确表示，故一般多推定动产物权变动的意思表示乃与交付并存。一言以蔽之，于动产交付时即含有动产物权变动的意思表示。参见谢在全：《民法物权论》（上，修订第六版），新学林出版股份有限公司 2014 年版，第 93—94 页。

就是说，动产所有权的让与，除需有让与合意外，还需移转标的物的占有（交付）。而且，对于根据民事法律行为的一般（普通）动产所有权让与，原则上系采交付要件主义（Traditionsprinzip）。[1] 进言之，基于民事法律行为的一般（普通）动产所有权让与，单纯交付并不足以发生物权变动。譬如根据租赁合同或借用合同所实施的交付，承租人或借用人即并不因受交付而取得租赁物或借用物的所有权。[2] 至于物的出卖人根据买卖合同所实施的交付，则由于出卖人依据买卖合同负有交付买卖标的物与移转买卖标的物所有权的义务，系属于为履行买卖合同所为的交付，此交付中实已内蕴了默示的让与合意。[3]

行文至此，乃有必要指出的是，在法史上，上述动产物权让与（动产所有权出让或转让）中的交付，远在古罗马时代即已成为私法（民法）上的重要议题而为学说所关注或讨论。根据罗马法，交付也被称为让渡（traditio），系为当时的一种最简单的移转所有权的方式，表现为对可动物（res mobiles）的实际交付。[4] 并且，根据交付（让渡）而使财产所有权移转的方式仅适用于略式物（res nec mancipi）的让与，让与人需对让与物（让渡物）享有合法所有权，让与人与受让人具有转让财产所有权和接受财产所有权让与的意愿，以及存在让渡的正当原因（ius causa traditionis）。[5] 尤其值得提及的是，罗马法学家盖尤斯《日常事务》第二卷（D. 41，1，9，3）对财产所有权让与中交付所具的功用与价值明确写道："根据万民法，交付给我们的物为我们所有。因为没有什么比尊重想将其物转让给另一个人的所有权人的意志（voluntas）更符合自然的公平（naturalis aequitas）。"[6] 另一罗马法学家保罗《论法律不知和事实不知》单卷本（D. 22，6，

1　参见王泽鉴：《民法物权》，2014 年自版，第 118—119 页。值得提及的是，根据我国台湾地区学理与判例，汽车所有权的移转，也以让与合意与交付为足矣，监理机关办理过户系属于行政管理事项，而非汽车所有权移转的法定要件。参见我国台湾地区 1982 年台上字第 3923 号判决。

2　参见郑冠宇：《民法物权》（第八版），新学林出版股份有限公司 2018 年版，第 89 页。

3　参见郑冠宇：《民法物权》（第八版），新学林出版股份有限公司 2018 年版，第 89 页。

4　参见黄风编著：《罗马法词典》，法律出版社 2002 年版，第 245 页。

5　参见黄风编著：《罗马法词典》，法律出版社 2002 年版，第 245 页。

6　参见［意］桑德罗·斯奇巴尼选编，范怀俊、费安玲译，［意］纪蔚民、阿尔多·贝特鲁奇校：《物与物权》（第二版），中国政法大学出版社 2009 年版，第 89 页。

9，4）也有对交付于（动产）所有权让与中的功用的清晰阐释，其谓："如果一个人不知道物之出卖人就是所有人，那么事实胜于意念（existimatio mentis）。因此，虽然他以为他从一个非所有人处购买了物，但若所有人将物交付给他，他便成为物之所有人。"[1]

　　及至近代，德国学者格鲁克提出了至19世纪初期一直居于通说或支配地位的基于民事法律行为的所有权移转的"取得权源"与"取得方式"理论。[2]其于《潘德克吞详解》（Ausführliche Erläuterung der Pandecten nach Hellfeld, ein Commentar）中谓，"要取得标的物的所有权，需具备二项要件：一是使物权（如所有权）的取得成为可能的'取得权源'；二是使物权（如所有权）的取得成为现实，或经由取得标的物的现实占有而使取得物权（如所有权）的可能性转化为现实性的'取得方式'。譬如我在书店购买图书，若书店把图书交付给我，我就成为该图书的所有权人。我的权源是我与书店订立的买卖契约，我的取得方式是交付。交付使取得图书所有权的可能性变成现实性，我由此现实地成为图书的所有权人"。[3]另外，萨维尼于1803年至1804年的冬期讲学中，对基于民事法律行为的动产物权（如动产所有权）的让与，也持与格鲁克大致相同的"取得权源"与"取得方式"见解。[4]惟在1815年到1816年的冬期讲学活动中，萨维尼更进一步主张："交付，就其法特性而言，系为一个真正的契约。它不是债权契约，而是物权契约，即物权法上的契约。"[5]至此，大陆法系近现代与当代物权法对动产物权（如动产所有权）变动中交付的基本特性的认识遂得以形成或确立。

　　1　参见［意］桑德罗·斯奇巴尼选编，范怀俊、费安玲译，［意］纪蔚民、阿尔多·贝特鲁奇校：《物与物权》（第二版），中国政法大学出版社2009年版，第89页。

　　2　关于所有权的移转的"取得权源"与"取得方式"的详情，参见［日］好美清光："Jus ad rem与其发展、消灭：特定物债权的保护强化的一断面"，载日本一桥大学研究年报《法学研究3》（1961年），第179—432页；费安玲、［意］桑德罗·斯奇巴尼主编：《罗马法·中国法与民法法典化（文选）——二十一世纪民法典的科学体系》，中国政法大学出版社2020年版，第372页以下。

　　3　Christian Friedrich Glück, Ausführliche Erläuterung der Pandecten nach Hellfeld, ein Commentar, Bd. 8, Erlangen 1807, §578–579, S. 83f.

　　4　参见陈华彬：《外国物权法》，法律出版社2004年版，第72页。

　　5　Wilhelm Felgentraeger, Friedrich Carl v. Savignys Einfluß auf die Übereignungslehre, Lucka i. Th. 1927, S. 31. 王泽鉴：《民法学说与判例研究》（1），中国政法大学出版社1998年版，第263页。

（二）动产所有权让与中交付作为公示方法的不足或不充分

值得注意的是，尽管动产物权（如动产所有权）变动（如让与）中的交付具有上述特性或功用，然也需要指明其作为动产物权（如动产所有权）变动（如让与）的公示方法或公示（效）力的不充分或不足。此于日本法中表现尤甚。[1]

按照《日本民法》第 178 条的规定，交付并非动产物权（如动产所有权）变动（如让与）的生效要件，而系当事人之间的动产物权变动得对第三人主张的对抗要件。由此，现今日本学界的通说或有力见解认为，较之于在不动产登记簿上记载权利的享有与变动的登记，交付即占有的移转之作为物权变动（如动产所有权的让与、转让、出让）的公示方法或手段乃具有不充分或不彻底之处。[2]概言之，交付的公示（效）力是较为薄弱的。[3]也就是说，交付并不如登记那样具有表示物权变动的内容与过程的效力，且交付并不限于现实交付，依单纯的意思表示也可为之，亦即，根据单纯的意思表示而代替交付（此即观念交付）。[4]如此就

1　应指出的是，根据《日本民法》第 178 条的规定，交付（占有的移转）系动产物权变动的对抗要件。日本学说就此指出，之所以如此，盖因动产与不动产相较，其经济价值通常较小，且动产的交易较不动产的交易更为频繁，采用登记的公示方法于经济、技术上乃系困难的。不过，如下动产不适用《日本民法》第 178 条的规定：（1）日本商法上的船舶，已登记的建设机械，已登录的机动车、航空器，其登记或登录系所有权移转或抵押权设立的对抗要件（《日本商法》第 687、848 条，《建设机械抵押法》第 7 条，《道路运送车辆法》第 5 条，《机动车抵押法》第 5 条，《航空法》第 3 条之 3 及《航空器抵押法》第 5 条）；（2）提单、仓库证券（仓单）、载货证券等以有价证券表示的动产，也不适用《日本民法》第 178 条的规定；（3）金钱尤其是纪念硬币、古钱币等作为收集的对象的，尽管也与《日本民法》第 178 条所定的动产作相同的对待或处理，然于其作为货币流通时，因金钱本身仅表示交换价值而并无个性，金钱的占有与所有不能分离，故应认为交付（占有的移转）乃是所有权移转的生效要件。参见［日］松井宏兴：《物权法》，成文堂 2017 年版，第 12 页；［日］三和一博、平井一雄：《物权法要说》，青林书院 1989 年版，第 64 页；［日］星野英一：《民法概论Ⅱ》（物权·担保物权），良书普及会 1983 年合本再订第 4 刷发行，第 64 页；［日］田山辉明：《通说物权法》，三省堂 1992 年版，1993 年 10 月第 3 刷发行，第 140 页以下。

2　参见［日］铃木禄弥：《物权法讲义》（四订版），创文社 1994 年版，第 159 页；［日］松井宏兴：《物权法》，成文堂 2017 年版，第 123—124 页；［日］原岛重义等：《民法讲义 2 物权》，有斐阁 1977 年版，1980 年 12 月再版第 4 刷发行，第 108 页以下。

3　参见［日］於保不二雄：《物权法》（上），有斐阁 1966 年版，1989 年初版第 4 刷发行，第 146 页。

4　参见［日］原岛重义等：《民法讲义 2 物权》，有斐阁 1977 年版，1980 年 12 月再版第 4 刷发行，第 108 页。

使物权变动的外部表征较不充分或彰显。还有，因动产所有权具有较高的商品属性，故动产占有的公示（效）力乃大多系透过动产占有的公信力而呈现。[1]也就是说，动产物权变动（如动产所有权的让与、出让、转让）的公示，实际上就是自占有（尤其是动产占有）的公信力的视角予以把握或处理的。[2]譬如，甲立基于对乙占有动产的信赖，认为乙是所有权人而买受 A 动产（接受了 A 动产的交付），若乙为无权利人抑或只是自所有权人丙租用 A 动产，则甲无法有效地取得 A 动产的所有权。如此，交付作为公示方法或手段乃具有不充分或不足之处，信赖乙为 A 动产的所有权人而买受该动产的甲就有遭受损害之虞。有鉴于此，为弥补交付的公示方法或手段的此一不充分或缺陷，《日本民法》第 192 条遂规定："因交易行为，平稳且公然开始动产之占有者，善意且无过失时，就该动产取得即时行使之权利。"[3]此即采取动产交易的公信（力）原则。[4]据此原则，因 A 动产的让与人乙对 A 动产存在占有（关系），故保护信赖乙为 A 动产的所有权人而与之实施买卖交易的甲，也就是说，甲得取得 A 动产的所有权。[5]

三、动产所有权让与中现实交付与观念交付的涵义及其诸样态的厘清与厘定

（一）动产所有权让与中现实交付的涵义与诸样态的厘清与厘定

现实交付为动产所有权让与中交付的基本方式或主要形态。也就是说，动产的交付以现实交付为原则。根据物权法法理与学理，其涵义系指让与人放弃

1　参见［日］於保不二雄：《物权法》（上），有斐阁 1966 年版，1989 年初版第 4 刷发行，第 146 页。

2　参见［日］於保不二雄：《物权法》（上），有斐阁 1966 年版，1989 年初版第 4 刷发行，第 146 页；［日］三和一博、平井一雄：《物权法要说》，青林书院 1989 年版，第 62 页。

3　参见王融擎编译：《日本民法条文与判例》（上册），中国法制出版社 2018 年版，第 172—173 页。

4　应指出的是，动产善意取得（即时取得）制度的正当性基础或法理、学理基础之一，乃让与人对动产的占有具有公信力。透过动产善意取得制度，动产交易的安全得以确保。参见［日］松坂佐一：《民法提要：物权法》（第 4 版），有斐阁 1980 年版，第 90 页。

5　参见［日］松井宏兴：《物权法》，成文堂 2017 年版，第 123—124 页。也就是说，动产交易的安全几乎完全由占有的公信力（善意取得、即时取得）予以保障。［日］舟桥谆一：《物权法》，有斐阁 1950 年版，1970 年初版第 20 刷发行，第 220 页。

其对动产的事实上的管领力，并直接为受让人或其占有辅助人、占有媒介人建立对物的事实上的管领力；[1]抑或指将对动产的现实的、直接的所持（占有）由让与人移转于受让人。[2]一言以蔽之，现实交付系指让与人将其对动产的现实的、直接的管领力移转于受让人，譬如将物交与受让人本人或其使用人，抑或配送于其住所即属之。[3]又如，甲将其机动车出卖于乙，乃可由甲直接将该机动车交付于乙，或交付于乙的司机丙，抑或交付于向乙承租该车的丁，也属之。[4]这其中，交付于乙的，即系交付于机动车的受让人；交付于丙的，系为交付于受让人乙的占有辅助人；而交付于丁的，则为交付于乙的占有媒介（关系）人。

进言之，现实交付为交付的通常形态，其可以是受让人自取标的物（动产），也可以是让与人送交标的物（动产）。[5]换言之，现实交付系自占有物的交付而形成占有的让与，于此情形下，让与人自己保有的物的支配权已由外形上移转给受让人。故此，动产所有权让与中乃通常伴随有标的物（动产）的场所的移转。[6]惟于学理与实证经验上，尽管现实交付通常由让与人亲自实施，但让与人也可透过如下方式或途径使受让人或其占有辅助人、占有媒介人取得对物（动产）的事实上的管领力，由此完成交付[7]：

1　参见郑冠宇：《民法物权》（第八版），新学林出版股份有限公司 2018 年版，第 89 页。另外，《日本民法》第 182 条规定："占有权之让与，依占有物之交付而作出。受让人或其代理人现实持有占有物时，占有权之让与，得仅依当事人之意思表示而作出"［王融擎编译：《日本民法条文与判例》（上册），中国法制出版社 2018 年版，第 165 页］。据此规定，可知受让人取得对动产（物）的现实管领力乃是动产让与得对抗第三人的原则性要求。［日］滝沢聿代：《物权法》，三省堂 2013 年版，第 118 页。

2　比如在买卖 A 动产的交易中，将 A 动产由出卖人甲实际移转给买受人乙即属之。根据《日本民法》，买受人由此取得的 A 动产具备了对抗第三人的要件。参见［日］松井宏兴：《物权法》，成文堂 2017 年版，第 122 页。

3　参见郑玉波著，黄宗乐修订：《民法物权》（修订十五版），三民书局股份有限公司 2007 年版，第 51 页；［日］舟桥谆一：《物权法》，有斐阁 1960 年版，1970 年初版第 20 刷发行，第 220 页。

4　参见郑冠宇：《民法物权》（第八版），新学林出版股份有限公司 2018 年版，第 89 页。

5　参见吴光明：《新物权法论》，三民书局股份有限公司 2009 年版，第 171 页。

6　参见吴光明：《新物权法论》，三民书局股份有限公司 2009 年版，第 171 页。

7　Baur/Stürner, Sachenrecht, 18. Aufl., 2009, § 51 C II2, Rn. 16 ff.；MüKoBGB/Oechsler, 7. Aufl., 2017, § 929, Rn. 56f. 参见郑冠宇：《民法物权》（第八版），新学林出版股份有限公司 2018 年版，第 89—90 页。

　　第一，透过成立占有辅助（或辅助占有）而使现实交付得以完成。譬如甲将其机动车出卖给乙，并同时约定甲自己受雇于乙，为乙驾驶该机动车送货。[1]也就是说，此种情形，让与人甲自己成为受让人乙的占有辅助人，根据受让人乙的指示为其占有机动车，受让人乙由此取得直接占有。

　　第二，通过订立占有媒介合同而完成现实交付。譬如甲将其机动车出卖给乙，并使（让）其司机丙与乙约定，之后由丙向乙承租该机动车，由此乙为出租人，丙为承租人。[2]进言之，此种情形，让与人甲使其占有辅助人丙与受让人乙订立占有媒介合同，占有辅助人丙成为直接占有人，为受让人乙而占有（机动车），受让人乙由此成为间接占有人。[3]

　　第三，经由取得间接占有而完成现实交付。譬如甲将其机动车出卖给乙，但其此前已将该机动车出租于丙，甲使（让）丙与乙订立租赁合同，之后由丙向乙承租该机动车，乙为出租人，丙为承租人。[4]也就是说，此种情形，让与人甲指示其占有媒介人丙与受让人乙订立合同，丙为受让人乙而占有（机动车），受让人乙成为机动车的间接占有人。

　　第四，采取指令交付（Geheißerwerb）方式使现实交付得以完成。也就是说，指令与让与人不存在占有关系的第三人对受让人实施交付，抑或与受让人成立占有媒介关系而为受让人占有（动产）。[5]应值指出的是，这通常发生于连锁交易（Kettenhandel）、间隔买卖（Streckengeschäft）抑或缩短给付（abgekürzte Lieferung）的情形。譬如甲将机动车出卖给乙，乙复将之出卖于丙，甲根据乙的指令将机动车交付给第三人丙。[6]在此指令交付中，由于受指令的人并非指令人的占有辅助人，其相互间不具有上下隶属的关系，指令人也非间接占有人，其与受

---

[1]　参见郑冠宇：《民法物权》（第八版），新学林出版股份有限公司 2018 年版，第 89 页。

[2]　参见郑冠宇：《民法物权》（第八版），新学林出版股份有限公司 2018 年版，第 90 页。

[3]　参见我国台湾地区"民法"第 941 条；郑冠宇：《民法物权》（第八版），新学林出版股份有限公司 2018 年版，第 90 页。

[4]　参见郑冠宇：《民法物权》（第八版），新学林出版股份有限公司 2018 年版，第 90 页。

[5]　参见郑冠宇：《民法物权》（第八版），新学林出版股份有限公司 2018 年版，第 90 页。

[6]　参见郑冠宇：《民法物权》（第八版），新学林出版股份有限公司 2018 年版，第 90 页。

指令的人间不具有占有媒介关系，惟指令人确实具有使人取得对动产的占有的影响力（Besitzverschaffungsmacht）。[1]

第五，透过命令交付而使现实交付完成。譬如甲将其机动车出卖于乙，甲使（让）其司机丙或使（让）其承租人丁将该车交付于乙，抑或向乙的受雇人戊或承租人戊为交付。[2]进言之，此种情形，让与人甲指示占有辅助人丙或占有媒介人丁向受让人乙实施交付，抑或向受让人乙的辅助占有人戊或占有媒介人戊实施交付。[3]

（二）动产所有权让与中观念交付的涵义与主要样态的厘清与厘定

于近现代及当代经济生活中，为尊重和实现特殊情形下的交易便捷，动产所有权让与中的交付除指现实交付外，还存在着现实交付的变通方法或形式，由此替代现实交付而使交易完成。[4]换言之，现今实务中有时也假手他人而实施交付，此种替代现实交付的（观念）交付并非真正的交付，而系占有的观念的移转，因其具替代现实交付的功用，故谓为观念交付。[5]也就是说，此种交付实际上系为交易上的便利而采取的变通方法[6]。[7]

根据我国《民法典》物权编的规定与其他国家和地区物权立法成例乃至物权法法理和学理，动产所有权让与中的观念交付乃涵括诸多具体样态或类型，如下试逐一予以分述。

第一，简易交付（übergabe kurzer Hand, brevi manu traditio 或 traditio brevi

---

[1] 参见郑冠宇：《民法物权》（第八版），新学林出版股份有限公司 2018 年版，第 90 页注释 6。另外，关于德国学理所谓"指令人的影响力"，可参见 MüKoBGB/Oechsler, 7. Aufl. 2017, § 929, Rn. 54。

[2] 参见郑冠宇：《民法物权》（第八版），新学林出版股份有限公司 2018 年版，第 90 页。

[3] 参见郑冠宇：《民法物权》（第八版），新学林出版股份有限公司 2018 年版，第 90 页。

[4] 参见吴光明：《新物权法论》，三民书局股份有限公司 2009 年版，第 171 页。

[5] 参见吴光明：《新物权法论》，三民书局股份有限公司 2009 年版，第 171 页。

[6] 参见郑玉波著，黄宗乐修订：《民法物权》（修订十五版），三民书局股份有限公司 2007 年版，第 51 页；[日] 舟桥谆一：《物权法》，有斐阁 1960 年版，1970 年初版第 20 刷发行，第 219 页。

[7] 值得提及的是，日本学者松坂佐一谓：交付乃本来系指移转对动产的现实、直接的支配力，也就是主要指现实交付，但实务中除此现实交付外，还有其他观念交付，譬如简易交付、占有改定及返还请求权的让与。这些交付方法系为"交付的代用方法"（die sog. Traditionssurrogate）。由于仅以现实交付为动产物权变动的公示方法往往会给动产交易带来不便，乃不得不认可以他人的所持为媒介而成立代理占有（辅助占有）制度，这也就是透过占有的观念化（Spiritualisierung）而缓和公示的原则。参见 [日] 松坂佐一：《民法提要：物权法》（第 4 版），有斐阁 1980 年版，第 91—92 页。

manu）。[1] 此种观念交付，学理或法理又称为单纯合意（bloße Einigung）或无形交付，系指受让人已占有动产的，于当事人间达成物权变动合意时，交付即得以完成。[2] 于此情形，对物（动产）的现实支配状态没有任何变化，故而交付完全是观念性的。[3]《民法典》第 226 条规定："动产物权设立和转让前，权利人已经占有该动产的，物权自民事法律行为生效时发生效力。"譬如甲向乙购买手表，而乙之前已将该手表借给甲，此时甲先返还乙该手表后复由乙交付该手表给甲乃不经济、方便及适宜，[4] 故依《民法典》该条规定，于甲、乙二人达成让与合意（即民事法律行为生效）时，即发生交付的效力（Übereignung Kurzer Hand），[5] 也就是物权变动的效力。[6] 应值提及的是，于此简易交付，受让人因何原因而占有动产，法律上并不追问。[7] 这其中，既有基于法律上的原因而占有动产的，如让与人为出租人或寄托人（委托人），受让人为承租人或受寄人（受托人），也有无法律

1　参见［日］松坂佐一：《民法提要：物权法》（第 4 版），有斐阁 1980 年版，第 92 页；［日］我妻荣著，有泉亨补订：《新订物权法》，岩波书店 1983 年版，1997 年第 18 刷发行，第 189 页；［日］舟桥谆一：《物权法》，有斐阁 1970 年初版第 20 刷发行，第 219 页。也就是说，于受让人或占有媒介（代理）人已经持有（占有）标的物的情形（例如受寄人、承租人受让动产时），仅依让与人与受让人间的移转占有的合意，受让人即取得对动产的占有。并且，受让人为单纯的所持（占有）"机关"（Besitzdiener），譬如仆人由主人那里受让所持占有的动产的，也系如此。日本大判 1911 年 12 月 16 日民录第 819 页，日本最判 1964 年 5 月 26 日民集（4）第 667 页。

2　参见吴光明：《新物权法论》，三民书局股份有限公司 2009 年版，第 171 页。于此有必要提及的是，根据《日本民法》第 182 条第 2 项的规定，受让人或其占有代理人（占有辅助人）已经持有（占有）作为标的物的动产的情形，基于让与人与受让人的合意（当事人之间的意思表示）而代替交付的方法即为简易交付。［日］松井宏兴：《物权法》，成文堂 2017 年版，第 122 页。

3　参见［日］松坂佐一：《民法提要：物权法》（第 4 版），有斐阁 1980 年版，第 92 页。

4　参见郑玉波著，黄宗乐修订：《民法物权》（修订十五版），三民书局股份有限公司 2007 年版，第 52 页。

5　根据最高人民法院《关于适用〈中华人民共和国物权法〉若干问题的解释（一）》第 18 条第 2 款的规定，当事人以简易交付的方式交付动产的，转让动产法律行为生效之时为动产交付之时。值得指出的是，在日本，因其动产所有权让与采交付对抗主义，故于简易交付的情形，仅当事人之间达成（动产）占有移转的合意，动产所有权让与得对抗第三人的要件即具备。譬如已经占有动产的承租人，于因买卖而取得租赁物的所有权时，因所有权人的间接占有也须移转，故仅依意思表示，该（间接）占有的移转即获实现。参见［日］滝泽聿代：《物权法》，三省堂 2013 年版，第 118 页。

6　参见陈华彬：《物权法论》，中国政法大学出版社 2018 年版，第 137 页。

7　参见陈华彬：《物权法论》，中国政法大学出版社 2018 年版，第 137 页。

上的原因而占有（动产）的，如无权占有人对动产的占有即是。[1]概言之，受让人无论为直接或间接占有人，是否与让与动产的所有权人间存有占有的法律关系，以及系由何处取得动产的占有，皆无关紧要。[2]考法律之所以对受让人占有动产的因由不予追问，盖单纯为顾及交易手段的便捷、经济及适宜所使然。[3]

第二，占有改定（constitutum possessorium）。[4]此为观念交付的另一种形态。据此形态，让与动产的人不必实施现实交付，而以使得受让人取得间接占有的方式代替交付（代交付，Übergabesurrogate）。[5]也就是说，被移转的动产乃是精神化的、观念化的动产（etwas Vergeistigtes，Spiritualisiertes），公示原则的基础实际由此已然丧失。[6]详言之，让与动产所有权而让与人仍有占有该动产的需求的，乃无需为了严格遵守现实交付的要件，先将让与物（动产）交付受让人后，而与受让

1　参见吴光明：《新物权法论》，三民书局股份有限公司 2009 年版，第 172 页。

2　参见郑冠宇：《民法物权》（第八版），新学林出版股份有限公司 2018 年版，第 91 页。

3　参见吴光明：《新物权法论》，三民书局股份有限公司 2009 年版，第 172 页。

4　参见［日］松坂佐一：《民法提要：物权法》（第 4 版），有斐阁 1980 年版，第 92 页；［日］我妻荣著，有泉亨补订：《新订物权法》，岩波书店 1983 年版，1997 年第 18 刷发行，第 189 页；［日］舟桥谆一：《物权法》，有斐阁 1960 年版，1970 年初版第 20 刷发行，第 219 页。

5　参见郑冠宇：《民法物权》（第八版），新学林出版股份有限公司 2018 年版，第 91 页。应指出的是，《日本民法》第 183 条（占有改定）规定："代理人表示以后为本人占有自己的占有物的意思时，本人因此取得占有权。"［参见王融擎编译：《日本民法条文与判例》（上册），中国法制出版社 2018 年版，第 166 页。］譬如应该为交付的占有人（让与人、出卖人、转让人）于为买卖后需继续占有（动产）的，在确认依意思表示而变易为为买受人的利益而占有后，即代替现实的交付。抑或让与人于让与动产后还要继续占有作为标的物的动产的，让与人表示以后为受让人的利益而占有动产的意思（让与人与受让人间就动产的占有移转达成合意）时，即代替（或完成）现实的交付。［日］滝沢聿代：《物权法》，三省堂 2013 年版，第 118—119 页；［日］松井宏兴：《物权法》，成文堂 2017 年版，第 122 页。

6　参见［日］松坂佐一：《民法提要：物权法》（第 4 版），有斐阁 1980 年版，第 92 页。应提及的是，根据《德国民法典》第 868、930 条的规定，此种情形，应使让与人与受让人之间成立旨在使后者（即受让人）取得间接占有的法律关系（譬如使用租赁、用益租赁与寄托）。而根据对《日本民法》的解释，此等契约关系并无存在的必要。即使契约关系存在，无论该契约因何种因由而无效，占有改定都是成立的。惟让与人并非直接占有人，而只是单纯保留占有机关的地位的，因受让人取得自己占有，故占有改定不成立。另外，为将来取得的物（动产）而预先实施占有改定（das sog. antizipierte Konstitut）的，日本学理也认为系有效。在德国，对此虽有争论，惟其判例系采肯定主张。参见［日］松坂佐一：《民法提要：物权法》（第 4 版），有斐阁 1980 年版，第 92—93 页。

人订立诸如租赁或借用合同，复由受让人将动产交付。[1]之所以如此，盖因于结果上，让与人最终仍占有该动产，受让人取得间接占有，让与人与受让人之间系基于占有媒介合同而改易彼此间的占有关系，让与人由原本以自己为所有权人的自主占有，变易为认可他人为所有权人的他主占有，由于此繁复程序透过让与人与受让人间直接订立占有媒介合同而使受让人取得间接占有，让与人无需将占有物（动产）交付而仍旧继续保持对物（动产）的占有。[2]

《民法典》第 228 条规定："动产物权转让时，当事人又约定由出让人继续占有该动产的，物权自该约定生效时发生效力。"据此规定，让与动产物权而让与人仍继续占有动产的，让与人与受让人之间可透过订立合同（如租赁合同或借用合同）而使受让人取得间接占有，由此替代现实交付。[3]应指出的是，当事人之间的"约定"必须是让与人与受让人间订立足以使受让人取得间接占有的合同。[4]譬如甲向乙购买钢琴，而乙还需使用该钢琴参加考试，故该钢琴仍留供乙使用，此种情形，甲、乙二人可订立借用合同，使甲取得间接占有，由此代（替）现实交付。[5]

1　参见郑冠宇：《民法物权》（第八版），新学林出版股份有限公司 2018 年版，第 91 页；郑玉波著，黄宗乐修订：《民法物权》（修订十五版），三民书局股份有限公司 2007 年版，第 52 页。

2　参见郑冠宇：《民法物权》（第八版），新学林出版股份有限公司 2018 年版，第 91—92 页。

3　也就是说，受让人尽管业已取得动产所有权，然将动产的占有交给让与人行使一段时间后，于约定或法定期限届满时，让与人复按约定将该动产交还受让人直接占有。参见吴光明：《新物权法论》，三民书局股份有限公司 2009 年版，第 172 页。

4　应值提及的是，于其他国家和地区实务上，以占有改定的方式代替现实交付，使受让人取得动产物权，必须是让与人与受让人订立足以使受让人由此取得间接占有的契约（合同）。若仅单纯约定让与人为受让人占有，而并无间接占有的法律关系存在，尚不成立占有改定，其受让人不能因此取得动产所有权。之所以如此，盖因占有改定的意义乃在于使让与人仍可继续对占有物加以使用、收益或管理，若当事人之间并无关于此种内容的约定，将使得权利的外观难以区辨，且更影响让与人的债权人可否以此财产供清偿的判断，由此反将造成交易的困难。参见《德国民法典》第 930 条（占有之改定）："动产由所有人占有者，得与受让人约定法律关系，使受让人因此取得间接占有，以代交付"〔台湾大学法律学院、财团法人台大法学基金会：《德国民法（总则编、债编、物权编）》（上册，第 2 版），元照出版有限公司 2016 年版，第 883 页〕。我国台湾地区 1998 年度台上字第 1262 号判决；郑冠宇：《民法物权》（第八版），新学林出版股份有限公司 2018 年版，第 92 页；吴光明：《新物权法论》，三民书局股份有限公司 2009 年版，第 172 页。

5　参见吴光明：《新物权法论》，三民书局股份有限公司 2009 年版，第 172 页。

另外，还需指出的是，占有改定中的占有媒介关系若无效，占有关系也就无法建立，代替（现实）交付的方式自然无从达成，动产所有权的移转因欠缺法定要件，也就不发生动产物权变动的效力。[1]还有，动产所有权的让与人并不以直接占有人为必要，间接占有人也无不可。此种多层次占有关系，乃以让与人为第一层次间接占有人，而受让人则为第二层次间接占有人。[2]此外，让与人也可与受让人共同占有（Mitbesitz），由让与人为直接共同占有人，而使受让人成为间接共同占有人，譬如夫妻间的动产所有权移转即是。[3]

还应指出的是，占有改定仅为代替（现实）交付的方式，采取此种方式而实施动产所有权移转的，当事人之间仍需有动产所有权的让与合意。换言之，当事人间系以合意方式建立占有媒介关系以代替（现实）交付，并加上让与合意，以完成动产所有权的移转。[4]另外，于现今比较法学理与实务上，已为买受人挑选且支付价金的特定物（特定动产），若暂时仍由出卖人占有，则为保护买受人的利益，应认为该（特定动产）所有权已根据占有改定方式而移转。[5]惟标的物灭失的危险负担，乃以受让人是否已享有经济上的利益为准，且出卖人若根据该合同所生的从给付义务（Nebenpflicht）而负有保管或运送义务，其义务在标的物现实交付于买受人或交由运送人后方告完成；倘若交付前发生标的物灭失的，则应由出卖人承担该危险。[6]

第三，指示交付（cessio vindicationis）。[7]此种观念交付又称让与返还请求权

1　参见郑冠宇：《民法物权》（第八版），新学林出版股份有限公司 2018 年版，第 92 页。

2　参见郑冠宇：《民法物权》（第八版），新学林出版股份有限公司 2018 年版，第 92 页。

3　此为德国学理与实务一致的见解，参见 MüKoBGB/Oechsler, 7. Aufl. 2017, § 929, Rn. 8；郑冠宇：《民法物权》（第八版），新学林出版股份有限公司 2018 年版，第 92 页及该页注释8。

4　参见郑冠宇：《民法物权》（第八版），新学林出版股份有限公司 2018 年版，第 92 页。

5　Baur/Stürner, Sachenrecht, 18. Aufl. 2009, § 51 E Ⅲ 1, Rn. 33. 参见郑冠宇：《民法物权》（第八版），新学林出版股份有限公司 2018 年版，第 92—93 页。

6　参见郑冠宇：《民法物权》（第八版），新学林出版股份有限公司 2018 年版，第 93 页。

7　参见［日］松坂佐一：《民法提要：物权法》（第 4 版），有斐阁 1980 年版，第 93 页；［日］我妻荣著，有泉亨补订：《新订物权法》，岩波书店 1983 年版，1997 年第 18 刷发行，第 191 页。

或返还请求权的代位[1]，具体系指在动产所有权让与中，于特殊情形下，让与人可为受让人创设继受间接占有而使对动产的占有关系发生变动。[2]详言之，让与之物由第三人占有时，让与人要为现实交付的，原本需要由第三人将该物返还让与人后，复由让与人将物交付给受让人。[3]从结果上看，此辗转交付过程，也可经由或透过使（让）受让人直接向第三人为交付的请求而实现，其方式或途径即是让与人将其对第三人的返还请求权让与受让人（Abtretung des Herausgabenanspruchs），[4]由此代替现实交付。[5]因让与的动产尚在第三人的直接占有中，故受让人也仅系取得间接占有。[6]

《民法典》第 227 条规定："动产物权设立和转让前，第三人占有该动产的，负有交付义务的人可以通过转让请求第三人返还原物的权利代替交付。"譬如甲将其所有的自行车租赁给乙使用后，将之出卖于丙，若甲先从乙处取回其所有的自行车后复将之交付给丙，乃不方便和适宜，故而甲可将其租赁给乙的自行车的返还请求权让与丙，由此代替现实交付。又如，买受甲的缝纫机的乙，应甲的要求，将该缝纫机出租于甲使用。之后，乙将之出卖于丙时，不现实交付该缝纫机于丙，而将对甲返还租赁物（即缝纫机）的请求权让与丙，以代替交付，也属之。[7]应指出的是，根据最高人民法院《关于适用〈中华人民共和国民法典〉物

1　参见吴光明：《新物权法论》，三民书局股份有限公司 2009 年版，第 172 页；郑玉波著，黄宗乐修订：《民法物权》（修订十五版），三民书局股份有限公司 2007 年版，第 52 页；陈华彬：《物权论》，中国政法大学出版社 2018 年版，第 137 页。

2　参见郑冠宇：《民法物权》（第八版），新学林出版股份有限公司 2018 年版，第 91 页。另外，《日本民法》第 184 条（依指示移转占有）规定："借由代理人占有的情形，本人对其代理人命令以后为第三人占有该物，该第三人承诺之时，该第三人取得占有权。"王融擎编译：《日本民法条文与判例》（上册），中国法制出版社 2018 年版，第 166 页。

3　参见郑冠宇：《民法物权》（第八版），新学林出版股份有限公司 2018 年版，第 93 页。

4　参见吴光明：《新物权法论》，三民书局股份有限公司 2009 年版，第 172 页。

5　参见蔡明诚："现实交付与返还请求权之让与"，载《本土法学》2001 年总第 18 期，第 165 页；郑冠宇：《民法物权》（第八版），新学林出版股份有限公司 2018 年版，第 93 页；［日］滝沢聿代：《物权法》，三省堂 2013 年版，第 119 页；［日］松井宏兴：《物权法》，成文堂 2017 年版，第 123 页。

6　参见郑冠宇：《民法物权》（第八版），新学林出版股份有限公司 2018 年版，第 93 页。

7　参见姚瑞光：《民法物权论》，吉锋彩色印刷股份有限公司 2011 年版，第 34 页。

权编的解释（一）》第 17 条第 2 款后半句的规定，当事人以让与返还请求权的方式交付动产的，转让人与受让人之间有关让与返还原物请求权的协议生效之时为动产交付之时。

值得提及的是，如前所述，让与返还请求权（规则）的功用在于解决当事人让与动产时作为标的物的动产仍在第三人占有中的问题。应指出的是，根据现今比较法法理或学理的通说，让与返还请求权时所让与的"对第三人的返还请求权"，既可指债权的返还请求权［譬如第三人基于债权债务关系（租赁、借用、寄托）而占有让与的动产（其法性质为债权让与[1]）］，也可指物权的返还请求权（譬如第三人无权占有让与的动产[2]）。[3]然对于不知晓的不特定第三人的返还请求权，则不涵括在内。譬如甲将其借与乙的动产让与丙，而该动产已被窃贼窃去，甲虽将其对该窃贼（不知其人）请求返还该动产的权利让与丙，但丙并不由此取得该动产的所有权。[4]还有，让与人未占有其动产，该动产也未在他人占有中（譬如沉没于海底的动产）的，让与人的所有权也无从行使，其虽有物权请求权，但并无可请求的对象。于此种场合，也并不发生让与返还请求权。[5]此外，对让与

1　此为德国的通说，参见郑冠宇：《民法物权》（第八版），新学林出版股份有限公司 2018 年版，第 93 页注释 12。

2　也就是说，第三人无权占有让与的动产时，让与人对其具有的所有物返还请求权也可作为让与的对象。概言之，让与对第三人的返还请求权，兼指债权的返还请求权与物权的返还请求权。债权的返还请求权，例如第三人基于租赁、借用、保管的债之关系而产生的返还请求权。参见吴光明：《新物权法论》，三民书局股份有限公司 2009 年版，第 173 页。

3　参见谢在全：《民法物权论》（上），新学林出版股份有限公司 2014 年版，第 97 页；王泽鉴：《民法物权》，2014 年自版，第 123 页以下；蔡明诚："现实交付与返还请求权之让与"，载《本土法学》2001 年总第 18 期，第 165—169 页。惟对此存在反对意见，认为通说的见解不可采。郑冠宇：《民法物权》（第八版），新学林出版股份有限公司 2018 年版，第 93—94 页。

4　参见姚瑞光：《民法物权论》，吉锋彩色印刷股份有限公司 2011 年版，第 34 页。另外，郑冠宇［《民法物权》（第八版），新学林出版股份有限公司 2018 年版，第 95 页］也持与姚瑞光相同见解。惟王泽鉴认为，于让与人既非间接占有人，也无其他可让与的返还请求权，而仅有所有物返还请求权的情形，所有权人也可让与其所有物返还请求权，由此代替现实交付。其原因有二：（1）所让与的返还请求权并不以对特定第三人为限。（2）所谓对第三人的返还请求权乃涵括所有物返还请求权。王泽鉴：《民法物权》，2014 年自版，第 123—124 页。谢在全［《民法物权论》（上），新学林出版股份有限公司 2014 年版，第 97 页］乃持与王泽鉴大抵相同的主张。

5　参见郑冠宇：《民法物权》（第八版），新学林出版股份有限公司 2018 年版，第 95 页。

返还请求权时应否将让与之事通知第三人，学理有肯定与否定两说。通说为肯定说，即认为让与的返还请求权，无论为债权的返还请求权抑或物权的返还请求权，让与人皆应将让与之事通知承担返还义务的第三人，否则所为让与对该第三人不发生效力。[1]

应当指出的是，让与人已将让与的动产出租于承租人并已为交付的，受让人即使经由让与返还请求权的方式取得该动产物权，承租人仍得对受让人主张所有权让与不破租赁，并继续占有该动产。[2] 于借用的情形，此时当事人双方所让与的为债权，而非物上请求权，以债权让与的方式代替交付，受让人既已因债权让与而受让该债权，则债务人（借用人）所得对抗让与人的事由，皆得以之对抗受让人。即使法律并无"所有权让与不破借用"的规定，借用人（债务人）仍可以其本于借用合同得对抗让与人的事由而对抗受让人，主张有权继续占有借用物 [3]。[4]

还需指出的是，以让与返还请求权的方式代替交付，该占有移转的发生应以让与人系占有人为前提或必要，故买受人与出卖人订立买卖合同后即将其对出卖人的交付标的物请求权让与第三人的，乃并不符合以让与返还请求权的方式实施占有移转的要件。[5] 之所以如此，盖因买受人尚未成为所有权人且并未占有该物，

1　参见吴光明：《新物权法论》，三民书局股份有限公司 2009 年版，第 173 页。惟我国台湾地区学者姚瑞光谓：让与返还请求权应否将让与之事通知第三人应视情形而异。若让与的为债权的返还请求权，应通知该第三人，否则对该第三人不生效力；若让与的为物权的返还请求权，可解释为无通知的必要。不过，为请求返还便利起见，通知也属无妨。姚瑞光：《民法物权论》，吉锋彩色印刷股份有限公司 2011 年版，第 34 页。

2　参见郑冠宇：《民法物权》（第八版），新学林出版股份有限公司 2018 年版，第 94 页。

3　参见《德国民法典》第 986 条第 2 项："动产依第 931 条（返还请求权之让与）规定，以返还请求权的让与代物的交付的，其占有人得以其对于该让与的请求权所得主张的抗辩，对抗所有权人。"应指出的是，惟有动产占有人得主张此抗辩权，并仅可对受让返还请求权之人主张，对第三人不得主张此权利。台湾大学法律学院、财团法人台大法学基金会：《德国民法（总则编、债编、物权编）》（上册，第 2 版），元照出版有限公司 2016 年版，第 914—915 页。另外，应提及的是，因《日本民法》对于此点并无与《德国民法典》第 986 条第 2 项相同的规定，故而乃存在争论。［日］松坂佐一：《民法提要：物权法》（第 4 版），有斐阁 1980 年版，第 93 页。

4　参见郑冠宇：《民法物权》（第八版），新学林出版股份有限公司 2018 年版，第 94 页。

5　参见郑冠宇：《民法物权》（第八版），新学林出版股份有限公司 2018 年版，第 94 页。

出卖人也并非为买受人占有其物，故出卖人与买受人间不存有所谓的返还关系，且此时也不发生第三人的善意信赖。[1]

还有必要提及以让与返还请求权的方式让与动产的物上负担。对此，我国《民法典》并无规定，惟比较法上存有规定。譬如《德国民法典》第 936 条第 3 项规定："于第 931 条（返还请求权之让与）的情形，权利属于第三占有人的，受让人即使为善意，其权利也不因而消灭。"[2]笔者认为，我国也应作与此相同的解释。之所以如此，盖因第三人此时仍占有该动产，受让人自应承担该物于他人占有之下可能存有物上负担的风险。[3]譬如，第三人于该动产上存有质权，其质权也不因此而消灭。同理，（动产）所有权人将留置物所有权让与第三人的，（原）留置权仍存在于第三人取得的动产上。[4]此外，于所有权保留买卖的情形，买受人已占有动产，出卖人复将该标的物以让与返还请求权的方式让与第三人的，该第三人即使为善意，其取得的标的物上仍存有买受人的期待权，买受人于清偿全部价款后得取得标的物的所有权。[5]

四、动产所有权让与中的交付的特殊形态考量

于现今比较立法成例与实务中，动产所有权让与除存在前述现实交付与观念交付外，尚有一些特殊的交付形态，兹逐一分述、考量如下。

第一，契据交付。此指动产所有权让与乃交付权利变动的契据。契据（deed）系指经动产让与人盖章或签名的文件，或指权利的证书抑或契约的文件。[6]为防止造假，法律通常规定契据必须符合一定的形式，故而其为一种要式文

1　参见郑冠宇：《民法物权》（第八版），新学林出版股份有限公司 2018 年版，第 94—95 页。

2　参见台湾大学法律学院、财团法人台大法学基金会：《德国民法（总则编、债编、物权编）》（上册，第 2 版），元照出版有限公司 2016 年版，第 887 页。

3　参见郑冠宇：《民法物权》（第八版），新学林出版股份有限公司 2018 年版，第 96 页。

4　参见王泽鉴：《民法学说与判例研究》（一），1975 年自版，第 227 页；郑冠宇：《民法物权》（第八版），新学林出版股份有限公司 2018 年版，第 96 页。

5　参见郑冠宇：《民法物权》（第八版），新学林出版股份有限公司 2018 年版，第 96 页。

6　参见谢哲胜：《民法物权》（增订四版），三民书局股份有限公司 2016 年版，第 102 页。

书。[1]于比较法实务上，国家机关对权利发给证书的，契据指的就是权利证书；然若国家机关未发给权利证书的，则契据乃指当事人依一定方式制作的文书。[2]

于比较法实务中，契据交付就是将物权变动的证书或文书交付，由此作为公示的方法。现今英美法系对于物权变动（尤其是不动产物权变动）原则上系采契据交付主义，只要依法定方式制作（不动产）物权移转的文书，并将此文书交付给受让人，受让人就取得物权。[3]具体而言，按照美国法，不动产权利的变动除了让与人和受让人需订立买卖契约，仅需作成契据交付给买受人，即发生（不动产）权利变动的效力。受让人虽也可将契据登记，但依多数州法及其实务，该登记并非（不动产）权利变动的生效要件，而仅为对抗要件，尽管具公示的机能，然并无公信力。依英国法，不动产权利的变动需有两项要件：契约与严格证书。所谓严格证书，其乃相当于美国法的契据。[4]值得提及的是，按照我国台湾地区的早期规定，房地契的交付也发生房地物权变动的效果，此实也采契据交付的规则。[5]

第二，以有价证券的交付代替动产（标的物）的（现实）交付。如前所述，从原则上而言，凡得为交易客体（对象）的动产，皆以交付为所有权变动的要件。若为无记名债券、无记名股票及其他无记名的有价证券，则亦与动产作相同的对待，也就是以交付为这些权利（证券）变动的要件。[6]至于特种有价证券，

1　参见谢哲胜：《民法物权》（增订四版），三民书局股份有限公司 2016 年版，第 102 页。

2　参见谢哲胜：《民法物权》（增订四版），三民书局股份有限公司 2016 年版，第 102 页。

3　参见谢哲胜：《民法物权》（增订四版），三民书局股份有限公司 2016 年版，第 102 页。

4　参见陈华彬：《物权法论》，中国政法大学出版社 2018 年版，第 113—114 页。

5　参见谢哲胜：《民法物权》（增订四版），三民书局股份有限公司 2016 年版，第 102 页。

6　也就是说，对于以有价证券表示的动产，证券的交付发生与证券所表示的动产的交付相同的效力，且为动产上的权利发生移转的生效要件。另外，在实务上，作为从物的动产与作为主物的不动产于法律上结为一体（即二者共命运）的情形，譬如就不动产设定抵押权或实施让与时，若主物（不动产）的物权变动进行登记，则复另外进行从物（动产）的交付即无必要。这是日本学理的主张，然日本判例对此乃存在肯定与否定的对立见解。参见《日本商法》第 575 条、第 604 条、第 627 条第 2 项及 776 条；[日] 松井宏兴：《物权法》，成文堂 2017 年版，第 121 页；[日] 松坂佐一：《民法提要：物权法》（第 4 版），有斐阁 1980 年版，第 90—91 页；[日] 铃木禄弥：《物权法讲义》（四订版），创文社 1994 年版，第 156 页；[日] 我妻荣著，有泉亨补订：《新订物权法》，岩波书店 1983 年版，1997 年第 18 刷发行，第 184 页；[日] 三和一博、平井一雄：《物权法要说》，青林书院 1989 年版，第 64 页；吴光明：《新物权法论》，三民书局股份有限公司 2009 年版，第 171 页。

譬如仓单、提单及载货证券，则依背书与交付而移转。[1]

在实务中，以提单的交付代替运送物品的交付，也就是说，出于物品所有权移转的目的而将提单交付于有受领物品权利的人，乃与交付物品有相同的效力。[2]若并非就物品所有权的移转而交付提单，系因其他原因交付的，也仅使受交付者取得请求交付物品的权利，并不当然取得物品的所有权。[3]概言之，提单的受交付者究竟取得何种权利，乃应依提单授受当事人之间的合同内容确定。若受托运人的委托对运送物为加工，受托人即使由托运人处取得提单，也仅取得向运送人提货的权利，而并不因此取得运送物的所有权。[4]与提单的法特性（性质）类似的有价证券（如载货证券），准用提单的做法；仓单可类推适用提单的规定。[5]至于有价证券系由证券集中保管企业（或机构）集中保管的，其买卖的交割（转让）通常皆以账簿划拨方式完成，无需再为实体的证券交付，此亦系动产物权变动的特殊方式。[6]

第三，机动车、船舶与航空器所有权移转。机动车、船舶与航空器虽系动产，惟法律上乃将之作为准不动产对待，《民法典》对其所有权的变动设有特别规定。具体而言，《民法典》第225条规定："船舶、航空器和机动车等的物权的设立、变更、转让和消灭，未经登记，不得对抗善意第三人。"此系采登记对抗主义，为《民法典》关于特殊动产所有权让与的特别规定。进言之，这些特殊动产（准不动产）的让与自应适用《民法典》该条的特别规定。

第四，以当事人双方的合意移转买卖标的物（动产）的占有。于现今比较立法成例上，《德国民法典》第854条第2项规定："现已管领物者，即因与原占有

1　参见吴光明：《新物权法论》，三民书局股份有限公司2009年版，第171页。

2　参见郑冠宇：《民法物权》（第八版），新学林出版股份有限公司2018年版，第96—97页。

3　参见郑冠宇：《民法物权》（第八版），新学林出版股份有限公司2018年版，第97页。

4　参见我国台湾地区1997年度台上字第1703号民事判决；郑冠宇：《民法物权》（第八版），新学林出版股份有限公司2018年版，第96—97页。

5　参见郑冠宇：《民法物权》（第八版），新学林出版股份有限公司2018年版，第97页。

6　参见林国全："股份转让之方法"，载《月旦法学》2000年总第66期，第183页；郑冠宇：《民法物权》（第八版），新学林出版股份有限公司2018年版，第97页。

人间的合意而取得其占有。"[1]《瑞士民法典》第 922 条第 2 项规定："占有的移转，在受领人依前占有人的意思，能够对物行使事实上管领力时完成。"[2] 根据德国、瑞士的此等规定，当事人双方可以合意方式移转买卖标的物（动产）的所有权。[3] 也就是说，当事人可以合意方式移转买卖标的物（动产）的占有，由此代替交付。譬如，当事人交付存放于森林中的木材，乃无需亲自前往森林实施当场交付，而仅需让与人将取得该木材的必要信息告知受让人，使其得以随时对木材予以支配管领，即可发生该木材所有权移转的效力。[4] 根据学理的解释，以当事人双方的合意移转买卖标的物（动产）的占有的要件涵括[5]：（1）需移转人占有动产；（2）需使受移转人得以单独行使对物（动产）的管领力，也就是说，无需移转人或其他人的其他许可行为，受移转人即可行使对物（动产）的管领力；（3）需当事人双方存在让与合意。

第五，连锁交易。现今实务中还存在买受人请求出卖人将买卖标的物（动产）交与向买受人购买的第三人的现象，此即连锁交易（Streckengeschäft）。[6] 根据学理与法理，此种情形买卖标的物（动产）所有权的移转乃不应解为由出卖人直接与第三人为所有权移转行为。[7] 之所以如此，盖因出卖人并不清楚买受人与第三人间存在何种关系，其间除有可能为买卖关系外，也有可能为借用、保管或租赁关系，出卖人在无买受人授权许可时，并不会任意移转所有权于陌生的第三人。[8] 并且，即使出卖人根据买受人的指令将买卖标的物（动产）交付于第三人，然出卖人与买受人间有所有权保留的约定的，亦较难解释为出卖人有意愿与第三

1　参见台湾大学法律学院、财团法人台大法学基金会：《德国民法（总则编、债编、物权编）》（上册，第 2 版），元照出版有限公司 2016 年版，第 835 页。

2　参见《瑞士民法典》，戴永盛译，中国政法大学出版社 2016 年版，第 314 页。

3　参见郑冠宇：《民法物权》（第八版），新学林出版股份有限公司 2018 年版，第 98 页。

4　参见郑冠宇：《民法物权》（第八版），新学林出版股份有限公司 2018 年版，第 98 页。

5　Baur/Stürner, Sachenrecht, 18. Aufl. 2009, §7 B Ⅱ, Rn. 19 ff. 参见郑冠宇：《民法物权》（第八版），新学林出版股份有限公司 2018 年版，第 98 页。

6　参见郑冠宇：《民法物权》（第八版），新学林出版股份有限公司 2018 年版，第 98 页。

7　参见郑冠宇：《民法物权》（第八版），新学林出版股份有限公司 2018 年版，第 98 页。

8　参见郑冠宇：《民法物权》（第八版），新学林出版股份有限公司 2018 年版，第 98 页。

人有物权移转的让与合意存在。[1]

在实务中，于甲将动产出卖于乙，乙复将之出卖于丙，甲根据乙的指令将动产交付于第三人丙时，应解为在甲、乙间及乙、丙间发生物权变动的效力。[2]具体而言，甲将动产交付于丙时，系受乙的指令（甲为被指令人，Geheissperson[3]），代表使乙取得对动产管领力的权限而完成对乙的交付（指令交付），同时于法律瞬间（"法学上瞬间时点"，juristische Sekunde[4]）在乙的指令下将动产交付于丙，由此完成乙对丙的交付，且于交付的同时也完成甲、乙间及乙、丙间的让与合意。[5]

第六，海上保险的委付。按照法理、学理与立法成例，被保险人于发生法定委付原因时，可将保险标的物的一切权利移转于保险人，由此请求支付该保险标的物的全部保险金额。[6]通常而言，委付经保险人的承诺或经判决为有效后，保险标的物的一切权利就移转于保险人。究其法特性，乃属于动产物权的法定移转[7]。[8]

五、与动产物权变动相关联的动产质权设立中的交付

这里还有必要提及与动产所有权让与等动产物权变动相关联的质权（尤其是动产质权）设立（成立、生效）中的交付。按照《民法典》第 429 条与物权法法理及学理，动产质权自出质人交付质押财产时设立。[9]也就是说，动产质权是移转

1 参见郑冠宇：《民法物权》（第八版），新学林出版股份有限公司 2018 年版，第 98—99 页；王泽鉴：《民法物权》，2014 年自版，第 120 页。
2 参见郑冠宇：《民法物权》（第八版），新学林出版股份有限公司 2018 年版，第 99 页。
3 参见王泽鉴：《民法物权》，2014 年自版，第 120、121 页。
4 参见王泽鉴：《民法物权》，2014 年自版，第 121 页。
5 参见王泽鉴：《民法物权》，2014 年自版，第 120—121 页；郑冠宇：《民法物权》（第八版），新学林出版股份有限公司 2018 年版，第 99 页。
6 参见郑冠宇：《民法物权》（第八版），新学林出版股份有限公司 2013 年版，第 97 页。
7 参见我国台湾地区 1985 年度台上字第 1877 号民事判决。
8 参见郑冠宇：《民法物权》（第八版），新学林出版股份有限公司 2018 年版，第 97 页。
9 参见梁慧星、陈华彬：《物权法》（第七版），法律出版社 2020 年版，第 361—362 页。

（交付）质押财产的占有的担保物权。此点对质权而言尤为关键。[1]进言之，作为动产的质押物的占有的移转——交付，乃是动产质权设立、成立、生效抑或存续的要件。若当事人仅有设立动产质权的合同而未具体实施动产质押物的占有的移转，则该动产质权并不设立、成立或生效。由此可见，交付是使债权人取得动产质权的不可或缺的要件。也就是说，交付乃系引起动产质权的创设取得的生效要件。[2]而之所以如此，盖因动产质权乃为占有担保物权，系以留置效力确保其担保功能，质权人自应占有动产质押物。[3]惟应注意的是，动产质权的设立、成立、生效乃至存续，仅交付（移转）动产质押物的占有即可，而并不移转动产质押物的所有权。譬如押金或保证金，系以金钱作为债权的担保，于金钱交付于债权人时，该金钱的所有权也一并移转于债权人，而此已并非动产质权，而系动产所有权让与担保。[4]

另外，《民法典》第441条第1句规定，"以汇票、本票、支票、债券、存款单、仓单、提单出质的，质权自权利凭证交付质权人时设立"。据此可以明了，以可转让的财产权设立质押的，若存在权利凭证，则出质人也需将权利凭证交付给债权人（质权人）。此种情形，交付也系该权利质权设立、成立以及生效的要件。[5]

1　参见梁慧星、陈华彬：《物权法》（第七版），法律出版社2020年版，第362页。

2　按照物权法法理与学理，物权的取得包括原始取得与继受取得，其中后者又可分为移转的继受取得与创设的继受取得。移转的继受取得，系指就他人的物权依其原状而取得，比如基于买卖、赠与或互易而受让某自行车的所有权即属之。创设的继受取得，则系指于他人所有的标的物上通过设立用益物权或担保物权而取得定限物权。此种创设的继受取得，仅可适用于设立所有权以外的定限物权（含用益物权与担保物权）。这里所论的债权人取得动产质权或权利质权，即属于创设的继受取得。参见陈华彬：《物权法论》，中国政法大学出版社2018年版，第112页；谢在全：《民法物权论》（上，修订七版），新学林出版股份有限公司2020年版，第48页以下。

3　参见谢在全：《民法物权论》（下，修订七版），新学林出版股份有限公司2020年版，第443页。

4　参见谢在全：《民法物权论》（下，修订七版），新学林出版股份有限公司2020年版，第443—444页。

5　参见梁慧星、陈华彬：《物权法》（第七版），法律出版社2020年版，第362页。

六、结语

动产所有权让与中的交付（占有的移转）是一项起源于罗马法，之后经中世纪民法（"寺院法""教会法"）的承袭，于近代得以形成，并最终经受现当代民法的发展、检视而确定下来的规则或制度。我国《民法典》物权编第一分编"通则"的第二章第二节"动产交付"（第 224—228 条）尽管对之作有基本的规定，但较为简略、初步、原则，为使其在实务中得以妥当、顺畅运用，乃有必要对现实交付、观念交付及其他诸特殊形态或类型予以厘清、厘定，由此建构起我国民法（学）对此问题或规则的缜密、谨严的解释学理、法理乃至实务的操作指引。

进言之，笔者认为，我国《民法典》物权编"动产交付"中的现实交付、观念交付及其他诸特殊形态的交付的涵义应依前文所述予以确定，各种交付形态或类型的构成、内容及适用应根据前文的分析而得以释明。期冀透过如此的工作和努力使我国《民法典》动产所有权让与中的交付规则或制度能够积极、妥恰地裨益于我国的社会生活与经济实践。

邻地通行权[*]

一、引言

土地为一个国家与社会重要的自然资源，其数量恒定，区位固定不移。在社会生产与生活中，有时若不利用邻人土地，则无法利用或发挥自己土地的经济效用。这其中，利用相邻地最常见的情形便是于邻人的土地上通行。惟按民法尤其是物权法法理、学理与立法规定，于邻人土地上通行乃需有正当性基础——通行权依据，否则相邻土地权利人可立基于物权请求权中的对物权标的物（相邻土地）的妨害排除请求权而诉请排除（妨害），也就是除去对自己的土地的侵害。[1]

根据民法尤其是物权法法理、学理与立法规定，对邻人土地享有通行权的途径或渠道乃有四种[2]：一是基于租赁、使用借贷（借用）的民事法律行为取得对邻人土地的通行的权利。二是依民事法律行为而于相邻人的土地上设定邻地通行权，由此乃于邻人土地上通行。三是于民法（典）定有取得时效的国家或地区法中，透过或根据取得时效的规定而取得于邻人土地上通行的权利。也就是说，基于民事法律行为以外的事实，可因时效而取得对邻地的通行权。惟因时效取得的

---

[*] 本文曾发表于《法学杂志》2022 年第 1 期，今收入本书系采用该论文的原始版本，也就是未经发表该文（章）的《法学杂志》编辑部（以及其责任编辑）修改、进行技术处理和编辑过的文稿。然此二者的基本或主要内容乃系一致、相同。为阅读方便计，对正文的个别内容作了标题提示。

[1] 参见温丰文：《民法物权案例研究》，新学林出版股份有限公司 2017 年版，第 75 页。

[2] 参见温丰文：《民法物权案例研究》，新学林出版股份有限公司 2017 年版，第 75 页。

此种不动产役权（邻地通行权、通行地役权），应以继续并表现者为必要或前提。只继续而非表现或只表现而非继续的不动产役权（邻地通行权、通行地役权），皆不能因时效而取得。[1]四是基于民法（典）的规定取得对邻人土地的通行权。《民法典》第 291 条规定："不动产权利人对相邻权利人因通行等必须利用其土地的，应当提供必要的便利。"这也就是基于法律——《民法典》——的规定而产生的邻地通行权。本文着重研议第四种情形的邻地通行权，也就是着重讨论基于《民法典》第 291 条的规定产生的、实际上属于不动产相邻关系范域的不动产（土地）相邻人之间的邻地通行权。至于相邻土地权利人之间的其他情形的邻地通行权，乃拟另设专文予以研析。

二、邻地通行权的名称、涵义厘定、法特性、比较法观察及于不动产相邻关系（法）系统（或体系）中的地位

根据民法尤其是物权法法理与学理，邻地通行权又称必要通行权、围绕地通行权（Notwegrecht [2]）、袋地通行权、邻地（围绕地）通行权 [3]、必要通路权、相邻必要通行权 [4]、法定通行权 [5]、袋地所有人的通行权 [6]抑或周围土地通行权 [7]，系指土地权利人在与公路无正常（适宜）的联络，导致不能为通常（正常）的使用时，[8]对相邻土地的权利人可请求得容忍自己于相邻（土）地的必要范围内通行。[9]

应值注意的是，上述邻地通行权因系基于法律——《民法典》——的规定而

1　参见陈华彬：《物权法论》，中国政法大学出版社 2018 年版，第 500 页。

2　参见［日］山田晟：《德国法律用语辞典》（第 3 版），大学书林 1994 年版，第 454 页。

3　参见［日］松井宏兴：《物权法》，成文堂 2017 年版，第 159 页。

4　参见陈华彬：《物权法论》，中国政法大学出版社 2018 年版，第 384 页。

5　参见温丰文：《民法物权案例研究》，新学林出版股份有限公司 2017 年版，第 75—76 页。

6　参见陈聪富主编：《月旦小六法》，元照出版有限公司 2014 年版，第（叁）—89 页。

7　参见《韩国民法典 朝鲜民法》，金玉珍译，北京大学出版社 2009 年版，第 35 页。

8　参见谢在全：《民法物权论》（上，修订七版），新学林出版股份有限公司 2020 年版，第 216 页。

9　参见［日］山田晟：《德国法律用语辞典》（第 3 版），大学书林 1994 年版，第 454 页。

发生，乃与根据租赁、使用借贷（借用）或地役权（不动产役权）设定合同而产生的约定通行权存在差异，故学理又多称之为法定通行权。惟虑及《民法典》于第二编"物权"的第二分编"所有权"的第七章"相邻关系"中厘定（规定）该不动产（土地）相邻人之间的邻地通行权，故本文径称之为邻地通行权。

邻地通行权既然为不动产相邻关系法中的权利，其法特性也就与一般（普通）不动产相邻关系相同，就被围绕地（袋地、准袋地等）权利人而言，系为自己土地权利行使的扩张，就周围地（围绕地、邻地）权利人而言，则为对自己土地权利行使的限制。[1]进言之，此邻地通行权系以邻地权利人的忍受通行义务为内容，并以之为行使（或享有）邻地通行权一方的相邻土地权利人的土地权利内容的一部分。[2]土地权利人通行邻地系为其对自己土地权利（尤其是对自己土地所有权）的行使，故而该邻地通行权被妨害的，也就是土地权利（尤其是土地所有权）的行使被妨害，享有或行使邻地通行权的相邻土地权利人（尤其是相邻土地所有权人）得依物权请求权中的妨害排除请求权的法理与规定请求除去妨害。[3]

应值提及的是，立基于不动产相邻关系法的规定而产生的邻地通行权远在罗马法时代即已存在。具体而言，按照罗马法，尽管"一个人可以在不犯他人的情况下对自己的物为所欲为"（in suo hactenus facere licet quatenus nihil quis in alienum immittat），但于相邻关系中，所有权人（所有主）不仅应当容忍相邻者行使邻地通行权，还应特别注意自己权利的行使勿构成对相邻者权利的妨害或影响。[4]及至近代，1896年《德国民法典》对邻地通行权（围绕地通行权）做出厘定，其第917条［必要通行（权）］规定："土地因与公路缺乏必要的联络，致不能为通

1　参见史尚宽著，张双根校勘：《物权法论》，中国政法大学出版社2000年版，第102页；李肇伟：《民法物权》，1979年自刊，第141—142页；温丰文：《民法物权案例研究》，新学林出版股份有限公司2017年版，第76页。

2　对此，根据日本法及其学理，邻地通行权乃为袋地所有权本身固有的内容，围绕地当然负有应忍受其通行的负担。参见［日］松井宏兴：《物权法》，成文堂2017年版，第159页。

3　参见［日］远腾浩、松本治雄编：《与近邻近所相关的法》，有斐阁1974年版，第61页（牛山積执笔）；温丰文：《民法物权案例研究》，新学林出版股份有限公司2017年版，第76页。

4　参见黄风：《罗马私法导论》，中国政法大学出版社2003年版，第204页。

常的使用的，土地所有人于该缺点未排除前，得请求邻地所有人容忍其利用土地，以建立必要的联络。必要通行的方向及通行使用者（被围绕地通行路的方向与利用权——笔者注）的范围，于必要时，得以判决确定之。对于必要通行所经过的邻地的所有人，应以金钱地租补偿其损失。于此情形，准用第 912 条第 2 项第 2 段、第 913 条、第 914 条及第 916 条的规定。"[1] 应值注意的是，此条文中的"必要通行"（被围绕地通行路，Notweg）与（被围绕地）"必要通行的方向"系重要概念。[2] 邻地权利人容忍相邻土地权利人的必要通行，系由于土地的法定限制，故此土地移转时，土地权利人（如土地所有权人）并不负担权利瑕疵担保责任（《德国民法典》第 434 条）。[3] 另外，所谓金钱地租补偿，也就是租金补偿请求权，其于土地权利人（如土地所有人）应容忍通行的状态存在时即发生，而无需待至开设通行道路时才发生。至于补偿的金额（数额），则自通行容忍义务发生时起算。[4]

　　1898 年施行的《日本民法》第 210 条规定："土地被他人土地包围而不能通往公路，其所有权人为到达公路，得通行包围其土地的他人土地。若不通过池沼、河川、水渠或海洋，便不能到达公路时，或因悬崖而致土地与公路间存在显著落差时，亦与前款同。"[5] 第 211 条规定："前条的情形，通行场所及方法，应选择享有同条规定的通行权者所必要，且对他人土地损害最少者。享有前条规定的通行权之人，必要时得开辟道路。"[6] 第 212 条规定："享有第 210 条规定的通行权之人，应对通行他人土地的损害支付赔偿金。但除对因开辟道路所生的损害者

　　1　参见台湾大学法律学院、财团法人台大法学基金会：《德国民法（总则编、债编、物权编）》（上册，第 2 版），元照出版有限公司 2016 年版，第 873 页；[日] 山田晟：《德国法律用语辞典》（第 3 版），大学书林 1994 年版，第 454 页。

　　2　参见 [日] 山田晟：《德国法律用语辞典》（第 3 版），大学书林 1994 年版，第 454 页。

　　3　参见台湾大学法律学院、财团法人台大法学基金会：《德国民法（总则编、债编、物权编）》（上册，第 2 版），元照出版有限公司 2016 年版，第 873 页。

　　4　参见台湾大学法律学院、财团法人台大法学基金会：《德国民法（总则编、债编、物权编）》（上册，第 2 版），元照出版有限公司 2016 年版，第 873 页。

　　5　参见王融擎编译：《日本民法条文与判例》（上册），中国法制出版社 2013 年版，第 184 页。

　　6　参见王融擎编译：《日本民法条文与判例》（上册），中国法制出版社 2013 年版，第 184 页。

外，得每年支付其赔偿金。"[1] 第 213 条规定："因分割而产生不能通往公路的土地时，该土地的所有权人，为到达公路，仅得通行其他分割人的土地。于此情形，无需支付赔偿金。土地所有权人让与其部分土地的情形，准用前款的规定。"[2] 由此等规定可以明了，《日本民法》乃对基于不动产相邻关系而产生的邻地通行权做了细腻、翔实的规定，由此表明并彰显立法者对此问题所抱持的重视与积极关注的价值取向。

1907 年《瑞士民法典》第 694、695 条对相邻土地权利人之间的必要的通路权（邻地利用权）与其他通路权作有规定。其中，第 694 条对前者规定如下："土地所有人，如其土地无适宜的道路与公路相连通，得请求邻地所有人给予必要的通路。前款请求，应先向按所有权现状或通路现状最有可能提供必要道路的邻地所有人，后向因提供道路所受损害最少的邻地所有人提出。道路的确定，应兼顾双方的利益。"[3] 第 695 条对后者即"其他通路权"的规定则是："关于土地所有人为经营土地、修缮和营造建筑物，或者为土地耕作、牲畜饮水、木材搬运、旅游而在邻人土地上的通路权，以及关于冬季土地通行、休耕土地通行的通路权，由各州规定之。"[4] 于此二条文后，《瑞士民法典》尚于第 696 条明定："通路权，由法律所直接设定者，无须登记。但前款通路权，有永久性者，应附注于土地登记簿。"[5] 此即明确通路权于土地登记簿中的附注（记载）的效力。

现行《法国民法典》因在观念上系将不动产相邻关系作"役权与地役权"处理和对待，也就是说，因该民法典并未界分不动产相邻关系与役权乃至地役权，其对相邻土地权利人之间的邻地通行权的厘定（规定）乃系见于该法典第二卷"财产以及所有权的各种变更"第四编"役权与地役权"第二章第五节"通行权"中。其中，第 682 条（1967 年 12 月 30 日第 67—1253 号法律）规定："地产

1　参见王融擎编译：《日本民法条文与判例》（上册），中国法制出版社 2018 年版，第 185 页。
2　参见王融擎编译：《日本民法条文与判例》（上册），中国法制出版社 2018 年版，第 185 页。
3　参见《瑞士民法典》，戴永盛译，中国政法大学出版社 2016 年版，第 243 页。
4　参见《瑞士民法典》，戴永盛译，中国政法大学出版社 2016 年版，第 243 页。
5　参见《瑞士民法典》，戴永盛译，中国政法大学出版社 2016 年版，第 243 页。

被其他地产包围，对公共道路无任何通道或无足够通道时，该地产的所有权人，为农业、工业或商业生产经营活动，或者为进行建筑或小块土地建筑时，有权要求对相邻人的土地享有充分的通行权，以确保通达其本人的土地，但是，应当对由此造成的损害按比例给予补偿。"[1]第 683 条（1881 年 8 月 20 日法律）规定："通道的位置应取被包围的土地至公共道路距离最近的一侧。但是，通道还应取对其经过的土地造成损害最小的位置。"[2]第 684 条（1881 年 8 月 20 日法律）规定："如因为买卖、交换、分割或其他任何契约，引起土地分块，从而造成土地无出入通道时，仅能对作为此种契约的标的物的土地请求通行权。但是，如仅于分割成小块的土地上开设通道尚不足够时，适用第 682 条的规定。"[3]

《韩国民法典》制定于 1958 年，迄今已有数次修订。根据其 2007 年 12 月 21 日法律第 8720 号的文本，相邻土地权利人之间的邻地通行权（周围土地通行权）规定于该法典第 219、220 条。第 219 条规定："在某土地与公路之间无发挥土地用途所必要的通路，如该土地所有人非通过周围土地作为通路，则不能出入公路或需过巨费用时，得通行其周围土地，必要时可开设通路。但应选择使其损失最小的场所与方法。"[4]第 220 条规定："因分割产生不能通向公路的土地时，该土地所有人为出入公路，可通行其他分割人的土地。于此情形，不负补偿义务。前款规定，准用土地所有人转让其土地的一部分的情形。"[5]于此应值指出的是，《韩国民法典》尽管受到《日本民法》的较深影响，然对于相邻土地权利人之间的邻地通行权的厘定相较于前述《日本民法》的规定而言，实乃较为简易。这或许正反映了《韩国民法典》对此问题更多地考量了自己国家、社会与人民的实际需要与具体情况。

我国台湾地区"民法"继受德国（民）法，故而其对相邻土地权利人之间的

1　参见《法国民法典》，罗结珍译，中国法制出版社 1999 年版，第 195—196 页。
2　参见《法国民法典》，罗结珍译，中国法制出版社 1999 年版，第 196 页。
3　参见《法国民法典》，罗结珍译，中国法制出版社 1999 年版，第 196 页。
4　参见《韩国民法典 朝鲜民法》，金玉珍译，北京大学出版社 2009 年版，第 35 页。
5　参见《韩国民法典 朝鲜民法》，金玉珍译，北京大学出版社 2009 年版，第 35 页。

邻地通行权做了较为完备的厘定（规定）。其所做厘定（规定）乃见于该"民法"第787条："土地因与公路无适宜之联络，致不能为通常使用时，除因土地所有人之任意行为所生者外，土地所有人得通行周围地以至公路。前项情形，有通行权人应于通行必要之范围内，择其周围地损害最少之处所及方法为之；对于通行地因此所受之损害，并应支付偿金。第七七九条第四项规定，于前项情形准用之。"[1] 应值指出的是，该条实为2009年我国台湾地区完成其"民法"物权编的修订时所厘定。由是，2009年1月23日的"修正理由"对该条（修订后的新规定）做有如下释明："按邻地通行权系为调和相邻地关系所定，此项通行权乃就土地与公路无适宜之联络而设。若该土地本与公路有适宜之联络，可为通常使用，竟因土地所有人之任意行为而阻断，则其土地与公路无适宜之联络，致不能为通常使用者，应由土地所有人自己承受，自不能适用第一项有关必要通行权之规定，爰仿德国民法第918条第1项，增订第一项除外规定，原但书规定移列于第二项并酌作文字修正。至于所谓任意行为（德文willkurliche Hand-lung），系指于土地通常使用情形下，因土地所有人自行排除或阻断土地对公路之适宜联络而言。列如自行拆除桥梁或建筑围墙致使土地不能对外为适宜联络即是。惟土地之通常使用，系因法律之变更或其他客观情事变更，致土地所有人须改变其通行者，则不属之。"[2]

英美法系也有与大陆法系国家或地区类似的相邻土地权利人之间的邻地通行权概念或实务规则。根据英美法系的相关规定，邻地通行权或相邻土地之间的必要通行权被称为right of way，而该概念或术语此外还有通行地役权（easement of access）、铺设权、线路用地、道路用地以及优先通行权等意涵。[3] 对于邻地通行权或必要通行权的意涵，其是指基于某种法律上的事由，而于私人、团体（集团）、公众的土地上通行的权利，或系通行公众的公道或公水路的权利。[4]

1　参见陈聪富主编：《月旦小六法》，元照出版有限公司2014年版，第（叁）—89页。
2　参见陈聪富主编：《月旦小六法》，元照出版有限公司2014年版，第（叁）—89页。
3　参见［日］田中英夫等编集：《英美法辞典》，东京大学出版会1991年版，第737页。
4　参见［日］田中英夫等编集：《英美法辞典》，东京大学出版会1991年版，第737页。

以上大陆法系与英美法系对邻地通行权的规制乃至解决状况，应可反映现当代各国家和地区邻地通行权的概貌或梗概，此点对于自更广阔的视角来释明我国《民法典》中的该同一制度与规则乃具启示性。于以下篇幅，尚有必要对邻地通行权于不动产相邻关系（法）系统（或体系）中的体例编排与法地位予以扼要考量与分析。

对相邻土地的利用予以调节的邻地通行权，其乃于不动产相邻关系（法）系统（或体系）中居于重要地位。由是，罗马法以来的近现代与当代各国家和地区民法针对邻地通行权于不动产相邻关系（法）中的体例编排或立法规定，无不将之置于突出或凸显的地位。对此，实可由前文对邻地通行权的考察中予以窥见或明了。不动产相邻关系（法）系统（或体系）中的邻地通行权之所以重要且具突出地位，乃是因为罗马法以来的不动产相邻关系，尤其是前当代的不动产相邻关系，乃主要是田挨田、土挨土之间的相邻土地的利用、通行关系。[1]概言之，自罗马法以降迄于现今的不动产相邻关系法，无不以围绕相邻不动产（如土地）之间的利用、通行为主要或重点规范对象（或内容）而展开或衍生出来。

三、邻地通行权的诸主体的确定

如所周知，自近代民法以降，各国家和地区民法通常将不动产相邻关系（法）置于所有权规则部分或其之后予以规定。之所以如此，乃系认为，不动产相邻关系（法）实系作为对所有权的限制而存在。换言之，不动产相邻关系乃主要是不动产所有权人之间的相邻关系，[2]故而不动产相邻关系规则乃主要适用于不动产（相邻）所有权人之间。[3]然随着不动产之由"所有"到"利用"的转换，以及各国家和地区社会模式与生产、生活方式的变迁，不动产物权性利用权与债

---

[1] 参见陈华彬：《物权法论》，中国政法大学出版社 2018 年版，第 380 页以下。

[2] 也就是说，民法对于相邻关系的规定是以规律不动产所有权人间的相互关系而呈现。易言之，系采取规律不动产（尤其土地）所有权人间的相互关系这一形式。参见［日］铃木禄弥：《物权法讲义》（四订版），创文社 1994 年版，第 9 页。

[3] 参见陈华彬：《物权法原理》，国家行政学院出版社 1998 年版，第 357 页。

权性利用权是否也应适用或准用不动产相邻关系规则遂成疑问。对此，较早时期的判例、学说多采否定主张，少数判例虽认为可"准用"不动产相邻关系（法）的规定，但也主张不得适用。[1]详言之，自 20 世纪以来，尤其是二战结束以降，伴随物尽其用的社会思潮的勃兴，表现土地归属关系的法所有权关系由以"所有"为中心进到以"利用"为中心，土地大量流入可以使其得到最大限度的增值的利用人之手。也就是说，土地已非如往昔全由（土地）所有权人独占地使用、收益，而是变迁为土地所有权人将土地交由他人占有、使用、收益，而自己仅收取其对价。由是，不仅相邻的土地所有权人之间发生相邻关系，相邻的土地利用权人之间，以及土地利用权人与土地所有权人之间也存在相邻关系。在此种背景下，判例、学说乃转变态度，即认为各国家和地区当初虽以土地所有权为原形而设计相邻关系制度及其规则，然因土地所有与利用的理念与做法现今已然发生变化，故法律设立相邻关系制度及其规则的旨趣也应追随此变化而作相应的调整。对此，一言以蔽之即是：不独相邻土地所有权人之间，而且相邻物权性与债权性土地利用权人之间，以及他们与土地所有权人之间，皆应有相邻关系制度及其规则的适用或准用。[2]

具体而言，按照《民法典》第二编"物权编"第二分编"所有权"与第三分编"用益物权"的规定，相邻的土地所有权人间自得适用不动产相邻关系规则，且建设用地使用权人间、土地承包经营权人间、地役权人间、宅基地使用权人间，以及各该不动产权人相互间及其与土地所有权人间，也得"准用"或适用不动产相邻关系规则。另外，对土地承租人、使用借贷人（借用人）此二类债权特性的利用权人亦复如是。[3]之所以如此，盖因民法不动产相邻关系的规定，其旨趣在于调节不动产的利用关系，尽管基于租赁、使用借贷（借用）而取得的利用权系属债权特性的利用权，其本旨乃与基于建设用地使用权、土地承包经营权、

1　参见陈华彬：《物权法原理》，国家行政学院出版社 1998 年版，第 357 页。

2　参见 [日] 铃木禄弥：《物权法讲义》（四订版），创文社 1994 年版，第 9 页；陈华彬：《物权法原理》，国家行政学院出版社 1998 年版，第 358 页。

3　参见温丰文：《民法物权案例研究》，新学林出版股份有限公司 2017 年版，第 77—78 页。

地役权、宅基地使用权的物权特性的利用权不同，然它们皆为对土地的利用权，并无差异。故此，若不相同地赋予邻地通行权，乃实难确保对被围绕地的通常（或正常）的利用。[1]

这里值得研议的是土地（被围绕地）的无权占有人是否也可主张邻地通行权。对此，日本学者乃也有持肯定意见者。[2]笔者认为，无疑应以采肯定意见为妥。之所以如是的因由乃正如我国台湾地区学者温丰文谓[3]：为保护无权占有人的生活与经济活动，似不应牺牲周围地权利人的利益，但立基于如下三点考量，乃应以认可土地（被围绕地）的无权占有人也得行使邻地通行权为妥（当），即（1）否定无权占有人的邻地通行权，就周围地权利人而言，其因此所受利益只不过是有权占有人因不利用土地所受的利益而已，此利益，根据利益衡量原则，应无特予保护的必要。（2）占有人对妨害其占有的第三人，得依占有人的物上请求权的规定，请求除去妨害。占有人的物上请求权，乃系不问占有人是否具合法权源而专就占有的事实认可其价值，并予以保护。故此，即使系无权占有人，伴随被围绕地的利用而产生的邻地通行权受到妨害时，也可依占有人的物上请求权而

1　参见温丰文：《民法物权案例研究》，新学林出版股份有限公司 2017 年版，第 77—78 页。应值提及的是，我国台湾地区于其 2009 年"民法"物权编第二阶段修订时，增订第 800 条之 1，明定不动产相邻关系对承租人及其他土地、建筑物、其他工作物的利用权人得予准用。也就是说，其"民法"第 787 条所规定的邻地通行权，于承租人、使用借贷人（借用人）等土地利用权人，也应准用。然在此之前，其"民法"第 787 条所定的通行权应否类推适用于承租人、使用借贷人（借用人）等土地利用权人则有争议。对此，我国台湾地区多数学者自调和不动产利用关系，以促进土地通常使用的视角而采肯定见解。至于实务上的见解，其原本乃系分歧。惟我国台湾地区"最高法院"1990 年第二次民事庭会议也采肯定意见，并做成大意如下的决议：（我国台湾地区）"民法"创设邻地通行权，原为发挥袋地的利用价值，使地尽其力，增进社会经济的公益目的，故此，袋地无论由所有权或其他利用权人使用，周围地的所有权人及其他利用权人皆有容忍其通行的义务。邻地通行权准用于地上权人、永佃权人或典权人间，以及各该不动产权人与土地所有权人间，乃不外本此"立法"意旨而所为一部分例示性质的规定，其并非表示于所有权以外其他土地利用权人间即无相互通行邻地的必要而有意不予规定。从而，邻地通行权除"法律"已明定适用或准用的情形外，于其他土地利用权人相互间［含承租人、使用借贷人（借用人）在内］，也应援用"相类似案件，应为相同处理"的法理，作为补充解释，类推适用，以求贯彻。温丰文：《民法物权案例研究》，新学林出版股份有限公司 2017 年版，第 77 页。

2　参见温丰文：《民法物权案例研究》，新学林出版股份有限公司 2017 年版，第 78 页及该页注释 8。

3　参见温丰文：《民法物权案例研究》，新学林出版股份有限公司 2017 年版，第 78—79 页。

予排除，主张通行权。[1]（3）否定无权占有人的邻地通行权，乃意味着对被围绕地占有制度的否定，而此乃与民法（尤其是物权法）体系或系统并不契合[2]。[3]

综合以上考量，归纳言之，笔者认为，对于邻地通行权的主体，其只要是土地的现实利用人，即得充之。土地所有权人及基于建设用地使用权、土地承包经营权、地役权、宅基地使用权的物权特性的土地利用权人，自得适用或准用；基于租赁、使用借贷（借用）的债权特性的土地利用权人，也得准用。最后，土地（被围绕地）的无权占有人也宜解为得为邻地通行权的主体，即其可通行周围地（围绕地）以至公路（或通路）。[4]

四、邻地通行权的构成要件与法律效果

（一）邻地通行权的构成要件

邻地通行权的成立，需符合或满足构成要件。具体而言，其构成要件有如下四个方面[5]。

1. 需土地与公路（或通路）无适宜的联络。对此，比较法上又有相对主义与绝对主义之分别。德国、瑞士立法系采前者，日本立法则采后者。《德国民法典》第 917 条第 1 项规定："土地因与公路缺乏必要的联络，致不能为通常的使用的，土地所有人于该缺点未排除前，得请求邻地所有人容忍其利用土地，以建立必要的联络。必要通行的方向及通行使用者的范围，于必要时，得以判决定之。"[6]《瑞士民法典》第 694 条第 1、2 项规定："土地所有人，如其土地无适宜的道路

1　参见刘得宽：《民法诸问题与新展望》（第二版），五南图书出版有限公司 1995 年版，第 529 页。

2　参见［日］铃木禄弥、筱塚昭次编：《不动产法》，有斐阁 1973 年版，第 44 页（泽井裕执笔）。

3　参见温丰文：《民法物权案例研究》，新学林出版股份有限公司 2017 年版，第 78—79 页。

4　参见温丰文：《民法物权案例研究》，新学林出版股份有限公司 2017 年版，第 79 页。

5　参见温丰文：《民法物权案例研究》，新学林出版股份有限公司 2017 年版，第 79—83 页。

6　台湾大学法律学院、财团法人台大法学基金会：《德国民法（总则编、债编、物权编）》（上册，第 2 版），元照出版有限公司 2016 年版，第 873 页。

与公路相连通，得请求邻地所有人给予必要的通路。前款请求，应先向按所有权现状或通路现状最有可能提供必要通路的邻地所有人，后向因提供通路所受损害最少的邻地所有人提出。"[1] 我国台湾地区"民法"第 787 条第 1 项中所定"土地与公路无适宜之联络"，也系采德国、瑞士民法此相对主义。[2]《日本民法》所定的绝对主义乃见于第 210 条："土地被他人土地包围而不能通往公路，其所有权人为到达公路，得通行包围其土地的他人土地。若不通过池沼、河川、水渠或海洋，便不能到达公路时，或因悬崖而致土地与公路间存在显著落差时，亦与前款同。"[3]

上述两种主张，笔者认为，乃当以德国、瑞士的相对主义更为妥恰，从而可为我国借鉴、取法。按照此相对主义，土地与公路（或通路）无适宜的联络，并不以绝对不通公路（或通路）为限。尽管并非绝对不通公路（或通路），但因其通行困难以致不能为通常（正常）的使用的，也应允许被围绕地权利人通行周围地以至公路（或通路）。学说称绝对不通公路（或通路）的土地为袋地，通行困难的土地为准袋地。又所谓通行困难，如需攀登绝崖峭壁或横渡险滩激流方通公路（或通路）即属之。此种状态的形成，究竟系出于人力所为，抑或乃系自然因素，为一时的现象抑或为继续的状态，皆非所问。[4]

进言之，根据相对主义，土地处于袋地或准袋地时，（袋地或准袋地权利人）固然得行使邻地通行权，然即使并非处于袋地或准袋地，若其土地与公路无适宜的联络，致不能为通常（正常）的使用，被围绕地权利人也得行使邻地通行权。[5]另外，土地与公路无适宜的联络中的"公路"，也指通路，即公众通行的通路或道路，且其并不仅指公有道路，私有道路只要供公众自由通行的，也涵括在内。公路（或通路）也不仅指地籍图或土地登记簿中所记载的"道"地目，事实上只

1　参见《瑞士民法典》，戴永盛译，中国政法大学出版社 2016 年版，第 243 页。

2　参见温丰文：《民法物权案例研究》，新学林出版股份有限公司 2017 年版，第 79 页。

3　参见王融擎编译：《日本民法条文与判例》（上册），中国法制出版社 2018 年版，第 184 页；[日]山野目章夫：《物权法》（第 5 版），日本评论社 2012 年版，第 148 页。

4　参见温丰文：《民法物权案例研究》，新学林出版股份有限公司 2017 年版，第 79 页。

5　参见李肇伟：《民法物权》，1979 年自版，第 142 页；温丰文：《民法物权案例研究》，新学林出版股份有限公司 2017 年版，第 79—80 页。

要供作道路使用，其即使并非"道"地目，乃也属之。[1]

值得提及的是，对于"需土地与公路（或通路）无适宜的联络"，有学说自《民法典》第291条的规定出发，解释为"需不动产与公共交通网络无适宜的联络"，而"无适宜的联络"则涵括两种情形：袋地与准袋地。至于历史形成的通道、桥梁、渡口、道路、堤坝，任何人不得堵塞、设置障碍，妨碍他人正常通行，故此时无需"无适宜的联络"的要件。[2]

2. 需为土地通常的使用所必要。也就是说，只有在为被围绕地的通常（正常或一般）的使用所必要的情形下，被围绕地权利人方可通行周围地以至公路或通路。换言之，邻地通行权的行使，需为土地通常（正常或一般）的使用所必要。一言以蔽之，需确有从相邻土地通行的必要。《民法典》第291条所称"必须利用其土地"，意即相邻土地权利人确有从相邻他方的土地通行的必要。[3]

对于是否为土地通常（正常或一般）的使用所必要，除应考量土地的位置、面积、形状及地形、地势因素外，还应考虑土地的用途或利用方法而予确定。[4]譬如被围绕地为耕地时，其周围地虽有田埂可供人出入，但还需考量肥料与收获物的搬运有无困难。[5]又如在出产石材的石山，还需考虑石材搬运有无障碍。[6]另外，根据日本判例，取得袋地的所有权的人，即使未进行所有权取得的登记，其对

1　参见［日］末川博：《物权·亲属·继承》，岩波书店1970年版，第285页；温丰文：《民法物权案例研究》，新学林出版股份有限公司2017年版，第80页。

2　参见崔建远：《中国民法典释评·物权编》（上卷），中国人民大学出版社2020年版，第429页。

3　参见崔建远：《中国民法典释评·物权编》（上卷），中国人民大学出版社2020年版，第429页。

4　参见谢在全：《民法物权论》（上，修订七版），新学林出版股份有限公司2020年版，第218页；［日］松井宏兴：《物权法》，成文堂2017年版，第159页。

5　参见日本大审院民事部1914年8月10日判决，载《法律新闻》第967号，第31页。

6　参见日本大审院民事部1938年6月7日判决，载大审院《民事判例集》第17卷，第1331页；［日］松井宏兴：《物权法》，成文堂2017年版，第159页。

围绕地的所有权人或利用权人也得主张袋地通行权（邻地通行权）。[1]

应注意的是，有关土地用途的考量，乃应以"合法的利用"（Ordnungsmassige Benutzung）为准，土地若作违法使用，其所有权人或利用权人自不得主张邻地通行权。譬如于农地上兴建违章工厂，即不得主张开设道路通行车辆。[2]另外，于审酌土地通行是否为通常（正常或一般）的使用所必要时，乃不应以之前或历来的使用方法为准，土地若因使用种别变更而变更用途的，其使用必要也随之变更。譬如原位于农业区的农地，因土地使用种别变更为住宅区而改为建设用地时，原来通行的田间小径若不敷使用，则可开设道路以供通行。[3]

3. 周围地需为他人所有且利用的土地，也就是说，周围地需为他人利用的土地。周围地系指围绕"与公路（或通路）无适宜的联络的土地"的土地，被周围地围绕的土地为被围绕地。[4]周围地并不仅指与土地（被围绕地）直接相邻者，若不通公路（或通路）的土地与公路（或通路）之间有二宗（笔）以上不同权利人的土地，为达到通行的目的，此二宗（笔）以上不同权利人的土地皆为周围地。[5]应值注意的是，周围地需为他人利用的土地（即周围地需为他人享有权利且被利用），方可成立邻地通行权。[6]周围地中，虽属他人所有（或享有权利），但基于通行地役权或租赁、使用借贷（借用）关系，土地权利人可与公路（或通路）取得适宜联络的，即不得主张在其他周围地享有邻地通行权。概言之，周围地不仅需为与被围绕地不同地号的土地，还需是他人所有（或享有权利）且利用

1　参见日本最判1972年4月14日民集第26卷3号，第483页。之所以如此，盖因对袋地权利人而言，其系财产权的行使，且是为了生活而必须享有的权利（［日］滝沢聿代：《物权法》，三省堂2013年版，第172页）。另外，日本学者吉田克己谓：（日本）判例之所以判示无需登记即可主张围绕地通行权，一个重要的原因是，围绕地通行权的主张，乃已与谋求不动产交易的安全保护而存在的公示制度没有关系。对此，参见［日］滝沢聿代：《物权法》，三省堂2013年版，第172页注释15。

2　参见温丰文：《民法物权案例研究》，新学林出版股份有限公司2017年版，第80页。

3　参见温丰文：《民法物权案例研究》，新学林出版股份有限公司2017年版，第80—81页；谢在全：《民法物权论》（上，修订七版），新学林出版股份有限公司2020年版，第218页。

4　参见温丰文：《民法物权案例研究》，新学林出版股份有限公司2017年版，第81页。

5　参见王泽鉴：《民法物权》，2014年自版，第192页。

6　参见［日］筱塚昭次编：《判例评释》（民法Ⅰ·总则·物权），三省堂1977年版，第655页（泽井裕执笔）。

的土地。概言之，周围地需具他人性，方可成立邻地通行权。[1]

4. 需并非因被围绕地权利人的任意行为导致被围绕地与公路（或通路）无适宜的联络。也就是说，若土地与公路（或通路）无适宜的联络乃系由于被围绕地权利人的任意行为导致的，则被围绕地权利人不得主张邻地通行权。譬如被围绕地权利人任意破坏桥梁，或任意抛弃原有的通行地役权的，周围地权利人即无容忍其通行的义务。[2]之所以如此，盖因法律认可邻地通行权的旨趣，系在于促进土地（如被围绕地）的利用，以增进社会的经济利益，而并非仅为被围绕地权利人的个人利益。[3]进言之，惟有在个人利益与社会利益调和的限度内，邻地通行权方被认可。从而，被围绕地权利人为图己利而以自己的任意行为导致增加邻地的负担的，自不允许，也非所宜，其不通公路（或通路）的后果，应由被围绕地权利人自行承受[4]。[5]另外，此处所称任意行为，系指于土地通常（正常或一般）使用情形下，被围绕地权利人自行排除或阻断土地对公路的联络。譬如被围绕地权利人自行建筑围墙、破坏原有通路、改建房屋、变换大门方向，抑或将土地的一部分让与、分割，导致土地不能对外为适宜的联络。[6]然被围绕地权利人若因贫困而无力维护原通行的道路或桥梁，导致路基流失或朽断，则并不属之[7]。

还有，因土地的一部分让与或分隔而与公路（或通路）无适宜的联络，导致不能为通常（正常或一般）的使用的，被围绕地权利人行至公路（或通路），仅得通行受让人、让与人抑或其他分隔的土地。[8]数宗土地同属一人所有（或享有权利），

1　参见温丰文：《民法物权案例研究》，新学林出版股份有限公司 2017 年版，第 81 页。

2　参见温丰文：《民法物权案例研究》，新学林出版股份有限公司 2017 年版，第 81 页。

3　参见温丰文：《民法物权案例研究》，新学林出版股份有限公司 2017 年版，第 81 页。

4　参见《德国民法典》第 918 条第 1 项："土地与公路原有的联络，由于所有人的任意行为而切断者，邻地所有人不负容忍必要通行的义务。"台湾大学法律学院、财团法人台大法学基金会：《德国民法（总则编、债编、物权编）》（上册，第 2 版），元照出版有限公司 2016 年版，第 874 页；谢在全：《民法物权论》（上，修订七版），新学林出版股份有限公司 2020 年版，第 220 页。

5　参见温丰文：《民法物权案例研究》，新学林出版股份有限公司 2017 年版，第 81—82 页。

5　参见谢在全：《民法物权论》（上，修订七版），新学林出版股份有限公司 2020 年版，第 220 页。

7　参见谢在全：《民法物权论》（上，修订七版），新学林出版股份有限公司 2020 年版，第 220 页。

8　对于此点的较为翔实的分析，参见［日］松井宏兴：《物权法》，成文堂 2017 年版，第 161—163 页。

让与其一部分或同时分割让与数人而与公路（或通路）无适宜的联络，导致不能为通常（正常或一般）的使用的，也系如此。[1]另外，于比较实务上，甲承租乙的 A 地，A 地与公路（或通路）原有联络，后来甲与乙约定缩减承租土地面积，致承租的土地成为袋地而与公路（或通路）无适宜的联络时，若甲请求通行丙的 B 地以至公路（或通路），应无理由，盖甲系以任意行为排除对公路（或通路）的适宜的联络，故而应由自己承受该后果。[2]此外，共有人就共有的土地协议分区分管，而有共有人的分管部分需穿越其他共有人的分管部分以至公路（或通路），形同袋地时，也系因为任意行为（分管契约）所造成，故也应由自己承受后果，不得通行周围地。[3]归纳言之，此等情形之所以如此，盖因土地（被围绕地）原系通达公路（或通路），其后由于被围绕地权利人的意思，将土地的一部分让与他人、分割土地，或因缩减承租土地、协议分区分管，导致有不通公路（或通路）的土地，其情形为当事人事前所明知，因而自不得利己损人，允许其仍可通行周围地以至公路（或通路）。[4]概言之，此种不通公路（或通路）的情形，乃系由于被围绕地权利人的任意行为所导致，其情形为当事人所预见，可期待其事先安排，自不得损人利己，而允许其通行其他周围地以至公路（或通路）。[5]基此反推，土地因强制执行而让与或因法院判决分割而导致不通公路（或通路）的，因非被围绕地权利人的任意行为所引起，故被围绕地权利人仍得通行周围地以至公路（或通路）。[6]

1　参见《德国民法典》第 918 条第 2 项（尤其是该项后句）："因土地一部的让与，致让与的部分或保留的部分不通公路的，与公路保持原有联络的部分土地的所有人，应容忍为必要的通行。数土地同属于一人所有的，以其中一土地为让与时，视为土地一部分的让与。"台湾大学法律学院、财团法人台大法学基金会：《德国民法（总则编、债编、物权编）》（上册，第 2 版），元照出版有限公司 2016 年版，第 874 页。

2　参见我国台湾地区"最高法院"2014 年台上字第 505 号判决。

3　参见陈荣传：《民法物权实用要义》，五南图书出版股份有限公司 2014 年版，第 39 页。

4　参见姚瑞光：《民法物权论》，吉锋彩色印刷股份有限公司 2011 年版，第 88 页。

5　参见温丰文：《民法物权案例研究》，新学林出版股份有限公司 2017 年版，第 82 页。

6　参见［日］川岛武宜编集：《注释民法》（7）《物权》（2），有斐阁 1978 年版，第 245 页（野村好弘执笔）；姚瑞光：《民法物权论》，吉锋彩色印刷股份有限公司 2011 年版，第 88 页；谢在全：《民法物权论》（上，修订七版），新学林出版股份有限公司 2020 年版，第 228—229 页；王泽鉴：《民法物权》，2014 年版，第 193 页；温丰文：《民法物权案例研究》，新学林出版股份有限公司 2017 年版，第 82 页。

还应指出的是，根据学理与实务见解，上述让与或分割的情形，除适用于直接让与或分割的当事人外，对于让与或分割后的土地的概括继受人也应适用。此盖因土地的概括继受人，如遗产继承人、营业合并人或财产的概括承受人，乃应概括承受财产上的一切权利与义务。[1]对特定继受人是否适用，学理与实务乃存歧见，也即有肯定与否定二说。现今有力的学说认为，无论采肯定说或否定说，乃皆有缺失。立基于利益衡量原则并考量邻地通行权的法特性系为物上负担，原则上应采肯定说，然为消除肯定说的缺失，例外情形乃可采否定说。[2]至于何者为例外情形，则宜透过案例的累积，比较各种特定继受人的继受原因与继受方式的异同，归纳其种类而予类型化，之后基于衡平的原理而确定。[3]

（二）符合或满足邻地通行权的构成要件的法律效果

符合或满足以上构成要件时，被围绕地权利人对周围地享有通行的权利与负有支付偿金的义务。也就是说，邻地通行权人必须通行于相邻他方的土地时，相邻他方应当提供必要的便利，即在满足通行所必需的条件方面提供便利，而于他人土地上通行时，乃应选择造成损失最小的线路，且对于造成的损失，应予赔偿。[4]兹对该法律效果进一步分述如下。

1. 被围绕地权利人对周围地有通行的权利。也就是说，被围绕地权利人取得邻地通行权，得通行周围地以至公路（或通路）。然应于通行的必要范围内选择损害最少的处所与方法通行，必要时可开设道路。邻地通行权若受周围地权利人或第三人的妨害，被围绕地权利人得基于妨害排除请求权而请求除去，若因此遭受损害，还可请求损害赔偿。[5]

对于选择对周围地损害最少的处所与方法通行，有时较难判定，于周围地权利人对通行的处所与方法有异议时，法院得基于邻地通行权人的申请而决定。决

1　参见温丰文：《民法物权案例研究》，新学林出版股份有限公司 2017 年版，第 82 页。

2　参见温丰文：《民法物权案例研究》，新学林出版股份有限公司 2017 年版，第 83 页。

3　参见温丰文：《民法物权案例研究》，新学林出版股份有限公司 2017 年版，第 82—83 页。

4　参见崔建远：《中国民法典释评·物权编》（上卷），中国人民大学出版社 2020 年版，第 429—430 页。

5　参见温丰文：《民法物权案例研究》，新学林出版股份有限公司 2017 年版，第 83 页。

定通行的处所与方法，应参酌社会一般观念，斟酌周围的地理状况、相邻地利害
关系人的损失及其他情事，对具体实例予以判断。[1] 至于必要时得开设道路的宽
度，也应斟酌土地通常使用所必要的程度及通行地受害最少的处所、方法，并衡
量被围绕地所受利益与周围地所受不利益等情事而决定。若被围绕地权利人仅因
保有汽车，为便于自己汽车的通行而主张拓宽或开设周围地的道路，强迫周围地
权利人过度忍受，则不准许。[2] 另外，还应提及的是，邻地通行权的制度旨趣，不
仅在于调节土地权利人之间的利害关系，还在于充分发挥被围绕地的经济效用，
以提升物尽其用的社会整体利益，故乃不允许被围绕地权利人预先放弃（抛弃）
邻地利用权 [3]。[4]

2. 被围绕地权利人负有支付偿金的义务。也就是说，被围绕地权利人因通行
或开设道路 [5]，对周围地由此所受的损害应支付偿金。[6] 此偿金系对周围地权利人
因不能使用土地所受损害的赔偿，而不是其通行土地的对价。故通行权人即便不
支付偿金，只要根据土地相邻关系而成立的邻地通行权的构成要件存在，该邻地
通行权也不因此而消灭。[7] 于此情形，周围地权利人仅可根据债务不履行的规定请

1　参见日本东京地方法院 1963 年 9 月 9 日判决，载《判例タイムズ》（《判夕》）第 156 号，
第 91 页。另外，滝沢聿代《物权法》（三省堂 2013 年版）第 173—174 页对此有翔实、独到的论述，
可以参考。

2　参见［日］奥田昌道等编：《民法学 2 物权的重要问题》，有斐阁 1975 年版，第 244 页（河
野弘炬执笔）。惟新近的意见倾向于采肯定主张，认为现今是汽车等机动车得到广泛普及的时代，不
宜全盘否定汽车等机动车的通行。而且日本新近的判例判示：应自汽车等机动车通行的必要性、周围土
地的状况以及汽车等机动车通行给其他土地权利人带来的不利益等诸方面进行综合考量判断，然后确定
是否准允汽车等机动车通行。日本最判 2006 年 3 月 16 日民集第 60 卷 3 号，第 735 页；［日］松井宏兴：
《物权法》，成文堂 2017 年版，第 160 页；［日］滝沢聿代：《物权法》，三省堂 2013 年版，第 174 页。

3　参见我国台湾地区 1986 年台上字第 947 号民事判例。

4　参见温丰文：《民法物权案例研究》，新学林出版股份有限公司 2017 年版，第 83—84 页。

5　例如于周围地铺设沙子（沙石），抑或除去妨碍通行之物即是。参见［日］松井宏兴：《物权
法》，成文堂 2017 年版，第 160 页。

6　参见［日］山野目章夫：《物权法》（第 5 版），日本评论社 2012 年版，第 148 页；［日］松井
宏兴：《物权法》，成文堂 2017 年版，第 160 页。

7　参见［日］松井宏兴：《物权法》，成文堂 2017 年版，第 160 页。之所以如此，盖因邻地通
行权系为被围绕地的有效利用这一公益上的必要而获认可。然对此存在反对意见，详见［日］我妻荣
等：《我妻荣·有泉亨注释民法》（总则·物权·债权）（第 7 版），日本评论社 2021 年版，第 453 页。

求邻地通行权人支付偿金，而不得禁止其通行。另外，偿金于法特性上也并非属于侵权行为的损害赔偿，故不以具有故意或过失为必要，且也不适用侵权行为短期诉讼时效。[1]偿金的支付标准，应按具体事实斟酌周围地权利人所受损害的程度而确定；支付偿金的方法，应以定期支付为宜。[2]最后，还应提及的是，此偿金的支付义务乃为通行土地的法定负担，故若采取定期支付方式，于被围绕地权利（如被围绕地所有权）移转于他人时，其支付义务即随之移转于受让人。惟移转前拖欠的偿金，则不由受让人承受。易言之，其并无代替支付的义务。[3]

五、邻地（尤其袋地）通行权与建筑基准法（或建筑都市计划法）的关联

不动产相邻关系中的邻地通行权，乃与建筑基准法（或建筑都市计划法）存有相当大的关联。在日本，根据其《建筑基准法》第42、43条的规定，可能用于建筑的土地原则上与宽4米以上的道路至少应有2米以上相连，学理称为"接道义务"或"连接道路的义务"。[4]因为不满足这一点而无法获得建筑许可的土地被视为袋地。学理通常认为，宜比较考量建造建筑物后对该土地进行合理利用的必要性与被通行土地的利用状况等，来判断是否有认可满足相连（接道）条件的邻地通行权的可能[5]。[6]

按照我国台湾地区"法"的规定、学理及实务，不动产相邻关系中的邻地通行权与建筑法规皆系调节土地的妥适利用，故前者的适用应斟酌后者的规定及其判断因素，由此使二者得以接轨，形成地域或地区的生活利益秩序。[7]土地

1　参见郑冠宇：《民法物权》（第八版），新学林出版股份有限公司2018年版，第244页。

2　参见温丰文：《民法物权案例研究》，新学林出版股份有限公司2017年版，第84页。

3　参见温丰文：《民法物权案例研究》，新学林出版股份有限公司2017年版，第84页。

4　参见［日］松井宏兴：《物权法》，成文堂2017年版，第160页。

5　参见［日］安永正昭：《讲义物权·担保物权法》（第2版），有斐阁2014年版，第138页。

6　参见［日］松井宏兴：《物权法》，成文堂2017年版，第160—161页。

7　参见谢在全：《民法物权论》（上，修订七版），新学林出版股份有限公司2020年版，第219页。

若为都市计划的建筑用地，就需考量或虑及建筑法规的规定。譬如根据建筑技术规则建造设计施工时，建筑基地应与建筑线连接，且连接部分的最小长度应在 2 米以上。基地内私设通路的宽度，其长度未满 10 米者为 2 米，长度大于 20 米者为 5 米。[1] 若准许通行的土地不符合或不能满足建筑法规的基本需求（譬如不符合通路的宽度的要求），自不能认为已使有通行必要的建筑基地为逋常（正常）的使用。[2] 概言之，若不考量或虑及建筑法规的基本要求或规定，则会使有通行必要的土地无法有效得以利用。此不独有悖于不动产相邻关系规则调节相邻不动产妥适利用的旨趣，也有碍于都市的观瞻与发展。[3] 另外，建筑法规的规定的旨趣乃重在确保通行，并应符合防火、避难及卫生等需求，适用邻地通行权规则时对此等情况一并考量，既可保障有通行必要的土地地尽其利，也更能积极发挥调节相邻土地的利用的价值与功能。[4]

对于以上规定、学理及实务做法，建议我国于释明和解决同类问题时予以借镜、参酌及加以考量。

六、对《民法典》第 291 条邻地通行权的释明

如前述，《民法典》第 291 条规定："不动产权利人对相邻权利人因通行等必须利用其土地的，应当提供必要的便利。"该条系对原《物权法》第 87 条的沿用。原《民法通则意见》第 100 条规定："一方必须在相邻一方使用的土地上通行的，应当予以准许；因此造成损失的，应当给予适当补偿。"第 101 条规定："对于一方所有的或者使用的建筑物范围内历史形成的必经通道，所有权人或者

---

[1]　参见谢在全：《民法物权论》（上，修订七版），新学林出版股份有限公司 2020 年版，第 219 页。

[2]　参见谢在全：《民法物权论》（上，修订七版），新学林出版股份有限公司 2020 年版，第 219 页。

[3]　参见谢在全：《民法物权论》（上，修订七版），新学林出版股份有限公司 2020 年版，第 219 页。

[4]　参见谢在全：《民法物权论》（上，修订七版），新学林出版股份有限公司 2020 年版，第 219 页。

使用权人不得堵塞。因堵塞影响他人生产、生活，他人要求排除妨碍或者恢复原
状的，应当予以支持。但有条件另开通道的，也可以另开通道。"自总体上看，
《民法典》第 291 条乃是基于现实需要于不动产权利人的土地使用权上设定一项
辅助义务，从而限制其权利的行使。[1]

　　进言之，《民法典》第 291 条调整的相邻关系乃是由于地理条件的限制，一
方必须利用相邻一方所有或者使用的土地，取得通行等便利。譬如一方的土地或
者房屋被他方的土地或房屋包围，必须从相邻一方的土地或者院内道路上经过。
另外，一方必须利用相邻一方的走廊、涵洞、隧道通行也属之。[2] 还有，《民法
典》该条所称"必须"，系指一方权利的行使需以利用相邻一方的土地为条件，
若不利用相邻一方的土地，就无法行使自己的民事权利，影响自己正常的生产或
生活；所称"通行"，涵括人、牲畜、机动车等的通行，且也包括地下污水通道
等设施的通行；[3] 所称"土地"，乃涵盖开发、使用的土地与未开发、使用的土
地，包括城镇用地、农田、农村宅基地、林地、草地、山岭以及其他土地；所称
"提供必要的便利"，则系指不动产权利人为相邻权利人从自己的土地通行创造条
件，以使其相邻权能够实现，譬如留出能够使相邻权利人正常出入的通道，不得
于通道上设置障碍抑或进行封堵造成相邻权利人通行困难乃至无路可走。[4]

　　值得指出的是，《民法典》于第 292 条明定了与第 291 条的邻地利用权相对应
的"施工时的邻地利用权"[5] 或"临时使用邻地关系"。与第 292 条的规定相较，
第 291 条的邻地通行权呈现出三个特点，由此与"施工时的邻地利用权"或"临
时使用邻地关系"相界分或区隔：（1）邻地通行权通常是长期的，对途经之处不

1　参见最高人民法院民法典贯彻实施工作领导小组主编：《中华人民共和国民法典物权编理解与
适用》（上），人民法院出版社 2020 年版，第 451 页。

2　参见最高人民法院民法典贯彻实施工作领导小组主编：《中华人民共和国民法典物权编理解与
适用》（上），人民法院出版社 2020 年版，第 451 页。

3　参见崔建远：《中国民法典释评·物权编》（上卷），中国人民大学出版社 2020 年版，第 428
页。

4　参见最高人民法院民法典贯彻实施工作领导小组主编：《中华人民共和国民法典物权编理解与
适用》（上），人民法院出版社 2020 年版，第 452 页。

5　参见吴香香编：《民法典请求权基础检索手册》，中国法制出版社 2021 年版，第 45 页。

发生固定、全面的占有，仅是路过性质，而"施工时的邻地利用权"或"临时使用邻地关系"则往往是因建筑施工、修缮房屋、铺设管道等工程的需要，一定时间内临时使用不动产权利人的土地；（2）邻地通行权通常无需订立合同，而"施工时的邻地利用权"或"临时使用邻地关系"往往事先由相邻双方订立合同，约定使用邻地的范围、期限和违约条件，用完后及时撤除；（3）行使邻地通行权通常是无偿的，除非给不动产权利人造成损失，否则相邻权利人无需付费，而于"施工时的邻地利用权"或"临时使用邻地关系"，违约的相邻权利人需承担违约责任，然不得由此剥夺相邻权利人的相邻权。[1]

根据前述分析，《民法典》第 291 条中得行使邻地通行权的主体乃应解为涵括土地所有权人及基于建设用地使用权、土地承包经营权、地役权、宅基地使用权的物权特性的土地利用权人，以及基于租赁、使用借贷（借用）的债权特性的土地利用权人。另外，土地的无权占有人也宜解为得为邻地通行权的主体。至于邻地通行权的成立条件或构成要件，则应解为涵括前述四个方面。也就是说，只有符合或满足前述四项要件，被围绕地权利人方可通行周围地（围绕地）以至公路（或通路）。

还有，依照前文的分析，相邻权利人（被围绕地权利人）因通行或开设道路，致周围地（通行地）由此受到损害的，乃应支付偿金。此偿金的法特性乃应依前述分析而予释明。易言之，由于通行而给不动产权利人造成损失的，应予赔偿。[2]另外，对于《民法典》第 291 条的邻地通行权，我国司法实务的实证经验还认为，邻地通行权人应将其权利限制在合理的范围内，具体而言：第一，通过邻地时应当选择最为经济合理的路线，有老路的走老路，相邻权利人不得任意拓宽；没有老路可走的，新设通道应以能够通行为限。若是季节性通过邻地，可不留固定的道路。第二，注意保护邻地上的财产。从邻地上通行时，应当小心谨

---

[1]　参见最高人民法院民法典贯彻实施工作领导小组主编：《中华人民共和国民法典物权编理解与适用》（上），人民法院出版社 2020 年版，第 452—453 页。

[2]　参见最高人民法院民法典贯彻实施工作领导小组主编：《中华人民共和国民法典物权编理解与适用》（上），人民法院出版社 2020 年版，第 453 页。

慎，不得践踏青苗或毁损地上附着物。第三，因客观环境发生变化可以改道通行的，应改由其他更为经济的路线通过。[1]

最后，还有必要提及的是，《民法典》第 291 条规定中的"等"（字），是指除通行外的其他情形，主要涵括：（1）根据当地习惯，许可他人进入其未设围障的土地刈取杂草，采集枯枝、枯干，采集野生植物，或放牧牲畜；（2）他人物品或者动物偶然失落于自己的土地时，应允许他人进入自己的土地取回。[2]

七、结语

由以上分析、考量及论证，我们可以明了，邻地通行权确为不动产相邻关系（法）系统（或体系）中的重要制度与规则，其被立法确立或被习惯法认可乃起于罗马法时代，后经中世纪民法、近代民法、现代民法的嬗变，而于当代民法中成为一项重要的调节相邻土地之间的通行的法定规则和制度。邻地通行权的此演进路线（图）彰示，该种调节相邻土地之间的通行的法定权利实具很强的价值、意义与法律生命力，其为如今民法尤其是物权法中的不可阙如的基本规则与制度。

《民法典》第 291 条尽管定有邻地通行权，然所用文字术语较为简略，内容规定也较原则，故此需要自解释论或适用论的视角加以释明。笔者认为，《民法典》该条的学理与法理基础，邻地通行权的主体、构成要件以及符合或满足构成要件时的法律效果，皆宜依本文如前所述而予厘清与厘定，由此建构起我国邻地通行权的学理、法理、评注论或解释论系统，于此基础上，希冀这一制度和规则可有效地作用于我国的社会生活与法律实践。

1　参见最高人民法院民法典贯彻实施工作领导小组主编：《中华人民共和国民法典物权编理解与适用》（上），人民法院出版社 2020 年版，第 453 页。
2　参见最高人民法院民法典贯彻实施工作领导小组主编：《中华人民共和国民法典物权编理解与适用》（上），人民法院出版社 2020 年版，第 453 页。

建立我国的动产抵押权制度*

——兼议我国"企业抵押贷款法"的制定

一、引言

自罗马法创立抵押权之担保惟限于不动产（土地及其定着物），动产仅能设立质权的债之担保制度以来，这一观念与做法已于世界各国家和地区的民法理论与实务中产生积极、深远的影响。然而，现当代社会经济生活的实践，尤其是第二次世界大战结束以降各国家和地区商品经济的迅猛发展，已有从基本或主要方面打破罗马法对抵押权和质权的这一法权界定的趋向。这就是，一方面，现当代社会经济的发展产生了对资金的极大需求，若仅限于以土地和建筑物设立抵押权向银行贷款，则远远不能保障银行债权的最终实现，故而，世界各国家和地区以颁行特别法的方式扩大罗马法所厘定（确定）的抵押权的标的物的范围，抑或以立法方式将抵押权与质权的传统界分打破。另一方面，深受现当代社会大工业生产要求对企业财产予以"物尽其用"的经济机理的影响，传统民法确立的"质权需移转担保物（质押物）的占有于质权人（债权人）"的观念已与实际经济生活

---

* 本文曾发表于《法学与实践》（该期刊于早些时候业已停刊）1990 年第 2 期，今收入本书乃对正文作有增加、更易、变动，对原标题作了改动，添加了一些注释，对正文的个别内容作了标题提示。另外还校正了原正文中的少许文字。

有些龃龉。正是虑及传统抵押权制度于现实中面临的此种新发展情况、新发展机遇，以及其在某些方面与现当代社会的经济生活之间的方枘圆凿[1]，作者乃不揣浅陋，本着探索的精神，拟对建立我国动产抵押权制度的基本问题予以总的研究，并兼对我国正在草拟中的"企业抵押贷款法"所应规范的基本内容予以探析，以期就教于民法学界。

二、动产抵押权的设立与实行

纵观现当代各国家和地区有关抵押权制度的基本理论与立法的基本状况，自我国《民法通则》第 89 条第 2 项对抵押权所作的总的规定[2]出发，笔者认为，动产抵押权乃是指债务人或第三人以自己所有的动产作为债权的担保，于债务人不履行债务时，债权人得对担保物变价而获变价款的优先受偿的权利。据此，可以清晰地看到，动产抵押权制度的内容，其最主要、最基本的，乃是动产抵押权的设立与实行两个方面。

（一）动产抵押权的设立

第一，动产抵押权的标的物的范围仅限于特定化动产。根据民法理论，土地及其定着物为不动产，凡不动产之外的物皆为动产。[3]然并非一切动产皆可成为或作为动产抵押权的标的物，惟有特定化动产方可成为或作为动产抵押权设立时的标的物。值得指出的是，这里所谓特定化动产，乃涵盖两种情形：一是指现实既存的动产财产，比如船舶、航空器、车辆、机器设备、原料、产品等现当代社会基本的生产资料乃至生活资料；二是指将来一定时期内必然产生的某些动产财产，此类动产财产虽然在动产抵押权设立时尚未成为特定物，但至动产抵押权实行（实现）时必然存在，故而，这类动产财产仍可作为动产抵押权的标的物。另

1　也称"圆凿方枘"，指方榫头插不进圆榫眼，比喻两者不相投合。参见王涛等编：《中国成语大辞典》，上海辞书出版社 1987 年版，第 1670 页。

2　《民法通则》第 89 条第 2 项规定："债务人或者第三人可以提供一定的财产作为抵押物。债务人不履行债务的，债权人有权依照法律的规定以抵押物折价或者以变卖抵押物的价款优先得到偿还。"

3　参见梁慧星：《民法》，四川人民出版社 1988 年版，第 66 页。

外，需要注意的是，设立动产抵押权的特定化动产还需是抵押人对之享有所有权或经营管理权的动产（财产），以自己不享有所有权或经营管理权的特定化动产设立动产抵押权的，抵押权乃归于无效。

第二，动产抵押权的设立，其标的物（即动产财产）无需移转占有于抵押权人。旧时曾有学说认为，以动产设立的抵押权，其标的物（即动产财产）需移转占有于债权人（抵押权人）方为有效。然而，第二次世界大战结束以来世界各国家和地区社会经济的高速发展，已使此学说未尽符合社会的需要与实际。此乃因为，按抵押权的法理与学理，动产抵押权的设立最终旨在以（动产）抵押物的交换价值供作债权的担保，故而，抵押人将其所有或享有经营管理权的动产设立抵押权后，仍应保有对该动产（抵押物）的使用价值或曰使用权。换言之，动产抵押物以其交换价值设立担保后，并不意味着该动产需移转占有于抵押权人（债权人）。事实上，根据"物尽其用"及宜使物不断增值以获得最大效益的经济学原理，此类（设立了抵押权的）动产由抵押人继续占有、使用和收益乃是更为适宜、更为恰当的。盖因一方面，其可以增强抵押人（当债务人以自己所有或享有经营管理权的动产设立抵押权时）消偿债务的资力；另一方面，不将设立了抵押权的动产移转占有于债权人（抵押权人），也可避免动产抵押物由抵押权人（债权人）直接占有并进行使用、收益乃至保管而带来的诸多烦累或不便。

第三，动产抵押权的设立，可以采取登记或公证的方式而为之。如前述，动产抵押权的设立无需移转抵押动产的占有于债权人（抵押权人），但由此可能导致抵押人的动产中已经设立抵押权的动产与未设立抵押权的一般（普通）动产无从区别，进而也就可能出现在抵押人与第三人为民事法律行为时，第三人因不知该物（动产）业已设立抵押权而遭受不利益，使商品经济客观上要求的交易安全的保护蒙上阴影。可见，要求动产抵押权及其标的物（动产）需向有关部门进行登记乃是有必要的，或可将之作为动产抵押权的生效要件或有效要件。另外，笔者认为，对用以设立动产抵押权的价值较大的大宗动产或某些珍贵的稀有动产，抵押法律关系双方还可以公证的方式确立他们之间的抵押法律关系中的权利与义务。

第四，抵押权的设立系一种双方民事法律行为，故而应采取抵押合同方式对抵押法律关系的内容予以厘定。设立抵押权的合同即为抵押合同。在实践中，当事人就抵押权发生纠纷时无书面协议且无其他证据能够证实的，通常不认定存在抵押权。由此点看，动产抵押权的设立之采取抵押合同方式也就十分必要。

（二）动产抵押权的实行

按照民法学理、法理与《民法通则》对抵押权的规定，动产抵押权的实行（或实现）是指债务履行期届满，债务人未依约定或法律规定履行或清偿债务，债权人为实现债权而向人民法院申请强制拍卖动产抵押物，并以变卖所得的价款优先受偿的一种债（权）的实现途径、方法或手段。考抵押物的变卖方式，各国家和地区的实务中乃大体有三种不同的做法：一是由抵押权人自行出卖；二是由抵押权人申请法院强制执行，根据强制执行程序拍卖；三是根据当事人双方的合意或依法院的命令以其他方法变卖。借镜比较法实务的有益做法或经验，结合我国的实际情况，根据动产抵押权自身的特点，笔者认为，我国动产抵押物的变卖宜采强制变卖（拍卖）的方式。至于我国动产抵押权实行（或实现）时对动产抵押物实行强制拍卖，则大体应具备如下两个要件方可为之。

第一，合同约定的履行期限届满，债务人因自身的主观原因仍未履行（或清偿）债务。此为实施强制拍卖（变卖）的前提条件。根据《民法通则》第89条第2项的规定，债务人不履行（或清偿）债务的，债权人（抵押权人）有权依照法律的规定以变卖抵押物的价款优先得到清偿（偿还）。由此，债务人于履行期限届满而仍不履行债务，也就构成强制拍卖动产抵押物的前提条件。

第二，需有债权人向人民法院提出强制拍卖抵押物的请求或申请。其涵盖请求人民法院作出强制拍卖抵押物裁定的申请与请求人民法院作出强制拍卖抵押物执行裁定的申请。具体分析如下：（1）向人民法院提出申请，请求其作出拍卖抵押物的裁定。抵押权人申请拍卖抵押物，可采非诉程序进行。抵押权人应向有管辖权的人民法院提交申请书，并提供债权证明、抵押合同书、动产抵押权涉及的动产数量，以及其他情况的登记证明书或公证书。人民法院在对此等（证明）文件予以审查并认为确凿无误后，应裁定准许强制拍卖抵押物。[1]（2）向人民法院提出申请，请求其作出强制拍卖抵押物的执行裁定。也就是说，债权人（抵押权人）取得人民法院许可拍卖抵押物的裁定后，即可据此裁定申请人民法院强制执行。[2]此执行程序，根据民法法理、学理与实务，乃以开始执行时的抵押物所有人或对抵押物享有经营管理权的人为执行债务人。若抵押物所有人或享有经营管理权的人自然死亡或被宣告死亡，则该裁定对该自然死亡或被宣告死亡之人的继承人具有法律效力，也就是说，自然死亡或被宣告死亡之人的继承人得作为执行债务人而接受人民法院的强制执行，由经由强制执行（即拍卖动产抵押物）而获得的价款清偿债权人的债权（也就是"履行"债务人的债务）。若执行债务人为法人组织或非法人组织（非法人团体），根据民法法理、学理与实务，动产抵押权因系物权（担保物权），具有追及效力，其权利人（即动产抵押权人）得追及标的物（即抵押动产）之所在而行使权利。由此之故，法人组织或非法人组织（非法人团体）解散、营业终止、被撤销或合并时，乃当以解散、营业终止、被撤销或合并后而接收动产抵押物的主体为执行债务人，由其承受人民法院的强制执行，并以强制拍卖动产抵押物而获得的价款清偿债权人的债权（从另一角度看，也就是清偿或"履行"债务人的债务而使债权人的债权得以实现）。

---

[1] 张卫平著《民事诉讼法》（第五版，法律出版社2019年版）第482页谓："人民法院审查后，按下列情形分别处理：（1）当事人对实现担保物权无实质性争议且实现担保物权条件成就的，裁定准许拍卖、变卖担保财产；（2）当事人对实现担保物权有部分实质性争议的，可以就无争议部分裁定准许拍卖、变卖担保财产；（3）当事人对实现担保物权有实质性争议的，裁定驳回申请，并告知申请人向人民法院提起诉讼。"

[2] 杨与龄编著《强制执行法论》（修正十版，1999年自版）第104页谓："法律规定由当事人申请法院裁定后强制执行者，此项裁定，为本款之执行名义。但于法院裁定许可后，仍需经债权人申请，执行法院始得开始执行。"

三、我国"企业抵押贷款法"的基本内容探析

新近以来，随着我国社会主义有计划商品经济的发展，尤其是伴随国有企业由国家无偿投资变革为国家有偿投资，为保障国家所投的资金届期能圆满收回，以从根本上改变国家贷给企业的资金逾期却未能偿还（清偿）的窘境，自我国目前企业的实际情况与需要出发，制定我国的"企业抵押贷款法"就显得刻不容缓与十分必要了。

综合考察其他国家和地区有关动产抵押权制度的立法状况，借鉴其有益之处，并结合我国的基本国情与具体实践，笔者认为，我国正在草拟中的"企业抵押贷款法"乃应对如下基本内容或事项作出规范或予以明确。

第一，需明确确立企业动产抵押法律关系的主体资格。也就是说，确立主体资格，一方面，可以消除非企业法人（例如国家机关法人、社会团体法人）与企业法人竞相贷款，从而造成银行资金紧缺，企业生产所必需的资金不能获得保障的弊端；另一方面，它又可将私营经济、个体经济等社会主义非主导经济形式排除出向银行贷款的范围，进而保障全民所有制企业法人、集体所有制企业法人等公有制经济力量的不断发展壮大。基此原则与主旨，企业动产抵押法律关系的主体应当是：具有民事权利能力和民事行为能力，依法独立享有民事权利和承担民事义务的企业法人，与中国工商银行、中国农业银行等专业银行，以及其他依法设立并核准确有能力贷款给前述企业的其他金融银行。

第二，"企业抵押贷款法"应对企业用以设立抵押权的动产的范围予以明确。通常而言，企业自身享有（或保有）所有权的特定的动产以及为企业所专有的无形财产权，例如专利权、商标权以及为企业所拥有的有价证券皆可作为企业抵押贷款的标的（物）。也就是说，乃可以此等财产设立抵押权。详言之，企业抵押贷款的标的物宜囊括如下几类企业动产：（1）船舶、航空器、车辆；（2）土地和企业的建筑物（如厂房）之外的其他固定资产，此主要指为企业所拥有的或由其享有经营管理权的机器或其他动产设备；（3）原材料、产品（或生产、加工出来

的成品）；（4）有价证券，例如股票、债券或其他证券；（5）属于企业专有的专利权、商标权等无形（无体）财产权；（6）其他适于抵押的动产财产。

第三，"企业抵押贷款法"应对抵押贷款合同得以成立的必备条款予以明确或作出厘定。首先，必须明定企业动产抵押法律关系的主体所需具备的资格条件。亦即，企业动产抵押法律关系的一方主体需是债务人或第三人，且他们需为所提供的抵押物的所有权人或经营管理权人；企业动产抵押法律关系的另一方主体需为行使一般银行职能的专业银行或其他依法成立并经核准确有能力向企业提供贷款的银行。其次，抵押贷款合同需载明如下事项：企业动产抵押法律关系双方当事人的姓名或名称，企业动产抵押权担保的债权数额及范围，企业动产抵押权（标的）物的名称，企业动产抵押权于实现（或实行）期日届满前发生的抵押财产价值无形损耗的折算方法，动产抵押物于企业动产抵押权实现前发生的风险责任的承担，以及企业动产抵押权存在的有效日期（即有效期间）。最后，抵押贷款合同应厘定当事人双方的权利、义务。抵押人有对动产抵押物加以占有、使用和收益的权利。同时，抵押人又负有适当使用与保持动产抵押物的完整性及采取各种必要、有效措施防止抵押物毁损、灭失或其价值减少的义务（责任）。动产抵押物受到损害或侵害时，抵押人应及时停止其损害（亦即"及时止损"）或（制止他人对动产抵押物的）侵害。抵押人对动产抵押物的损害（行为）导致动产抵押物价值减少的，抵押人应恢复动产抵押物的原状，或提供与减少的价值相当的担保［即"增担保"（"增加担保"）］。另外，动产抵押物毁损、灭失的，抵押人应以其他财产替代动产抵押物，此在学理与民法规则中被称为"物上代位"或"担保物的代位或替代"。

第四，"企业抵押贷款法"似可明确动产抵押物的登记或公证乃为动产抵押法律关系成立的必备与确实需要的形式要件，未实施此项行为的，企业抵押即动产抵押法律关系并不成立或生效。按我国目前的实务情况与学理或法理，动产抵押法律关系的设立的登记机构乃为该设立动产抵押法律关系的企业的主管部门。实施登记的机构需对动产抵押权的设立进行登记，另外也需对动产抵押权的注销予以登记，并宜将登记的情况及时、准确向社会公告、公示。

第五，"企业抵押贷款法"需对债权人（抵押权人）受偿的顺位（顺序、次序）做出明确规定或厘定。具体而言，若同一物上设立有两个或两个以上动产抵押权，则保有动产抵押权的债权人之间应按动产抵押权登记的先后顺序（顺位、次序）受偿。也就是说，第一顺序（次序、顺位）的抵押权人就其债权的全部金额受偿，第二顺序（顺位、次序）的抵押权人只能就第一顺序（次序、顺位）的抵押权人受清偿后的剩余金额而受偿，其他即第三、第四顺位（次序、顺序）的抵押权人的受偿顺位乃依此类推。还有，登记的数个抵押权人系为同一顺序（顺位、次序）的，则应按各抵押权人的债权金额的比例而对变卖动产抵押物所得的金额（价金、价款）均等，也就是平均受偿。

四、余论

行文至此，也就是对本文的主要内容做了论述后，作为余论和对未来我国立法与司法解释的应有姿态的展望，笔者于此乃应特别指明和提及的是，我国的动产抵押权制度、"企业动产抵押贷款法"乃至权利抵押权抑或权利质权等制度真正得以建立，于建立之后付诸实施，以及付诸实施后要取得明显或显著的社会效果，还需要我国立法机关制定其他与之衔接、协调、配套的法律或法规。毫无疑义，这其中应当说至为重要的就是我国制定民法典时，应当对涵盖企业动产抵押权在内的全体抵押权制度系统或体系予以必要、充分乃至特别的关注、重视，并宜尽可能设计、制定出具体的可堪施行与操作的符合我国实际国情的民法规则。毫无疑义，这应当说是本文论述的我国动产抵押权、"企业动产抵押贷款法"乃至权利抵押权或权利质权等制度得以建构的最重要、最直接、最根本的渠道或途径。一言以蔽之，以民事或私法领域的最高位阶的民法典来规定和明确动产抵押权、企业抵押贷款规则以及权利抵押权或权利质权等制度，乃系具有决定性和根本性意义的。

与此同时，我国应当建构和进一步完善属于民事诉讼程序范域的民事强制执行规则。也就是说，我国的民事强制执行规则乃应对涵盖动产抵押物、不动产抵押物以及其他无体财产权（利）的强制拍卖、强制变价乃至强制分配变价所得的变价款（金额）等各项具体事宜做出明确规定和设计。于此之后，我国的最高司法机关即最高人民法院乃应进一步对立法机关制定、完善的民事强制执行规则做出具体、正确适用的司法解释。透过和经由前述包括制定民法典而对动产抵押权规则的立法（规定）和设计，可以预计，于我国未来的民事生活与法治实践中，与我国"企业抵押贷款法"、担保法［含抵押权、质权、留置权、所有权保留、让与担保、临时登记担保（假登记担保）、定金、订金、押金、预付款、违约金等物的担保法 1，与连带债务、不可分债务、并存的债务承担、抵销、保证等人的担保法］等法律、法规相配套、相衔接、相协调的民法典、民事强制执行规则乃至最高人民法院的司法解释，定能有效发挥其应有的规范我国经济生活的实践的功用。事实上，也惟有如此，我国的动产抵押权制度方才具有实际的价值、意义和生命力。否则，其乃无异于一纸具文，并无多少法律实益。此一点，谨于此特别提出，并望立法机关与有关法律学人慎思。

1　参见［日］铃木禄弥：《物的担保制度的分化》，创文社 1992 年版，第 3 页以下；［日］铃木禄弥：《围绕物的担保制度的论集》，テイハン2000 年版，第 1 页以下。

无主物先占

一、引言

无主物先占，拉丁文称为"occupatio"[1]、德文称为"Aneignung"[2]，为罗马法以来民法中一项重要制度与规则，系指以享有（或拥有）所有权的意思，先于他人占有无主的财产（尤其是动产）而取得其所有权的事实。[3]譬如在大山中捕捉到蝴蝶、沿海渔民出海捕鱼等皆属之，其系取得财产（尤其是动产）所有权的最自然的方式。于人类的原始社会时期（尤其是狩猎游牧社会[4]），动产大多依先占而取得其所有权。[5]惟在近现代及当代，因有价值的财物几乎皆已为人所

1　参见陈卫佐：《拉丁语法律用语和法律格言词典》，法律出版社 2009 年版，第 116 页；［德］马克斯·卡泽尔、罗尔夫·克努特尔：《罗马私法》，田士永译，法律出版社 2018 年版，第 264 页。另外，柴田光藏著《法律拉丁语辞典》（日本评论社 1985 年版）第 245 页解释"occupatio"的意涵为："先占、无主物先占、占取、先取的占有、用事、仕事。"

2　参见《德汉词典》编写组编：《德汉词典》，上海译文出版社 1983 年版，第 47 页；卫德明主编：《德华大辞典》，璧恒图书公司（上海）1945 年版，第 53 页。

3　参见陈华彬：《物权法论》，中国政法大学出版社 2018 年版，第 411 页。

4　参见王泽鉴：《民法物权》，2014 年自版，第 238 页。

5　参见黄国瑞："论无主物先占"，载陈荣隆教授六秩华诞祝寿论文集《物权法之新思与新为》，瑞兴图书股份有限公司 2016 年版，第 164 页；［日］梅谦次郎：《民法要义卷之二物权编》，和佛法律学校、书肆明法堂 1896 年版，第 142 页；［日］中岛玉吉：《民法释义卷之二物权编上》，东京金刺芳流堂 1924 年版，第 385 页；［日］石田文次郎：《物权法论》，有斐阁 1932 年版，第 391页。

有，[1] 故基于无主物先占而取得所有权通常适用于民间拾得垃圾、废物及狩猎、捕鱼等场合。[2] 进言之，现今所有权取得的最主要的原因是买卖、赠与、互易及继承，于农业、渔业等原始产业与制造工业中，尽管可经由对无主物的先占而取得所有权，但其主要还是根据从事此等产业的劳动者与雇佣人之间的合同关系而决定（承揽物、加工物、生产的产品等的）所有权归谁所属。也就是说，无主物先占（规则或制度）的适用范围是有限的，其功用、意义与价值乃系较小。[3] 尽管如此，对无主物先占的基本问题抑或其法理与学理展开研议，仍然是必要、妥恰及适宜的，于现今的我国尤其如是。

按照法理与学理，先占人以享有（或拥有）所有权的意思对无主物（尤其是动产）加以占有，即可本于习惯法规则或基于法律的明定而原始取得该无主物（尤其是动产）的所有权。[4] 也就是说，因先占取得无主物（尤其是动产）的所有权之人，其取得无主物（尤其是动产）的所有权乃系立基于习惯法规则或法律的明定，故而非属于因民事法律行为取得无主物（尤其是动产）的所有权，而系根

1　参见［日］石田文次郎：《物权法论》，有斐阁1932年版，第391页。

2　参见黄国瑞："论无主物先占"，载陈荣隆教授六秩华诞祝寿论文集《物权法之新思与新为》，瑞兴图书股份有限公司2016年版，第164页。

3　参见［日］我妻荣著，有泉亨补订：《新订物权法》，岩波书店1983年版，1997年4月第18刷发行，第298页。

4　应值指出的是，根据日本法理与学理，所谓无主物先占，乃指并不属于任何人的所有物的动产，先开始对其加以自主占有的人得取得其所有权。对于《日本民法》第239条第1项所规定的无所有人的动产，日本判例实务中对于它的认定（或判定）往往是微妙的。例如其判例认为，打高尔夫球的人误打而掉入高尔夫球场内的人工池，放置不理的打飞失踪球，高尔夫球场（法人）预定早晚要回收而加以再利用的，归属于高尔夫球场所有，而非无主物。也就是说，掉落于高尔夫球场内的人工池中的球系属于高尔夫球场的物，而非无主物。另外，于他人依矿业法而设立了权利的矿区挖掘出的矿物，也不属于挖掘出来的人的物，而系矿业法上的权利人的物。进一步详言之，未采掘的矿物，若无矿业权，乃系不允许采掘，从而其不得成为先占的标的物。矿物被挖掘而与土地分离，若是在矿区内分离，则属于矿业权人，然若系于矿区外分离，则为无主的动产。参见［日］山野目章夫：《物权法》（第5版），日本评论社2012年版，第160页；黄国瑞："论无主物先占"，载陈荣隆教授六秩华诞祝寿论文集《物权法之新思与新为》，瑞兴图书股份有限公司2016年版，第166页；［日］舟桥谆一：《物权法》，有斐阁1960年版，1970年初版第20刷发行，第357页；日本最判1987年4月10日刑集41卷3号，第221页；《日本矿业法》第8条第1、2项。

据先占的事实行为得以取得其所有权。[1]进言之，根据先占而取得所有权，并非基于当事人的意思表示，而系基于对无主物的先占的事实，法律即赋予其取得所有权的效果。[2]一言以蔽之，无主物先占乃系所有权的原始的取得因由。[3]

我国《民法典》承袭原《民法通则》、原《物权法》的做法而未规定无主物先占规则与制度。尽管如此，因我国民间实务中存在诸多习惯法上的基于对无主物的先占而取得其所有权的情形，譬如如前所述，因对垃圾、废物的先占而取得其所有权，以及于大山中捕捉到蝴蝶、于河流或海中捕得泥鳅或鱼类，皆可因此而取得此等物的所有权。如前所述，此根据先占的习惯法规则取得无主物的所有权，系属于民法基于事实行为而原始取得所有权，其法理、学理基础、法律构造、比较法上的状况乃至我国未来有无必要于制定法（实定法）中将此目前习惯法的规则上升为明文的法律规则，皆有一一加以研讨的必要。本文即对这些方面尝试展开讨论。

1　参见郑冠宇：《民法物权》（第八版），新学林出版股份有限公司 2018 年版，第 127 页。无主物先占究为民事法律行为抑或事实行为，学理与法理乃有分歧意见。有学者谓："先占是以意思为要素的准民事法律行为中的非表现行为，然其并非达成私法自治的制度，而是法律对一定的意思行为认可取得所有权的效果的制度。"（［日］我妻荣著，有泉亨补订：《新订物权法》，岩波书店 1983 年版，1997 年 4 月第 18 刷发行，第 300 页；［日］田山辉明：《通说物权法》，三省堂 1992 年版，1993 年 10 月第 3 刷发行，第 226 页。）然现今通说认为其系事实行为，譬如姚瑞光《民法物权论》（吉锋彩色印刷股份有限公司 2011 年版）第 112 页、谢在全《民法物权论》（修订七版，上，新学林出版股份有限公司 2020 年版）第 311 页及王泽鉴《民法物权》（2014 年自版）第 238 页皆作如是主张。此外，日本学者舟桥谆一《物权法》（有斐阁 1960 年版，1970 年初版第 20 刷发行）第 356 页、铃木禄弥《物权法讲义》（四订版，创文社 1994 年版）第 21 页，也认为无主物先占为所有权的原始取得。也就是说，系根据先占的事实行为而取得无主物的所有权。

2　参见黄国瑞："论无主物先占"，载陈荣隆教授六秩华诞祝寿论文集《物权法之新思与新为》，瑞兴图书股份有限公司 2016 年版，第 165 页。

3　参见［日］我妻荣著，有泉亨补订：《新订物权法》，岩波书店 1983 年版，1997 年 4 月第 18 刷发行，第 298—299 页。另外，日本学者三和一博、平井一雄《物权法要说》（青林书院 1989 年版）第 107 页谓："依先占而取得所有权，并非基于先占人的意思，而系基于法律的直接规定的原始取得。也就是对占有（先占）的事实，法律赋予取得所有权的效果。"

二、无主物先占的比较法观察

于罗马法中，占有无主物或委弃物而取得所有权的即为先占，系最古老的原始取得财产（譬如动产等）所有权的方式，[1] 表现为以据为己有为目的获取或者占有不属于任何人所有的物品或者被他人遗弃（derelictio）的物品。比种先占使无主物的获取者取得对该物的所有权（dominium）。[2] 也就是说，按照罗马法，"谁强占了其上不存在所有权（无主）的物，谁就通过先占而成为该物的所有权人。无主物归先占它的人（res nullius cedit primo occupanti）"。[3]

进一步详言之，按照罗马法，无主物先占乃通常系指对自然界的物的先占。譬如自然界的野生动物（animals ferae naturae），包括飞禽、走兽，一旦其为人所获，就成为该获得人的财产。[4] 又如，根据罗马法，海岸上的宝石、海中新出现的岛屿，其所有权归第一个发现者。[5] 另外，在古罗马，战争中的捕获物，除不动产外（即动产），皆归捕获者所有，而不动产（如土地）则由国家所有。[6] 至于战争中的敌人之物，则被视为自然状态下的物，任何敌人的财产皆系此种自然状态下的无主物，故俘获者即为第一个取得者。[7] 值得特别提及的是，罗马法中先占的正当性基础乃系自然法理论，也就是说，自然界之物处于无外力的自然状态时，第

1　参见江平、米健：《罗马法基础》（修订本），中国政法大学出版社 1991 年版，第 143 页；黄风编著：《罗马法词典》，法律出版社 2002 年版，第 192 页；[德] 马克斯·卡泽尔、罗尔夫·克努特尔：《罗马私法》，田士永译，法律出版社 2018 年版，第 264 页。值得提及的是 1811 年《奥地利普通民法典》也认因无主物先占而取得所有权为原始取得，此原始取得，其称为"直接取得"，原文为"unmittelbare Erwerbung"。《奥地利普通民法典》，戴永盛译，中国政法大学出版社 2016 年版，第 80 页注释 1。

2　参见黄风编著：《罗马法词典》，法律出版社 2002 年版，第 192 页。

3　参见 [德] 马克斯·卡泽尔、罗尔夫·克努特尔：《罗马私法》，田士永译，法律出版社 2018年版，第 264 页。

4　参见江平、米健：《罗马法基础》（修订本），中国政法大学出版社 1991 年版，第 142 页。

5　参见江平、米健：《罗马法基础》（修订本），中国政法大学出版社 1991 年版，第 142 页。

6　参见江平、米健：《罗马法基础》（修订本），中国政法大学出版社 1991 年版，第 143 页。

7　参见江平、米健：《罗马法基础》（修订本），中国政法大学出版社 1991 年版，第 143 页。

一个取得的人理所当然地被认为取得了该物的所有权。[1]

自罗马法发其端，近现代及当代大陆法系主要国家和地区皆明文认可和厘定先占规则，尽管条文表述和厘定（规定）的内容存在差异。

1804 年《法国民法典》于其第二卷"财产以及所有权的各种变更"的第一编"财产的分类"的第三章"财产与其占有人的关系"，以及第三卷"取得财产的各种方式"的第一编"继承"的第四章"国家的权利"中，具体而言，也就是于该法典第 539、768 条等条文中，定有涉及无主物先占的规则。[2]1896 年《德国民法典》于其物权编第三章"所有权"的第三节"动产所有权的取得与丧失"的第五小节规定先占制度及其规则（第 958—964 条），内容灿然大备。这其中，第958 条规定"无主动产的所有权取得"，第 959 条规定"所有权的抛弃"，第 960条规定"（对）野兽（的先占）"，第 961 条规定"蜂群所有权的丧失"，第 962条规定"所有权人的追寻权"。[3]1898 年施行的《日本民法》于第二编"物权"的第三章"所有权"的第二节"所有权的取得"中设有"无主物之归属"的先占制度及其规则（第 239 条），[4]其与前述《德国民法典》的规定相较，实系较为简略，然其又较《法国民法典》的规定为进步，盖因其明确肯认和厘定无主物之归属的先占规则，而如前所述，可明了或窥见《法国民法典》在此点上乃是隐晦的，未及清晰、明确。1907 年《瑞士民法典》于第四编"物权法"的第四章"动产所有权"中定有无主物先占制度及其规则，此即第 718 条和第 719 条。其中第 718 条规定："以所有的意思占有无主物者，取得其所有权。"[5]第 719 条规定："被捕获的动物重获自由后，所有人未及时和不间断地实行追捕，且无意再将其捕获者，为无主物；驯养的动物回复野生状态，而不再回归其主人时，为无主物；

1　参见江平、米健：《罗马法基础》（修订本），中国政法大学出版社 1991 年版，第 143 页。

2　参见《法国民法典》，罗结珍译，中国法制出版社 1999 年版，第 167 页以下，第 212 页以下。

3　参见台湾大学法律学院、财团法人台大法学基金会：《德国民法（总则编、债编、物权编）》（上册，第 2 版），元照出版有限公司 2016 年版，第 898—901 页。

4　参见王融擎编译：《日本民法条文与判例》（上册），中国法制出版社 2018 年版，第 192 页以下。

5　参见《瑞士民法典》，戴永盛译，中国政法大学出版社 2016 年版，第 257 页。

蜂群虽进入他人土地，仍为有主物。"[1]另外，《瑞士民法典》第 658 条也定有关涉无主物先占的规则，即其规定："已登记于土地登记簿的不动产，其先占仅在依土地登记簿证明该不动产为无主物时，始得发生。未登记于土地登记簿的土地，其先占适用关于无主物的规定"。[2]1811 年《奥地利普通民法典》于第二编"物法"的第一分编"对物权"的第三章中规定"因先占而取得所有权"，自第 381 条至第 387 条，内容与规制较为充分与翔实。其中，第 381 条与第 382 条规定"先占"，第 383 条与第 384 条规定"动物的捕获"，而第 385 条至第 387 条则规定"发现无主物"的规则。[3]1958 年《韩国民法典》第二编"物权"的第三章"所有权"的第二节"所有权的取得"，于第 252 条规定"无主物的归属"，明定："就无主动产以所有的意思占有者，取得该物。无主不动产归国家所有。野生动物视为无主物。饲养的野生动物重返野生状态的，也视为无主物。"[4]此外，我国台湾地区"民法"于第三编"物权"的第二章"所有权"的第三节"动产所有权"中也明定"无主动产之先占"规则，此即第 802 条规定："以所有之意思，占有无主之动产者，除法令另有规定外，取得其所有权。"[5]

于英美法系，无主物先占被称为"occupancy"，其主要意涵为：对于动产，譬如鸟兽、鱼类等无主物，作为取得其所有权的手段，乃以所有（即自主占有）的意思实施的占有。[6]可见在英美法系，先占仍然系取得无主物所有权的方法或途径，此与大陆法系各国家和地区的无主物先占法制并无不同。

1　参见《瑞士民法典》，戴永盛译，中国政法大学出版社 2016 年版，第 257 页；台湾大学法律学研究所编译（梅仲协等译）：《瑞士民法》，1967 年 7 月印行，第 284 页。

2　参见《瑞士民法典》，戴永盛译，中国政法大学出版社 2016 年版，第 230 页；台湾大学法律学研究所编译（梅仲协等译）：《瑞士民法》，1967 年 7 月印行，第 251 页。

3　参见《奥地利普通民法典》，戴永盛译，中国政法大学出版社 2016 年版，第 80 页以下。

4　参见《韩国民法典 朝鲜民法》，金玉珍译，北京大学出版社 2009 年版，第 40 页。

5　参见陈聪富主编：《月旦小六法》，元照出版有限公司 2014 年版，第（叁）91—92 页。

6　参见［日］田中英夫等编集：《英美法辞典》，东京大学出版会 1991 年版，第 600 页。

三、无主物先占的涵义厘定、法特性、构成要件与法律效果

(一) 无主物先占的涵义厘定与法特性

如前述,按照物权法法理与学理,无主物先占系指占有人以所有的意思,先于他人占有无主物(主要指动产)而取得其所有权的事实。譬如,狩猎、捕鱼即通常为其适例。[1]进言之,对无所有人的财产(主要指动产),以所有的意思加以占有的,得取得其所占有的物(主要指动产)的所有权。此种以所有的意思占有该并无所有人的物(主要指动产,无主动产),即是无主物先占。[2]

无主物先占的法特性抑或性质,如前述,学理与法理上乃存在歧见,计有民事法律行为说(即认无主物先占为基于民事法律行为的所有权取得)、事实行为说(即认无主物先占为基于事实行为的所有权取得)及准民事法律行为说(即认无主物先占为基于准民事法律行为的所有权取得)三说。[3]惟通说或支配说认为,尽管先占人需以所有的意思占有无主物,然不可解为具有效果意思(法效意思),进而根据先占取得所有权乃并非基于意思表示,而是立基于先占的事实,法律或习惯法规则遂赋予该项效果。故先占应为事实行为,而非民事法律行为。[4]

(二) 无主物先占的构成要件

要产生取得无主物所有权的法律效果,需符合无主物先占的构成要件。易言之,只有满足或符合无主物先占的构成要件,方能有取得无主物所有权的法律效果之发生。按照罗马法以来的大陆法系与英美法系的无主物先占的立法成例、法

---

[1] 参见郑玉波著,黄宗乐修订:《民法物权》(修订十五版),三民书局股份有限公司 2007 年版,第 121 页。

[2] 参见 [日] 松井宏兴:《物权法》,成文堂 2017 年版,第 170 页。

[3] 关于无主物先占的法特性或性质,最主要的争议是其为基于民事法律行为的所有权取得抑或基于事实行为的所有权取得,然主张其为准民事法律行为者乃系少见,如本文前述,日本学者我妻荣就持这样的主张。对此,参见郑玉波著,黄宗乐修订:《民法物权》(修订十五版),三民书局股份有限公司 2007 年版,第 121 页。

[4] 参见郑玉波著,黄宗乐修订:《民法物权》(修订十五版),三民书局股份有限公司 2007 年版,第 121 页。

理或学理，构成无主物先占需符合或满足如下要件。

1. 需以所有的意思占有无主物。此所谓以所有的意思，仅指以有将无主物归自己支配的意识为足矣，无需有为民事法律行为取得所有权的意思表示的意思。[1] 换言之，具有与所有人相同或一样的排他性支配（无主）物的意思，[2]而无需有意欲取得（无主物）所有权的意思。[3]更进一步言之，以所有的意思占有无主物的自主占有自不用说，而具有将无主物归自己所有的意识也并无不可，即也符合以所有的意思而占有无主物的要件。之所以如此，盖因无主物先占为事实行为，而非民事法律行为，故而凡具一般占有能力的人（有为占有的事实行为的意识之人）皆得为有效的先占。[4]易言之，只要存在对物予以所有的意思，限制民事行为能力人、无民事行为能力人也可为先占（即也可透过对无主物的先占而取得其所有权）。另外，即便不知悉所占有（先占）的物系无主物，先占的法律事实也可成立，即先占人能取得所占有的物（无主物）的所有权。[5]

惟应指出的是，对无主物的先占既可由自己（本人）实施，也可指示他人实施，譬如可雇佣猎人进入山中猎取野生动物。[6]进言之，对无主物的占有，可由占有辅助人或占有机关实施，譬如雇佣渔夫实施捕鱼的情形，渔夫即是占有辅助人或占有机关，雇佣人基于先占而取得渔夫捕得的鱼的所有权。[7]白民众委托环保机构清运的巨大垃圾，环保机构自回收时取得巨大垃圾的所有权，巨大垃圾自清洁队员以环保机构资源回收车载运占有时起，即成为环保机构所有的公物。[8]还有，也可透过定作人与承揽人之间的法律关系，譬如给予承揽人一定的报酬，使之承

1　参见姚瑞光：《民法物权论》，吉锋彩色印刷股份有限公司2011年版，第112页。
2　也就是说，先占人必须有意思能力（意识能力、识别能力、判断能力、辨识能力）。参见〔日〕原岛重义等：《民法讲义2物权》，有斐阁1977年版，1980年12月再版第4刷发行，第235页。
3　参见〔日〕松井宏兴：《物权法》，成文堂2017年版，第171页；〔日〕松坂佐一：《民法提要：物权法》（第4版），有斐阁1980年版，第157页。
4　参见姚瑞光：《民法物权论》，吉锋彩色印刷股份有限公司2011年版，第112页。
5　参见〔日〕松井宏兴：《物权法》，成文堂2017年版，第171页。
6　参见姚瑞光：《民法物权论》，吉锋彩色印刷股份有限公司2011年版，第112页。
7　参见〔日〕松井宏兴：《物权法》，成文堂2017年版，第171页。
8　参见陈荣传：《民法物权实用要义》，五南图书出版股份有限公司2014年版，第56页。

揽鱼虾的捕获，此时其捕获的鱼虾的所有权应归定作人，惟承揽人为直接占有人，若定作人不依约定给付承揽人报酬，承揽人就该报酬乃有留置鱼虾的权利[1]。[2]

另外，应指出的是，仅发现无主物而具有所有的意思并不足矣（即并不由是成立先占），还需加以占有（无主物），方能取得其所有权。至于是否已经占有无主物，乃为事实问题，应根据客观情形予以认定。[3] 其具体判断标准为：该（无主）物是否由该人（先占人）事实上支配。[4] 需有何种事实方取得占有，乃应具体加以考察，兹分析如下。

（1）根据罗马法，"先占是以具有（自然的）自主占有意思并获得事实控制为前提，而且适用于各种物"。[5]"对于那些自己能动的物，即野生动物，究竟什么时候才算取得事实控制，则存在争论：优士丁尼采用了最严格的学说，认为必须事实上捕获了该动物"，"因为经常意外地发生某些事情以致你没有捕获它们"。[6]"如果先占时发生多数人竞争，该物就属于最先将它置于自己控制之下的人，然而如果他同时不正当地妨得了他人，就应当通过侵辱之诉（actio iniuriarum）向他人承担责任。"[7]

（2）猎人追赶野生动物（如野生的狸）进入极窄的岩穴（洞穴），而堵塞其洞口，即可认为已经占有（先占）该野生动物（如野生的狸）[8]。[9]

1　参见史尚宽著，张双根校勘：《物权法论》，中国政法大学出版社 2000 年版，第 127 页；黄国瑞："论无主物先占"，载陈荣隆教授六秩华诞祝寿论文集《物权法之新思与新为》，瑞兴图书股份有限公司 2016 年版，第 168 页。

2　参见黄国瑞："论无主物先占"，载陈荣隆教授六秩华诞祝寿论文集《物权法之新思与新为》，瑞兴图书股份有限公司 2016 年版，第 168 页。

3　参见姚瑞光：《民法物权论》，吉锋彩色印刷股份有限公司 2011 年版，第 112 页。

4　参见 ［日］松井宏兴：《物权法》，成文堂 2017 年版，第 171 页。

5　参见 ［德］马克斯·卡泽尔、罗尔夫·克努特尔：《罗马私法》，田士永译，法律出版社 2018 年版，第 264 页。

6　参见 ［德］马克斯·卡泽尔、罗尔夫·克努特尔：《罗马私法》，田士永译，法律出版社 2018 年版，第 265 页。

7　参见 ［德］马克斯·卡泽尔、罗尔夫·克努特尔：《罗马私法》，田士永译，法律出版社 2018 年版，第 265 页。

8　这是日本著名的判例。参见日本大判 1925 年 6 月 9 日刑集 4 卷第 378 页。［日］滝沢聿代：《物权法》，三省堂 2013 年版，第 178 页注释 28。

9　参见姚瑞光：《民法物权论》，吉锋彩色印刷股份有限公司 2011 年版，第 112 页。

（3）直接拿捕的情形。譬如在日本，其大审院 1925 年 12 月 25 日的判决乃判示：真珠贝养殖业者从采苗地（稚贝天然的发生地）采捕稚贝放养于放养场的，采捕之时养殖业者基于先占而取得其所有权。[1]

（4）其他可认为系排他性占有无主物的情形。于比较法实务中，譬如根据日本判例，自县知事处获得处理贝壳的许可，于其所定海滨区域树立该处理许可的航标，并设置监视人以防止他人采取的，于贝壳被海浪冲上该海滨区域时，处理人即取得其占有，也就是依先占而取得贝壳的所有权。[2]另外，日本大审院 1922 年 11 月 3 日的判决若为民事判决，也应认为渔业权人对附着于岩石的海草具有先占关系，得因此而取得其所有权。[3]最后，二战结束以后的日本判例不承认具有占有（先占）的事例乃是：尽管于沉没的军舰处安装浮标，但并不能由此认为对沉没的巨大的军舰存在占有（先占），也就是说不能据此而认为得取得沉没的（巨大的）军舰的所有权[4]。[5]

2. 需占有的物为无主物。所谓无主物，即现在不属于任何人所有的物。过去曾一度为他人所有，后经其抛弃的，也为无主物。[6]也就是说，经原物主抛弃的物，也可成为先占的标的物。[7]在实务中，无主物多见于野生动植物，譬如山中的

1　参见黄国瑞："论无主物先占"，载陈荣隆教授六秩华诞祝寿论文集《物权法之新思与新为》，瑞兴图书股份有限公司 2016 年版，第 168 页。

2　参见日本大判 1935 年 9 月 3 日民集 14 卷，第 1640 页；黄国瑞："论无主物先占"，载陈荣隆教授六秩华诞祝寿论文集《物权法之新思与新为》，瑞兴图书股份有限公司 2016 年版，第 168 页。

3　详情参见黄国瑞："论无主物先占"，载陈荣隆教授六秩华诞祝寿论文集《物权法之新思与新为》，瑞兴图书股份有限公司 2016 年版，第 168—169 页。

4　参见东京高判 1956 年 11 月 10 日高民集 9 卷 11 号，第 682 页。

5　参见黄国瑞："论无主物先占"，载陈荣隆教授六秩华诞祝寿论文集《物权法之新思与新为》，瑞兴图书股份有限公司 2016 年版，第 168—169 页。

6　参见姚瑞光：《民法物权论》，吉锋彩色印刷股份有限公司 2011 年版，第 112—113 页；［日］原岛重义等：《民法讲义 2 物权》，有斐阁 1977 年版，1980 年 12 月再版第 4 刷发行，第 235 页。

7　参见郑玉波著，黄宗乐修订：《民法物权》（修订十五版），三民书局股份有限公司 2007 年版，第 121 页。也就是说，经所有人抛弃（放弃）的并无所有人的物，也为无主物。先占人并无必要知悉是无主物，而只要客观上系无主物即足矣。［日］三和一博、平井一雄：《物权法要说》，青林书院 1989 年版，第 108 页。

松茸、药草、野兔、飞鸟、兰花、蝴蝶或河流、海洋中的鱼贝类，以及天降甘霖。[1] 进言之，无主物乃涵括如下范围的物[2]：

（1）不曾属于任何人所有的物，譬如野生的鸟兽、河流或海洋中的鱼虾即是。在日本，根据其判例，附着于他人有专用渔业权的渔场自然岩石的海草，为无主物，先占人将之自岩石剥离而采取时，其行为并非盗窃，而是得依无主物先占（规则）取得海草的所有权。[3] 另外，依日本判例，自然状态下生成的真珠贝也系无主物，先占人得依对其占有而取得所有权。[4] 然若真珠贝系养殖业者采捕稚贝放养于放养场的，则并非无主物，不得基于先占而取得其所有权。[5]

（2）曾经为他人所有但所有权人抛弃其所有权的物，也为无主物。在日本，依其判例，经矿业权人抛弃的矿渣（含金银成分），矿业权人弃而不顾时，为无主物。[6] 二战后被交给盟军而投弃于海中的旧日本军所有的枪炮弹，日本下级审判例认为系无主物，可基于先占而取得其所有权，[7] 惟日本最高法院则判示：此等物件投弃后仍属于盟军所有，[8] 讲和条约生效后以海底存在的状态，归日本国所有。

1　参见谢在全：《民法物权论》（上，修订七版），新学林出版股份有限公司 2020 年版，第 312 页；［日］松井宏兴：《物权法》，成文堂 2017 年版，第 170 页。

2　参见黄国瑞："论无主物先占"，载陈荣隆教授六秩华诞祝寿论文集《物权法之新思与新为》，瑞兴图书股份有限公司 2016 年版，第 166—167 页。

3　参见日本大刑判 1922 年 11 月 3 日刑集 1 卷，第 622 页。惟日本田中整尔《所有权的取得·占有权的取得·代理占有（间接占有）》［载《综合判例研究丛书民法（24）》，有斐阁 1950 年版，第 4 页］对此持反对意见。黄国瑞："论无主物先占"，载陈荣隆教授六秩华诞祝寿论文集《物权法之新思与新为》，瑞兴图书股份有限公司 2016 年版，第 166 页及该页注释 7。

4　参见日本大刑判 1925 年 12 月 25 日刑集 5 卷，第 603 页。

5　参见黄国瑞："论无主物先占"，载陈荣隆教授六秩华诞祝寿论文集《物权法之新思与新为》，瑞兴图书股份有限公司 2016 年版，第 166 页。

6　参见日本大判 1915 年 3 月 9 日民录 21 辑，第 299 页；姚瑞光：《民法物权论》，吉锋彩色印刷股份有限公司 2011 年版，第 113 页。

7　参见日本大阪高判 1955 年 6 月 27 日高刑裁特 2 卷 15 号，第 748 页；日本大分地判 1958 年 2 月 6 日第 1 审刑事判例集 1 卷 2 号，第 207 页。

8　也就是说，盟军自旧日本军那里（接）受交付的投放于海中的枪炮弹等，因不认为有抛弃（放弃）的意思，故而并非无主物。参见［日］林良平编：《物权法》，青林书院 1986 年版，第 108 页。

¹另外，依日本判例，刹车系统缺损，后轮轮胎脱落以及生锈的脚踏车，即使放置在车站前的道路旁，也不能认为所有权人抛弃此等物的所有权，进而不成立无主物的先占（但可依《日本遗失物法》²而取得其所有权）。³在我国台湾地区，废弃车辆如依客观事实可认定为无主物的，譬如废旧不堪使用的车辆，其长久停放于公共巷道，经通知车主处理而逾期未处理，根据客观事实可认定车主有抛弃的意思的，该物通常即为无主物，其经环保机构予以代表而先占的，由被代表的市、县、乡、镇等公法人取得所有权。⁴

（3）自土地中发掘的物系属无主物抑或埋藏物应分情形具体判定。具体而言，原曾经为某人所有，且现在也可推知系为其继承人所有的物，为埋藏物，而非无主物；反之，自始不曾为何人所有的物（如古生物的化石等），或曾为人所有但现在无法查考为其继承人所有的物（如古代人类的遗物），即使埋在地中，通常也应认定为无主物。⁵另外，在我国，根据 1939 年（司法）院字第 1949 号解释，"古人遗骸"系无主物。⁶

（4）按比较立法成例，下列各物为无主物⁷：捕获的野兽恢复自由，其所有人不尽速追寻，或放弃追寻的；驯养的动物因迷失致不能返回原处的；蜂群移栖

1　参见日本最判 1963 年 5 月 10 日刑集 17 卷 4 号，第 261 页。

2　《日本遗失物法》是制定于明治 32 年（1899 年）的较为久远的法律，其于平成 18 年（2006 年）被全面修改。参见［日］滝沢聿代：《物权法》，三省堂 2013 年版，第 178 页。

3　参见日本浦和地判 1983 年 12 月 19 日判时 1109 号，第 125 页。

4　参见我国台湾地区"行政法院"1967 年判字第 214 号判例。黄国瑞："论无主物先占"，载陈荣隆教授六秩华诞祝寿论文集《物权法之新思与新为》，瑞兴图书股份有限公司 2016 年版，第 167 页。

5　参见黄国瑞："论无主物先占"，载陈荣隆教授六秩华诞祝寿论文集《物权法之新思与新为》，瑞兴图书股份有限公司 2016 年版，第 167 页；［日］我妻荣著，有泉亨补订：《新订物权法》，岩波书店 1983 年版，1997 年 4 月第 18 刷发行，第 299 页；［日］田中整尔："所有权的取得·占有权的取得·代理占有（间接占有）"，载《综合判例研究丛书民法（24）》，有斐阁 1950 年版，第 7 页；［日］舟桥谆一：《物权法》，有斐阁 1960 年版，1970 年初版第 20 刷发行，第 357 页；谢在全：《民法物权论》（上，修订七版），新学林出版股份有限公司 2020 年版，第 312 页。

6　参见黄国瑞："论无主物先占"，载陈荣隆教授六秩华诞祝寿论文集《物权法之新思与新为》，瑞兴图书股份有限公司 2016 年版，第 167 页。

7　参见《德国民法典》第 960、961 条；姚瑞光：《民法物权论》，吉锋彩色印刷股份有限公司 2011 年版，第 113 页。

时，所有人不尽速追寻或抛弃（放弃）其追寻的。对于此等特殊无主物的先占，后文拟予详述。

最后，应特别提及的是，如前述，先占人无需知悉其所占有的标的物为无主物，而仅需其占有的标的物于客观上确为无主物即为足矣，故而先占人误以为并非系无主物而先占的，也不妨碍或影响其取得所有权。反之，实际上并非无主物，而误以为系无主物加以先占的，也并不因此取得所有权。[1]

3. 需为动产。[2] 先占的标的物除动产外，是否还涵括不动产，罗马法以来的各国家和地区的立法成例乃有不同。按照罗马法，无论动产或不动产皆可基于先占而取得其所有权。[3] 并且，于他人土地内有违土地所有人的意思而狩猎，对该土地所有人固然应负赔偿责任，但对于其捕获的鸟兽仍取得所有权，由此，此种主义又被称为先占自由主义，现今大陆法系法国法支流的民法多采此主义；然对于不动产，则由国库取得其所有权。[4] 值得注意的是，《日本民法》第 239 条第 2 项 [5]、《韩国民法典》第 252 条第 2 项皆明定：涵括土地及其定着物的无主不动产，属于国有。[6]

在日耳曼法中，动产原则上准允先占，然不动产非经国王特许则不得先占，此即国家优先先占主义（也称先占权主义），《德国民法典》对此予以承袭。[7]《瑞士民法典》系采介于法、德二国民法之间的规范模式，即动产、不动产皆准允自

1　参见黄国瑞："论无主物先占"，载陈荣隆教授六秩华诞祝寿论文集《物权法之新思与新为》，瑞兴图书股份有限公司 2016 年版，第 167 页；谢在全：《民法物权论》（上，修订七版），新学林出版股份有限公司 2020 年版，第 312 页。

2　参见黄国瑞："论无主物先占"，载陈荣隆教授六秩华诞祝寿论文集《物权法之新思与新为》，瑞兴图书股份有限公司 2016 年版，第 165 页。

3　参见姚瑞光：《民法物权论》，吉锋彩色印刷股份有限公司 2011 年版，第 113 页。

4　参见《法国民法典》第 539、768 条，《日本民法》第 239 条第 1 项；黄国瑞："论无主物先占"，载陈荣隆教授六秩华诞祝寿论文集《物权法之新思与新为》，瑞兴图书股份有限公司 2016 年版，第 165 页。

5　也就是说，无所有权人的不动产归属于国库（作为财产权的主体的国家），依无主物先占而取得所有权的仅限于动产。参见 ［日］松井宏兴：《物权法》，成文堂 2017 年版，第 171 页。

6　参见姚瑞光：《民法物权论》，吉锋彩色印刷股份有限公司 2011 年版，第 114 页的注释。

7　参见《德国民法典》第 958 条："对无主的动产为自主占有的，取得其所有权。先占为法律所禁上，或因占有的取得，致损害他人先占权的，不取得所有权。"台湾大学法律学院、财团法人台大法学基金会：《德国民法（总则编、债编、物权编）》（上册，第 2 版），元照出版有限公司 2016 年版，第 898 页。

由先占，不过对不动产乃略加限制。[1]至于现今我国台湾地区"民法"，则认为仅动产可先占，不动产则否。[2]

综上所言，应以仅认占有（先占）无主的动产方能取得其所有权，而先占不动产则不能取得其所有权为妥当。至于不动产，则应由国家基于先占而取得其所有权。易言之，不动产不得由私人根据先占而取得其所有权。也就是说，国家对无主不动产享有先占权。

应提及的是，即使如此，动产中也有不得为先占的标的物的，譬如渔业法、野生动植物保护法以及文化财产（资产）保存（保护）法禁止捕获的物即是。[3]进一步详言之，下列各物不得为先占的标的物[4]：

（1）不动产（如土地）的出产物在与不动产（如土地）分离前，为该不动产（如土地）的部分，不得为先占的标的物。惟依我国台湾地区"民法"第790条的规定，因行使樵牧权而采得的野生物可基于先占取得所有权，此并不因公有地或私有地而有差异或不同。[5]

（2）不融通物（如伪造的货币、纸币、银行券，鸦片，吗啡，海洛因，炸药，军用枪炮子弹）既然不得为物权的客体，则不得为先占的标的物。值得注意的是，对法律禁止的物实施先占的法律效果，《日本民法》并无规定，其早期学理解释为不发生先占的效果，此后学理多主张原则上并不影响私法上的效果，而

1　参见《瑞士民法典》第658、718条。具体言之，《瑞士民法典》第658条规定："已登记于土地登记簿的不动产，其先占，仅在依土地登记簿证明该不动产为无主物时，始得发生。未登记于土地登记簿的土地，其先占，适用关于无主物的规定。"第718条规定："以所有之意思，占有无主物者，取得其所有权。"《瑞士民法典》，戴永盛译，中国政法大学出版社2016年版，第230、257页。

2　参见我国台湾地区"民法"第802条。根据我国台湾地区有关规定，土地所有权消灭时不得成为无主物，不能基于先占而取得其所有权。至于土地上的定着物，譬如房屋或其他建筑物，尽管并无明文规定不能先占，但解释上所有权消灭时应属于公有。黄国瑞："论无主物先占"，载陈荣隆教授六秩华诞祝寿论文集《物权法之新思与新为》，瑞兴图书股份有限公司2016年版，第167页；姚瑞光：《民法物权论》，吉锋彩色印刷股份有限公司2011年版，第113页。

3　参见郑玉波著，黄宗乐修订：《民法物权》（修订十五版），三民书局股份有限公司2007年版，第122页。

4　参见谢在全：《民法物权论》（上，修订七版），新学林出版股份有限公司2020年版，第313页。

5　参见谢在全：《民法物权论》（上，修订七版），新学林出版股份有限公司2020年版，第313页。

应就各个具体的情形加以斟酌，以分别判定其法律效果。[1]《德国民法典》第958
条第2项则明定："先占为法律所禁止，或因先占的取得致损害他人先占权的，
不取得（标的物）的所有权。"[2]

（3）尸体仅于不妨害善良风俗的范围内，可归死者的继承人（家属）所有。
继承人（家属）得将尸体埋葬或祭祀。也就是说，尸体不得为物权的客体，故而
不得为先占的标的物。由此，学理或法理乃通常认为尸体系一种禁制物。[3]

（4）野生动植物保护法规定的保育类野生动植物，文化资产（财产）保存
（保护）法规定的禁止采摘的自然纪念物（含珍贵稀有植物与矿物），因系法律禁
止猎捕的物，故不得为先占的标的物。[4]

（5）他人有独占先占权的物，不得为先占的标的物。[5]譬如对特定水面取得
渔业权的人，对该水面内的水产动物即享有独占的采捕权（排他性先占权），可
排除一般人的先占，无此权利的人尽管实施先占，但不仅不能取得所有权，还应
负侵权行为的损害赔偿责任或依不当得利规则返还占有的利益。[6]

（6）土地中的矿物属于国家所有，其不得为先占的标的物，然经他人开采后
已成为动产，又被弃置而成为无主物（如矿渣）的，自可为先占的标的物。[7]

1　参见黄国瑞："论无主物先占"，载陈荣隆教授六秩华诞祝寿论文集《物权法之新思与新为》，
瑞兴图书股份有限公司2016年版，第174页；[日] 川岛武宜、川井健编：《新版注释民法（7）物权
（2）》，有斐阁2007年版，第381页。

2　参见台湾大学法律学院、财团法人台大法学基金会：《德国民法（总则编、债编、物权编）》
（上册，第2版），元照出版有限公司2016年版，第898页。

3　参见黄国瑞："论无主物先占"，载陈荣隆教授六秩华诞祝寿论文集《物权法之新思与新为》，
瑞兴图书股份有限公司2016年版，第171页；谢在全：《民法物权论》（上，修订七版），新学林出版
股份有限公司2020年版，第313页；我国台湾地区2018年台上字2109号判决。

4　参见谢在全：《民法物权论》（上，修订七版），新学林出版股份有限公司2020年版，第313页。

5　应值注意的是，享有独占（权）的先占固然为一种权利，然一般的先占是否也系一种权利，
学说存在分歧，即有人认为系一种权利，也有人认为非权利，而仅系法律上的一种自由。前者有人解
释为系人格权，或系形成权抑或可能权。后者则认为，无论何人皆可为之的事不得解为权利也。参见
[日] 游佐庆夫：《民法概论物权编》，有斐阁1935年版，第三章第四节第一款。转引自郑玉波著，黄
宗乐修订：《民法物权》（修订十五版），三民书局股份有限公司2007年版，第122页注释21。

6　参见谢在全：《民法物权论》（上，修订七版），新学林出版股份有限公司2020年版，第313页。

7　参见谢在全：《民法物权论》（上，修订七版），新学林出版股份有限公司2020年版，第313页。

4. 需无特别法的禁止。也就是说，尽管为无主的动产，但并非得对之任意主张先占，乃应注意特别法规定的限制。譬如野生动植物保护法、矿业法及文化资产（财产）保存（保护）法，均有规定排除无主物先占的适用的情形。[1] 于此等场合，即不得基于无主物先占而取得标的物的所有权。

（三）无主物先占的法律效果

一经具备以上无主物先占的要件，即发生无主物先占的法律效果，具体而言，即由无主物的先占人取得无主物的所有权。基于先占的取得，因并非依据他人既存的权利而取得，故为原始取得。[2] 根据此种取得的特性，若该无主物上存有（附随有）他人的权利，则该存有（附随）的他人的权利也归于消灭。另外，先占人所占有的标的物需适法，若系违禁物，即使具备前述要件，也不能取得其所有权。[3]

此外，因先占并非民事法律行为，故自不得经由代理人而实施，但先占人并不以直接占有无主物为必要，而可经由占有辅助人实施占有，也可为间接占有人。譬如以预先订立占有媒介合同（委托）的方式，于受让人直接对无主物实施占有时，即可由委托人成为间接占有人，而原始取得该无主物的所有权。[4] 行为人以为他人管理事务的意思而占有无主物的，该他人并不由是取得无主物的所有权，之所以如此，盖无因管理并无法成立间接占有。[5]

最后，按照法理与学理，动产经放弃（抛弃）而成为无主物的，自可加以先占，惟有时放弃（抛弃）人的意思乃以使放弃（抛弃）物灭失为目的，譬如私人信件的放弃（抛弃），若先占人取得所有权后任意将该信件加以公开，实有悖于

---

[1] 参见郑冠宇：《民法物权》（第八版），新学林出版股份有限公司 2018 年版，第 128—129 页；陈华彬：《物权法论》，中国政法大学出版社 2018 年版，第 413 页。

[2] 参见姚瑞光：《民法物权论》，吉锋彩色印刷股份有限公司 2011 年版，第 113 页。

[3] 参见郑玉波著，黄宗乐修订：《民法物权》（修订十五版），三民书局股份有限公司 2007 年版，第 123 页。

[4] Vgl. MüKoBGB/Oechsler, 7Aufl. 2017, § 958, Rn. 6. 郑冠宇：《民法物权》（第八版），新学林出版股份有限公司 2018 年版，第 129 页。

[5] Vgl. Staudinger/Gursky, 2016, § 958, Rn. 3. 郑冠宇：《民法物权》（第八版），新学林出版股份有限公司 2018 年版，第 129 页。

放弃（抛弃）人的意愿，故此种场合应解释为物（动产）的原所有人放弃（抛弃）附有条件，先占人自应受此条件的限制，即不得将因先占而取得的信件公开。[1]还有，动产上存有物上负担而经所有人放弃（抛弃）的，其放弃（抛弃）未经物权人的同意，乃不生放弃而使物权消灭的效力，故应不许对该动产主张基于无主物的先占而取得所有权。[2]此外，我国台湾地区"民法"第445条第1项规定："不动产之出租人，就租赁契约所生之债权，对于承租人之物置于该不动产者，有留置权。但禁止扣押之物，不在此限。"[3]据此规定，承租人放弃（抛弃）出租人具有特别留置权的物，乃并非有效，该物应非属无主物，其上的留置权也不因此而消灭，故而对该动产先为占有（先占）的人，不仅不得主张先占而取得其所有权，还应受该留置权的拘束。[4]

四、立法成例与具体实务中的特殊无主物先占

如前所述，于立法成例与具体实务中，对野栖动物与蜂群等无主物的先占较为特殊，如下一一展开论述。[5]

（一）野栖动物的先占

按照法理与学理，通常认为，野栖动物如斑鸠、山猪、野鹿、野兔等于野生状态中时，系为无主物，除受野生动植物保护法的限制外，得为先占的标的物，由先占人原始取得其所有权。[6]家畜如牛、马、羊、猪、鸡、鸭、鹅、鸽、犬、猫及被人饲养的野栖动物，其乃与通常的动产无异，于所有权人放弃（抛弃）所有权之前，不得基于先占而取得其所有权。惟应注意的是，于我国民法史上，对于

1　参见郑冠宇：《民法物权》（第八版），新学林出版股份有限公司2018年版，第129页。
2　参见郑冠宇：《民法物权》（第八版），新学林出版股份有限公司2018年版，第130页。
3　参见陈聪富主编：《月旦小六法》，元照出版有限公司2014年版，第（叁）—46页。
4　参见郑冠宇：《民法物权》（第八版），新学林出版股份有限公司2018年版，第130页。
5　此部分的论述主要参考、依据黄国瑞："论无主物先占"，载陈荣隆教授六秩华诞祝寿论文集《物权法之新思与新为》，瑞兴图书股份有限公司2016年版，第169—171页。
6　在我国，大体上也系如此，即此等物也为我国实务中的无主物，其除受野生动植物保护法的限制外，得为先占的标的物，由先占人原始取得其所有权。

经人饲养的野栖动物，《大清民律草案》仿效德国、瑞士民法，分为捕获与驯养两种情形加以规定。1925 年《民国民律草案》对此予以承袭。具体而言，按其规定，捕获的野栖动物回复其自由时，视为无主物，然其所有人尚在追捕中的除外。[1]至于驯养的野栖动物，其不能复归一定的处所时，乃视为无主物。[2]此等规定具积极意义、实务价值且合于法理、学理及情理，可作为我国现今处理习惯法规则中的野栖动物的先占的参考。

（二）蜂群的先占

按照法理、学理及情理，野蜂（即未被饲养的蜜蜂）系为无主的野栖动物，自可因先占取得其所有权。对于已被饲养的蜜蜂，得否作为先占的标的物，《大清民律草案》与 1925 年《民国民律草案》仿《德国民法典》的规定而作有相同的规定，兹逐一分情形予以述及。

1. 蜂群飞入他人地内。对于蜂群飞入他人地内，《大清民律草案》第 1030条、1925 年《民国民律草案》第 817 条以及《德国民法典》第 961 条皆规定视为无主物，然所有权人尚在追捕中的除外。不过，对于此点，《瑞士民法典》第 719条第 3 项规定："蜂群虽进入他人土地，仍为有主物。"[3]比较此等立法成例，当以前三者的规定为妥，进而值得我国现今及未来处理同类问题时吸纳。

2. 数人所有的蜂群混集于一地。按照《大清民律草案》第 1030 条、1925 年《民国民律草案》第 818 条以及《德国民法典》第 963 条的规定，数个所有权人的蜂群移住于他人土地合为一群的，其蜂群作为追捕者各所有人的按份共有物，

1　参见《大清民律草案》第 1029 条第 1 项、1925 年《民国民律草案》第 816 条第 1 项、《德国民法典》第 960 条第 2 项以及《瑞士民法典》第 719 条第 1 项；黄国瑞："论元主物先占"，载陈荣隆教授六秩华诞祝寿论文集《物权法之新思与新为》，瑞兴图书股份有限公司 2016 年版，第 170 页。

2　参见《大清民律草案》第 1029 条第 2 项、1925 年《民国民律草案》第 816 条第 2 项、《德国民法典》第 960 条第 3 项以及《瑞士民法典》第 719 条第 2 项；黄国瑞："论无主物先占"，载陈荣隆教授六秩华诞祝寿论文集《物权法之新思与新为》，瑞兴图书股份有限公司 2016 年版，第 170 页。

3　参见《瑞士民法典》，戴永盛译，中国政法大学出版社 2016 年版，第 257 页；黄国瑞："论无主物先占"，载陈荣隆教授六秩华诞祝寿论文集《物权法之新思与新为》，瑞兴图书股份有限公司 2016年版，第 170 页。

即按份共有人应有的份额，按其所有蜂群的数（量）确定。[1]此等规定也具实务与学理的参考、借镜价值，值得我国现今及未来处理同类问题时予以参酌、考量。

3. 蜂群与他人的蜂群相合而移住于他人的蜂室。对于蜂群与他人的蜂群相合而移住于他人的蜂室的，《大清民律草案》第 1032 条、1925 年《民国民律草案》第 819 条规定：蜂群与他人的蜂群相合，并移住他人的蜂室的，其所有权及其他权利，由他人取得。[2]《德国民法典》第 964 条规定："群蜂进入他人已饲有蜂群的蜂房的，原栖于该蜂房的蜂群的所有权及他项权利，其效力及于该进入的蜂群。该进入的蜂群的所有权及他项权利，即归消灭。"[3]《瑞士民法典》第 725 条第 2 项规定："蜂群进入他人有蜂群的蜂箱时，蜂箱所有人取得其所有权，且不负补偿义务。"[4]根据此等规定，譬如甲蜂群与他人所有的乙蜂群相合并住其蜂室的，乙蜂群所有权及以此为标的物的他权利，其效力及于甲蜂群，甲蜂群所有权及以此为标的物的他权利归于消灭。[5]

五、无主物先占在我国的源起、演进、现状及未来我国民事法制对于它的态度

我国无主物先占制度迄今已有甚为久远的历史。据记载，在我国古代（唐代）的《唐律·杂律》中就有关于先占取得无主动产的所有权的规定。具体而言，《唐律·杂律》禁止占国家山野湖泊之利，但"已施功取者，不追"。[6]至明

---

1   参见黄国瑞："论无主物先占"，载陈荣隆教授六秩华诞祝寿论文集《物权法之新思与新为》，瑞兴图书股份有限公司 2016 年版，第 170 页。

2   参见黄国瑞："论无主物先占"，载陈荣隆教授六秩华诞祝寿论文集《物权法之新思与新为》，瑞兴图书股份有限公司 2016 年版，第 171 页。

3   参见台湾大学法律学院、财团法人台大法学基金会：《德国民法（总则编、债编、物权编）》（上册，第 2 版），元照出版有限公司 2016 年版，第 901 页。

4   参见《瑞士民法典》，戴永盛译，中国政法大学出版社 2016 年版，第 260 页。

5   参见黄国瑞："论无主物先占"，载陈荣隆教授六秩华诞祝寿论文集《物权法之新思与新为》，瑞兴图书股份有限公司 2016 年版，第 171 页。

6   参见李志敏：《中国古代民法》，法律出版社 1988 年版，第 96 页。

清时期也有此种规定，即对山野之物已加功利，便取得已加功利之物的所有权。《大清律辑注》曰："若山野柴草木石之类，本无主物，人得共采，但他人已用工力，砍伐积聚，即其人之物矣；而擅自取去，取非其有，犹盗之也。"[1]《大清民律草案》将无主物先占作为明文的民法（物权法）规则予以确定，其关于无主物先占的规定主要见于第 1025[2]、1028[3] 条。立法理由书就规定无主物先占的（立法）理由指出："无主物，因先占而取得其所有权之制度，自古各国皆有之，其主义分为自由先占主义及先占权主义。自由先占主义者，使先占者自由取得无主物所有权之谓。先占权主义者，非有先占权之人，不得因先占而取得无主物所有权之谓。本法既于不动产认先占权主义，故复设本条于动产认自由先占主义，使先占无主动产者，得以其动产为其所有而利用其动产也。"[4] 至 1929—1930 年的《中华民国民法》，即将先占作为取得动产所有权的一种特殊方法予以正式规定。我国台湾地区现行"民法"第 802 条[5] 亦规定有无主物先占制度，并于实践中得以适用。[6]

1949 年新中国成立后，伴随废除国民党政府制定的"六法"，涵括无主物先占制度及其规则的原《中华民国民法》乃不复存在。1986 年制定原《民法通则》时未于条文中规定无主物先占制度，迄至 2007 年颁行原《物权法》时因担心认可无主物先占制度会导致国有财产的流失及鼓励不劳而获的情况发生，[7] 故该法也

1　参见李志敏：《中国古代民法》，法律出版社 1988 年版，第 96 页。

2　该条规定："前条不动产，其先占之权利专属国库。前项不动产，国库以所有人名义登记者，取得其所有权。"参见邵义著，王志华勘校：《民律释义》，北京大学出版社 2008 年版，第 369 页。

3　该条规定："以所有意思占有无主之动产者，即取得其所有权。"参见邵义著，王志华勘校：《民律释义》，北京大学出版社 2008 年版，第 370 页。

4　参见黄国瑞："论无主物先占"，载陈荣隆教授六秩华诞祝寿论文集《物权法之新思与新为》，瑞兴图书股份有限公司 2016 年版，第 165 页。

5　我国台湾地区"民法"第 802 条（无主动产之先占）规定："以所有之意思，占有无主之动产者，除法令另有规定外，取得其所有权。"参见陈聪富主编：《月旦小六法》，元照出版有限公司 2014 年版，第（叁）—91—92 页。

6　对于我国台湾地区"民法"该第 802 条的学理阐释，参见王泽鉴：《民法物权》，2014 年自版，第 237 页以下。

7　参见陈华彬：《物权法论》，中国政法大学出版社 2018 年版，第 415 页。

未规定先占制度。2020 年通过的《民法典》秉承此前历次立法的做法而未明定先占制度。故此，现今我国的无主物先占制度及其规则乃是仅作为民间的习惯法（规则）而得以存在。亦即，除了法律明文保护的野生动植物外，我国历来准允单个的私人进入国家或集体所有的森林、荒原、滩涂、水面打猎、捕鱼、砍柴伐薪，采集野生植物、果实乃至名贵中药材，并取得猎获物、采集物的所有权。[1] 另外，于我国现今的民间，拾得垃圾、捕捉溪中的虾贝、鱼类及山中的蝴蝶、兰花者皆可取得其所有权。此等取得所有权的法律上的正当性基础即是对此等（无主物）的先占。甚而至于拾得垃圾而取得其所有权业已成为一项恒久的朝阳产业，带动形成垃圾的分类、处理及回收的产业链条。在这种背景下，仅以习惯法的规则对无主物的先占予以调整和规范乃已明显滞后。

进言之，不明定无主物先占制度，乃存在较大弊端，对此可举出如下一些：其一，无主物先占系一项基于事实行为而取得物权（如所有权）的制度，其与其他基于事实行为如遗失物拾得、埋藏物发现、添附（含附合、混合及加工）等而取得物权（如所有权）的制度一道，构成一个完整的制度或规则系统，《民法典》业已对后几类基于事实行为取得物权（如所有权）的情形作有厘定（规定），而唯独未明定无主物先占制度，此于立法论的完整系统的视角看未尽妥当，应系无疑。其二，如本文前述，无主物先占作为一项源起于罗马法的制度，演变或发展至今，各国家和地区民法（典）皆予规定（厘定），此表明它确为社会生活所需要，甚或不可阙如，因现今的我国业已融入世界或国际社会而也系如此。其三，《民法典》于第二编"物权"的第五分编"占有"定有 5 个条文的占有制度，该占有制度尽管与无主物先占制度存在关联，但二者终究属于不同的、有差异、有分隔、有适用的楚河界限的制度。依凭《民法典》所定的该 5 个条文的占有制度，实乃无力（或无法）解决无主物先占本身及其所衍生的问题。其四，我国现今社会经济生活已发生重要变化，且国有企业公司化、股份制改制已进行多年，

---

[1] 参见彭万林主编：《民法学》，中国政法大学出版社 1994 年版，第 228 页（李开国执笔）；陈华彬：《物权法论》，中国政法大学出版社 2018 年版，第 415 页。

故此，2007 年颁行原《物权法》时担心认可无主物先占制度会导致国有财产的流失与鼓励不劳而获的情况于现今业已较难发生或出现，进而也就证成以制定法（实定法）的方式明确无主物先占制度乃具必要性、重要性甚或迫切性。

根据以上所论，归纳言之，我国于未来的适当时机还是应以于民事法中建构和确立明确的无主物先占制度为妥，如此方可谓我国民事法制已堪成熟和健全。惟有如是，方可使无主物先占这一传统民法制度及其规则应付裕如地作用于我国的社会生活与经济实践，进而发挥这一制度及其规则的固有功用与价值。

六、结语

如前所述，现今尽管取得动产乃至不动产所有权的方式乃系买卖、赠与、互易的继受取得（传来取得）以及基于继承的法定取得与意思自治（基于被继承人的遗嘱的意思）取得，然基于作为原始取得之一种的无主物先占的情形而取得所有权乃系不能忽视或忽略。此点由本文前述对无主物先占的比较法考察中可以窥见和明了。也就是说，尽管现今无主物先占业已丧失其重要性，[1] 但作为所有权起源的一种理论解释（阐释），[2] 其仍受重视并有积极价值与意义。进言之，于基于无主物先占、善意受让（善意取得、即时取得）、遗失物拾得、埋藏物发现、附合、混合及加工（此三者合称"添附"）的原始取得所有权的诸情形，无主物先占仍占据最重要的地位，尽管其受到一些行政法规的限制。[3] 一言以蔽之，现今根据先占而取得无主物所有权的情形仍系颇为常见，由此之故，自其他国家和地区立法的比较、学理以及法理的视角而展开对它的研究，乃是有益、必要和妥恰的。

---

[1] 也就是说，先占在渔业、狩猎业等原始产业中具重要意义，而于经济社会中几乎未有重要性。参见［日］铃木禄弥：《物权法讲义》（四订版），创文社 1994 年版，第 21—22 页。

[2] 参见王泽鉴：《民法物权》，2014 年自版，第 238 页；［英］梅因：《古代法》，沈景一译，商务印书馆 1959 年版，第 139 页以下；陈华彬：《物权法论》，中国政法大学出版社 2018 年版，第 180 页。

[3] 参见黄国瑞："论无主物先占"，载陈荣隆教授六秩华诞祝寿论文集《物权法之新思与新为》，瑞兴图书股份有限公司 2016 年版，第 176—177 页及第 177 页注释 31。

硕士论文

关于建立我国民法物权制度的研究

作者：陈华彬

导师：李开国 副教授

西南政法学院

一九九〇年·重庆·歌乐山麓

【本书作者按】这是本书作者陈华彬的硕士论文，指导教师为其时的李开国副教授。该论文完成写作的时间是 1990 年 11 月 3 日，论文正式提交校方的时间是 1990 年 11 月 18 日，距今已是 32 年前之事，实可谓时光飞逝，岁月如流，时不我待。为尽量维护该硕士论文的原始风貌，今收入本书乃尽可能对其少作更动、变易，仅对原文中确需更易、变动的文字、表述、内容、诸段落或结构予以更动、变易。另外，为今时阅读方便计，乃将该硕士论文的注释由原来的尾注变更为现在的（每）页注，并对原文中的注释作了重新校对、补足，增加归纳了写作本文所参考的主要文献的目录以及本书作者曾受其影响的一些文献的名称，且对后记作了补充，注入了一些新的感恩、感念与铭记的话语。然自总体或大的方面上看，乃大体或主要维持原文的基本状况不变，由此彰显和重现文童的本来面目，供追忆、纪念、存留以及未来的法史与后辈查考、探究。

内容提要

文章首先对罗马法以来各国家和地区学者有关物权概念的见解作了比较研究，并指出，源于各国家和地区学者所坚持的由其经济基础决定的不同的经济地位，以及受诸多历史、政治等时代因素的制约，他们对物权概念的阐释大体未能揭示出隐藏于物权关系背后的人与人之间的关系的本质。此后，文章对物权概念的科学界定及需加说明的有关问题进行了理论分析。

文章对此前苏东国家 [1] 及我国等社会主义国家在物权领域的理论研究与国家立法的状况作了较为细致的考察，并认为，根据苏东国家于民事立法上对他物权（iura in re aliena [2]）所持的不同立法主张，以及同一国度于不同历史时期对他物权所采取的截然有别的立法态度，于民事立法业已大体完成的苏东国家中，物权立法问题上存在着三种立法模式：以匈牙利为代表的肯定立法模式、以捷克斯洛伐克为代表的较为积极的肯定立法模式以及以苏联为代表的否定立法模式。我国属于苏联的否定立法模式。另外，文章还对 1922 年《苏俄民法典》与 1964 年《苏俄民法典》对物权制度持相异立法主张的原因作了研讨。最后，文章对近年来苏联及我国民法理论界在物权领域的理论研究状况及其对各自民事立法发展的影响作了分析。

我国现实条件下物权立法的必要性分析是本文的重心。文章通过对马克思所有制理论的较深入探析，揭示了马克思所有制理论是一个既包含一定生产资料归谁占有、由谁支配的经济关系，又包含一定生产资料归谁占有、归谁支配的经济关系于直接生产过程中的具体运行及其实现形式的二层面结构。长期以来，我国理论与实务单单强调所有制的第一层面结构，而忽视第二层面结构。反映于法律上，立法也就仅仅确立了所有制的第一层面结构反映的所有权制度，而对第二层

---

1 本文所称"苏东国家"，乃苏联及东欧社会主义国家的略称、简称或泛称。
2 参见［日］船田享二：《罗马私法提要》，有斐阁 1941 年版，第 122 页。

面结构必然反映的他物权制度则未予认可。同时，文章考察了我国现实物权立法所具备的诸多经济基础条件。此外，文章分析了物权立法的司法实践原因。

文章还研讨了我国现实条件下物权立法所应采取的基本模式，并认为，传统民法（ius civile [1]）将担保物权置于物权编予以规定的做法是欠妥的。根据担保物权的特殊性，以及其区别于所有权和用益物权的特有功能与实现形式，似应将其置于债（法）编予以规定更为妥当。[2]此外，文章还对所有权制度、经营权制度、国有自然资源使用权制度领域的一些基本理论问题以及学界于认识上的分歧作了理论探讨，并提出了自己的主张或见解。

目　次

　　1　参见彭泰尧主编：《拉汉词典》，贵州人民出版社1986年版，第346页。
　　2　这是写作本文之时（本文）作者的主张或见解，随着时间的推移和作者思考的深入，今时看来，仍宜将抵押权、质权、留置权等（典型）担保物权置于物权编中予以规定。并且，我国2020年5月28日颁布，自2021年1月1日起施行的《民法典》因未设独立的债（法）编，故事实上也系将（典型）担保物权置于物权编中予以规定。

（二）对我国在物权领域的立法与理论状况的考察

1. 1949—1956 年民事立法对应否确立包括他物权在内的物权制度采肯定主张

2. 1956 年迄至 1990 年民事立法对应否确立包括他物权在内的物权制度采否定主张

三、我国现实条件下物权立法的必要性考量

（一）建立完整统一的物权制度是马克思所有制理论的必然要求

（二）建立完整统一的物权制度是我国现实经济基础的客观要求

1. 我国现实条件下社会主义公有制的不同形式与经济成分的多层次性是包括他物权在内的物权制度存在的前提

2. 建立完整而统一的物权制度是我国社会主义有计划商品经济发展的客观要求

3. 建立完整而统一的物权制度是现实经济体制改革的客观要求

（三）建立完整而统一的物权制度是我国现实司法实务更有利于保护自然人、法人及非法人组织的合法权益的客观要求

四、我国现实条件下物权立法的基本模式

（一）所有权制度研究

1. 所有权的本质探讨

2. 所有权的主体探讨

3. 所有权的权能探讨

4. 所有权的实现探讨

（二）经营权制度研究

1. 经营权的性质或法特性

2. 经营权的涵义与内容的探讨

（三）国有自然资源使用权制度研究

1. 国有自然资源使用权制度的特性

2. 国有自然资源使用权的分类

引 言

自公元前 753 年至公元 565 年的罗马法 [1] 于观念上确立其依归、价值与意义系在于定分止争，并保障财产的统一支配力、回归力、完整力（完全性）、整体性、弹力性及恒久性 [2] 的所有权制度，以及由之而衍生的他物权制度以来，包括所有权和他物权的完整而统一的物权制度业已为大陆法系与英美法系的绝大多数国家和地区的民事立法所广泛确立。然而，这样一项肇端于古罗马简单商品经济，尔后于高度发达的近现代资本主义商品经济条件下臻于完善的民法制度，迄至今日却并未被我国民事立法根本接受。我国民法理论与司法实务长期以来坚持认为，所有权以外的他物权系生产资料私有制经济基础的必然结果，因此，伴随我国社会主义生产资料公有制的确立，由所有权衍生出的他物权也就应予摒弃。深受此种观念的影响，我国民法理论、司法实务以及国家立法仅承认所有权制度，而对物权概念与他物权制度则从根本或实质上予以否定。

然而，随着我国社会主义有计划商品经济的迅猛发展，改革开放进程的日趋深入，我国民法理论、司法实务以及国家立法于应否确立包括他物权在内的完整物权制度问题上长期固守的消极主张业已丧失其坚实的经济基础。这就是，我国现实社会主义公有制经济基础已于客观上迫切要求确立一项一方面可使公有财产

---

[1] 江平、米健著《罗马法基础》（修订本，中国政法大学出版社 1991 年版）"绪论"第 1 页谓："一般认为，罗马法律史的上限始于公元前 753 年，下限则至公元 565 年。"

[2] 参见姚瑞光：《民法物权论》，吉锋彩色印刷股份有限公司 2011 年版，第 41—43 页。

得到彻底保护，他方面也可使公有财产得到充分利用，进而创造出愈益丰富的社会财富的法律保障制度。毫无疑义，民法上的包括所有权和他物权在内的完整而统一的物权制度是实现此项任务的法律前提。为此，我国民法无疑应当顺应现实经济基础的此项最新发展潮流，断然抛弃长期恪守的否定批判主张，而从根本上建立起我国包括他物权在内的完整而统一的民法物权制度。此一见解，正是笔者撰写本文的旨趣与依归之所在。

本文拟从对物权的概念予以涵义界定出发，对我国与苏联等社会主义国家在物权理论与立法问题上的变化作一历史考察。在此基础上，文章就建立我国民法完整物权制度的经济基础、理论根基以及司法实务等诸多条件进行较深入的研究，并提出我国现实条件下物权立法应采取的基本模式。最后，本文将在吸取近年来我国民法理论界对所有权、经营权以及使用权等物权研究的较新成果的基础上，对存在于这些领域的重要理论分歧进行一些研讨。需要指出的是，鉴于长期以来，我国不少民法理论著述存在"物权就是所有权"的错误观念，为还物权的科学、完整面目，除特别说明外，本文所称物权皆系指所有权和他物权的有机结合体。此一点，于此一并作出释明。

一、物权概念的界定

物权制度是罗马法以来民法上一项与债权制度并驾齐驱的基本法律制度。按照各国家和地区民法理论的一致见解，物权制度与债权制度构成民法财产法的两大骨干。然而，由于诸多原因的影响，学者们对物权基本理论问题的认识，较之债权存疑更多。其中，物权概念的界定问题，就是一个聚讼盈庭，而迄今未获一致见解的基本理论问题。在着手展开我国民法应否确立物权制度的理论与实务问题的研究前，笔者试图对罗马法以来民法学者于物权概念问题上所作的探索作一考察，进而界定出物权概念的确切涵义。

物权观念肇始于罗马法的私有财产权。但是，囿于当时的立法技术水平，于罗马法的全部立法文献中，立法者始终未能提出"物权"一词。因此，散见于民法史料中的只不过是一些具体类型的物权概念，例如所有权、役权、地上权、永佃权、抵押权等。后来，产生于中世纪前夕的实体法提出了对人权（对人的权利，ius in personam [1]、jus in personam [2]）与对物权（对物的权利、物权、物上权，ius in rem [3]、jus in re [4]）两个相对的概念，才有了与后世的"物权"一词大体相近的术语。

物权概念大体最早由 11—13 世纪的欧洲前期注释法学派代表人物伊尔内留斯（Irnerius，约 1050—1130 年）和阿佐（Azo Portius，1150—1230 年）等人提出。他们在对罗马法《国法大全》（《罗马法大全》《民法大全》）进行研究、注释时，初步建立了物权（jus in re [5]）[6]学说。在此以后，随着罗马法日益广泛的传播，以及欧陆各国民法学者对罗马法理论的研究日趋深入，迄至 1811 年 6 月 1 日《奥地利普通民法典》（Allgemeines Bürgerliches Gesetzbuch für die gesamten Deutschen Erbländer der Österreichischen Monarchie [7]，AGBG）[8]公布之际（该民法典自 1812 年 1 月 1 日起施行）[9]，物权的大体的意涵或内容才正式为近代国家立法例所确立。《奥地利普通民法典》第 307 条规定："对于物，非仅得对特定人主张其权利者，该权利称为对物权。对于物，直接基于法律或债务行为而产生，且仅得对特

---

[1]　参见陈卫佐：《拉丁语法律用语和法律格言词典》，法律出版社 2009 年版，第 85 页。在拉丁文中，ius、iuris 的词义为："法、法学、规律、正理、名分。"彭泰尧主编：《拉汉词典》，贵州人民出版社 1986 年版，第 346 页。

[2]　参见［日］柴田光藏：《法律拉丁语辞典》，日本评论社 1985 年版，第 191 页。

[3]　参见陈卫佐：《拉丁语法律用语和法律格言词典》，法律出版社 2009 年版，第 85 页。

[4]　参见［日］柴田光藏：《法律拉丁语辞典》，日本评论社 1985 年版，第 191 页。

[5]　参见［日］柴田光藏：《法律拉丁语辞典》，日本评论社 1985 年版，第 191 页。

[6]　日本学者船田享二于其所著《罗马私法提要》（有斐阁 1941 年版，第 122 页）中谓："物权（iura in re）这一术语是中世纪的学者创立的。"

[7]　Hans Schlosser 著、大木雅夫译《近世私法史要论》（有信堂高文社 1993 年版）第 115 页将此译为"奥地利王国全德意志继承国的一般民法典"。另外，戴永盛译《奥地利普通民法典》（中国政法大学出版社 2016 年版）之"奥地利普通民法典序言"则译为"德意志世袭邦土之普通民法典"。

[8]　参见［德］Hans Schlosser：《近世私法史要论》，［日］大木雅夫译，有信堂高文社 1993 年版，第 115 页。

[9]　参见［德］Hans Schlosser：《近世私法史要论》，［日］大木雅夫译，有信堂高文社 1993 年版，第 115 页。

定人主张其权利者，该权利称为对人的物上权利。"[1] 尔后，经过将近一个世纪，在深入吸取《奥地利普通民法典》对（对）物权概念所作的规定的基础上，1896年制定的《德国民法典》以"物权"的编名（该法典第三编），计 443 个条文（第 854—1296 条）的丰富内容，对物权及其基本类型作了典范性的规定。自此以后，仿效此一立法例，于民法典中设立物权编，规定物权的各项基本制度，遂成为大陆法系的其他国家和地区民事立法的一项基本做法。

近现代及当代以来，对于物权的定义，计有如下三说。

第一种为对物关系说。此说为德国学者德仁布喜（即德恩堡，全名为Heinrich Dernburg，1829-1907 年）所主张。[2] 另外，德国学者鲁道夫·冯·耶林[3]［Rudolf von Jhering（或 Ihering [4]），1818—1892 年］[5] 也主张该说。[6] 该说认为，物权系人对物的关系（也就是物权为人与物的关系）。因此，物权概念可以界定为：物权系管领物的财产权，或物权为人类直接对物享受一定利益的财产权。[7]

第二种为对人关系说。此说肇端于近世之初，为德国温第赊底（即温德沙伊得，全名为 Bernhard Windscheid，1817-1892 年）与弗里德里希·卡尔·冯·萨

1　参见《奥地利普通民法典》，戴永盛译，中国政法大学出版社 2016 年版，第 65 页。该页（即第 65 页）注释 1 谓：此法条中的"对物权"即指通常所称的物权（dingliche Rechte），而"对人的物上权利"为通常所称的债权。

2　参见黄右昌：《民法诠解·物权编》（上册），台湾商务印书馆股份有限公司 1977 年版，第 45 页。

3　黄右昌著《民法诠解·物权编》（上册，台湾商务印书馆股份有限公司 1977 年版）第 45 页对此写作"耶凌"，今据学界的通常翻译（或译法）而写为"耶林"并补足其中文翻译全名，另外也同时注明其德文全名与生卒年。

4　参见［德］G·クラインハイヤー、J·シュレーダー：《德国法学者事典》，［日］小林孝辅监译，学阳书房 1983 年版，第 135 页。

5　参见［德］G·クラインハイヤー、J·シュレーダー：《德国法学者事典》，［日］小林孝辅监译，学阳书房 1983 年版，第 135 页。

5　参见黄右昌：《民法诠解·物权编》（上册），台湾商务印书馆股份有限公司 1977 年版，第45 页。

7　参见黄右昌：《民法诠解·物权编》（上册），台湾商务印书馆股份有限公司 1977 年版，第45 页。

维尼 [1]（Friedrich Carl von Savigny，1779—1861 年）[2] 所主张。[3] 该学派（即对人关系说）认为，物权、债权皆为人与人的关系，物权与债权的不同之点，系在于债权仅得对抗特定的人，而物权得对抗一般的人。[4] 基于此种认识，该学派对物权作了如下两种界定 [5]：物权为对抗一般人的财产权；物权系无论何人都不得侵害的具消极作用的财产权。

第三种为折中说。此说系折中上述二说的理论产物，认为物权具有对人、对物两方面的关系。"法律所定权利人支配一物之方法及范围"，为权利人与物的关系，"法律禁止一般人侵害之消极作用"，系物权对人的关系，"二者相依相成，始能确保物权之效用"。[6] 对此见解，我国台湾地区的民法学者如史尚宽、郑玉波均表示赞同。史尚宽认为，物权为"直接支配一定之物，而享受利益之排他的权利"。[7] 郑玉波认为，"现行法律上之物权，乃是直接支配其标的物，而享受其利益之具有排他性的权利也"。[8] 另外，学者黄右昌认为，物权系"直接管领物而可对抗一般人之权利，盖以物上管领与对人关系并重也"[9]。

以上三种关于物权本质的理论学派 [10] 中，对物关系说与对人关系说均于一定

1　黄右昌著《民法诠解·物权编》（上册，台湾商务印书馆股份有限公司 1977 年版）第 45 页对此写作"萨威尼"，今据学界的通常翻译（或译法）而写为"萨维尼"并补足其中文翻译全名，另外也同时注明其德文全名与生卒年。

2　参见［德］G·クラインハイヤー、J·シュレーダー：《德国法学者事典》，［日］小林孝辅监译，学阳书房 1983 年版，第 242 页。

3　参见黄右昌：《民法诠解·物权编》（上册），台湾商务印书馆股份有限公司 1977 年版，第 45 页。

4　参见黄右昌：《民法诠解·物权编》（上册），台湾商务印书馆股份有限公司 1977 年版，第 45 页。

5　参见黄右昌：《民法诠解·物权编》（上册），台湾商务印书馆股份有限公司 1977 年版，第 45 页。

6　参见杨与龄：《民法物权》，五南图书出版公司 1981 年版，第 5—6 页。

7　参见史尚宽著，张双根校勘：《物权法论》，中国政法大学出版社 2000 年版，第 7 页。

8　参见郑玉波：《民法物权》（修订十六版），三民书局股份有限公司 1995 年版，第 11 页。

9　参见黄右昌：《民法诠解·物权编》（上册），台湾商务印书馆股份有限公司 1977 年版，第 46 页。

10　值得提及的是，对于以上三种理论学派，即对物关系说、对人关系说及折中说（折衷说），郑玉波著《民法物权》（修订十六版，三民书局股份有限公司 1995 年版）第 11 页也作有论述，可资参考。

程度上对物权本质的全部内容提供了某一方面的非完整认识。因而，无论采对物关系说抑或对人关系说，均是有失其科学性的。笔者认为，我国台湾地区民法学者采纳的折中说，由于其正确地阐释了物权制度所固有的对物与对人关系的两方面属性，较之单纯的对物关系说与对人关系说仅触及物权本质的一面而失之他面，乃更为足取，更为妥当。

根据学者黄右昌在其《民法诠解·物权编》（上册）一书中对折中说所做的解释，"权利人对于标的物所得为之管领"是物权本质的"积极要素"，而"权利人得对抗一般人之权能"则系物权本质的"消极要素"，"二要素皆为物权之本质，不宜有畸轻畸重之分"。[1]对物关系说与对人关系说因其观察问题的角度的差异，而各自走向了与物权本质的全部内容不尽吻合的一端。折中说正确地融"积极要素"与"消极要素"于物权本质之一体，从而对物权本质的认识更近科学。依马克思主义法学原理，任何法律关系均是人与人之间一定社会关系的反映，因为一定的物仅能在它与一定历史阶段的人与人的关系相联系时，才能表现为人的权利客体，亦即人对物的权利仅可形成于一定的社会关系之中，故而，物权制度的本质乃在于通过确认主体对一定的物享有排斥他人占有的权利来根本反映关于物质财富归属状况的人与人之间的社会关系。[2]

遵循我国社会主义民法（学）的基本原则，笔者认为，物权概念可表述如下：物权系指权利主体对一定的物予以直接管领，而享受其利益的得对抗社会一般人的排他性财产权。也就是说，物权反映人与人之间对物或财富或财产乃至财[3]的占有、管领、控制和支配关系。对此概念，需加说明的有如下四点。

1　参见黄右昌：《民法诠解·物权编》（上册），台湾商务印书馆股份有限公司 1977 年版，第 45 页。

2　金平主编《中国民法学》（四川人民出版社 1990 年版）第 240 页谓："物权是人与人之间的社会关系在法律上的反映，是特定历史时期阶级关系的法律表现。物只有在一定的社会历史阶段上的人与人的关系中，才可能成为权利的客体。因此，物权不是人对物的权利，而是一种人与人的关系的法律形式。"

3　关于财的观念与法律对待或处理，参见［日］吉田克己、片山直也编：《财的多样化与民法学》，商事法务 2014 年版，第 2 页以下。

第一，物权系财产权的一种。罗马法以来，民法莫不以私权为其关注、规范的对象或内容。财产权为私权的重要形态。财产权种类虽多，但最为重要者乃是物权与债权。二者之中，因物权具有排斥他人干涉，并可对物予以直接管领的权能，故而其较之规制物权取得的手段或方法的债权，乃尤为人类社会生活所必需。由此，近现代及当代民法通常无不首就所有权及他物权的成立及有效要件予以明定，从而使之成为民法财产法的起始基础。由此之故，物权属于财产权的范畴。

然而，关于财产权的意义，学者因观察角度的不同而有不同的认识，以致迄无定论。笔者认为，依马克思主义法学原理，作为上层建筑的财产权法律制度系法律调整一定财产所有制关系的结果，它反映的是法律对财产主体的物质利益的确认和保护。由此，财产权的意义或意涵乃系指具有物质内容的直接体现经济利益（因素）的民事权利或权益等。

第二，关于"一定之物"。由物权的固有特性决定，物权必以"一定之物"为其标的物。这里的"一定之物"原则上乃系指特定独立的有体物。[1]

民法对有体物与无体物的分隔或区分，乃肇始于古罗马。及至近代，各国家和地区的民事立法，将物权法与债法列为民法典的各自独立的一编，即物权编与债（法）编。1896 年公布的《德国民法典》与 1898 年施行的《日本民法》明定，民法上的物以有体物为限。也就是说，只有有体物方可成为民法上的物，由此之故，物权的标的（物）或客体自应为有体物。值得指出的是，这里所谓的有体物，其原则上乃又必须为独立有体物与特定有体物。[2]

按照民法理论，特定物是指具有自身单独的特征，不能以其他物代替的物，比如一幅古画或一幢大楼即是。据此，作为物权标的物的特定物无疑应包含下列

---

[1] 史尚宽著、张双根校勘《物权法论》（中国政法大学出版社 2000 年版）第 8 页谓，物权的"客体须有特定性"，"须为独立之物"。

[2] 於保不二雄著《物权法》（上，有斐阁 1966 年版，1989 年初版第 4 刷发行）第 1 页谓："物权，是以直接支配特定物为内容的权利。换言之，物权是以直接享受特定物所具有的利益为目的的权利。"

两种情形：特定物；种类物的特定化。由于物权系权利人对一定的物予以管领的权利，若该物系非特定物（或种类物的特定化），那么权利人对物享有的管领权将因"对象"的不确定而落空。同时，根据物权变动要发生法律效力而应具备的要件，物权的（取）得、丧（失）及变更除需双方当事人达成合意（合致）外，还需有交付或登记的形式要件。由此，若标的物未特定，则债权契约（比如债权合同）以外的登记或交付（程序）将无从进行。可见，物权标的物特定与否实与物权成立存在密切关联。

物权的标的物，除独立有体物外，一定集合物也可充之。民法所谓独立物，乃系指于空间上能够个别、单独存在的物。与此相对应的另一类物则为集合物。按照民法（物权法）的"一物一权原则"（Doctrine of One Thing, One Right）[1]，一个所有权的客体仅得为一个独立物，故集合物不得为所有权的客体。但是，笔者认为，如果构成集合物的各个部分可以单独存在，则其仍可成为一个单独的所有权客体。[2]此盖因一个集合物本身也可具有独立的经济价值，其相对于其他"物"而言仍为独立物。例如，某一国有企业的全部财产可以作为一个整体由法人享有经营权，无疑，相对于其他法人的财产而言，它是一个独立物。另外，在当代高速发展的商品经济中，集合物本身也可作为一个整体予以出售，比如将某一企业的财产予以拍卖，或将某一商店予以出售，即属之。由此，笔者认为，集合物仍可成为或作为所有权（物权）的客体（标的物）。

在这里，我们必须研究的另一个问题是，除有体物外，某些无体物是否也可作为或成为物权的标的物。于大陆法系国家和地区，学者们对此争论不止，以致多有歧见。反映于民事立法上，各国家和地区民法也采取了不同的立法主张。在德国与日本，立法虽然规定了动产质权与权利质权（《德国民法典》于其第三编"物权"的第八章第 1204 条至第 1272 条规定动产质权，于第 1273 条至第 1296 条

1　参见中国社会科学院法学研究所法律辞典编委会编：《法律辞典》，法律出版社 2003 年版，第 1739 页。

2　史尚宽著、张双根校勘《物权法论》（中国政法大学出版社 2000 年版）第 9 页谓："集合物、集合财产，亦得为一个物。"

规定权利质权;《日本民法》于其第 352 条至第 355 条规定动产质权,于第 362 条至第 368 条规定权利质权),但是这些法典皆明确规定,作为物权的客体的物仅以有体物为限(《德国民法典》第 90 条,《日本民法》第 85 条)。无疑,这是于立法上采否定主张的必然结果。与德、日民法的无体物否定立法不同,《瑞士民法典》则于其第 713 条规定:"性质上可移动的有体物,以及得为法律上支配,但不属于不动产(土地)的自然力,为动产所有权的标的物(客体)。"[1]

如所周知,我国《民法通则》的制定,曾广泛吸取了大陆法系国家(如德国、日本等)民事立法的有益经验与理论研究成果。《民法通则》虽然未就物作出专门规定,但于第五章第一节规定了"财产所有权和与财产所有权有关的财产权"法律制度。深入考察此名称下规定的所有权、使用权等民事权利的客体,不难看到,立法主要采行了德、日民法的无体物否定立法规定,以有体物为物权的主要客体。

笔者认为,就所有权而言,其客体以有体物为限,大体并无疑义。如果认为所有权的客体也可为无体物(例如权利),则必然会出现债权的所有权甚至所有权的所有权等情形。这样,所有权概念本身必将陷入自相矛盾与模糊不清的状态。诚然,某些无体物(例如智力成果)虽然也可成为或作为权利的客体,权利人也可依法对之享有占有、使用和处分的权利,但是,归根结底,智力成果系知识产权的客体。

不过,除所有权外,其他物权的客体可否为无体物,特别是权利呢?事实上,在《德国民法典》颁行以来的现当代发达资本主义国家,随着商品经济的迅猛发展,不仅有体物业已作为商品进入了流通领域,具有实际利益和价值的某些权利也已作为"商品"进入了流通领域。其中,有价证券作为担保物权的标的物就是一个例证。于我国,法律业已允许某些有价证券(比如国库券、提单)设定担保权法律关系,这就于事实上认可了权利物权的存在。毫无疑义,随着我国有计划商品经济的纵深发展,有价证券必将于社会经济生活中大量应用,适应经济

---

[1]　参见《瑞士民法典》,戴永盛译,中国政法大学出版社 2016 年版,第 256 页。

生活的此项最新发展潮流，采无体物肯定立法，而于我国民法上确立权利等无体物得为物权（主要是他物权中的担保物权）的标的物，业已成为我国现行民法完善之时的一项基本任务或考量。

第三，物权系以直接对物进行管领为内容的权利。所谓直接，系指权利人无需他人行为的介入，即可行使其对物的管领权（或控制权），并由此享受其利益。显然，这与债权需借助他人（债务人）的行为或不行为方可实现其权利有别。关于管领（支配、控制、掌握、统治，Beherrschung、Beherrschen [1]）的涵义，学者黄右昌认为，管领者，"即施实力于物上之谓也"。[2] "物权之种类不一，然无论何种物权，其权利人对于标的物，皆得施以相当之实力，此亦特异之点也。至不融通物，不得为私人管领者，则不得为物权之标的物。"[3]

第四，物权系排他性的权利。民法所谓物权的排他性 [4]，一方面系指物权具有不容他人侵害的特性，另一方面也指物权本身可以产生优先权、追及权以及物权请求权效力。[5] 就物权不容他人侵害及具有优先权（效力）而言，它涵盖如下两方面的情形或内容。

一是，前后两个物权，其性质绝对不能相容时，在后的物权便不能发生。其中，它又蕴含相同种类的权利的相互排斥与不同种类的权利的相互排斥两种情形：前者如所有权排斥所有权；后者如传统民法中的地上权排斥传统民法中的永佃权，因为二者皆属于利用、占有土地的物权，无疑乃不可并存于同一土地之上。

1　参见《德汉词典》编写组编：《德汉词典》，上海译文出版社 1983 年版，第 160 页。

2　参见黄右昌：《民法诠解·物权编》（上册），台湾商务印书馆股份有限公司 1977 年版，第 44 页。

3　参见黄右昌：《民法诠解·物权编》（上册），台湾商务印书馆股份有限公司 1977 年版，第 44 页。

4　史尚宽著、张双根校勘《物权法论》（中国政法大学出版社 2000 年版）第 10 页谓："物权为支配权，有排除他人干涉之排他性。"

5　史尚宽著、张双根校勘《物权法论》（中国政法大学出版社 2000 年版）第 10 页谓："物权，为对于客体之直接排他支配权。自此本质，发生优先的效力及物权的请求权。"该书作者同时认为追及效力已包括于此二效力之内。

二是，前后两个物权，其性质尚可相容时，在后的物权可与在前的物权并存于同一标的物之上。然根据物权的优先性原则，前物权的效力优先于后物权的效力，即前物权得优先于后物权实现。比如，同一物之上设定的两个抵押权，先设定的抵押权得排斥后设定的抵押权，亦即，先设定的抵押权通常或一般具有优先于后设定的抵押权的效力。

二、对此前苏东国家及我国等社会主义国家在物权领域的理论研究与国家立法状况的考察

如所周知，物权作为民法领域的一项至为重要而不可或缺的基本法律制度，自罗马法以来，已广泛为大陆法系的法国、德国、日本、瑞士民法与我国台湾地区"民法"，以及英美法系的普通法（common law，判例法与制定法）[1] 所基本确立。然而，社会主义民法迄今为止，在应否确立包括他物权在内的完整的物权制度问题上却大抵采取消极的主张。一方面，从形式上看，苏东国家和我国等社会主义国家的现行民法均拒绝使用物权概念；另一方面，从内容上看，上述立法虽然也在其极为有限的条文中规定了某些他物权的具体形式［例如，1964 年《苏俄民法典》在第 94 条第 3 款（项）规定的国家组织对国家财产享有的经营管理权，以及我国《民法通则》在第 82 条规定的全民所有制企业对国家授予其经营管理的财产享有的经营权］，但是并未从根本上承认他物权制度。在本部分，笔者拟对苏东国家及我国等社会主义国家在物权领域的立法与理论状况作一考察。

（一）对苏东国家在物权领域的立法与理论状况的考察

根据苏东国家于民事立法上对他物权所持的不同立法主张，以及同一国家于不同历史时期对他物权采取的截然有别的立法态度，笔者认为，在有关物权立法与理论研究状况的问题上存在着三种不同的立法模式，即匈牙利肯定模式、捷克

1　参见［日］田中英夫等编集：《英美法辞典》，东京大学出版会 1991 年版，第 165 页。

斯洛伐克较为积极的肯定模式以及苏联否定模式。[1]

1. 以匈牙利为代表的对包括他物权在内的物权制度采肯定主张的模式

20 世纪 70 年代，匈牙利进行了反映新的历史条件下本国经济基础的民事立法，其对包括他物权在内的物权制度作有规定。与匈牙利的情形大抵相同，20 世纪 60 年代的波兰民法对所有权和他物权也予认可。

2. 以捷克斯洛伐克为代表的对包括他物权在内的物权制度采较为积极的肯定主张的模式

20 世纪 60 年代，根据社会经济基础发生的变化，捷克斯洛伐克进行了新的民事立法。该新的民事立法乃规定了社会主义公共财产和个人财产所有权等物权权利。然从新的民事立法启用的有关物权规则的名称看，其大抵有力求抛弃所有权或物权的所谓形式概念的思想观念（或倾向）。[2]故应当认为，此系一种较为积极的采肯定主张的模式。[3]

3. 以苏联为代表的拒绝承认包括他物权在内的完整物权制度的模式

此种模式，无论从其对他国影响的广度，抑或从其对他国影响的深度而言，均系匈牙利与捷克斯洛伐克的立法模式所无可比拟的。属于此种模式的，除苏联外还有我国，以及其他民事立法尚未法典化的一些国家。鉴于此种模式首先是在苏联确立的，我们有必要先就苏联民事立法于物权问题上的变化作一回溯。

自苏联社会主义革命成功迄至 1990 年的七十余年的历史中，民事立法曾产生了反映不同历史时期的经济生活条件的三部法律文献，也就是 1922 年《苏俄民法

---

[1] 王利明、郭明瑞、吴汉东著《民法新论》（下，中国政法大学出版社 1988 年版）第 26 页谓："在苏联和东欧社会主义国家，适应公有制经济关系的需要，对物权或所有权的规定与私有制国家的物权制度在内容上截然不同。"

[2] 参见李开国：《苏东民法讲义》，西南政法学院研究生试用本。

[3] 王利明、郭明瑞、吴汉东著《民法新论》（下）（中国政法大学出版社 1988 年版）第 27 页谓："在东欧一些国家的民法典中，如 1950 年的《捷克民法典》，1951 年的《保加利亚财产法》，1952 年的《蒙古民法典》等，都有关于物权的专门篇章的规定。"

典》[1]、1961 年《苏联和各加盟共和国民事立法纲要》（以下简称《民事立法纲要》），以及据此而于 1964 年制定并施行的《苏俄民法典》（即 1964 年《苏俄民法典》[2]）。[3] 鉴于上述法律文献产生之时所受的不同经济、政治等诸多因素的影响，立法者于应否确立包括他物权在内的完整物权制度的问题上，采取了截然不同的立法主张，即 1922 年《苏俄民法典》所持的肯定立法主张，1961 年《民事立法纲要》以及 1964 年《苏俄民法典》所持的否定立法主张。

1922 年《苏俄民法典》由 1922 年 10 月 31 日全俄中央执行委员会第九届第四次常委会通过，于 1923 年 1 月 1 日起施行，计四编，共 436 条。[4] 该法典吸取德国民法等有关物权立法的有益经验，于总则（第一编）之后，以"物权"

1　江平、巫昌祯主编：《现代实用民法词典》（北京出版社 1988 年版）于第 311—312 页在"《苏俄民法典》"的条目下写道：《苏俄民法典》是"俄罗斯苏维埃联邦社会主义共和国民法典的简称。是苏联各加盟共和国民事立法方面具有代表性的文件。1917 年苏联社会主义革命成功后，为稳定社会经济关系、巩固和发展革命成果，民事立法工作着手展开。《苏俄民法典》起草后，经 1922 年 10 月 31 日全俄中央执行委员会第九届第四次常委会通过，于 1923 年 1 月 1 日起施行。这是世界上第一部以生产资料公有制为基础的民法典。该法典分总则、物权、债、继承四编，共 436 条。该法典和大陆法系的民法典相比，在形式和内容上都有很大不同。从形式上看，它将亲属编从民法典抽出，作为单行法《苏俄婚姻、家庭和监护法典》于 1926 年公布施行。从内容上看，该法典确立了一系列社会主义财产制度，如确认国家所有权在国民经济中的领导地位，废除土地私有制度等。该法典的制定，不仅为苏联各加盟共和国民事立法提供了典范，对以后各社会主义国家的民事立法也发生积极影响"。

2　江平、巫昌祯主编：《现代实用民法词典》（北京出版社 1988 年版）于"《苏俄民法典》"的条目下在第 312 页写道：1922 年《苏俄民法典》在 1964 年"被新的《苏俄民法典》所替代。苏俄第六届最高苏维埃第三次会议 1964 年 6 月 11 日通过、10 月 1 日起施行的新法典分八编（总则、所有权、债权、著作权、发现权、发明权、继承权、外国人和无国籍人的权利能力及外国民法、国际条约和协定的适用）四十二章，共 569 条。是苏俄现行的基本法规之一"。另外，中国社会科学院法学研究所民法研究室编《苏俄民法典》（中国社会科学出版社 1980 年版）"前言"也谓：俄罗斯苏维埃联邦社会主义共和国的"现行民法典，是苏俄的基本经济法规。它是一九六四年通过的，后来又经过多次修改。现在我们根据苏联法律书籍出版社一九七九年版（其中包括了截止到一九七八年十月一日以前的全部修改和补充）译出，供法学工作者和经济工作者参考"。据此翻译本，该民法典共计 569 条。

3　值得提及的是，对于 1922 年与 1964 年的《苏俄民法典》，Hans Schlosser 著、大木雅夫译《近世私法史要论》（有信堂高文社 1993 年版）第 191—193 页于"1922 年与 1964 年的苏联民法典"的名称下也作有介绍，可资参考。

4　参见江平、巫昌祯主编：《现代实用民法词典》，北京出版社 1988 年版，第 311 页。

（第二编）的编名 1，对所有权、建筑权、财产抵押 2 等物权类型作了明确规定。对所有权，该法典除一般地规定所有权的内容及其行使原则外，还明定了国家所有权、合作社所有权以及私人所有权三种所有权形式。于他物权，该法典以较多的条文内容规定了建筑权和抵押权这两类物权形式。根据该法典的规定，建筑权系指合作社组织、其他法人以及公民个人根据与市政机关订立的建筑权合同而有偿取得的使用城市土地建筑房屋的权利。此后，立法就建筑权发生的根据、建筑权人的权利义务以及违反建筑权的法律后果等作了明确规定。3 关于抵押权，该法典也就其概念与范围予以了规定。该法典还对抵押权的设定、抵押权的客体、抵押物的占有以及抵押权人的权利义务作了规定。

然而，随着新经济政策［Neue Ökonomische Politik，ネップ（NEP）］4 推行的结束，5 国民经济社会主义改造的完成，以及多种经济成分并存的商品经济向单一公有经济为基础的产品经济的转化，人们开始怀疑 1922 年《苏俄民法典》所确立的两项他物权制度的合理性，直至于民法典中将其取消。首先，关于建筑权，

1　惟应值注意的是，1896 年公布的《德国民法典》系将物权置于第三编规定，其第二编系债的关系法，即债法。

2　此财产抵押即财产抵押权，也称为财产质权。对此，参见王利明、郭明瑞、吴汉东：《民法新论》（下），中国政法大学出版社 1988 年版，第 26 页。

3　李开国著《国营企业财产权性质探讨》（载佟柔主编《论国家所有权》，中国政法大学出版社 1987 年版，第 268—269 页）谓："1922 年制定的《苏俄民法典》在宣布全国土地归国家所有的同时，规定了'建筑权'，以解决法人或公民建筑用地的需要。这种'建筑权'，实际上就是对国有土地的用益权。1975 年颁布的《德意志民主共和国民法典》以一整篇（第四篇）专门规定了公民对国家土地和合作社土地的用益权。"

4　参见［德］Hans Schlosser：《近世私法史要论》，［日］大木雅夫译，有信堂高文社 1993 年版，第 192 页。

5　中小学通用教材历史编写组编《世界历史》（下册，第 2 版，人民教育出版社 1979 年版）第 170 页写道："1921 年 3 月，布尔什维克党第十次代表大会召开。根据列宁的提议，大会通过了实行新经济政策的决议。新经济政策规定用固定的粮食税代替余粮收集制，纳税后剩下的粮食归农民支配，即可以自由出卖。少许的商品流转自由能造成农民经营的兴趣，使农业迅速高涨起来。新经济政策是在无产阶级国家掌握一切经济命脉的条件下采取的一种政策，它的目的是要在恢复农业的基础上恢复工业，以便社会主义成分战胜资本主义成分，保证建立社会主义的经济基础。""新经济政策使国民经济的恢复取得了显著的成绩。1925 年，农业总产量已达到战前总产量的百分之八十七；工业总产量相当于战前总产量的百分之七十五。随着生产的发展，人民生活水平也有较大的提高。工农联盟在新的基础上进一步巩固了。"

此项反映商品经济的有偿、有期限使用土地的制度逐步为无偿、无期限使用土地的制度所替代，土地使用权发生的根据也由合同改为行政划拨。时至 20 世纪 40 年代初，又取消了建筑用地的有偿使用制度。及至 20 世纪 40 年代末，1922 年《苏俄民法典》中的有关建筑权的规定被有关法律文件取代。[1]继之，于 20 世纪 40 年代行将结束之时，建筑权被从民法典中移除。其次，关于抵押权，继建筑权被取消后，苏联一些法学家所主张的"在社会主义社会，物权与债权的区别，无论在客体上，还是在义务人的范围和保护方法上，都只具有相对的意义"[2]的理论日益盛行，"因此，主张取消物权这一范畴，只保留所有权"[3]，"1961 年的苏联《民事立法纲要》和 1964 年的《苏俄民法典》采纳了这一主张，只设了所有权而没有物权的规定。有关抵押的问题在债中作出了规定（《苏俄民法典》第192—202 条）"[4]。

历史的车轮前进到 20 世纪 60 年代以后，随着苏联社会经济生活的新发展，1961 年，苏联立法机关制定了《民事立法纲要》。据此，1964 年 6 月，苏联最高苏维埃制定了 1964 年《苏俄民法典》。

比较 1961 年《民事立法纲要》、1964 年《苏俄民法典》与 1922 年《苏俄民法典》在物权问题上的立法差异，从形式上看，1961 年《民事立法纲要》与1964 年《苏俄民法典》均拒绝采用物权概念，而改采"所有权"一语。从内容上看，一方面，为 1922 年《苏俄民法典》所规定的建筑权、抵押权等他物权不复存在；另一方面，1961 年《民事立法纲要》与 1964 年《苏俄民法典》有关所有权的规定，于总结历史经验，吸取单行法规有关规定的基本精神和社会主义所有制、所有权理论新成果的基础上，较 1922 年《苏俄民法典》乃更为详

---

[1]　王利明、郭明瑞、吴汉东著《民法新论》（下）（中国政法大学出版社 1988 年版）第 26 页谓："关于'建筑权'的规定，在 1948 年按照苏联最高苏维埃主席团《关于公民购买和建筑个人住宅的权利》法令取消了。"

[2]　参见王利明、郭明瑞、吴汉东：《民法新论》（下），中国政法大学出版社 1988 年版，第 26 页。

[3]　参见王利明、郭明瑞、吴汉东：《民法新论》（下），中国政法大学出版社 1988 年版，第 26 页。

[4]　参见王利明、郭明瑞、吴汉东：《民法新论》（下），中国政法大学出版社 1988 年版，第 26—27 页。

尽、更为完善，例如，1961 年《民事立法纲要》与 1964 年《苏俄民法典》对所有权的形式所作的划分、对国家所有权的地位所作的明确肯定等方面，皆远非 1922 年《苏俄民法典》可比拟。

苏联民事立法于应否确立包括他物权在内的物权制度问题上，在 20 世纪 20 年代和 60 年代的不同历史时期，坚持截然有别的肯定与否定的立法主张，此绝非偶然因素所导致，相反，其有着深刻的经济基础等诸多方面的原因。

首先，这是由 1922 年《苏俄民法典》、1961 年《民事立法纲要》和 1964 年《苏俄民法典》赖以产生的不同经济基础条件决定的。

众所周知，1922 年《苏俄民法典》是新经济政策推行的产物，是其时社会经济条件的法律反映。1921 年 3 月，随着反击国内外敌人进攻的胜利，联共（布）通过了由军事共产主义（又称"战时共产主义"，Kriegskommunismus [1]）[2] 体制向新经济政策转移的决议。[3] 在此决议的指导下，苏联连续发布了一系列取消禁令、开放市场、促进商品交换的法令。于是，制定一部反映多种经济成分并存的商品经济条件的民法典，也就势所必然。1961 年《民事立法纲要》和 1964 年《苏俄民

---

[1] 参见［德］Hans Schlosser：《近世私法史要论》，［日］大木雅夫译，有信堂高文社 1993 年版，第 192 页。

[2] 参见［苏］鲍·尼·波诺马辽夫主编：《苏联共产党历史》，外国文书籍出版社 1960 年版，第 367 页。中小学通用教材历史编写组编《世界历史》（下册，第 2 版，人民教育出版社 1979 年版）第 169—170 页谓："经过四年帝国主义大战和三年国内战争，经济遭到了严重的破坏。1920 年，农业总产量只等于战前 1913 年总产量的百分之六十五，工业总产量只等于战前总产量的七分之一。各种原料、燃料以及人民的许多生活必需品都极感缺乏。国内战争时期实行的战时共产主义政策已不适应新的情况，布尔什维克党迫切需要制定新的经济方针。"

[3] 鲍·尼·波诺马辽夫主编《苏联共产党历史》（外国文书籍出版社 1960 年版）谓："党的第十次代表大会于 1921 年 3 月 8—16 日举行"，"代表大会研究了从战时共产主义向新经济政策过渡的问题"（第 364 页）。"苏维埃国家的新经济政策是从资本主义向社会主义过渡时期内唯一正确的政策。新经济政策的目的在于巩固无产阶级和农民的联盟，加强无产阶级专政，使国家生产力向社会主义方向发展；新经济政策允许资本主义在无产阶级国家掌握国民经济命脉的条件下，在一定范围内存在；它估计到社会主义成分同资本主义成分之间的斗争，预计到社会主义成分会取得胜利，剥削阶级将被消灭，社会主义将在苏联建立"（第 367 页）。"第十次代表大会通过了新经济政策"，"新经济政策具有国际意义。列宁说，凡是世界上将要进行无产阶级革命的地方，社会主义都将由工人阶级同农民共同来建设，都必然要实行新经济政策所特有的各项措施"。"新经济政策的国际意义还在于：它巩固和发展了作为世界革命运动基地和支柱的苏维埃国家，从而影响国际革命，影响世界历史的整个进程"（第 368 页）。

法典》则与此相反，它是苏联否定商品经济，进而在全社会实行高度集中的经济管理体制与指令性计划经济的必然产物。

按照马克思主义原理，在社会主义的政治、经济制度建立以后，肯定并始终强调国家对社会经济的管理职能，这无疑是值得肯定的、必要的。但是，在苏联，自新经济政策实施以后，直至 20 世纪 60 年代国营企业管理体制进行第一次改革的历史时期，国家在强调对经济生活的管理职能的作用方面，却走得过头了，以致大约自 20 世纪 20 年代中期起，在苏联进行工业化 [1] 的进程中，逐步形成和发展了一套高度集中的管理体制。这就是，国家只强调集权，而忽视分权。反映于国家与企业的关系上，企业便成为各级行政机关的附属物，其完全丧失作为社会主义商品生产者所应有的相对独立的经济地位。无疑，在这种经济基础条件下，于民事立法上建立包括他物权在内的物权制度也就必然失败。

与此同时，为了具体实施高度集中的管理体制，苏联又广泛推行了无所不包的指令性计划经济。笔者认为，于新经济政策实施以前与 20 世纪 40 年代苏联卫国战争时期，以实行高度的指令性计划经济来稳定和保障社会供给，进而赢得保卫政权及反法西斯战争的胜利，这是无可厚非的。但是，随着历史条件的变化，如果仍然于全社会实施无所不包的指令性计划经济，就显然不合时宜了。尤其是至 20 世纪 60 年代，随着苏联国民经济由"粗放"式经营向"集约"式经营的转移进程的完成，充分发挥劳动者、劳动集体组织以及其他社会生产组织的积极性、主动性和创造性，就显得至为重要。惟遗憾的是，苏联未能适应此种经济生活的变化而于民事立法上确立较完善的民法物权制度，相反，理论与立法却着重强调了对国家财产的特殊保护，这就不免导致社会财富的充分增值不能实现。

其次，两部民法典（含 1961 年《民事立法纲要》）对物权之所以持不同的立法主张，还与两部法典（含 1961 年《民事立法纲要》）制定时的指导思想或

1　中小学通用教材历史编写组编《世界历史》（下册，第 2 版，人民教育出版社 1979 年版）第 177 页谓："1925 年 12 月，联共（布）第十四次代表大会召开。斯大林代表党中央提出了社会主义工业化的总路线。他说：'把我国从农业国变成能自力生产必需的装备的工业国，——这就是我们总路线的实质和基础'。"

其他情况有关。

如所周知，1922年《苏俄民法典》是以一定程度的商品经济关系为基本调整对象，同时借鉴西方国家民事立法的有益经验，吸收其法律文献中保护劳动者利益的诸多有益成分而制定和产生的民法典。由此之故，该法典借鉴德国等大陆法系国家有关物权立法的有益经验，建立反映商品经济条件下的包括他物权在内的物权制度也就势所必然。与此相反，1961年《民事立法纲要》与1964年《苏俄民法典》制定时，以无所不包的指令性计划经济和高度集中的管理体制为特征的产品经济思想已内蕴于社会生活中，并成为指导苏联社会经济生活运行的一项基本准则。毫无疑问，在这种社会条件下，立法拒绝确立包括他物权在内的完整物权制度，也就不难理解。

在这里，值得特别指出的是，1961年《民事立法纲要》与1964年《苏俄民法典》尽管基于经济基础等方面的原因而继续否认包括他物权在内的完整物权制度，但是，在苏联民法理论界，一些悉心而冷静的学者，始终坚持认为苏联民事立法与社会经济生活中存在着物权关系，并应当确立物权制度。例如，著名学者C.H.勃拉图西就明确指出，"经营管理权制度是从社会主义所有制派生的但是独立的物权制度，在维护享有这项权利的法人的意义上，承认它是绝对权"[1]。

此外，还值得特别提及的是，随着苏联国营企业管理体制改革的日趋深入及国营企业自主权的不断扩大，苏联法学界广泛开展了关于改革时期的国家（全民）所有权问题的讨论[2]，并由此提出了诸多完善社会主义条件下国家所有权制度的建议。[3]学者们首先对作为社会主义所有权基础的所有制概念作了重新研究，认为以往把社会主义所有制归结为归谁占有、归谁支配的简单观念，是不适应经济生活的实际（情况）的。为此，学者们提出了建立苏联物权法的基本问题。这

1　参见［苏］C.H.勃拉图西："论社会主义所有制与经营管理权的相互关系"，陈汉章译，载《法学译丛》1986年第4期，第4页。

2　参见陈汉章译："苏联法学界讨论改革时期的国家（全民）所有权问题（二）"，载《法学译丛》1988年第6期，第1页以下。

3　参见［苏］E.Б.安尼金娜、Л.И.勃雷切娃整理："［苏联］完善社会主义条件下的所有权问题"，陈汉章译，载《法学译丛》1989年第5期，第51页。

里，著名学者 E. A. 苏哈诺夫的意见最具代表性，其指出：创立整套的法律范畴，创立各种国家组织的反映其经济地位的特殊物权体系。从这个角度出发，可以区分生产劳动集体、非生产领域的劳动集体、国家管理机关、有外资首先是私人资本参加的合资企业等。也可以建议将苏联立法上所存在的实现社会主义所有权的两种形式——经营管理权和国家专有客体使用权——加以"展开"。在财产的经营管理权思想的基础上（即确认国家组织拥有特殊的独立的物权型的权利，这种物权与国家的所有权同时存在），可以向立法者建议的，不是建立两种物权，而是整套的物权体系。[1]

至此，我们似可得出如下的结论：苏联民法学界有关重新认识所有制的涵义与完善国家所有权制度的理论探讨，无疑会对苏联现行民法有关所有权制度的完善产生重要影响。

（二）对我国在物权领域的立法与理论状况的考察

如前所述，我国民事立法在应否确立包括他物权在内的物权制度问题上，继受了苏联民法的否定主张。因而，从根本或实质上言之，我国立法属于苏联模式。

纵观自新中国成立以来迄至 1990 年的我国有关民事立法的全部内容，可以看到，我国民事立法在应否确立包括他物权在内的物权制度问题上，经历了一个从基本肯定到否定的过程。前者系从新中国成立迄至 1956 年生产资料私有制的社会主义改造基本完成时期，后者系 1956 年以来迄至 1990 年的历史时期。

1. 1949—1956 年民事立法对应否确立包括他物权在内的物权制度采肯定主张

我国社会主义生产资料公有制经济制度的确立，是我国社会历史发展的必然结果。我国人民在中国共产党领导下进行的新民主主义革命与社会主义革命，其实质就是解决生产资料的所有权问题。早在新中国成立前夕，《中国人民政治协商会议共同纲领》中作出了"没收官僚资本归人民的国家所有"的规定。1950 年 6 月由中央人民政府公布的《中华人民共和国土地改革法》第 18 条规定："大森

1　参见［苏］Е. Б. 安尼金娜、Л. И. 勃雷切娃整理："［苏联］完善社会主义条件下的所有权问题"，陈汉章译，载《法学译丛》1989 年第 5 期，第 54 页。

林、大水利工程、大荒地、大荒山、大盐田和矿山及湖、沼、河、港等，均归国家所有，由人民政府管理经营之。其原由私人投资经营者，仍由原经营者按照人民政府颁布之法令继续经营之。"1951 年 2 月，中央人民政府政务院又发布了《关于没收战犯、汉奸、官僚资本家及反革命分子财产的指示》。根据这一指示，在极短的时间内，就在全国范围内没收了官僚资本与原属国民党政府及官僚资产阶级的一切工厂、银行、铁路、矿山、商店等企事业，使之成为社会主义的国营企业。

于法律根本确认国家所有权制度的同时，这一时期的法律文献也在一定程度上表明了认可他物权制度的基本态度。例如，1950 年 10 月 17 日原东北人民政府公布的《东北区土地暂行条例》就以"土地权利的移转与他项权利的设定"（第三章）为篇名，肯定了地上权、典权及地役权等他物权。其第 16 条规定，"土地所有权人，如因正当理由的丧失劳动力或参加其他生产建设事业者，可自由出典其私有土地之一部或全部"。第 17 条在对典当设定的效力予以规定时，更明确地指出："土地之地上权、地役权之设定，亦与此同。"对于担保物权，此间法律文献也予以了确认。例如，关于抵押权，最高人民法院等于 1951 年 4 月在《关于保护国家银行债权的通报》、中央人民政府政务院于 1951 年 12 月《关于船舶抵押权效力问题的指示》中就已作出明文规定。此外，1951 年 9 月最高人民法院在就抵押权问题答复东北分院的函中还特别就抵押权一经设定便具有对抗第三人的效力予以释明。该函指出："关于不动产抵押权的成立，在未经开办不动产登记前，依当地法令既不须要登记，又无应经登报声明或公示等类似的限制，如果当事人间已订有书面契约并已由出押人将不动产权利证件交付给受押人，其抵押权即已成立，在有争执时，经过实事求是地调查，如能确证其抵押关系存在并无虚构串饰的情事，应认为有对抗第三人的效力。"[1]

由上可见，1949—1956 年，我国虽未通过颁行适用于全国范围的民法典的方式来确立包括他物权在内的物权制度，但是，散见于我国地方立法中的规定，以

---

[1] 此为最高人民法院 1951 年 9 月 4 日发布，法编字第 8781 号，自 1951 年 9 月 4 日起实施。

及最高人民法院等所作的一些"指示"与"解释"，均表明了此间立法肯定物权制度的基本态度。

2. 1956 年迄至 1990 年民事立法对应否确立包括他物权在内的物权制度采否定主张

1956 年，随着我国生产资料私有制的社会主义改造的基本完成，我国民法理论界主要继受了苏联民法学界的基本理论，坚持认为所有权以外的他物权系私有制经济基础的特殊产物，而在我国，由于生产资料公有制的建立，他物权便不宜存在了。反映于立法上，也就必然致使我国民事立法对确立物权制度坚持否定主张。

众所周知，自 1956 年起迄至《民法通则》颁行之前的较长时期内，我国曾四次设立民法典起草机构编纂民法典，但最终因各种原因而仅拟出三个草案。考察这三个草案的内容，我们可以看到，草案均仅对所有权制度予以了确认，而对他物权制度则只字未提。例如，1964 年《民法草案（试拟稿）》在第二编以"财产所有权"的编名规定了所有权制度。此外，曾印发给司法部门与法学教育研究部门广泛讨论的 1982 年《民法草案（征求意见稿）》，也仅在"财产所有权"（第三编）的编名下，规定了所有权制度及其基本形态。无疑，这些草案于是否确立包括他物权在内的物权制度问题上，也固守了否定主张。

我国《民法通则》的制定，曾广泛吸取以上三个草案的有益之处与基本指导思想或立法原则。因而，《民法通则》也未承认物权概念及他物权制度。然而，《民法通则》颁行以来出版的某些民法著作与发表于报纸或法学刊物的某些民法文章或论文却认为"财产所有权和与财产所有权有关的财产权"就是物权，进而认为我国《民法通则》业已确立了包括他物权在内的一系列物权类型。[1]笔者认为，此项见解，是有违民法有关物权法定的基本原则的，因而是未尽妥当、未臻精确的。

1　参见姜山："试论物权和我国的物权制度体系"，载《法学研究》1988 年第 5 期，第 70 页以下。

　　如所周知，物权法定原则（Numerus clausus）[1]或法律限定主义（Beschlossenheit des dinglichen Rechts）[2]为物权法的重要基柱之一，其源于罗马法，为继受罗马法的大陆法系多数国家和地区所采用，日本、韩国民法及我国台湾地区"民法"均有明文规定（《日本民法》第175条、《韩国民法典》第185条、我国台湾地区"民法"第757条），瑞士、奥地利、德国等的民法虽未作明文规定，然解释上均认为有此原则的适用。[3]另外，英美法系也有物权法定原则。[4]据此原则，物权的种类和内容由法律明确规定。毫无疑义，我国物权的创设，也理应采行此项原则。

　　按照物权法定原则，某一民事制度或权利必须同时具备如下方面方可构成物权制度或物权权利：其一，由法律明定该项物权制度或物权权利的具体名称（或形式）；其二，由法律明定该项物权制度或物权权利的具体内容，包括权利人的权利和义务人的义务两个方面；其三，由法律明定该项物权制度或物权权利的（取）得、丧（失）及变更的方式（或方法），比如，明确基于民事法律行为（如买卖、赠与、互易）的物权变动，动产须经交付（含现实交付、观念交付及其他形态的特殊交付），不动产须经登记，方可发生法律上的物权变动的效力；其四，由法律明确该项物权制度或物权权利的（取）得、丧（失）及变更的某些程序。

　　比较物权法定原则的基本内容，与我国《民法通则》在"财产所有权和与财产所有权有关的财产权"名称下规定的几项民事权利，笔者认为，还不能断言我

---

[1]　参见谢在全：《民法物权论》（上，修订七版），新学林出版股份有限公司2020年版，第36页。山田晟著《德国法律用语辞典》（第3版，大学书林1994年版）第455页谓：Numerus clausus，即"被限定的数"，直译为"被关闭的数"。物权法定主义（原则），即物权的种类限定主义，物权除法律认可的以外，当事人不能以他们之间的合意而予创设。

[2]　参见史尚宽著，张双根校勘：《物权法论》，中国政法大学出版社2000年版，第12页。

[3]　参见谢在全：《民法物权论》（上，修订七版），新学林出版股份有限公司2020年版，第36页。

[4]　参见谢在全：《民法物权论》（上，修订七版），新学林出版股份有限公司2020年版，第36页的注释35。

国业已确立了包括他物权在内的物权制度。其一，"与财产所有权有关的财产权"这一用语并未表明在这一用语下规定的全民所有制企业对国家授予其经营管理的财产的经营权（第 82 条），对国家所有的土地的使用权（第 80 条第 1 款），对集体所有的或者国家所有由集体使用的土地的承包经营权（第 80 条第 2 款），对国家所有的森林、山岭、草原、荒地、滩涂、水面等自然资源的使用权（第 81 条第 1 款），对国家所有的矿藏的采挖权（即采矿权）等权利在法特性上是物权性质的权利。这是因为，除这几类财产权利外，作为对人权（相对权）的债权、被继承人死亡后继承人对被继承人的遗产的继承权，乃至对智力成果的无形财产权（智力成果权、知识产权）等，皆与所有权存在关联，其法特性上也都属于与所有权有关联的财产权利。其二，《民法通则》上引诸条文并未对这些"与财产所有权有关的财产权"的涵义、主体、内容、设立、变更和消灭［即（取）得、丧（失）及变更］的方式（或方法）乃至某些必要的程序等作出明确、具体的厘定。可见，认为"与财产所有权有关的财产权"就是他物权，进而断言我国业已确立了包括他物权在内的完整物权制度或物权权利的见解或主张无疑是未臻精确的，故而也是应予慎思的。

如所周知，一个国家的民事立法的进步与民法学说、理论研究的发展、完善状况乃是相互促进、相得益彰、相互映照的。事实上，自 1956 年生产资料私有制的社会主义改造基本完成起，我国民法理论界就对物权制度采行一种非科学的态度。纵览自那时起迄至 1987 年期间有关民法理论的著述，乃未曾有学者就应否确立我国物权制度的理论与实务问题进行研讨。进入 1987 年以后，随着我国商品经济的日益活跃，一些悉心而冷静的民法学者提出了"我国民法应确立物权制度"[1]的主张，并于一定程度上阐释了建立此项制度的必要性。[2]毫无疑义，在我国民法理论界及国家立法对物权采行排斥态度达 30 余载的万马齐喑的时代条件下，首先

---

[1]　参见金平、赵万一："我国民法应确立物权制度"，载《中南政法学院学报》1987 年第 1 期，第 10 页以下。

[2]　参见李由义、李志敏、钱明星："论建立我国民法物权体系的必要性及其意义"，载《中国法学》1987 年第 1 期，第 51 页以下。

撰文否定学界长期盛行的通说与国家始终固守的排斥主张，是具有重要的意义与价值的。然而，受制于物权乃私有权的观念等诸多因素的影响，毋庸讳言，我国民法理论界在自 1987 年以来的近年里，对这个领域的探索、研究依旧处于徘徊不前的低谷状态。毫无疑义，根本改变这种状况，悉心研究物权及其基本类型的诸多理论与实务问题，从而为我国民法建立完整的物权制度提供理论储备，已成为我国民法学研究者们的一项责无旁贷的历史使命。

三、我国现实条件下物权立法的必要性考量

我国现实条件下建立涵盖他物权在内的完整物权制度体系或系统，已成为民事立法发展的不可逆转的最新潮流或趋向。笔者认为，此项制度体系或系统的确立，具理论基础、经济条件以及司法实务等方面的客观要求与必要性。

（一）建立完整统一的物权制度是马克思所有制理论的必然要求

如前述，社会主义民事立法于应否确立包括他物权在内的物权制度问题上基本采取了消极的否定主张。笔者认为，这里最根本、最深刻的原因大抵乃是长期以来我们对马克思所有制理论以及对马克思主义法学关于所有制和所有权相互关系理论的非全面、非正确的理解。

纵观 20 世纪苏联较早民法 [1] 迄至我国现今民法的主要理论，在有关所有制及其与所有权的关系问题上，无不以下述内容为核心来构筑其理论框架：所有制是单纯解决生产资料归谁所有的经济制度，而其惟一法律表现即是所有权，除此之外再无其他法律表现。[2]

以上关于所有制及其与所有权相互关系的理论，貌似符合马克思历史唯物主义有关经济基础和上层建筑相互关系的基本原理，而实际上它却是对马克思主义

---

[1]　中国人民大学法律系民法教研室《外国民法论文选》（校内用书，1984 年印刷）第 1 页 "一、民法的对象" 谓："民法是苏维埃法的一个部门"。

[2]　参见彭万林主编：《民法学》（修订本），中国政法大学出版社 1999 年版，第 234 页（李开国执笔）。

关于所有制与所有权的全部理论的非全面、非完整的理解。因为，一方面，以上理论把所有制仅仅界定为生产资料归谁占有、归谁支配的经济制度，这就只反映了所有制涵义的一面，而所有制涵义的另一面，即一定生产资料于直接生产过程中的运行及实现形式却未予反映，显然未尽科学。[1]另一方面，将所有制的涵义界定为生产资料归谁占有、归谁支配所必然导致的是民事立法仅片面地确认所有权制度，而对除此之外由于所有制在生产过程中的具体运行而必然表现于民事法律上的他物权制度则未予认可，并采取否定批判的立法主张。为了深入论证这一见解，我们有必要首先对马克思所有制理论作一科学的研究。

如所周知，在马克思浩如瀚海的经济学理论著述中，所有制始终是其特别关注并予以深刻研究的课题。考察马克思有关所有制问题的著述，我们看到，马克思始终认为所有制是一个既包含所有制的外部关系，又包含所有制的内部关系的二层面结构。所谓所有制的外部关系，就是生产资料所有者主体与非所有者主体之间形成的所有者主体占有生产资料，排斥非所有者主体的关系，亦即一定生产资料归谁占有、归谁支配的经济关系。所谓所有制的内部关系，则是指基于生产资料的经济职能作用而产生的一定生产资料归谁占有、归谁支配的经济关系于直接生产过程中的具体运行与实现形式，以及由此而产生和形成的诸种关系。此系较之于所有制的外部关系更为复杂的一类社会关系。[2]

基于生产资料所有制的归属和支配关系于全部社会生产关系中的地位和作用，马克思首先对此作了翔实论述，也就是对本文前面所指的所有制的外部关系或所有制的第一层面结构作了论述。

马克思指出："财产最初意味着（在亚细亚的、斯拉夫的、古代的、日耳曼的所有制形式中就是这样），劳动的（进行生产的）主体（或再生产自身的主体）

1　参见彭万林主编：《民法学》（修订本），中国政法大学出版社 1999 年版，第 234—235 页（李开国执笔）。

2　参见彭万林主编：《民法学》（修订本），中国政法大学出版社 1999 年版，第 236 页（李开国执笔）。

把自己的生产或再生产的条件看作是自己的东西。"[1]因而，"一切生产都是个人在一定社会形式中并借这种社会形式而进行的对自然的占有"。[2]在这里，马克思表明了所有制之初始涵义就是"劳动主体"把其从事再生产的条件看成其所有的经济关系。尔后，在《道德化的批判和批判化的道德》中，马克思在分析加里西亚农民革命的目标时，则进一步指出："对加里西亚的农民来说，财产问题归结为把封建的土地所有制变成小资产阶级的土地所有制。"[3]这就从反面角度明确表明，作为生产资料的土地的归属关系就是土地所有制的外部排斥关系。及至《资本论》诞生之时，马克思则更进一步明确地表达了这一思想。他指出："资本是已经转化为资本的生产资料。"[4]"资本家是资本家，并不是因为他是产业的指挥者，而是因为他们已经是资本家，所以他成了产业的指挥者"。[5]

与此同时，马克思还以生产资料归谁占有、归谁支配的所有制的第一层面结构作为资本主义生产方式的基础和前提而对资本主义的生产、流通和分配的全部社会关系作了淋漓尽致的剖析，进而揭示了资本主义产生、发展和必然灭亡的规律。也就是说，马克思在自己的不朽著作《资本论》中对资本主义社会变动的经济法则作了天才的分析，研究了这个社会的发生、发展和衰落。[6]

在《资本论》第一卷中，马克思运用资本主义生产资料私人占有制原理，首先论证了资本主义全部生产过程源于资本家对生产资料的占有制度。他指出，如果不改变资本主义生产资料私人占有制，资本主义生产过程在本身的进行中就必然会再生产出劳动力和劳动条件的分离，从而进一步导致一端是贫穷的积累，一

---

1 参见《马克思恩格斯全集》（第四十六卷，上），人民出版社1979年版，第496页。
2 参见《马克思恩格斯全集》（第四十六卷，上），人民出版社1979年版，第24页。
3 参见《马克思恩格斯全集》（第四卷），人民出版社1958年版，第334页。
4 参见［德］马克思：《资本论》（第三卷，第2版），郭大力、王亚南译，人民出版社1966年版，第956页。
5 参见［德］马克思：《资本论》（第一卷，第2版），郭大力、王亚南译，人民出版社1963年版，第352页。
6 参见《马克思恩格斯文选》（第一卷），外国文书籍出版局1954年版。其扉页写道："出版局声明 本版马克思恩格斯文选（两卷集）中文译本内容，相当于一九五二年由苏共中央附设马克思恩格斯列宁斯大林学院编就、由国立政治书籍出版局出版的第一卷俄文版本。"

端是财富的积累的状况加剧。在《资本论》第二卷中，马克思论证了资本主义生产资料私人占有制是资本流通过程的前提和基础，[1]从而揭示了由资本主义生产资料私人占有制导致的资本主义生产方式于整个社会流通过程中必将陷入无以摆脱的困境。在以上两卷的基础上，于《资本论》第三卷中，马克思则进一步论证了资本主义生产资料私有制是资本主义分配过程和资本主义生产总过程的前提和基础，[2]从而揭示了资本主义生产资料私人占有制在社会分配领域所显现的尖锐矛盾，以及由此矛盾所必然引发的资本主义"社会化大生产用极端的方式来反对自己的占有方式"。[3]这样，"资本主义私有制的丧钟响起来了。剥夺者被剥夺了"。[4]于此，我们也更清晰地看到，一定生产资料的归属关系是构成所有制的不可或缺的第一层面结构的重要因素或内容。

不仅如此，马克思在对所有制的第一层面结构（所有制的外部关系）及其运用作了翔实而深刻的论述后，还着力对所有制是存在于一定生产过程中的现实经济范畴，即所有制的第二层面结构（所有制的内部关系[5]），作了深入的研究。

马克思在其《资本论》中，首先明确指出了所有制本身"包含在生产过程本身中并且决定生产的结构"[6]，"资本决不是简单的关系，而是一种过程"[7]。资本在这个过程的各种不同的要素上始终是资本。这就表明，一定生产资料的归

---

1 参见曹之虎："对马克思所有制理论的系统研究"，载《中国社会科学》1987年第6期，第36页。

2 参见曹之虎："对马克思所有制理论的系统研究"，载《中国社会科学》1987年第6期，第38页。

3 参见曹之虎："对马克思所有制理论的系统研究"，载《中国社会科学》1987年第6期，第38页。

4 参见［德］马克思：《资本论》（第一卷，第2版），郭大力、王亚南译，人民出版社1963年版，第842页。

5 此所谓所有制的内部关系，有学者认为，其系指所有制主体对生产资料的不同职能作用而产生的一定所有制形式中单纯所有、占有、支配和使用及其相互关系。占有、支配和使用一般被称作经营方式，这些关系在法律上的表现就是单纯所有权、占有权、支配权和使用权（此被合称为"四权"），而其中的后三权又简称为经营管理权。参见曹之虎："对马克思所有制理论的系统研究"，载《中国社会科学》1987年第6期，第33页。

6 参见《马克思恩格斯全集》（第四十六卷，上），人民出版社1979年版，第34页。

7 参见《马克思恩格斯全集》（第四十六卷，上），人民出版社1979年版，第213页。

属，不仅要考察其法律表现的所有权，还需考察社会再生产的生产、交换、分配以及消费的全部环节与完整过程。亦即，必须把一定生产资料归谁占有、归谁支配的所有制经济关系置于具体的生产过程中进行动态考察。尔后，马克思在论及资产阶级私有制的本质问题时，又进一步明确表示："私有制不是一种简单的关系，也绝不是什么抽象概念或原理，而是资产阶级生产关系的总和（不是指从属的、已趋没落的，而是指现存的资产阶级私有制）。"[1]可见，所有制的第一层面结构（所有制的外部关系），仅仅是确定了一定生产资料的归属状态，是一种"前提"与"基础"。但是，如果仅仅停留于此，而未使此种生产资料归属关系的车轮运转至直接生产过程中，那么此种归属关系将失去其意义，从而也就无从理解此种归属关系的现实状况。马克思在批判蒲鲁东（Pierre-Joseph Proudhon）把所有制单纯归结为生产资料归属关系的观念时，曾经指出，"在现实世界中，情形恰恰相反：分工和蒲鲁东先生的所有其他范畴是总和起来构成现在称之为所有制的社会关系；在这些关系之外，资产阶级所有制不过是形而上学的或法学的幻想"。[2]马克思还认为，蒲鲁东"把所有制规定为独立的关系"，不只是犯了方法上的错误，"他清楚地表明自己没有理解把资产阶级生产所具有的各种形式结合起来的联系，他不懂得一定时代生产所具有的各种形式的历史和暂时的性质"。[3]在这里，马克思十分清楚地表明，研究所有制，不仅要考察生产资料的归属关系，更重要的还要研究所有制的现实表现形态及其运行过程。[4]

自历史的维度看，一定生产资料的所有制关系，不仅是一定生产过程的前提，更重要的还在于它是一定生产过程的不可或缺的准备。也就是说，通常或一般而言，应先有对生产资料的所有制关系，尔后方谈得上生产过程之得以进行。

---

1 参见《马克思恩格斯全集》（第四卷），人民出版社 1958 年版，第 352 页。
2 参见《马克思恩格斯选集》（第四卷），人民出版社 1972 年版，第 324 页。
3 参见《马克思恩格斯选集》（第四卷），人民出版社 1972 年版，第 325 页。
4 参见彭万林主编：《民法学》（修订本），中国政法大学出版社 1999 年版，第 235—236 页（李开国执笔）。

按照马克思主义法学的基本原理，所有权乃为对所有制的法律反映、表现或形态。[1] 于物权法中，所有权乃系一种完全物权，其他物权，即用益物权和担保物权（二者合称"他物权"），乃系由之所衍生或派生。大抵正是有鉴于作为所有制的法律形态的所有权于社会生活中的价值、功用与意义，有学说乃指出："当我们回顾历史时会发现，所有权的存在形式决定了奴隶社会、封建社会、资本主义社会、社会主义社会等各个历史时期的社会形态，或者说社会体制。"[2]

马克思对所有制所包含的二层面结构系统作了深入研究后，还进一步运用这一理论深入地考察了资本主义所有制的具体运行方式，以及资本主义私有制条件下一定生产资料的具体实现形式，从而在此基础上提出了著名的"两权分离"理论。[3] 马克思指出："资本主义生产已经把事情推进到这个程度，以致那种完全与资本所有权分离的监督劳动已经随手可得。所以，对资本家来说，亲自担任这种监督劳动也已经没有什么用处了。"[4] 这样一来，资本所有权"面对着再生产过程内的资本功能和再生产过程外的单纯资本所有权的对立"。[5] 尔后，马克思

1　王作堂等编《民法教程》（北京大学出版社 1983 年版）谓："所有权是所有制的法律形态。要研究所有权，首先必须弄清所有制"（第 130 页）。"所有制是经济基础中的关系，所有权是上层建筑中的关系，这是二者最基本的关系。因此：1. 所有权总是在一定的所有制基础上产生的，是为一定的所有制服务的。……2. 所有制是不断发展的。所有制的根本变革及其在一定生产方式内部的发展，都是生产力发展的结果。……3. 所有制在阶级社会中是一种阶级关系。所有权既是法律确认的结果，必然是一种阶级关系，二者同是阶级关系。但是所有制是社会物质关系，所有权是社会意志关系。……4. 确认、保护所有制的法律形式不限于所有权。……所有权虽然通过对物的占有、使用、处分表现出来，但却不是人与物的关系，而是通过物发生的人与人之间的关系"（第 133—134 页）。另外，李开国《国营企业财产权性质探讨》（载佟柔主编《论国家所有权》，中国政法大学出版社 1987 年版，第 264 页）谓："所有权是所有制在法律上的表现，有什么样的所有制就有什么样的所有权，所有权必须与所有制相适应，这是马列主义关于所有权问题的基本观点。"

2　参见 ［日］加藤雅信：《"所有权"的诞生》（「所有権」の誕生），郑芙蓉译，法律出版社 2012 年版，"序"第 1 页。

3　彭万林主编《民法学》（修订本）（中国政法大学出版社 1999 年版，第 237 页，李开国执笔）谓："在资本主义社会，通过各种两权分离的形式实现了私人资本的社会化利用。"

4　参见 ［德］马克思：《资本论》（第三卷，第 2 版），郭大力、王亚南译，人民出版社 1966 年版，第 441 页。

5　参见 ［德］马克思：《资本论》（第三卷，第 2 版），郭大力、王亚南译，人民出版社 1966 年版，第 433 页。

在论及资本主义股份公司时，则更是十分清楚地表明了这一思想。他指出，资本主义股份公司的成立使"借贷货币资本的积累，一方面表示现实的积累（就它的相对范围来说），另一方面却不过表示产业资本家已经按什么程度转化为单纯的货币资本家"。[1]"在股份公司内，职能已经和资本所有权相分离"。[2]

悉心研究我国民法理论、实务以及国家立法拒绝对所有制的第二层面结构作出法律反映，建立他物权制度的因由，笔者认为，除了源于人们片面理解马克思所有制理论，更重要的还源于社会主义制度确立后，尤其是1956年我国生产资料私有制的社会主义改造基本完成后，理论与实务普遍滋长了一种社会主义公有制一经确立就能在社会生产中自然发挥它的优越性的观念，从而不去研究调节在其实际运行过程中所产生的一系列人与人的关系，如所有者、经管者、劳动者之间的物质利益关系。[3]

诚然，生产资料的归属关系在所有制二层面结构中是重要的，特别是在社会主义革命和社会主义改造的特定年代，无论怎样强调它的重要性都是不过分的。[4]这是因为，一定生产关系的变化及其根本变革无不导源于生产资料的归属关系的变化与变革，并且"一切阶级在争得统治权之后"总是"使全社会都服从那保障它们的占有方式的条件"。[5]因而，所有的革命都是为了推行一种新所有制而力图废除旧所有制。一部世界史，就是所有制关系变更的历史。[6]共产主义革命和共产主义社会的最终实现就是同其旧的所有制关系实行最彻底、最根本、最坚决的决

1 参见［德］马克思：《资本论》（第三卷，第2版），郭大力、王亚南译，人民出版社1964年版，第589页。

2 参见［德］马克思：《资本论》（第三卷，第2版），郭大力、王亚南译，人民出版社1964年版，第502页；李开国："国营企业财产权性质探讨"，载佟柔主编：《论国家所有权》，中国政法大学出版社1987年版，第262页。

3 参见彭万林主编：《民法学》（修订本），中国政法大学出版社1999年版，第239页（李开国执笔）。

4 参见彭万林主编：《民法学》（修订本），中国政法大学出版社1999年版，第239页（李开国执笔）。

5 参见《马克思恩格斯全集》（第四卷），人民出版社1958年版，第477页。

6 参见曹之虎："对马克思所有制理论的系统研究"，载《中国社会科学》1987年第6期，第31页。

裂。也就是说，惟有如此，共产主义的到来才不致成为一句空话。此正如马克思主义所言："无产阶级在获得胜利之后，无论怎样都不会成为社会的绝对方面，因为它只有消灭自己本身和自己的对立面才能获得胜利。随着无产阶级的胜利，无产阶级本身以及制约着它的对立面——私有制都趋于消灭"[1]，"所以共产主义者提出废除私有制为自己的主要要求是完全正确的"[2]。

但是，在社会主义公有制建立并得到巩固后，无产阶级的历史使命也就由削夺剥削者的生产资料，转变为运用这些生产资料进行大规模的社会主义建设。随着无产阶级历史使命的转移，理论研究与法律调整的重心也就应当由解决生产资料的归属问题转移到解决生产资料的实际运用问题。[3]遗憾的是，我国自1956年生产资料私有制的社会主义改造基本完成迄至经济体制改革以前的较长时期中，理论与实务在此问题上都未实现这一转变。反映于法律上，也就未能确立以马克思"两权分离"为理论指导的，包括所有权和他物权在内的完整统一的社会主义物权制度。毫无疑义，理论和立法的这种滞后状况是与我国社会主义商品经济的发展状况不相适应的。由此，根本改变这一状况，从而在我国民事立法上确立适应我国社会经济生活条件的物权制度业已成为我国民法工作者面临的重要实际课题。

（二）建立完整统一的物权制度是我国现实经济基础的客观要求

1. 我国现实条件下社会主义公有制的不同形式与经济成分的多层次性是包括他物权在内的物权制度存在的前提

我国社会主义制度的确立，是人类历史发展的必然结果，是中国人民的正确选择。社会主义公有制是与社会化大生产相适应的一种崭新的所有制形式，具有巨大的优越性。然而，囿于我国现阶段生产力的发展水平，社会主义公有制还不

---

[1] 参见《马克思恩格斯全集》（第二卷），人民出版社1957年版，第44页；［德］马克思、［德］恩格斯、［苏］列宁、［苏］斯大林：《论共产主义社会》，人民出版社1958年版，第26页。

[2] 参见《马克思恩格斯全集》（第四卷），人民出版社1958年版，第365页；［德］马克思、［德］恩格斯、［苏］列宁、［苏］斯大林：《论共产主义社会》，人民出版社1958年版，第26页。

[3] 参见彭万林主编：《民法学》（修订本），中国政法大学出版社1999年版，第239页（李开国执笔）。

能不采取全民所有制和集体所有制两种形式。前者系由社会全体成员共同占有生产资料的公有制形式（现实条件下系国家所有制形式），其在社会主义经济制度中居主导地位。后者系由部分劳动者共同占有生产资料的一种公有制形式，与前一种公有制形式不同的是，它是一个以集体经济为主要形式的公有制形式。此外，与多层次的生产力发展水平相适应，还存在着作为社会主义公有制经济有益补充的个体经济及私营经济等多种经济成分。在社会主义社会，由于社会生产中的经济关系仍然是一种物质利益关系，国家、集体、个人在根本利益一致的基础上尚存在着一定的矛盾。这就是他们各自有其特殊的物质利益。在这样的经济条件下，不同所有制形式与经济成分之间，集体组织之间、全民所有制内部的各个企业之间、自然人之间，以及他们相互之间因对物质财富的占有、使用、收益、处分而发生的一系列物质利益关系客观上就要求以权利、义务的法律关系体现出来，并使之得以明确界定或固化。无疑，调整此种因对物质财富的占有、使用、收益、处分而形成的不同物质利益关系的法律制度，就必然为民法物权制度。

2. 建立完整而统一的物权制度是我国社会主义有计划商品经济发展的客观要求

物权作为调整人们在商品生产和商品交换中对于物的支配关系的法律制度，乃是商品经济的一般要求于法律上的体现或反映。这不仅因为，作为物权核心的所有权制度是商品经济的前提，无它便既不能进行商品生产，也不能进行商品交换（亦即，所有权是商品交换的起点、基础，也是其归宿）；还因为，随着商品经济的发展，必然会发生所有权与其权能的分离。这样，社会生产过程中广泛存在的非所有权人对财产的占有、使用、收益、处分关系无不要求以物权制度予以调整。

从历史角度考察，自罗马法以来广泛为资本主义民事立法所确立的物权制度无一不是商品经济的一般要求于法律上的表现。罗马法中完备的、具体的物权类型或形态无疑就是其时高度发达的奴隶制商品经济的法律反映。[1]时至资本主义商品经济时代，产生了对后世民法有着深远影响的《法国民法典》《奥地利普通民法典》《德国民法典》《日本民法》《瑞士民法典》等典型的近现代民法典。这些民法典大多以"商品生产者社会的第一个世界性法律即罗马法，以及它对简单商品所有者的一切本质的法律关系（如买主和卖主、债权人和债务人、契约、债务等）所作的无比明确的规定"[2]为基础，而进一步发展和完善了为罗马法所首创的物权制度的具体类型或形态。例如，除所有权外，《法国民法典》尚规定了用益权、使用权、居住权、地役权、质权（质押）、优先权、抵押权等他物权形式；[3]而《德国民法典》则规定了地上权[4]、役权（含地役权、用益权、限制人役权）、先买权、物上负担、抵押权、土地债务、定期土地债务、动产质权、权利质权等物权形式。[5]无疑，这些完备的物权类型或形态无不为近现代及当代资本主义商品经济乃至市场经济关系的发展提供了坚实的法律保障。

我国从历史的教训和经验中得出了这样一个结论：社会主义商品经济的充分发展，是社会主义经济发展的不可逾越的阶段。有别于资本主义商品经济的不同之处是，我国社会主义商品经济是自觉依据和运用价值规律的、以公有制为基础的商品经济。但是，任何现实的商品经济都具有商品生产的一般属性，即商品生产方式。因此，社会主义有计划商品经济无疑具有这种任何商品生产都具有的共同属性。据此，我国民法就必须建立、健全这种经济条件客观上所要求的各项法律制度，而现实条件下，至为重要的就是物权制度，因为，此项制度的确立，一

1　按照现今通常、一般或多数见解抑或主张，罗马法时代尚未产生物权这一抽象概念，该抽象概念之正式并于现当代及民法（典）的科学的意义上被启用，似可认为当是始于19世纪的德国民法学抑或德国的潘德克吞法学。

2　参见《马克思恩格斯选集》（第四卷），人民出版社1972年版，第248页。

3　参见《法国民法典》，罗结珍译，中国法制出版社1999年版，第179页以下、第469页以下。

4　1896年公布的《德国民法典》将地上权规定于第1012条至第1017条，后因地上权制度日益重要，乃于1919年1月15日公布专门的《地上权条例》，同时将《德国民法典》中关于地上权的规定予以删除。该《地上权条例》共计39条。

5　参见台湾大学法律学院、财团法人台大法学基金会：《德国民法（总则编、债编、物权编）》（上册，第2版），元照出版有限公司2016年版，第929页以下。

方面可以明确界定自然人、法人及非法人组织享有的财产权利，定分止争，并保障他们作为商品关系参加者的主体地位；另一方面也可对商品生产和商品流通过程中的财产的占有、使用、收益乃至处分关系，抵押权、质押（质权）及留置权等担保关系作出明确、清晰的厘定或规范，以实现物尽其用，最大限度地发挥财产的效用与价值。可见，我国社会主义民法物权制度就是经由或透过对人们在商品生产、交换、分配以及消费过程中对财产的占有、使用、收益、处分行为的引导和规范，促进商品经济的充分发展，实现财产的尽可能大的增值，创造出愈益丰富的社会财富，以满足人民群众日益增长的物质和文化生活的需要。

3. 建立完整而统一的物权制度是现实经济体制改革的客观要求

自 1978 年中共十一届三中全会以来，我国先后在农村与城市进行了广泛的经济体制改革，此场改革涉及面之广，影响之深，取得的成效之大，均为我国历史上所罕见。

经济体制改革首先在农村取得了巨大的成就。自 1978 年至 1990 年的十余年间，农村改革已经创造出了以承包经营责任制的统分结合、联产计酬为特征的新型合作经济。自然人（或农户）、集体可以依据合同或法律的规定，对其承包的集体所有的或国家所有的土地、森林、山岭、草原、荒地、滩涂以及水面等自然资源进行独立的生产经营活动。由此，从法律上明确自然人（或农户）、集体享有的对土地、森林、山岭、草原、荒地、滩涂等自然资源的经营权及使用权的法律特性（或性质），也就具有十分重要的价值与意义。

继我国农村经济体制改革广泛展开并取得巨大成就后，自 1984 年中共中央发布关于经济体制改革的决定之时起，我国于广大的城市地区进行了深入的经济体制改革。这场改革以"两权分离"为指导原则，以增强企业活力为中心环节，改革过去那种政企不分、条块分割，国家对企业统得过多、过死的严重束缚企业活力的僵化模式，从而使企业成为真正的相对独立的社会主义商品生产者和经营者。企业生产经营机制这一转变的最终实现，毫无疑义，至为重要的乃是要以法律形式明确规定企业对国家财产的占有、使用的法特性或法属性，以及国家与企业的各自的权利、义务。因为，惟有如此，企业才能成为真正的社会主义商品生产者和经营者，并且企业根据"两权分离"原则而获得的经营权由此也才能真正得到落实。

（三）建立完整而统一的物权制度是我国现实司法实务更有利于保护自然人、法人及非法人组织的合法权益的客观要求

按照民法理论，物权与债权最主要的区别乃在于物权系直接就物进行管领的权利，具有对抗第三人的效力，为对世权；而债权则不然，它只是债权人与债务人之间的一种法律关系，并无对抗第三人的效力，且债权的实现需要债务人的积极的作为行为或不作为行为，因而损害债权的，一般也就是债务人，即债务人对其债务的不履行或其他行为。据此差异，侵害物权的，便会发生物权请求权（侵害占有的，便会发生物上请求权），即得请求侵权人返还原物、排除妨害及防止妨害等；而债权则无物权请求权或物上请求权，其仅限于请求债务人赔偿损害或继续履行义务等。[1]

经营权、使用权、承包经营权、抵押权等民事权利的行使不可避免地要发生与第三人的关系，而这些权利又不能被归结为所有权，因为这些权利本身就是独立的权利。现实管领物的是这些权利的享有人，而非所有人。同时，虽然这些权利的一部分是依合同关系产生的，但是，显然这些权利也不能被归结为依合同关系产生的债权，因为这些权利的主体、客体和内容与作为相对权的债权截然不同。所以，在第三人侵害权利之时，如果求助于所有权，则未免程序过繁，缓不济急，而如仅仅将之作为债权保护，却又未免不足。对于此等权利，就只有确认其物权的性质，承认其物权的效力。于受到他人侵害时，享有物权请求权，直接对侵权人提出返还原物、排除妨害、防止妨害等请求，才能保障自然人、法人以及非法人组织的合法权益不受侵害。

1　关于物权与债权的区隔、分际、差异等，参见李开国："物权与债权的比较研究"，载其所著《民法研究三十年》，法律出版社 2009 年版，第 265 页以下。

　　这里不妨以土地承包经营权纠纷中对土地承包经营权的保护为例来进一步释明。现阶段我国法院的审判实务中，有的法院于处理土地承包经营纠纷时，将保护所有权的方法或手段运用到对土地承包经营权的保护上，这实际上是将土地承包经营权作为一种物权对待。实践中的如是做法对于土地承包经营权的保护乃是有效、及时和便捷的。不过，目前实务中也出现了如下情形：承包人的土地承包经营权被他人非法侵害时，例如承包人承包的土地被邻近工厂排放的废水污染时，因承包人不是承包土地的所有权人，故而乃无权提起排除妨害之诉，而是非求助于集体经济组织对土地享有（或保有）的（土地）所有权不可。目前法院的审判实务中，有法院认为，有资格提起民事诉讼的原告乃是集体土地的所有权人，即集体经济组织，土地承包经营权人只是无独立请求权第三人[1]。然而事实上，法院认为有资格提起诉讼的集体经济组织却又并不是土地承包经营权纠纷中的直接的当事人，结果就于审判实务与诉讼程序中徒增繁累或不便，最终导致土地承包经营权纠纷中权利人一方的权益得不到及时、有效、便捷或方便的保护。不过，对于这样的实务中的难题或窘境，若我们认可了土地承包经营权是一种独立的（用益）物权（也就是他物权），则土地承包经营权人便可直接提起物权之诉，此无疑对于保护土地承包经营权人的权利是颇为有利的。进言之，将土地承包经营权作为一种物权对待，于土地承包经营权的实际损害业已发生时可以作为一种补救措施，即土地承包经营权人可以提起损害赔偿之诉，而且于妨害土地承包经营权人行使权利的行为发生时，土地承包经营权人也可提起物权请求权之诉。还有，于民事诉讼程序的资格、方法或手段上，物权请求权的排除妨害之诉与损害赔偿之诉，土地承包经营权人不仅可以针对与之订立土地承包合同的集体

---

　　[1]　张卫平著《民事诉讼法》（第五版，法律出版社 2019 年版）第 163—164 页谓，"从民事诉讼法的规定和诉讼实践来看，在我国，无独立请求权第三人实际上有两种类型：一种是作为辅助本诉一方当事人的无独立请求权第三人，可以称为'辅助型第三人'；另一种是独立承担民事责任的无独立请求权第三人，可以称为'被告型第三人'"。另外，江伟主编《民事诉讼法》（第六版，中国人民大学出版社 2013 年版）第 152 页谓："根据我国《民诉法》第 56 条第 2 款的规定，无独立请求权第三人是对当事人双方的诉讼标的虽然没有独立的请求权，但是案件处理结果同他有法律上的利害关系，可以申请参加诉讼或者由人民法院通知他参加诉讼的人。"

经济组织的侵权行为提起，也可针对此外的其他任何第三人（含自然人、法人及非法人组织）的侵权行为提起。

综合以上所论，应当肯定，建立完整而统一的物权制度乃是我国现实司法实务更有利于保护自然人、法人及非法人组织的合法权益的客观要求。

四、我国现实条件下物权立法的基本模式

我国民法典制定之时，确立包括他物权在内的完整物权制度体系或系统业已成为我国现行民事立法发展的基本趋势或潮流。那么，在我国现实条件下，物权立法应确立一个什么样的基本模式呢？或者说，我国物权立法的基本体系或系统是什么呢？马克思指出："立法者应该把自己看作是一个自然科学家。他不是在制造法律，不是在发明法律，而仅仅是在表述法律，他把精神关系的内在规律表现在有意识的现行法律之中。"[1]遵循这一指导原则，我们以马克思主义的法学观点和我国经济发展的实际情况为着眼点，广泛吸取西方国家与东欧社会主义国家的成功经验，同时根据我国法律调整社会经济关系的实际需要，来构筑我国的物权体系。需要指出的是，传统民法均将抵押权、质权、留置权等担保债之履行的（典型）担保物权置于民法典物权编予以规定，此种编制体例乃似值得商榷。依笔者之见，虑及担保物权的特殊性，以及其区别于所有权和用益物权的特有功能与实现形式、方法或手段，似应将之置于民法典债权编（即债编或债法编）予以规定。[2]据此考量，我国应确立的物权体系乃如下图所示。

---

1 参见《马克思恩格斯全集》（第一卷），人民出版社1956年版，第183页。
2 如本文前述注释所指出，此见解或主张乃为本文作者写作该论文当时的思考、想法或观点，应当说，在那时，我国民法典并未颁布，民法尤其是物权法的学理、法理研究未及如今发达、昌明，故而，该思考、观点、想法乃至设想于其时，甚而就是现今，也并无不可或不当。我国如今的《民法典》未设独立的债权编（债编、债法编），故而其将（典型）担保物权置于物权编予以规定，乃是应予赞同或肯定的。

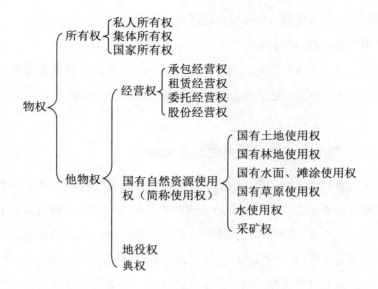

（一）所有权制度研究

按照民法法理与学理，所有权制度系整个物权制度至为重要的组成部分，是现行私法秩序的根本制度。于本部分，笔者拟在我国民法理论界业已取得的有关此制度的研究成果的基础上，对民法学中长期争论不休的有关所有权的本质、所有权的主体、所有权的权能以及所有权的实现等作一探讨，由此为我国民事立法进一步完善所有权法律制度作出一些探索。

1. 所有权的本质探讨

对所有权制度的研究，首先不可回避的是需对所有权的本质作出正确的界定。考察自罗马法以来迄今近 30 个世纪的所有权理论，各国家和地区民法学者们对于所有权的本质乃主要形成了如下 6 种学说。[1]

（1）先占说（又称占据说）

此说肇端于古罗马时代，其后为荷兰的胡果·格劳秀斯（Hugo Grotius,

1　应值注意的是，蓝全普主编《民商法学全书》（天津人民出版社 1996 年版）第 107 页在"所有权的内容"条目（李开国执笔）中谓，对于所有权的实质和内容，资产阶级学者提出过先占说、劳动说、人性说、绝对意志说及法定说等多种理论主张。

1583—1645 年）等人极力主张。此说认为，在原始洪荒时代，万物未有定主，如果某人占据某物，则其与所占据之物间便产生一种特殊关系：占据人因占据而取得该物的所有权。但是，根据民法理论，先占和占据为一种事实，如果"徒以占据为所有之事实"，那么"所有权之原理如何，必致毫无说明。"[1] 因为，"只是由于社会赋予实际占有以法律的规定，实际占有才具有合法占有的性质，才具有私有财产的性质"[2]。可见，先占（或占据）的事实是绝不能成为所有权产生的原因的。

（2）契约说

此说源于占据说，其先后由德国法学家塞缪尔·普芬道夫（Samuel Von Pufendorf，1632—1694 年）与 18 世纪法国启蒙运动的先驱让·雅克·卢梭（Jean Jacques Rousseau，1712—1778 年）所主张。该说认为，原始时代人们因占据而取得的物，于传至其子孙时，为保护财产的现状与永久和平，人人只得以契约来确保财物的归属。无疑，以契约的订定作为所有权的本质，这绝非科学的，也是不足取的。但是，较之占据说而言，该说却前进了一步，因为它摒弃了将占有的事实作为所有权取得的原因的原始观念，而采所有权的取得为人们契约的订定。

（3）劳动说

此说以 17 世纪英国著名学者约翰·洛克（John Locke，1632—1704 年）等人为代表。他们以农人的收获、工人的工资、商人的盈余等皆为劳动的产物为依据，认为所有权系劳动的必然结果。"每人对他自己的人身享有一种所有权，除他以外任何人都没有这种权利。他的身体所从事的劳动和他的双手所进行的工作，我们可以说，是正当地属于他的。"[3] 因为，"只要他使任何东西脱离自然所提供的和那个东西所处的状态，他就已经掺进他的劳动，……叵而使它成为他的

1　参见黄右昌：《民法诠解·物权编》（上册），台湾商务印书馆股份有限公司 1977 年版，第 44—49 页。

2　参见《马克思恩格斯全集》（第一卷），人民出版社 1956 年版，第 382 页。

3　参见［英］洛克：《政府论》（下篇），叶启芳、瞿菊农译，商务印书馆 1964 年版，第 19 页。

财产"。[1] 显而易见，此说掩盖了资本主义私有制条件下财富的有产者无偿占有他人劳动的事实，从而未科学地释明所有权的本质，无疑也是不足以取的。

（4）人性说

此说认为所有权系由人性决定的。"人的本性是利己主义的，当人类生活在自然状态时，处在'一切人反对一切人的战争状态（'万人对万人斗争的状态'，bellum ommium contra ommes [2]）'中。"[3] 同时，该说还认为，所有权是一种天然的不能移转的权利，财产上的不平等是自然的必然结果。该说从抽象的人性出发来论述所有权的本质，抹杀了资本主义私有制条件下人与人之间的剥削与被剥削的关系，鼓吹资本主义私有制的天然合理性，故而是不正确的。

（5）绝对意志说

此说为德国古典唯心主义辩证法的集大成者黑格尔（Georg Wilhelm Friedrich Hegel，1770—1831 年）[4] 所主张。他认为，所有权是个人绝对意志的体现。人"有权把他的意志体现在任何物中"，"因而使该物成为我的东西"。[5] 对此见解，马克思曾进行了尖锐的批驳，他指出："这是一种关于'概念'的异常天真的自白，证明这个一开始就犯错误的概念，在它把一个非常有限的、属于资产阶级社会的、关于土地所有权的法律观念，当作绝对的东西来理解时，关于这种土地所有制的实际性质，它是'什么'也不理解。"[6]

（6）法定说

此说为近代以来的大多数资本主义民法所主张。该说认为，人类出于本性而

1　参见［英］洛克：《政府论》（下篇），叶启芳、瞿菊农译，商务印书馆 1964 年版，第 19 页。

2　参见洪逊欣：《法理学》，永裕印刷厂 1988 年版，第 19 页，"索引三 外文翻译对照索引"。

3　这是英国哲学家霍布斯（Thomas Hobbes，1588—1679 年）的观点。参见中国社会科学院法学研究所法律辞典编委会编：《法律辞典》，法律出版社 2003 年版，第 1071 页，"普芬道夫，S. V.（Samuel Von Pufendorf，1632—1694）"。

4　参见马小彦主编：《欧洲哲学史辞典》，河南大学出版社 1986 年版，第 436 页。

5　参见［德］黑格尔：《法哲学原理》，范扬、张企泰译，商务印书馆 1961 年版，第 52 页。

6　参见［德］马克思：《资本论》（第三卷，第 2 版），郭大力、王亚南译，人民出版社 1966 年版，第 723 页注释 26。

产生对财产的需求，是合乎情理的。但是，如果法律对此需求不予确认和保护，则人类势必将因财产的争夺而陷于紊乱状态。故此，法律创设了所有权制度。无疑，承认并认识到所有权系法律创设的基本制度，这是正确的。但是，法律本身的状况并非立法者的意志所能决定，相反，它最终决定于一定的物质生活条件。可见，法定说仅仅释明了所有权系由法律所创设的所有权本质的表层现象，而未进一步揭示出隐藏于此表层现象背后的经济基础动因。

综合以上有关所有权本质的诸学说，可以看到，囿于历史条件与所处经济地位的局限性，这些学说的主张者们"往往忘记他们的法权起源于他们的经济生活条件，正如他们忘记了他们起源于动物界一样"[1]，从而把所有权的本质阐释为人的天性、单纯的占据、意志或法律等的产物，应当认为，这乃是未臻妥当的，故而是不足取的。

笔者认为，对所有权本质问题的探讨，最重要的乃是应当从马克思历史唯物主义有关经济基础和上层建筑关系的基本原理出发，不仅要阐明所有权系由法律所创设这一所有权本质的表层（或形式）现象，更重要的还要阐明法律创设一定所有权的经济基础因由，即所有权的本质的内容。惟有如此，我们才能妥当地释明所有权的固有本质。

按照马克思历史唯物主义与马克思主义民法原理的基本观点，所有权制度正是对一定生产资料或生活资料所有者主体占有该生产资料或生活资料而排斥非所有者主体，并得到社会承认或认可关系的法律反映。因而，所有权的本质或重心，正如"所有"一语所彰示、传达和蕴含的意涵那样，乃是指于法律上排除他人的干涉，从而将一定生产资料与生活资料据为己有的归属权及统一、完整的支配力、管领力、确定力。正是这种归属权及统一、完整的支配力、管领力、确定力，使得占有、使用、收益、处分四项权能即使——离开所有权人，只要没有法律规定的足以引起财产发生物权变动（如所有权变动）的法律事实出现，所有权人就不丧失其所有权，而仍有最终收回财产（包括原物及由原物转换而来的一般

1　参见《马克思恩格斯选集》（第二卷），人民出版社 1972 年版，第 529 页。

价值符号——货币）的可能性。[1]这也正是民法学所谓所有权的本质中的管领力、弹力性[2]或回归力。

2. 所有权的主体探讨

按大陆法系民法法理与学理，所有权系指于一定界限内对外界的物的完全支配权，[3]其权利主体为特定的所有权人，义务主体为除所有权人以外的社会一般人。然而，近年来伴随我国经济体制改革的纵深发展，我国民法学界却对源于罗马法，而于近现代民法（学）中得以完善的大陆法系有关所有权为"一物一权一体"的单一结构主体理论产生了认识上的歧见。这集中表现在，于认识和处理国有企业的财产权与投资者的财产权关系上，我国民法是否应当承认双重所有权主体制度。无疑，对这一问题的回答并不仅仅是纯粹的学术问题，因为它关系到对我国经济制度的发展与完善，以及对《民法通则》确立的若干制度和规定（例如该法第 73 条规定的"国家财产所有权"、第 82 条规定的"全民所有制企业对国家授予其经营管理的财产的经营权"）的正确理解。故此，在这里，我们有必要对这方面的问题作一较为深入的探讨。

主张在我国民法上确立双重所有权主体制度的学者们，无不以日耳曼（习惯）法关于所有权的理论与规定作为其第一根"理论支柱"，由此，我们有必要首先就罗马法与日耳曼（习惯）法的所有权理论所存在的差异以及两种所有权理论的基本状况作一辨析。

如所周知，现今大陆法系各国家和地区的所有权理论无不渊源于罗马法。因此，大陆法系的所有权制度经过罗马法以来近 30 个世纪的长期发展，迄今已形成了自成一体的学理或法理，归结起来其具有如下特点。

第一，承认所有权的绝对性，认为所有权是所有权人享有的对物的绝对无限制的占有、使用、收益和处分的权利。

1　参见蓝全普主编：《民商法学全书》，天津人民出版社 1996 年版，第 107 页，"所有权的内容"条目（李开国执笔）。

2　参见姚瑞光：《民法物权论》，吉锋彩色印刷股份有限公司 2011 年版，第 43 页。

3　参见史尚宽著，张双根校勘：《物权法论》，中国政法大学出版社 2000 年版，第 59 页。

第二，所有权是全面的、完整的权利，其权能的分离仅是暂时的，分离出去的权能最终都要回复到所有权中来，使所有权回复其圆满状态。

第三，所有权为"一物一权一体"的单一结构。

第四，所有权系法律上的支配权，而占有只是事实上的对物的控制，其并未成为权利，由此，所有权与占有、所有之诉（本权之诉）与占有之诉乃是对立的。

与以上罗马法所有权理论不同，日耳曼（习惯）法所有权理论则有如下特点。

第一，主张所有权的相对性。日耳曼（习惯）法从具体的事实关系出发，对各种财产权利都赋予排他的支配力[1]。

第二，所有权并非在于抽象的支配，而在于具体的利用，各种利用财产的权利都是独立的权利。[2]

第三，所有权具有团体主义的色彩。对物的支配权往往由家族、亲族、村落等团体享有，所有权往往与团体的身份有着密切的联系。

第四，所有与占有未分别。根据日耳曼（习惯）法，占有包括对物的使用、收益，凡对不动产行使权利的，皆可称为占有，并具物权的效力。

第五，所有权的分割为质的分割。[3]

经由如上比较，不难看到，分别为近现代及当代大陆法系民法和英美法系普通法所继受的以上两种所有权理论，每一个"枝节"上大体皆是存在差异的。这种差异，除它们产生的各自所受制约的不同的政治、历史及文化等因素外，更重要的大抵还源于它们赖以产生或存在的经济基础的不同或有别。

如所周知，日耳曼习惯法中的所有权是对带有浓厚的原始团体遗风的中世纪

1　史尚宽著、张双根校勘《物权法论》（中国政法大学出版社 2000 年版）第 2 页谓：日耳曼法"自具体的事实关系为出发，基于物质利用之种种形态，承认各种之权利"。

2　史尚宽著、张双根校勘《物权法论》（中国政法大学出版社 2000 年版）第 3 页谓：日耳曼法"种种之利用权，各为独立之权利。特定物质之全面支配，认为全部利用之集合，故全面支配与一面支配，仅为量的差别"。

3　参见史尚宽著，张双根校勘：《物权法论》，中国政法大学出版社 2000 年版，第 3 页。

封建所有制关系的简单反映：土地的管理支配权属于马尔克村社或封建领主，实际的耕种劳作则由马尔克自由农民或农奴承担。[1] 由于它将具有隶属关系的不同性质的权利都谓为所有权，把整体支配权与具体权能相并列，显然不能反映出封建所有制的实质。从概念的内在逻辑看，日耳曼习惯法中实际上并不存在严格的所有权概念，[2] 因为，认为对物或多或少可以直接支配的人都享有某种"所有权"，也就否定了一般的所有权。这正如许多原始部落只有具体的树和水果的概念，而没有"树"和"水果"的一般概念一样。因此，日耳曼习惯法的所有权概念尚处于法的发展的低级阶段。[3] 历史上，英国法较多地接受了日耳曼习惯法的内容，并保留了它的形式，究其原因，系与英国资产阶级革命[4] 之不彻底而保留了封建王朝的严格等级制度有关。[5] 而罗马法所有权则是对简单商品生产，即资本主义前的商品生产经济的法律反映，它强调的绝对、独立、自由的所有权观念，以及"一物一权一体"原则，正是商品经济的一般要求于法律上的表现或反映。因此，在自由资本主义时期，尤其是于法国资产阶级大革命以后盛倡自由平等、意志自由的社会思潮的时期，罗马法所有权理论被欧陆大多数国家（尤其是大陆法系国家）广为传播并普遍接受。时至当代，在商品经济高度发达，财产关系日趋复杂的情况下，采罗马法所有权的"一物一权一体"原则，摒弃日耳曼（习惯）法双重所有权主体制度及其理论，无疑是重要的、必要的。因为，只有如此，才能适

1　参见佟柔、史际春："我国全民所有制'两权分离'的财产权结构"，载《中国社会科学》1990 年第 3 期，第 162 页。

2　参见佟柔、史际春："我国全民所有制'两权分离'的财产权结构"，载《中国社会科学》1990 年第 3 期，第 162 页。

3　参见佟柔、史际春："我国全民所有制'两权分离'的财产权结构"，载《中国社会科学》1990 年第 3 期，第 162 页。

4　《世界历史词典》编委会编《世界历史词典》（上海辞书出版社 1985 年版）于"英国资产阶级革命"的条目下写道："亦称清教徒革命。17 世纪英国确立资产阶级统治的革命"（第 389 页）。"这次革命带有浓厚的妥协性和保守性，对封建势力的摧毁并不彻底，但它开创了世界资产阶级革命的新时代，因而史学界通常以 1640 年为世界近代史的开端"（第 390 页）。

5　对此的另一种释明或说法，是认为系与诺曼人的征服和都铎王朝对罗马法的抵制等偶然因素有关。参见佟柔、史际春："我国全民所有制'两权分离'的财产权结构"，载《中国社会科学》1990 年第 3 期，第 162 页。惟本文笔者认为，乃主要是由文中提到的因由所导致、所引起。

应现当代经济关系发展的需要，进而使各种纷繁复杂的法律关系明晰化。至此，我们乃不难理解，较之于日耳曼（习惯）法，罗马法和大陆法系的所有权制度及其理论确系更为妥恰。这也就证明，双重所有权主体制度的主张者们所持的第一根"理论支柱"是不成立的，进而就会推论出构筑于该"理论支柱"之上的结论的未尽妥当和精确。

另外，主张双重所有权的另一根据，即第二根"理论支柱"，是马克思关于法律所有权与经济所有权的论述。让我们来看一看这根"理论支柱"是否坚实。

如所周知，法律所有权与经济所有权这两个概念是马克思在分析资本主义利息的本质时提出并予以特定使用的。按马克思的论述，利息的实质，是产业资本家雇佣工人创造的剩余价值的一部分，而以利息的形式付给货币资本家的金钱。[1]从表面上看，利息似乎是"从单纯的资本所有权产生的资本的价值创造"，"庸俗经济学家就是在这种形式上理解利息的。在这种形式上，一切中介过程都消失了，资本的物神的形态也像资本物神观念一样已经完成。这种形态之所以必然产生，是由于资本的法律上的所有权同它的经济上的所有权分离，由于一部分利润在利息的名义下被完全离开生产过程的资本自身或资本所有者所占有"。[2]因此，"一个是法律上的资本所有者，另一个，当他使用资本的时候，是经济上的资本所有者"。[3]据此，有见解或主张认为，对国有企业的财产，国家保持法律所有权，企业享有经济所有权，这样既可以保证企业的自主权，又可保证国家利益的实现。[4]

---

[1] 许涤新主编《政治经济学辞典》（上，人民出版社 1980 年版）第 564 页于"利息"的条目下写道：利息"是货币所有者（债权人）因贷出货币或货币资本而从借款人（债务人）手中获得的报酬。在资本主义制度下，利息是职能资本家因取得贷款而付给借贷资本家的一部分利润。它的源泉是雇佣工人所创造的剩余价值。因此，正如利润是剩余价值的转化形式一样，利息也是剩余价值的一种特殊的转化形式"。

[2] 参见《马克思恩格斯全集》（第二十六卷，Ⅲ），人民出版社 1974 年版，第 511 页。

[3] 参见《马克思恩格斯全集》（第二十六卷，Ⅲ），人民出版社 1974 年版，第 565 页。

[4] 参见赵万一："论所有权的权能"，载《法学季刊》1985 年第 2 期，第 50 页以下；佟柔、史际春："我国全民所有制'两权分离'的财产权结构"，载《中国社会科学》1990 年第 3 期，第 167 页。

　　笔者认为，马克思的以上所论，核心是对利息作经济实质的分析，进而阐述资本主义条件下所有权与经营权分离的情况，而其目的并不在于说明资本主义社会财产所有权是双重的。由于在德文中，所有制和所有权是以同一个词表示的，[1] 马克思既已明确指出经济所有权是指同劳动对立的"资本主义所有权"关系，他实际上就是在生产关系的意义上来论及资本主义所有制关系，而不是将经济所有权当作法律概念，因为所有权这个名词本身就是法律概念。在没有法律存在的社会里，"还只是占有，而没有所有权"[2]。马克思在分析货币资本与产业资本的关系时，使用经济所有权这个概念不过是借用了所有权这个名称而已。事实上，经济所有权的准确定义是经营权。应当肯定，严格的法律意义上的所有权只应是"一物一权一体"，而不是"一物二权二体"或更多体。正如马克思在谈到土地、私有财产时明确指出的那样，"土地所有权的前提是，一些人垄断一定量的土地，把它作为排斥其他一切人的，只服从自己个人意志的领域"，"私有财产如果没有独占性就不成其为私有财产"。[3]

　　此外，值得指出的是，在某些大陆法系国家，如联邦德国[4]，法学上确有经济所有权概念，但其涵义是指人们对他人所有的物的价值取得补偿的权利或其他依据某种权利而收益的权利。比如，出租人对承租人就房屋所增添（添加）的添附（物）［如属于动产的油漆与房屋发生附合后的附合物（房屋）］取得所有权［也就是说，油漆与房屋发生附合后的附合物（房屋）由出租人取得其所有权］，但承租人同时也有权获得其（油漆）价值的补偿，是为经济所有权。之所以有经济所有权的说法，是因为大陆法系的法学家感到有许多权利属于他物权，但法律却未

　　1　在德文中，"所有制"为 Eigentumssystem、Besitztum；"所有权"为 Besitztum、Eigentum。参见北京外国语学院德语系编：《汉德词典》，商务印书馆 1959 年版，第 556 页。

　　2　参见《马克思恩格斯全集》（第十二卷），人民出版社 1962 年版，第 752 页。

　　3　参见《马克思恩格斯全集》（第三卷），人民出版社 1960 年版，第 425 页。

　　4　值得提及的是，1990 年 8 月 31 日，东德和西德关于（两德）统一的第二个国家条约签订。统一条约规定，两德和平自主地通过民主与自决的方式实现统一，东德将在同年 10 月 3 日加入联邦德国。为了统一行政区划，东德应恢复 1952 年 7 月前的 5 个州建制，东、西柏林合并成一个州。统一后的德国首都为柏林。参见孙炳辉、郑寅达编著：《德国史纲》，华东师范大学出版社 1995 年版，第 444 页。

规定，故仅得以经济所有权这一概念来弥补此项缺陷。[1] 至此，我们不难看到，经济所有权原本不属法学概念，当人们把它用作法学概念时，我国学者与国外民法学者的既有界说又不一致，故而，这实在是一个极易引起误解的概念。由此可以认为，于我国国有企业财产权结构中引进经济所有权的概念，既不科学，也无必要。

综上所述，我国所有权的类型乃基本可以分为：私人所有权、集体所有权和国家所有权。国营（或国有）企业财产所有权属于国家，企业享有经营权。那种认为我国国营（或国有）企业财产之上并存法律所有权与经济所有权的见解或主张是未尽妥当的，故而是不宜采取的。

3. 所有权的权能探讨

民法所谓所有权的权能，系指所有权的内容或构成因素。于学理与法理上，对权能与所有权的关系，大抵有两种主张或见解。

（1）权利集合说

此说认为所有权系由各项权能组成的集合体，各项权能彼此独立，其总和或集合构成一个所有权。苏联学说采此见解。

（2）权利作用说

此说认为，所有权的各项权能乃是所有权的不同的作用。权能与所有权的分离，不过是所有权的不同作用的表现。"所有权之权能，亦称所有权之作用，有积极的与消极的两方面"。[2] 所谓积极权能，系指所有权人得对其所有物实施占有、使用、收益和处分行为。所谓消极权能，则指所有权人得排除他人的不当干涉。为排除他人的不当干涉，法律使所有权人根据关于侵权行为的规定享有损害赔偿请求权，根据关于所有权（物权）的规定享有物权请求权。

1　参见《国际比较法百科全书·财产法在结构上的变化》（第3—20页），收录于中国人民大学法律系民法教研室《外国民法论文选》（校内用书），1984年印刷，第193页；佟柔、史际春："我国全民所有制'两权分离'的财产权结构"，载《中国社会科学》1990年第3期，第168页。

2　参见史尚宽著，张双根校勘：《物权法论》，中国政法大学出版社2000年版，第62页。

以上两种主张中，依笔者之见，大抵以第二种主张更可采。此盖因第一种主张或见解——权利集合说——不能释明所有权的权能与所有权分离的状况。既然所有权为各项权能的集合、总和或聚合，则当缺少其中的某一权能时，所有权也就不成其为所有权了。故此，乃应认为，所有权并非所有权的权能的简单集合、总和或聚合，而为权利主体（即所有权人）对自己的所有物的统一的、完整的支配力、回归力。一言以蔽之，所有权乃为具有完全性、整体性、弹力性、恒久性[1]的法特性的（完全）物权权利。其他（物权）（即他物权），其因由所有权所派生或衍生，故而仅得于某些方面对标的（物）（客体）享有（支配）权利（或支配力）。

按照民法法理与学理，所有权的权能是所有权人为实现其所有权而对自己的所有物实施的行为（含积极的作为行为与消极的不作为行为），它是所有权得以实现的手段、方法或途径。易言之，所有权的权能是所有权的具体与个别的功用（或功能、作用）的表达或彰显。而事实上，作为具有独占性、统一性与回归力的支配权的所有权，正是通过或经由所有权人对其所有物的占有、使用、收益和处分而获得增值、保值，也就是获得实现的。另外，根据民法法理、学理、其他国家和地区立法例以及裁判实务乃至生活经验，所有权的任何一项个别、具体、单独的权能，也都彰示或表明所有权人可以对其所有物实施某一行为或两个乃至两个以上的诸多行为。举例言之，所有权人对所有物享有（或保有）决定所有物的命运的处分权能，就意味着所有权人可对自己的所有物予以放弃[2]，亦即将自己的所有物予以抛弃[3]而使之成为无主物，由他人取得该无主物的所有权，抑或

1　参见姚瑞光：《民法物权论》，吉锋彩色印刷股份有限公司2011年版，第41—43页。

2　我国《民法典》未吸纳其他国家和地区立法中的权利的"抛弃"一词，而是采用中文汉字中的（权利的）"放弃"一语。比如《民法典》第273条第1款、第409条第1款以及第435条等，皆启用"放弃"的概念，即它们分别规定业主"不得以放弃权利为由不履行义务"，"抵押权人可以放弃抵押权或者抵押权的顺位"，以及"质权人可以放弃质权"。惟基于人类比较法的共同智慧与实证经验，我国《民法典》中的"放弃"一语似可作与其他国家和地区的"抛弃"一词相同或同样的理解与解释。

3　应值注意的是，在德国民法中，所有权人对自己的所有物实施的"抛弃"行为，乃为一种独立的、典型的内蕴了抛弃人（所有权人）的处分自己的所有物的意思的单方的物权行为。与之对应的是双方的物权行为，即"物权契约"（"物权合同"），或称为"物权的合意"。

所有权人可以经由或透过市场交易的商品交换，而将自己的所有物出让，获得价金，乃至将自己的闲置的所有物（比如作为不动产的房屋）加以出租，由此收取与获得租金。

这里有必要提及的是，近年来有学者提出了扩大所有权的既有权能的主张。这就是主张管理应当作为所有权的一项独立权能而存在。[1]笔者认为，此见解乃是可商榷的。它虽然强调了现当代经济生活中广泛存在的管理职能，具一定的积极意义，但是，管理不宜作为所有权的一项单独权能。此主要是因为，管理的各种形式都是所有权人对自己的财产的占有、使用、收益、处分于社会生产乃至生活过程中的具体体现。可见，增加管理为所有权的权能乃系不当，亦即是有失所有权法理与学理的妥当性的。

4. 所有权的实现探讨

民法所谓所有权的实现，乃系指所有权人对其所有物实施占有、使用、收益以及处分的单独行为或诸多行为。易言之，所有权的实现，即指所有权的权能的行使。

所有权的权能涵盖所有权人可于不同方面支配、管领、控制自己的所有物，由此能够使所有权人的所有权得以或获得实现。占有、使用、收益、处分权能的行使皆为所有权的独立性、支配权（性质或特性）的表现，故而也都是所有权的具体的实现方式或途径。进言之，占有以对物的外在的控制、支配形态直接体现了所有权人对物的管领、支配；所有权人对物行使使用权能，则取得物的效用或利益，由此所有权人的物的使用价值得以实现；所有权人行使收益权能，则可于经济上实现自己的所有物的价值的增值或保值；至于所有权人行使处分权能，则会使物的"命运"[2]或权利的归属发生变化。具体而言，所有权人可透过于物上设定其他权利（如设定用益物权或担保物权），甚至引起所有权的消灭（如使所

---

[1] 比如，谢在全先生在其所著《民法物权论》（上，修订七版，新学林出版股份有限公司 2020 年版）第 118 页即谓："所有人对于标的物，得为全面的及概括的占有、管理、使用、收益及处分，此与其他物权，如地上权、典权或质权等对于标的物之支配，仅限于一定范围内者不同。"

[2] 参见蓝全普主编：《民商法学全书》，天津人民出版社 1996 年版，第 109 页，"处分权能"条目（李开国执笔）。

有权发生移转，原所有权由此发生相对的消灭）的方式，来行使其对于物的处分权能。应当肯定，于现当代商品经济高度发达的条件下，所有权的任何一种实现形式皆系重要且不可或缺的。

由于社会经济生活的复杂性，所有权通过其权利人（所有权人）行使权能这种方式来实现也呈现出多样化的形式或样态，不过，于多样化的实现形式或样态中，乃以如下两种较为常见。

（1）所有权人自己行使所有权的权能。这是指所有权人直接以自己的行为实现对其所有权的标的物（客体）——所有物——的占有、使用、收益和处分。于自然经济条件下，由于商品经济的非发达性，社会生产活动基本上是在孤立、彼此隔绝的封闭环境中完成其必需的循环过程的，故而所有权人自己行使权能，也就成为所有权实现的主要方式或形式。但是，即使在商品经济高度发达的条件下，所有权人自己行使权能也是存在和必要的。这尤其体现在生活资料所有权的实现上。在这里，所有权人是为了自身的需要而支配其所有物，独立行使所有权的占有、使用、收益和处分权能。

（2）所有权人通过或经由他人行使（所有权的）权能而实现其所有权。根据民法法理与学理，所有权与其权能的分离，并不必然导致所有权人于财产（所有物）上体现的利益和意思落空，相反，它可能更能完整、多方面地实现所有权人对自己的所有物的利益和意思。由此，自第二次世界大战结束以来迄至 1990 年的近半个世纪的历史时期中，此种所有权的实现形式（或方式）已被广泛地运用于社会经济生活中，并凸显其越来越重要的价值与功用。

总之，以上两种所有权的实现方式或途径乃具有积极的价值与实际意义。其中，第二种，即所有权人透过或经由他人行使所有权的权能而使所有权得以实现，尤具重要价值与意义。一言以蔽之，此种实现方式系为所有权与经营权（即所谓的"两权分离"[1]）得以成立和落实的理论基础与民法基石。

1　值得指出的是，蓝全普主编《民商法学全书》（天津人民出版社 1996 年版）第 125 页在"两权分离原则"条目（李开国执笔）下写道："两权分离是指全民所有制企业经营权与国家所有权的分离。"

（二）经营权制度研究

1. 经营权的性质或法特性

《民法通则》第 82 条明确规定国有企业对国家授予其经营管理的财产享有经营权后，我国民法理论界开始了对经营权的法特性或性质的讨论。学者们见仁见智，对经营权的法特性或性质，主要提出了如下三种观点：认为经营权就是经营管理权；认为经营权就是经营自主权；认为经营权是一种新型物权，其具有对物的支配权、排斥他人非法干涉等属性。

以上三种观点中，笔者认为乃以第三种观点较足取。透过传统社会主义经济体制下国家机关直接经营管理企业的表象，我们不难看到，即使在改革以前的国家集权经济条件下，国家所有权与其权能也是分离的。但问题的症结在于，这种分离没有形成权能持有者得以对抗财产所有权人的法定权利，因而企业的权利是不稳定的，国家机关可以所有权人（国家）的名义干预企业，由此窒息了企业作为社会经济细胞所应有的生机与活力。[1] 那么，我们能否在企业权利不稳定的情况下实现经济改革的目标呢？例如，能否以西方股份制模式来改造我国的国有企业？如前述，于股份公司中，股份公司的财产权利对股东而言，也是极不稳定的。[2] 这两种权利的恰当分离和平衡，不是取决于法律，而是取决于所有权人自觉地放弃对所有权权能的行使，以及经理人员自觉地不僭越权位，并尽心尽力地为企业牟取利润。[3] 显然，这依赖于建立在商品经济高度发达基础之上的、经过半个多世纪积累的社会、文化因素。[4] 由此从一个侧面说明，依赖于"企业家阶层"的形成才能有效运转的股份制，于我国较为落后的经济文化条件下试图普遍推行

1　参见佟柔、史际春："我国全民所有制'两权分离'的财产权结构"，载《中国社会科学》1990 年第 3 期，第 169 页。

2　参见佟柔、史际春："我国全民所有制'两权分离'的财产权结构"，载《中国社会科学》1990 年第 3 期，第 169 页。

3　参见佟柔、史际春："我国全民所有制'两权分离'的财产权结构"，载《中国社会科学》1990 年第 3 期，第 169 页。

4　参见佟柔、史际春："我国全民所有制'两权分离'的财产权结构"，载《中国社会科学》1990 年第 3 期，第 169 页。

乃是较为困难的。[1]同时，既往的经济改革实践充分表明，由于单纯的"放权"和"扩权"未能解决全民所有制领域"统""分"结合的问题，我国的经济改革一直处于一种两难境地：要么是权放不下去，政策规定应当放给企业的权利，大都被有关国家机关截流了，或者先放后收；要么企业拿到一些权利就加以滥用，引起消费、物价等的失控。[2]这些情况告诉我们，"两权"的分离，不能听任个别国家机关和企业在权能分配上进行较量，而必须使从所有权中分离出来的必要的权能成为法律上的一种独立的权利，使企业依据此权利而得以对抗非有关国家机关和有关国家机关非依法进行的干预，并在国家所有权人依法控制下自主地从事商品生产活动。[3]毫无疑义，这绝非赋予经营权以经营管理权或经营自主权的法律特性所能解决的，相反，只有赋予经营权以物权的法律特性或属性方为解决此问题的根本途径。

如前述，物权系权利人对一定的物予以直接管领而享受其利益的得对抗社会一般人的排他性财产权。事实上，经济体制改革以前和以"扩权"为主题的改革时期，企业无论获得多少所有权的权能，从法律上而言，它对国家都只是承担义务，而不享有权利；相反，国家机关则有权向企业发号施令而不承担义务和责任。[4]确立经营权的物权特性或属性，从而使企业得到的经营权权能上升为法律权利，这正是旨在使企业获得直接支配财产和经营权的排他性这两项物权品格。企业直接支配财产，就意味着它在法律规定的范围内，于国家计划指导下，按照企业的宗旨和财产的用途，有权自主占有、支配由国家授予其经营管理的全民财产。[5]而经

---

1 参见佟柔、史际春："我国全民所有制'两权分离'的财产权结构"，载《中国社会科学》1990 年第 3 期，第 169 页。

2 参见佟柔、史际春："我国全民所有制'两权分离'的财产权结构"，载《中国社会科学》1990 年第 3 期，第 170 页。

3 参见佟柔、史际春："我国全民所有制'两权分离'的财产权结构"，载《中国社会科学》1990 年第 3 期，第 169—170 页。

4 参见佟柔、史际春："我国全民所有制'两权分离'的财产权结构"，载《中国社会科学》1990 年第 3 期，第 170 页。

5 参见佟柔、史际春："我国全民所有制'两权分离'的财产权结构"，载《中国社会科学》1990 年第 3 期，第 170 页。

营权的排他性则意味着：首先，国家一旦把一定的财产授予某企业经营管理就不再支配该财产，不直接参与企业经营，非依法定程序，国家不得抽回已授予企业经营管理的财产，也不能把一个企业的财产无偿地转让给另一个企业。[1]因此，一定的全民财产之上不可同时存在两个以上平行或重叠的经营权。[2]其次，企业接受主管部门和有关国家机关依法实行的管理监督，但同时任何国家机关都不得以此侵犯企业享有的经营权。[3]依据经营权，企业既可以对抗主管机关和职能管理机关超越权限的非依法进行的干预，如强行下达没有物质供应和产品销售安排的指令性计划，也可对抗非有关国家机关的违法干预，比如强行摊派钱财。[4]并且，法律保护由企业经营管理的财产，任何人不得非法侵占，并由确认权属、排除妨碍、恢复原状、返还原物、损害赔偿等与保护所有权相同的方法加以保护。[5]

2. 经营权的涵义与内容的探讨

作为一项新型物权的经营权，其涵义的界定，于民法学理、法理与立法上尚是一块有待开垦的处女地。《民法通则》颁行以来，有关经营权的涵义，学者大多界定为建立在主管机关与企业所签订的承包合同之上的承包经营权。但是，合同各种各样或千差万别，由此经营权也各种各样或千差万别，以致未有一个统一的经营权的"标准"定义。由此，企业在民事活动中所应有的相对独立性，以及其作为法人所必需的财产权基础，也就会产生不确定的问题。应当认为，此等问题的解决，最终皆归结为经营权涵义的确定。有鉴于此，并根据经营权的物权特性，笔者认为，经营权的涵义似可表述为：经营权系指国有企业于国家授权范围

1　参见佟柔、史际春："我国全民所有制'两权分离'的财产权结构"，载《中国社会科学》1990 年第 3 期，第 170 页。

2　参见佟柔、史际春："我国全民所有制'两权分离'的财产权结构"，载《中国社会科学》1990 年第 3 期，第 170 页。

3　参见佟柔、史际春："我国全民所有制'两权分离'的财产权结构"，载《中国社会科学》1990 年第 3 期，第 170 页。

4　参见佟柔、史际春："我国全民所有制'两权分离'的财产权结构"，载《中国社会科学》1990 年第 3 期，第 170 页。

5　参见佟柔、史际春："我国全民所有制'两权分离'的财产权结构"，载《中国社会科学》1990 年第 3 期，第 170 页。

内，对所授予的国有财产享有占有、使用、收益和处分的排他性财产权。国有企业在与非全民所有制企业的民事往来中代表国家行使所有权。这一定义表明，一方面，经营权并不是所有权，但其包括了一个商品生产者和经营者所必需的一切权利；另一方面，国家不因企业享有经营权而丧失其对财产的所有权。

在这里，值得指出的是，我国有学说认为，收益权能不得为经营权的内容。笔者认为，这是值得商榷和探讨的。

如所周知，经营权概念源于苏联民法的经营管理权理论，其最早为苏联民法学说所提出，1961 年《民事立法纲要》与 1964 年《苏俄民法典》对其予以法律确认。1964 年《苏俄民法典》第 94 条第 3 款（项）规定："固定给各个国家组织的国家财产，由这些组织经营管理。它们在法律规定的范围内，根据其活动的目的、计划任务和财产的用途，行使占有、使用和处分财产的权利。"[1]我国有学说之所以不认可收益权能为经营权的内容，大抵与此有关，或曾受到其影响。然而，正如前文已经论及的，1964 年《苏俄民法典》系集权经济基础的产物，我国有学说受到其影响而认为收益（权能）不得为经营权的内容，故而应是值得慎思的。笔者认为，确立经营权的前述涵义（定义）与内容，国有企业便可据此与其他享有（或保有）经营权或所有权的民事主体平等地进行经济交往，自主地从事商品经济活动，故此具有重要的理论与实践意义。

在我国现实条件下，全民所有制的主导经济地位与运转方式，以及国家所有权的行使和实现所具有的特殊性，决定了经营权与所有权于社会经济关系中必然具有不同的地位和作用。但是，由不同的所有制而产生的此种财产权利上的差别，一旦进入民事流转领域就消失殆尽了。[2]于商品经济条件下，无论是全民所有制企业，还是作为民事主体的国家或国家机关，或者是其他的企业或自然人，也无论其所有制性质如何、其拥有的是所有权还是经营权，相互间都必须以自主平

1　参见中国社会科学院法学研究所民法研究室编：《苏俄民法典》，中国社会科学出版社 1980 年版，第 32 页。

2　参见佟柔、史际春："我国全民所有制'两权分离'的财产权结构"，载《中国社会科学》1990 年第 3 期，第 173 页。

等的主体对待，各自都有自主地参加交换和协作的权利，并依法对自身所为的行为承担财产责任。[1]历史表明，随着股份制的发展而建立并完善起来的法人制度是经营权得以与所有权一样进入民事流转领域的直接依据。[2]因为，根据法人制度，企业因享有经营权而得成为独立的民事主体，而并非要求企业对所占有的财产一定要享有所有权。可见，在商品经济关系中，企业所具有的经营权是一种完全独立的财产权利，企业据此可以成为合格的商品监护人。[3]

全民所有的财产由国家授予企业经营，企业的收入除支付给劳动者的报酬外，其上缴国家的部分，企业用于再生产和其他由企业自主支配的部分，都属于全民或国家所有。[4]因此，企业相互之间进行的民事活动以及投资联营，并不移转商品和资金的所有权，而只移转其经营权。[5]它们同其他所有权主体发生买卖或投资等民事关系，则必须移转标的物的所有权。也就是说，企业为国家取得所有权或把国家对标的物的所有权移转出去，而自己所取得、丧失或移转出去的仍然是经营权。[6]比如，国有粮食企业收购农民的粮食，粮食的所有权从农民移转到国家，国有企业对粮食的权利则是经营权。[7]

在这里，值得提及的是，我国有学说认为，商品交换只能在不同的所有者之间进行，既然承认全民所有制企业之间的交换是商品交换，则此类企业之间于交换时就应移转所交换商品的所有权，如此，企业就应对其支配的财产享有所有权，否

1　参见佟柔、史际春："我国全民所有制'两权分离'的财产权结构"，载《中国社会科学》1990年第3期，第173页。

2　参见佟柔、史际春："我国全民所有制'两权分离'的财产权结构"，载《中国社会科学》1990年第3期，第173页。

3　参见佟柔、史际春："我国全民所有制'两权分离'的财产权结构"，载《中国社会科学》1990年第3期，第173页。

4　参见佟柔、史际春："我国全民所有制'两权分离'的财产权结构"，载《中国社会科学》1990年第3期，第173页。

5　参见佟柔、史际春："我国全民所有制'两权分离'的财产权结构"，载《中国社会科学》1990年第3期，第173页。

6　参见佟柔、史际春："我国全民所有制'两权分离'的财产权结构"，载《中国社会科学》1990年第3期，第173页。

7　参见佟柔、史际春："我国全民所有制'两权分离'的财产权结构"，载《中国社会科学》1990年第3期，第173页。

则，企业之间是不能进行商品交换的。[1]对此见解或主张，笔者认为：首先，企业所有权或相对所有权等任何双重所有权观点都未能妥当界定国有企业财产权的性质或法特性，其未臻精确已如前述。其次，一切商品交换并非必须移转所有权。从经济观点看，"商品生产和商品流通的现象，为好多种生产方式所共有，不过有范围和重要性上的不等"[2]，故而绝不能简单地以商品经济一般的商品关系与全民所有制内部的商品关系进行比照。[3]因为商品经济一般的规定性在于，个别或局部的劳动要通过市场交换转换为社会劳动，交换必须按商品的价值进行。[4]在我国现实的全民所有制条件下，不同企业之间具有经济利益上的差别，衡量其劳动的质和量，需要通过商品交换而使企业的劳动得到社会承认，这是商品关系。[5]但是，由于人们对全民所有的生产资料的占有是平等的，不允许个人或企业由于拥有或占有生产资料而获得比他人更多的利益，他们只能以自己对社会的劳动贡献来换取相等劳动量的劳动收入。由此，生产资料及其产品的所有权必须由国家享有（或保有），如是便通过国家的收入分配政策，将企业的商品交换收入中的社会积累和级差收益部分提取出来，于全民范围内分配使用。[6]在这里，商品交换的根本作用不在于实现商品的价值和获得利润，而是衡量企业的劳动，以实现等量劳动交换，并补偿企业于生产经营中耗费的物化劳动和活劳动。[7]可见，全民所有制内部的商品交换关系不是发生在对立的私人所有者之间，而是建立在同一所有

1　参见佟柔、史际春："我国全民所有制'两权分离'的财产权结构"，载《中国社会科学》1990年第3期，第173页。

2　参见［德］马克思：《资本论》（第一卷），郭大力、王亚南译，人民出版社1953年版，第94页注释73。

3　参见佟柔、史际春："我国全民所有制'两权分离'的财产权结构"，载《中国社会科学》1990年第3期，第174页。

4　参见佟柔、史际春："我国全民所有制'两权分离'的财产权结构"，载《中国社会科学》1990年第3期，第174页。

5　参见佟柔、史际春："我国全民所有制'两权分离'的财产权结构"，载《中国社会科学》1990年第3期，第174页。

6　参见佟柔、史际春："我国全民所有制'两权分离'的财产权结构"，载《中国社会科学》1990年第3期，第174页。

7　参见佟柔、史际春："我国全民所有制'两权分离'的财产权结构"，载《中国社会科学》1990年第3期，第174页。

者内部具有利益差别的不同单元之间，个别单元对所交换的商品只能有实际支配权（反映于法律上为经营权），而不能有所有权 1。

自法律观点或视角看，商品交换的形式是多种多样的，转移所有权的民事流转法律关系，如买卖、赠与、互易，仅仅是众多民事流转法律关系中的少数几种，其他如租赁、承揽、运输、保管、仓储等民事法律关系皆不要求移转标的物的所有权。2 可见，商品交换及其法律形式从来都不是单一的或固定不变的。承认全民所有制内部的交换是商品交换，并于法律上确认交换的前提和对象是产品的经营权，是符合商品经济于社会主义条件下发展的客观实际及其要求的 3。

（三）国有自然资源使用权制度研究

我国社会主义生产资料公有制经济制度的确立是人类社会历史发展的必然结果，具有巨大的历史进步性。然而，正如前文已经指出的，生产资料公有制经济制度的确立，仅仅是问题的一个方面，更重要的还需特别注意研究生产资料公有制在现实经济生活中的具体运动过程与实现形式。我国《宪法》规定："矿藏、水流、森林、山岭、草原、荒地、滩涂等自然资源，都属于国家所有，即全民所有；由法律规定属于集体所有的森林和山岭、草原、荒地、滩涂除外"（第 9 条第 1 款），"城市的土地属于国家所有"（第 10 条第 1 款第 1 句）。为了充分利用国有自然资源，我国民法理应确立一项可使国有自然资源得到充分利用的法律制度。此项制度即是全民所有制组织、集体所有制组织以及自然人等对国有土地、海域、林地、水面、草原、滩涂、矿藏以及水流的占有、使用、收益和一定情形下的处分（以下简称"使用权"或"利用权"）的法律制度。

考察罗马法以来之为现当代民法所确立的（用益）物权（他物权）制度，我们可以发现，地上权、永佃权、地役权等用益物权（他物权）都是以对土地的使

1　参见佟柔、史际春："我国全民所有制'两权分离'的财产权结构'，载《中国社会科学》1990 年第 3 期，第 174 页。

2　参见佟柔、史际春："我国全民所有制'两权分离'的财产权结构"，载《中国社会科学》1990 年第 3 期，第 174 页。

3　参见佟柔、史际春："我国全民所有制'两权分离'的财产权结构"，载《中国社会科学》1990 年第 3 期，第 174 页。

用（或利用）为中心而得以建立的。正是这些制度按照有产者的利益、要求和愿望，解决了以土地私有制为基础的土地使用（或利用）的问题。那么，在我国社会主义公有制经济条件下是否就不再需要建立以解决土地使用问题为核心的用益物权（他物权）制度呢？笔者认为，回答只能是否定的。在我国社会主义公有制经济条件下，为了公有土地、海域以及其他自然资源的合理开发和有效利用，我们不仅需要建立国有土地使用权制度、国家海域使用权制度、国有草原使用权制度以及国有水面、滩涂的养殖使用权制度，还需要建立与此等使用权制度有区别或界分的水使用权、探矿权乃至采矿权制度。并且，事实上，自改革开放以来，我国已在一定程度上建立起了这些法律制度。当然，它们还不完整、系统，而是有些零碎，有待于进一步充实和完善。在本部分，笔者拟对国有自然资源使用权制度的特性、国有自然资源使用权的分类、国有土地使用权的性质或法特性，以及其有偿与无偿使用的范围作一些研讨。

1. 国有自然资源使用权制度的特性

按照我国目前的实际情况，我国国有自然资源使用权总体或大的方面上乃应当是一项新型的用益物权，也就是他物权制度或形态中的一种情形（他物权制度中的另一种形态或情形为担保物权）。我国国有自然资源使用权制度的设定或确立，乃旨在实现人民、社会与国家财富不断增值或增长，使社会主义的生产目的得以实现，也就是说，系透过或经由国有自然资源使用权制度的确立和利用而不断满足人民群众日益增长的物质和文化生活的需要。

值得指出的是，有学说认为，普通物权是指由民事基本法（如民法典）规定的物权。特别物权，是指由特别法规定的具有物权性质的财产权。所谓特别法，系指兼有民法规范和行政法规范的综合性经济法规，如我国的土地管理法、矿产资源法、森林法、草原法、水法、渔业法等。[1]这些特别法规定的一些财产权，如森林法规定的林木采伐权，矿产资源法规定的探矿权和采矿权，渔业法规定的水

---

1 参见李开国：《民法基本问题研究》，法律出版社 1997 年版，第 291 页。

产养殖权和水产资源捕捞权，都属于准物权的范畴。[1] 与民法典规定的物权比较，这些财产权一般按特别法规定的特许程序取得，且它们的行使受较强的行政干预，以及在法律的适用上，它们优先适用特别法的规定，只有特别法没有规定的问题，才准用民法典的有关规定[2]。

2. 国有自然资源使用权的分类

国有自然资源使用权可采取不同的标准而作出不同的分类。具体而言，乃可以主体的不同、客体的不同、利用方式（或方法）的不同、是陆地还是海域、是法人组织取得还是自然人个人取得、自然资源所在位置（区域）的不同、自然资源的重要性和保护程度的不同、国有自然资源使用权设定方式的不同以及使用的有偿或无偿为标准而作出诸多分类。对于此等不同的分类标准，我国制定民法典时，似可以陆地或海域的不同、利用方式（或方法）的不同以及客体的不同为标准而予以分类，作出安排。应当认为，此乃更为恰当、妥善，且更符合法理、学理与我国的实际情况。

3. 国有土地使用权的性质或法特性的探讨

我国现今学界对于国有土地使用权的性质或法特性产生了认识上的歧见，提出了国有土地使用权是一种新型的他物权——土地经营权——的主张，国有土地使用权是一种传统民法中的地上权的主张，以及国有土地使用权是一种债权的诸种不同的主张。

对于此等主张或见解，笔者认为，其似皆未臻妥善与精确。依笔者之见，国有土地使用权应为一种产生（衍生、渊源、派生）于国家土地所有权的，以我国国有土地的占有、使用、收益以及一定情形下的处分为主要依归和内容的我国社会主义的一类独立的新型用益物权，也就是我国民法中的他物权制度或（权利）形态。

1　参见李开国：《民法基本问题研究》，法律出版社 1997 年版，第 292 页。

2　参见李开国：《民法基本问题研究》，法律出版社 1997 年版，第 292 页。

4. 国有土地有偿和无偿使用的范围

对于国有土地有偿和无偿使用的范围，肯定的主张认为，对国有土地应不分行业特性、行业区分、行业差异，以及不分使用土地的目的和原因，而皆应一律实行土地使用权的有偿出让、有偿转让，也就是有偿使用。与此不同，否定的主张则认为，对于军队、国家机关、医院、学校等公共用地、非营利性用地、公共设施用地乃不宜实行土地的有偿使用、有偿出让和有偿转让。权衡、考量、比较此两种主张或见解，笔者认为，第二种即否定的主张（见解）乃更可取。

（四）关于地役权与典权

地役权与典权系传统他物权制度的二类重要形态或类型，有鉴于我国学说业已对确立我国地役权与典权的学理、法理与实务问题作有研讨，本文为节省篇幅计，乃不予论及。

主要参考文献*

（一）参考的主要著作

1. 《马克思恩格斯选集》（第二卷），人民出版社 1972 年版。

2. 《马克思恩格斯选集》（第四卷），人民出版社 1972 年版。

3. 《马克思恩格斯全集》（第一卷），人民出版社 1956 年版。

4. 《马克思恩格斯全集》（第三卷），人民出版社 1960 年版。

5. 《马克思恩格斯全集》（第四卷），人民出版社 1958 年版。

6. 《马克思恩格斯全集》（第二卷），人民出版社 1957 年版。

7. 《马克思恩格斯全集》（第十二卷），人民出版社 1962 年版。

8. 《马克思恩格斯全集》（第二十六卷，Ⅲ），人民出版社 1974 年版。

9. 《马克思恩格斯全集》（第四十六卷，上），人民出版社 1979 年版。

10. ［德］马克思:《资本论》（第一卷，第 2 版），郭大力、王亚南译，人民出版社 1963 年版。

11. ［德］马克思:《资本论》（第三卷，第 2 版），郭大力、王亚南译，人民出版社 1964 年版。

12. ［德］马克思:《资本论》（第一卷），中共中央马克思恩格斯列宁斯大林著作编译局译，人民出版社 1975 年版。

13. ［德］马克思:《资本论》（第二卷），中共中央马克思恩格斯列宁斯大林著作编译局译，人民出版社 1975 年版。

14. ［德］马克思:《资本论》（第三卷），中共中央马克思恩格斯列宁斯大林著作编译局译，人民出版社 1975 年版。

---

* 本"主要参考文献"系此次整理该硕士论文，并将之收录于是书时所追加、补充。这些文献有的是为本文直接参考，有的是在本书作者迄于现今（1990 年年底）的学术思想的形成过程中产生过积极、重要影响，还有的文献是本书作者甚为喜爱的。应指出的是，此处列录的大部分文献是截止于 1990 年年底本书作者在西南政法学院完成硕士论文之前的文献。于此以后，本书作者曾阅读、关注，抑或甚为喜爱的文献等并不涵盖在内，此点谨予特别提及。

15. ［德］马克思：《资本论》（节选本），中共中央党校出版社 1983 年版。

16. ［德］马克思、［德］恩格斯、［苏］列宁、［苏］斯大林：《论共产主义社会》，人民出版社 1958 年版。

17. 中共中央马克思恩格斯列宁斯大林著作编译局编：《马克思、恩格斯、列宁、斯大林论巴黎公社》（第 2 版），人民出版社 1971 年版。

18. ［德］马克思、恩格斯：《马克思恩格斯关于历史唯物主义的信》（第 3 版），艾思奇译，人民出版社 1956 年版。

19. 中共中央文献研究室、中共湖南省委《毛泽东早期文稿》编辑组编：《毛泽东早期文稿：1912.6—1920.11》，湖南出版社 1990 年版。

20. 中共中央文献研究室编：《毛泽东书信选集》，中央文献出版社 2003 年版。

21. 《马克思恩格斯文选》（两卷集）（第一卷），外国文书籍出版局 1954 年版。

22. 《马克思恩格斯文选》（两卷集）（第二卷），外国文书籍出版局 1955 年版。

23. 北京大学哲学系哲学史组编：《马克思、恩格斯、列宁、斯大林论德国古典哲学》（第 2 版），商务印书馆 1972 年版。

24. 中国青年出版社编：《毛主席在陕北》，中国青年出版社 1977 年版。

25. ［苏］鲍·尼·波诺马辽夫主编：《苏联共产党历史》，外国文书籍出版社 1960 年版。

26. ［德］马克思：《摩尔根〈古代社会〉一书摘要》，中国科学院历史研究所翻译组译，人民出版社 1965 年版。

27. 张式谷、肖贵毓：《马克思恩格斯共产主义社会理论的形成和发展》，江苏人民出版社 1983 年版。

28. ［法］拉法格：《财产及其起源》，王子野译，生活·读书·新知三联书店 1962 年版。

29. 李秀林、王于、李淮春主编：《辩证唯物主义和历史唯物主义原理》（修订本），中国人民大学出版社 1984 年版。

30. 罗国杰主编：《马克思主义伦理学》，人民出版社 1982 年版。

31. 徐禾等编：《政治经济学概论》（第 2 版），人民出版社 1984 年版。

32. 彭万林主编：《民法学》（修订本），中国政法大学出版社 1999 年版（第三编"物权"，李开国执笔）。

33. 李开国：《民法基本问题研究》，法律出版社 1997 年版。

34. 李开国:《苏东民法讲义》,西南政法学院研究生试用本。

35. 李开国:《民法研究三十年》,法律出版社 2009 年版。

36. 最高人民法院《民法通则》培训班编辑组、全国法院干部业余法律大学:《民法通则讲座》,北京市文化局出版处 1986 年 9 月印刷。

37. 佟柔主编:《中国民法学·民法总则》,中国人民公安大学出版社 1990 年版。

38. 金平主编:《中国民法学》,四川人民出版社 1990 年版。

39. 西南政法学院民法教研室:《中华人民共和国民法原理》(全国第三期法律专业师资进修班民法班整理,上册、下册),1983 年 7 月。

40. 佟柔主编:《论国家所有权》,中国政法大学出版社 1987 年版。

41. 佟柔、赵中孚、郑立主编:《民法概论》,中国人民大学出版社 1982 年版。

42. 中央政法干部学校民法教研室编著:《中华人民共和国民法基本问题》,法律出版社 1958 年版。

43. 王作堂等编:《民法教程》,北京大学出版社 1983 年版。

44. 李由义主编:《民法学》,北京大学出版社 1988 年版。

45. 《法学研究》编辑部编著:《新中国民法学研究综述》,中国社会科学出版社 1990 年版。

46. 黄右昌:《民法诠解·物权编》(上册),台湾商务印书馆股份有限公司 1977 年版。

47. 史尚宽著,张双根校勘:《物权法论》,中国政法大学出版社 2000 年版。

48. 史尚宽:《民法总论》(第 3 版),正大印书馆 1980 年版。

49. 郑玉波:《民法物权》(修订十六版),三民书局股份有限公司 1995 年版。

50. 杨与龄:《民法物权》,五南图书出版公司 1981 年版。

51. 郁元英:《所有权之变迁》,台湾商务印书馆股份有限公司 1972 年版。

52. [英]洛克:《政府论》(下篇),叶启芳、瞿菊农译,商务印书馆 1964 年版。

53. 王利明、郭明瑞、方流芳、吴汉东:《民法新论》(上、下册),中国政法大学出版社 1988 年版。

54. 江伟主编:《民事诉讼法》(第六版),中国人民大学出版社 2013 年版。

55. 张卫平:《民事诉讼法》(第五版),法律出版社 2019 年版。

56. [德]黑格尔:《法哲学原理》,范扬、张企泰译,商务印书馆 1961 年版。

57. 《国际比较法百科全书·财产法在结构上的变化》（第 3—20 页），收录于中国人民大学法律系民法教研室《外国民法论文选》（校内用书），1984 年 5 月印刷。

58. 《德汉词典》编写组编：《德汉词典》，上海译文出版社 1983 年版。

59. 姚瑞光：《民法物权论》，吉锋彩色印刷股份有限公司 2011 年版。

60. 谢在全：《民法物权论》（上、下，修订七版），新学林出版股份有限公司 2020 年版。

61. ［日］船田享二：《罗马私法提要》，有斐阁 1941 年版。

62. ［日］柴田光藏：《法律拉丁语辞典》，日本评论社 1985 年版。

63. ［日］於保不二雄：《物权法》（上），有斐阁 1966 年版，1989 年初版第 4 刷发行。

64. ［日］山田晟：《德国法律用语辞典》（第 3 版），大学书林 1994 年版。

65. 陈卫佐：《拉丁语法律用语和法律格言词典》，法律出版社 2009 年版。

66. 孙炳辉、郑寅达编著：《德国史纲》，华东师范大学出版社 1995 年版。

67. ［罗马］查士丁尼：《法学总论——法学阶梯》，张企泰译，商务印书馆 1989 年版。

68. ［美］罗·庞德：《通过法律的社会控制 法律的任务》，沈宗灵、董世忠译，杨昌裕、楼邦彦校，商务印书馆 1984 年版。

69. 许涤新主编：《政治经济学辞典》（上），人民出版社 1980 年版。

70. 许涤新主编：《政治经济学辞典》（中），人民出版社 1980 年版。

71. 许涤新主编：《政治经济学辞典》（下），人民出版社 1981 年版。

72. 彭泰尧主编：《拉汉词典》，贵州人民出版社 1986 年版。

73. 张友渔主编：《世界议会辞典》，中国广播电视出版社 1987 年版。

74. 洪逊欣：《法理学》，永裕印刷厂 1988 年版。

75. ［德］Hans Schlosser：《近世私法史要论》，［日］大木雅夫译，有信堂高文社 1993 年版。

76. 北京外国语学院德语系编：《汉德词典》，商务印书馆 1959 年版。

77. 彭凤至：《情事变更原则之研究》，五南图书出版公司 1986 年版。

78. 谢邦宇主编：《罗马法》，北京大学出版社 1990 年版。

79. 蒋学模编著：《政治经济学讲话》，中国青年出版社 1955 年版。

80. 蒋学模：《蒋学模选集》，山西人民出版社 1986 年版。

81. 法学教材编辑部《民法原理》资料组：《外国民法资料选编》，法律出版社 1983 年版。

82. 沈宗灵主编:《法学基础理论》,北京大学出版社 1988 年版。

83. 《法学词典》编辑委员会编:《法学词典》(增订版),上海辞书出版社 1984 年版。

84. 中国大百科全书总编辑委员会《法学》编辑委员会、中国大百科全书出版社编辑部编:《中国大百科全书·法学》,中国大百科全书出版社 1984 年版。

85. 季羡林主编:《简明东方文学史》,北京大学出版社 1987 年版。

86. [英] 戴维·M. 沃克:《牛津法律大辞典》,北京社会与科技发展研究所组织翻译,光明日报出版社 1988 年版。

87. 王家福等:《合同法》,中国社会科学出版社 1986 年版。

88. 江平、巫昌祯主编:《现代实用民法词典》,北京出版社 1988 年版。

89. 梁慧星:《民法》,四川人民出版社 1988 年版。

90. 中国社会科学院法学研究所法律辞典编委会编:《法律辞典》,法律出版社 2003 年版。

91. 中国社会科学院法学研究所民法经济法研究室:《经济建设中的法律问题》,中国社会科学出版社 1982 年版。

92. 梁慧星:《中国民法经济法诸问题》,法律出版社 1991 年版。

93. 梁慧星、王利明:《经济法的理论问题》,中国政法大学出版社 1986 年版。

94. 李志敏:《中国古代民法》,法律出版社 1988 年版。

95. 法学教材编辑部《法学概论》编写组:《法学概论》,法律出版社 1982 年版。

96. 法学教材编辑部《中国法制史》编写组:《中国法制史》,群众出版社 1982 年版。

97. 法学教材编辑部《外国法制史》编写组:《外国法制史》,北京大学出版社 1982 年版。

98. [英] 葛德文:《论财产》,何清新译,商务印书馆 1959 年版。

99. 王卫国:《过错责任原则:第三次勃兴》,浙江人民出版社 1987 年版。

100. 林纪东:《法学通论》,远东图书公司 1953 年版。

101. 何孝元主编:《云五社会科学大辞典》(第六册)(法律学),台湾商务印书馆股份有限公司 1976 年版。

102. 董世芳:《民法概要》,三民书局股份有限公司 1978 年版。

103. 何孝元:《诚实信用原则与衡平法》,三民书局股份有限公司 1977 年版。

104. 杨仁寿:《法学方法论》,三民书局股份有限公司 1987 年版。

105. 杨鸿烈:《中国法律发达史》（上、下），上海书店 1990 年版。

106. 吴大英主编:《比较法学》，中国文化书院 1987 年版。

107. 郭道晖:《中国立法制度》，人民出版社 1988 年版。

108. 法学教材编辑部《西方法律思想史编写组》编:《西方法律思想史资料选编》，北京
    大学出版社 1983 年版。

109. 上海社会科学院法学研究所编译，潘念之主编:《法学总论》，知识出版社 1981 年版。

110. 上海社会科学院法学研究所编译室编译:《各国宪政制度和民商法要览》（非洲分
    册），法律出版社 1986 年版。

111. ［英］梅因:《古代法》，沈景一译，商务印书馆 1959 年版。

112. ［法］卢梭:《社会契约论》（修订第 3 版），何兆武译，商务印书馆 2003 年版。

113. 北京师大、吉林师大、上海师大、杭州大学、北京师院《国际共产主义运动史》编
    写组:《国际共产主义运动史》（上册），吉林人民出版社 1978 年版。

114. 北京师大、吉林师大、上海师大、杭州大学、北京师院《国际共产主义运动史》编
    写组:《国际共产主义运动史》（下册），吉林人民出版社 1980 年版。

115. 郑州大学、武汉师院、安徽大学、江苏师院、南京大学合编:《国际共产主义运动史
    小辞典》，安徽人民出版社 1980 年版。

116. 中小学通用教材历史编写组编:《世界历史》（下册，第 2 版），人民教育出版社 1979 年版。

117. 傅骊元、王茂根:《政治经济学》（帝国主义部分），北京大学出版社 1984 年版。

118. 《简明政治学词典》编写组:《简明政治学词典》，吉林人民出版社 1985 年版。

119. 北京大学哲学系外国哲学史教研室编译:《十八世纪法国哲学》，商务印书馆 1963
    年版。

120. 北京大学哲学系外国哲学史教研室编译:《十八世纪末—十九世纪初德国哲学》（第 2
    版），商务印书馆 1975 年版。

121. 冯友兰:《中国哲学史新编》（1980 年修订本，第一册），人民出版社 1982 年版。

122. 冯友兰:《中国哲学史新编》（1983 年修订本，第二册），人民出版社 1984 年版。

123. 马小彦主编:《欧洲哲学史辞典》，河南大学出版社 1986 年版。

124. ［日］加藤雅信:《"所有权"的诞生》（「所有権」の誕生），郑芙蓉译，法律出版社
    2012 年版。

125. 车铭洲：《西欧中世纪哲学概论》，天津人民出版社 1982 年版。

126. 乐燕平：《〈费尔巴哈与德国古典哲学的终结〉解说》，河北人民出版社 1962 年版。

127. 《世界历史词典》编委会编：《世界历史词典》，上海辞书出版社 1985 年版。

128. 北京大学历史系：《翦伯赞学术纪念文集》，北京大学出版社 1986 年版。

129. 胡绳：《从鸦片战争到五四运动》（上册、下册），人民出版社 1981 年版。

130. 张传玺：《中国古代史纲（上）》（原始社会——南北朝）（修订本），北京大学出版社 1991 年版。

131. 张传玺主编：《中国古代史纲（下）》（隋唐——明清）（修订本），北京大学出版社 1991 年版。

132. 齐思和：《中国史探研》，中华书局 1981 年版。

133. 齐思和编著：《世界中世纪史讲义》，高等教育出版社 1957 年版。

134. 冯至等编著：《德国文学简史》（第 2 版），人民文学出版社 1959 年版。

135. 张世华：《意大利文学史》，上海外语教育出版社 1986 年版。

136. 戈宝权：《苏联文学讲话》，生活·读书·新知三联书店 1950 年版。

137. 张英伦等主编：《外国名作家大词典》，漓江出版社 1989 年版。

138. 联共（布）中央特设委员会编，中共中央马克思恩格斯列宁斯大林著作编译局译：《联共（布）党史简明教程》，人民出版社 1975 年版。

139. ［苏］B.B. 拉普捷夫主编：《经济法》，中国社会科学院法学研究所民法经济法研究室译，群众出版社 1987 年版。

140. 费孝通：《费孝通社会学文集》，天津人民出版社 1985 年版。

141. 郑成思：《知识产权法》，四川人民出版社 1988 年版。

142. 马骧聪：《环境保护法》，四川人民出版社 1988 年版。

143. ［苏］B.T. 斯米尔诺夫等：《苏联民法》（上卷），黄良平、丁文琪译，中国人民大学出版社 1987 年版。

144. ［法］保罗·利科尔：《解释学与人文科学》，陶远华等译，曲炜等校，河北人民出版社 1987 年版。

145. 白寿彝主编，杨钊等分纂：《中国通史纲要》，上海人民出版社 1980 年版。

146. 梁实秋主编：《远东英汉大辞典》，远东图书公司 1977 年版。

147. 刘泽荣主编：《俄汉大辞典》，商务印书馆 1960 年版。

148. 《法汉词典》编写组编：《法汉词典》，上海译文出版社 1979 年版。

149. 北京外国语学院《意汉词典》组编：《意汉词典》，商务印书馆 1985 年版。

150. 卫德明主编：《德华大辞典》，璧恒图书公司（上海）1945 年版。

151. 谢大任、张廷琚、李文澜编：《拉丁语汉语小词典》，上海外语教育出版社 1988 年版。

152. 池步洲：《日本遣唐使简史》，上海社会科学院出版社 1983 年版。

153. 刘延勃、张弓长、马乾乐、张念丰主编：《哲学辞典》，吉林人民出版社 1983 年版。

154. 吕智敏主编：《文艺学新概念辞典》，文化艺术出版社 1990 年版。

155. 朱智贤主编：《心理学大词典》，北京师范大学出版社 1989 年版。

156. 杨清主编：《简明心理学辞典》，吉林人民出版社 1985 年版。

157. ［英］约翰·格雷：《人类幸福论》，张草纫译，商务印书馆 1984 年版。

158. ［美］萨缪尔逊：《经济学——初步分析》，高鸿业译，商务印书馆 1964 年版。

159. ［美］詹姆斯·W. 汤普逊：《中世纪晚期欧洲经济社会史》，徐家玲等译，商务印书馆 1992 年版。

160. ［法］马克·布洛赫：《封建社会》（上卷 依附关系的成长），张绪山译，郭守田、徐家玲校，商务印书馆 2004 年版。

161. ［法］马克·布洛赫：《封建社会》（下卷 社会等级和政治体制），李增洪、侯树栋、张绪山译，张绪山校，商务印书馆 2004 年版。

162. 冯汉津等编译：《当代法国文学词典》，江苏人民出版社 1983 年版。

163. ［苏］B. 科瓦廖夫主编：《苏联文学史》，张耳、王健夫、李桅译，天津人民出版社 1982 年版。

164. 马采、陈云编：《世界哲学史年表》，华夏出版社 2009 年版。

165. 孙家富、张广明主编：《文学词典》，湖北人民出版社 1983 年版。

166. ［古希腊］柏拉图：《理想国》，郭斌和、张竹明译，商务印书馆 1986 年版。

167. 涂淦和：《简明莎士比亚辞典》，农村读物出版社 1990 年版。

168. 向熹编：《诗经词典》，四川人民出版社 1986 年版。

169. 周汝昌主编：《红楼梦辞典》，广东人民出版社 1987 年版。

170. ［德］迪特尔·拉夫:《德意志史 从古老帝国到第二共和国》,德文版 1985 年由慕尼黑 Max Hueber 出版社出版,中文版由波恩 Inter Nationes 出版。

171. ［日］我妻荣等:《我妻荣·有泉亨注释民法》(总则·物权·债权)(第 7 版),日本评论社 2021 年版。

172. ［日］原田庆吉:《罗马法的原理》,清水弘文堂书房 1967 年版。

173. ［日］田中英夫等编集:《英美法辞典》,东京大学出版会 1991 年版。

174. ［日］村上淳一、伊藤正己、碧海纯一编:《法学史》,东京大学出版会 1976 年版,1981 年 3 月初版第 5 刷。

175. ［日］石部雅亮编:《德国民法典的编纂与法学》,九州大学出版会 1999 年版。

176. ［日］吉田克己、片山直也编:《财的多样化与民法学》,商事法务 2014 年版。

177. 九州大学法政学会编:《法与政治:通向二十一世纪的胎动》(上卷、下卷),九州大学出版会 1995 年版。

178. 蓝全普主编:《民商法学全书》,天津人民出版社 1996 年版。

179. ［英］A. J. 汤因比、［日］池田大作:《展望二十一世纪——汤因比与池田大作对话录》,荀春生、朱继征、陈国樑译,国际文化出版公司 1985 年版。

180. ［德］G·クラインハイヤ-、J·シュレーダー:《德国法学者事典》,［日］小林孝辅监译,学阳书房 1983 年 8 月 20 日初版发行。

181. 陶大镛主编:《社会发展史》,人民出版社 1982 年版。

182. 黄元拔:《政治经济学讲义(讲稿)》,乐山师范专科学校政史系 1984 级学生使用本。

(二) 参考的主要期刊论文

1. 佟柔、史际春:"我国全民所有制'两权分离'的财产权结构",载《中国社会科学》1990 年第 3 期。

2. 曹之虎:"对马克思所有制理论的系统研究",载《中国社会科学》1987 年第 6 期。

3. 金平、赵万一:"我国民法应确立物权制度",载《中南政法学院学报》1987 年第 1 期。

4. 姜山:"试论物权和我国的物权制度体系",载《法学研究》1988 年第 5 期。

5. 李由义、李志敏、钱明星:"论建立我国民法物权体系的必要性及其意义",载《中国法学》1987 年第 1 期。

6. 赵万一:"论所有权的权能",载《法学季刊》1985 年第 2 期。

7. ［苏］C. H. 勃拉图西："论社会主义所有制与经营管理权的相互关系"，陈汉章译，载《法学译丛》1986 年第 4 期。

8. "苏联法学界讨论改革时期的国家（全民）所有权问题（二）"，陈汉章译，载《法学译丛》1988 年第 6 期。

9. 参见［苏］E. Б. 安尼金娜、Л. И. 勃雷切娃整理："［苏联］完善社会主义条件下的所有权问题"，陈汉章译，载《法学译丛》1989 年第 5 期。

（三）参考的主要民法典和经济法典

1. 《法国民法典》（拿破仑法典），李浩培、吴传颐、孙鸣岗译，商务印书馆 1979 年版。

2. 《法国民法典》，罗结珍译，中国法制出版社 1999 年版。

3. 《奥地利普通民法典》，戴永盛译，中国政法大学出版社 2016 年版。

4. 《德国民法》，梅仲协等译，台湾大学法律学研究所编译，1965 年 6 月印行。

5. 台湾大学法律学院、财团法人台大法学基金会：《德国民法（总则编、债编、物权编）》（上册，第 2 版），元照出版有限公司 2016 年版。

6. 《德意志联邦共和国民法典》，上海社会科学院法学研究所译，法律出版社 1984 年版。

7. 《德国民法》，赵文仮、徐立、朱曦合译，五南图书出版公司 1992 年版。

8. 《瑞士民法》，梅仲协等译，台湾大学法律学研究所编译，1967 年 7 月印行。

9. 《瑞士民法典》，殷生根译，艾棠校，法律出版社 1987 年版。

10. 《瑞士民法典》，戴永盛译，中国政法大学出版社 2016 年版。

11. 《日本民法》，曹为、王书江译，法律出版社 1986 年版。

12. 《韩国民法典 朝鲜民法》，金玉珍译，北京大学出版社 2009 年版。

13. 陈聪富主编：《月旦小六法》，元照出版有限公司 2014 年版。

14. 中国社会科学院法学研究所民法研究室编：《苏俄民法典》（1964 年）［根据苏联法律书籍出版社 1979 年版（其中包括了截止到 1978 年 10 月 1 日以前的全部修改和补充）译出］[1]，中国社会科学出版社 1980 年版。

15. 《苏联和各加盟共和国民事立法纲要》（1961 年 12 月 8 日批准），收录于中国人民大

---

[1] 参见该（民法典）书的"前言"。本（民法典）书由马骧聪、吴云琪译，王家福、程远行校。又请参见该书"前言"。

学苏联东欧研究所编译：《苏联和各加盟共和国立法纲要汇编》，法律出版社 1982
年版。

16. 中国社会科学院法学研究所民法研究室编：《捷克斯洛伐克社会主义共和国经济法典》，
中国社会科学出版社 1981 年版。

后 记

历经数月的努力与艰辛写作，现在这篇《关于建立我国民法物权制度的研究》的论文终于得以完成，为此，谨赘言数句，以表达此时的心境与心绪。

本论文得以完成的今日乃已是 1990 年 11 月 3 日，快临近今年的冬日和年末了。屈指算来，二年半的研究生生活已未剩多少时间，也就是行将结束。回想二年半之前来到自己向往已久、梦寐以求的西南政法学院，那时的心情真如"换了人间"，自己的人生命运和际遇也由此发生了重大改变，否则我现在可能还仍在一所初级中学里当老师。感谢运命，感恩在我走向西南政法学院去读硕士研究生的过程中曾帮助、关照过我的张庆霞老师、沈建军学友，还有张庆霞老师的爱人徐模文老师。于我在四川省乐山市参加研究生考试的前一天晚上，我突然发病（支气管扩张咯血），是沈建军学友陪我去就近的医院实施治疗而如此方得以参加第二天的考试。还有，当我在乐山师范专科学校的学生宿舍中复习迎考，因疲倦而趴在座上睡着了时，是徐模文老师敲门、踩在凳子上透过宿舍的门窗来叫醒我，怕我出现意外（死亡）；沈建军学友陪我参加完研究生考试的全程，之后我们一同前往乐山市五通桥区稍作滞留即回到仁寿县彭加自己的老家；研究生初试成绩出来后，我拿着依凭自己的独立能力参加考试而获得的成绩单去乐山市找到张庆霞老师，她甚慰，乃毅然写信（字条）给西南政法学院的李开国老师［让我将信（字条）面呈李开国老师，也就是让我带上此信（字条）去找李开国老师］，让其对我予以关照。另外，我还记得，于我报考研究生的过程中，是四川省仁寿县汪洋区教育办公室（"汪洋教办"）（我当时工作单位的主管部门）的鲁涛主任网开一面，给我开"绿灯"，"放"我离开四川省仁寿县汪洋初级中学。还有，我去参加研究生考试的报名时，是乐山市招生办公室（"乐山招办"）负责报名的鲁主任于报名日期本已结束的第二天也给我报名，办理考试事宜，且我是大学专科毕业，工作时间不满二年，本无资格参加研究生考试，然由于时运的朦朦胧胧与冥冥之中的安排，竟然乃未有对四川省仁寿县汪洋初级中学与汪洋区教育办公室出具的同意报考的证明函及其他信息作任何审查、过问乃至追问就轻松、自然、顺畅、迅速地"混"了过去，报上了研究生考试的名。要知道啊，那个时候要离开教育系统、不做老师、不当"教书匠"而离开农业大县仁寿赴大城市读书深造或工作，真是比登天还难（我考上西南政法学院硕士研究生后，直到我去北京中国社会科学院研究生院攻读博士学位后的较长时间，四川省仁寿县教育局才正式"放"了我的人事档案，这是当时我在读学校的中国社会科学院研究生院研究生工作处的侯京景老师告诉我的，于此也谨感念、感恩侯老师）啊！还要感恩、感念我在四川省仁寿县汪洋初级中学工作时的邓南京校长、唐希光、唐胜虎副校长、周志明老师，以及我们彼此相处得很好并给予我温暖、爱心与关照的同事温华安老师、叶良君老师、王启华老师、邓浩然老师、李汉文老师、刘仲权老师、王俊辉老师、马涛老师、李国忠老师、叶继光老师、付桂琼老师、杨再清老师、梁淑英老师、欧阳敏老师、徐德胜老师、欧德辉老师、彭德良老师、许远扬老师、肖明光老师、程志华老师、张建英老师、叶伯生老师、董洵毅老师、颜文英老师、朱红兵老师、韩建文老师、董培镛老师、林大学老师、饭堂师傅唐一山，以及汪洋区教育办公室的余子良老师、四川省仁寿县汪洋镇小学的梁昌学校长、陈华英老师对我的支持、关切与理解。[1]我当时担任课程的学生们也对我予以理解、支持。那时的我和这些学生们年龄差不了多少，因此和他（她）们相处融洽、和谐、友好。我离开他（她）们去西南政法学院读书，虽然他（她）们难舍，但也都予以理解。另外，仁寿县教育局"放"我，未有在关键时刻卡住我，这还与我当时在四川省仁寿县城居住、工作的二位"亲戚"有关。这二位"亲戚"（也是我的"大恩人"）为我与仁寿县教育局相关人士（主要是该教育局的有关领导和"人事股"）"沟通""周旋""回旋""应对"乃至"耍手腕"和进行心斗，我才最终走出了四川省仁寿县汪洋初级中学而到西南政法学院读书。在当时，仅靠我自己，乃是绝对不能"逃脱"和走出去的啊！

　　感恩、感念这二年半来待我如子的"严父"李开国先生和善解人意的陈德新师母。我和他（她）们的儿子也相处甚好，不时给他辅导一些中学课程。更难以忘怀的是，每逢周末或于平时，先生及师母也都会叫我去他（她）们家吃饭，吃饭之前、之中或之后先生总会说一些"牢骚话"，评论时事，议论学问，品评某

---

　　[1]　以上这些我在四川省仁寿县汪洋初级中学工作（1987年9月—1988年7月）时的诸领导及各位老师的尊名，系由原四川省仁寿县汪洋初级中学1989级1班的王美林与2班的袁世炎提供。于此，谨向这二位同学致以谢忱。

些人。这样，与他（她）们相处得怡然、安然、融洽及快乐！这二年半是我有生以来迄今为止过得最舒适、最有自信、最优裕的二年半！先生与师母的恩情、恩德难忘，当永远铭记与感念！人生总有要离开的时候，鸟总归是要自己"飞"的，此后不久，于通过硕士论文答辩后，我就要完成二年半的硕士研究生学业而赴四川省工商行政管理局工作，之后赴北京中国社会科学院研究生院继续学习，攻读博士学位了。此际，也谨祝愿我于即将到来的工作和继续学习的过程中当如这二年半于西南政法学院的景况，顺畅、坦途、无窒碍、充满自信、有成就感及开心呀！

这里还有必要较翔实提及的，是我去四川省工商行政管理局工作的历程、经过以及于该局工作的模样。经由、通过四川省仁寿县汪洋初级中学温华安老师的联络及其与时任中共四川省委书记杨汝岱的（温氏）爱人的亲戚关系，获得时任杨汝岱秘书的张邦凯的直接帮助，大约 1991 年 3 月于西南政法学院顺利完成学业后，我得以去了四川省工商行政管理局工作。记得于该工商行政管理局的人事部门（"人事处"）工作了大约 3 个月抑或多或少一点的时间就因考上中国社会科学院研究生院的博士生而获准离职。其间虽说是在该有"油水"的"大机关"工作，但自己因初来乍到、履历浅、于该"大机关"并无直接的人脉和所认识的人，所以虽经努力争取，但获得的住宿（安排我与一个临时打工的小伙子共住一间小屋）条件与其他生活待遇较差，记得直至我考上博士生而准允离职之时自己乃仍未正式纳入该"大机关"的编制之内和系列之中。并且，自己的感觉和意识也未融入到该"大机关"，以及与该"大机关"的领导、同事的相识、相处之中。或许正是因为这些原因，所以迄今想来，对于该"大机关"的总体感觉与印象实为一般、淡漠、未有多少印记甚至忽略。1991 年 8 月 30 日，我在成都坐上奔赴北京的火车，至中国社会科学院研究生院继续学习，攻读民法博士学位。自此踏上北去的征程，走出"天府之国"的四川，通向更广阔的天地，肇始、开启新的人生篇章！

《荀子·劝学》云："不积跬步，无以至千里；不积小流，无以成江海。骐骥一跃，不能十步；驽马十驾，功在不舍。锲而舍之，朽木不折。锲而不舍，金石可镂。"[1]这篇硕士论文的题目和写作，是我自己最终下决心做并独立构思、独立写作、独立执笔完成的，现在想来依然很美、很怀念、很惬意甚至很意得志满！原本或许我就是为学术而生的吧！也谨感念先生的指导、支持、肯定与金平教授的鼓励、提示。另外，还要感念善良、可爱的刘章林学友帮我誊写我的论文，其情其景如在目前。依凭自己勇敢、坚毅的心，如今我完成了本论文的写作！于未来的时光中，当永远记住于西南政法学院这二年半的研究生求学的"苦作舟"中，先生给人留下的谨严、严肃、一丝不苟、威严甚至不可接近的印象与人格精神，以及先生的正直、伟岸形象。未来已来，我会遵依先生的教诲，像先生那样做事、做人、严格、谨严，不负先生施与我的教导和恩德！

还有，于此也顺便提及，本书作者1973年下半年至1978年7月，就读于四川省仁寿县骑虎公社龙马庙小学。挨近毕业前的较长时间，该龙马庙小学的地址搬迁至四川省仁寿县骑虎公社一大队（六队）小学处，本书作者于此度过小学时期的最后时光，现仍依稀回忆得起和自己的启蒙恩师杨彬文在一起的朦朦胧胧的时光。犹曾记得，之前于龙马庙小学处时，上语文课，杨老师领教全班同学读一遍课文，然后我就会阅读，之后杨老师就让我站起来、在自己的座位上站着领教全班同学读课文，直至全班同学都会阅读课文为止，如此我通常要领教全班同学阅读课文多遍。而每次我都圆满、顺畅、奇迹般地完成了任务。此至今忆想起来，仍觉奇异、印象深刻，故甚难忘却。另外，还记得有一次我与我的奶奶（父亲的母亲）一同到四川省仁寿县骑虎公社九大队一队我的曾二孃家做客，之后回到自己家的途中把装有上课用的课本的书包丢失了，于是我上课只好与同桌同学一起用课本。一天下午，杨老师说没有完成当天学习任务的要留下来补课（那时"补课"是对学生的惩罚措施），而我在与同桌同学共用课本的情况下仍按时完成学习任务，放学回家。我清楚地记得，当我离开教室回家时，站在教室门口（应当是站在教室门口外）的杨老师投以欣慰、赞叹、艳羡的神情，心想你与同桌同学共用课本，有课本的同学留下补课，你无课本却完成学习任务，不补课而回家。由此"小事"及前述老师对我的"提携"，实无疑应当铭记、感恩杨老师对于我的恩德及培育呀！

1　参见程希岚、吴福熙主编：《古代汉语》，吉林人民出版社1984年版，第71页。

另外，如今的自己尚依稀记得杨老师故世前的较长时期，其面部浮肿、身体不好、脸色不好看，其时自己的年龄小，并不知道老师得的是什么病，后老师去世，才觉老师真的是患的病重。然遗憾的是，直至老师病重及离世前的较漫长时光与时期中，自己都一直未曾见到老师，没能在老师身边照顾、陪护老师，也未曾于老师病中去探望老师，如是也就未能送老师走完人生的最后旅程。老师去世后入土安葬之日，有很多人为老师送行，到老师安葬的地点、老师的家和老师安葬的地点的周围的山上，看老师的安葬，而自己也参加和目睹了这一安葬的情景。尤还记得，于参加和目睹完老师的安葬之后，自己一人于老师安葬的周围的土路上独自一人回家的模样。那时的自己虽感到杨老师去世是很大的大事，但并不感到去世的杨老师害怕，只是感到杨老师不在了，一位亲近、熟悉的好老师离开我们了。这应当是当时的真切感受，也大抵是对杨老师"亲"，所以才如是的吧！谨借此写作该"后记"的时机，怀念自己人生的发蒙老师、小学时期培育自己、提携自己而有恩德于自己的杨彬文老师！

写至此处，也一并感恩、感念这二年半来曾给予我关照、帮助以及相伴学习、共同进步的陈泽刚学友、代广义学友、汪世波学友、程刚强学友、陈胡建学友、林涛学友以及李柏松学友。谨祝你们一切都好，顺利、康健、事业有成！虽然这其中有些学友我们天各一方、"隔山岳"，"世事两茫茫"，[1]十数年甚或以上未再晤面，但一想到你们，仍惦念不已，于此谨祝你们平安喜乐和吉祥！

本书作者 1978 年 9 月至 1981 年 7 月就读于四川省仁寿县骑虎八中（学）校（初中），1981 年 9 月至 1983 年 7 月就读于四川省仁寿县彰加中学（高中，二年学制），1983 年 9 月至 1984 年 7 月于四川省仁寿县彰加中学（高中）复读、补习（一年），1984 年 9 月至 1987 年 7 月就读于乐山师范专科学校，最初在该校英语

---

[1]　这是杜甫《赠卫八处士》诗中的话。（唐）杜甫著、（清）仇兆鳌注《杜诗详注》（第二册，中华书局 1979 年版，第 514 页）云："周甸注：前曰人生，后曰世事，前曰如参商，后曰隔山嶽，总见人生聚散不常，别易会难耳。"钱锺书书选、杨绛录，人民文学出版社编辑部整理《钱锺书选唐诗》（上，人民文学出版社 2020 年版）第 143 页及该页注释 12 对"世事"与"两茫茫"释义为："世事"指"时局发展和个人命运"，"两茫茫"指"别后世事如何，杜甫与卫八都茫然无知，不能预料"。中国社会科学院文学研究所编《唐诗选》（上，人民文学出版社 1978 年版）第 263 页注释［十］解释说："山岳"，指"西岳华山。卫八处士可能住在由洛阳至华州途中。结尾表示相会又即相别，后会难期。"黄肃秋选、虞行辑注《杜甫诗选》（人民文学出版社 1962 年版）第 41 页注释［6］谓："明日隔山岳，世事两茫茫"，"意谓明天就要动身赶路，又将违隔。'山岳'，指华山"。

系学习，一年后转入政史系学习，直至毕业。1991 年约 3 月至约 7 月，于四川省工商行政管理局人事处工作，1991 年 9 月至 1994 年 7 月于中国社会科学院研究生院学习，攻读民法博士学位，1994 年 7 月至 2006 年 3 月于中国社会科学院法学研究所民法研究室工作，从事民法研究，2006 年 3 月至 2008 年 3 月于上海师范大学法政学院工作，2008 年 3 月 17 日于中央财经大学人事处完成工作报到，在该校法学院任教授，工作至今。

　　以上是为后记。

陈华彬

一九九〇年十一月三日记于西南政法学院

二〇二二年一月二日复谨识于北京大钟寺

域外期刊所载论文

中国民法典の独創性と時代特性

陈华彬　著　　［日］矢泽久纯　译

【本书作者按】这是日本北九州市立大学法学部矢泽久纯教授翻译的本书作者的《论我国民法典的创新与时代特征》（载《法治研究》2020 年第 5 期，本书也予收录）的文章，该翻译的文章的日文版分三期（次）分别载于日本北九州市立大学《法政论集》第 48 卷第 3·4 合并号（2021 年 3 月）、第 49 卷第 1·2 合并号（2021 年 10 月）以及第 49 卷第 3·4 合并号（2022 年 3 月）。获矢泽久纯教授之同意，谨将其翻译的该日文版文章按日文版刊发时的原貌收录于是书，供日文法律爱好者参考、收藏，以及未来的法史与后辈查考、忆念及研习。

　　要　旨：我が国において近時、成立した《民法典》の基礎は、主として、やはり従来の諸民事単行法である。しかしながら、立法機関は、編纂過程の中で、従来の諸民事単行法に対して整理再編【整合】、修正【修订】、変更【改易】及び追加【増加】も行なっており、これにより、《民法典》には、いくつかの独創性ないしは注目点【创新或亮点】が出現することとなった。《民法典》の編纂と可決は、国家、社会及び人民にとって、一つの壮大にして遠大なプロジェクトであり、大きな意義、価値及び効能を有するものである。《民法典》は多くの独創性ないしは注目点を有していると同時に、欠缺【阙如】、欠点ないしは不足も存在しており、このことから、《民法典》が有している時代特性が浮かび上がってくる。《民法典》の欠缺、欠点ないしは不足については、将来の適切なときに、法改正又は司法解釈若しくは民事裁判の摘要といった多種の形式を通じて変更ないしは補充がなされねばならない。

キーワード：民法典、独創性【創新】と時代特性、欠缺、克服と減少
【克減】・変更ないしは補充

一 はじめに

　　第十三期全国人民代表大会第三回会議は 2020 年 5 月 28 日に《中華人民共
和国民法典》（以下、「民法典」と略称する。）を可決した。これは、我が国民
事法制（ないしは法治）史上の道標であり、従来の民事単行法に対して編纂、
整理【整理】、修正を行うと同時に、何点かの規則を新たに追加した民事領域
の集大成の立法活動であって、積極的な価値、効能及び意義を有するものであ
る。この立法活動はまた、我が国が 1954 年に初めて民法典の起草に着手して
以来、まさに最終的な完成・実現を見た民法典制定活動であって、新中国にお
ける民法の発展過程の中で鍵となる地位を占めていることで、特別な意義を有
している。

　　我が国は、1978 年の改革開放開始以降、相次いで多くの民事単行法を制定
してきた。例えば、初期の段階の《経済契約法》、《渉外経済契約法》、《技術契
約法》、《相続法》、《民法通則》、《婚姻法》、《担保法》があり、1999 年には、
もともと「三方相対峙」〔状態にあった〕契約法を廃止して統一的《契約法》
が公布され、2007 年には《物権法》が、2009 年には《不法行為法》が、2011
年には《渉外民事関係法律適用法》が、2017 年には《民法総則》が公布され
た。今日の《民法典》は、これらのすでにあった民事単行法を基礎として、制
定又は完成を見たのである。それらは共に相俟って《民法典》の主要な制度上
の基礎や規則における基礎を構成している。これらのすでにあった各民事単行
法がなかったならば、《民法典》の制定・公布は、完成し得ず、実現を見なかっ
た、と言うべきである。《民法典》と前述のすでにあった民事単行法間の緊密
な関係に鑑み、本稿は、前者（すなわち、《民法典》）における、元々の各民
事単行法を基礎とした上での独創性ないしは現れた注目点【亮点】について分
析することとしたい。それと同時に、《民法典》に存在する欠缺ないしは不足
〔点〕を示すこととする。今日の時代背景の下で《民法典》に現れた時代特性

についても併せて分析を行い、一歩進めてその解決の道を指摘する。

二 これまでにあった民事単行法との比較から見る、《民法典》の独創性ないしは注目点

前述のように、《民法典》は、すでにあった多くの民事単行法を基礎として制定することができたものであり、主として、それらに対して修正、整理再編を行なったことを表しており、この他にも、いくつかの新たな規則も増やしている。以下、《民法典》の編順によりひとつひとつ分析することで、《民法典》が有するいくつかの独創性ないしは現れた注目点を示す。

（一）総則編に現れた独創性ないしは注目点

《民法典》総則編は、2017 年に公布された《民法総則》の基礎の上に制定されたものであるので、《民法典》総則編と元々の《民法総則》の構成と内容は、基本的に全く同じである（1）。条文の数が少しばかり変化したに過ぎない。すなわち、元々の《民法総則》は全部で 206 ヶ条であるのに対し、現在の《民法典》総則編は、2 ヶ条減って、計 204 ヶ条である。これは、元々の《民法総則》の「附則」部分の 2 ヶ条（第 205 条及び第 206 条）を《民法典》の最後に移動したためであり、これにより条数が 206 から 204 に減少したのである。《民法典》総則編の主な独創性ないしは注目点は以下の通りである。

1. 誠信〔訳注 1〕や公序良俗といった民法基本原則を規定したこと。そして、それらを総則編第一章に置き、しかもグリーン原則を民法基本原則として確立したこと。この原則により、民事主体は民事活動を行うときに資源を節約し、生態環境を保護しなければならない。特に、誠信原則を民法典の劈頭に置いたことは、この原則がすでに民法の「帝王規則（Königparagraph）」となったことを表明しているのであり、それは民法の各領域に適用されるだけでなく、公法、ひいては社会主義核心価値観〔訳注 2〕にとっても、大きな影響を与え、そして促進させるものである（2）。

2. 民事主体に三種類あることを明らかにしたこと。すなわち、自然人、法人、非法人組織である。とりわけ、非法人組織が民事主体であるとはっきりと

定めたことは、積極的価値と意義を有する。法人については、これを営利法人、非営利法人、特別法人に分類しており、伝統的民法による法人の分類に対して新しいものを打ち出している。この他、第34条第4項〔後見人の職務についての条文〕は、「突発的事件の発生等の緊急事態により、後見人が一時的に後見の職務を行うことができず、被後見人の生活上の療養看護ができないときは、被後見人の住所地の居民委員会、村民委員会又は民政部門は、被後見人のために必要となる一時的な生活上の療養看護の措置をとらねばならない。」と規定している。

3. 簡潔な条文で、それぞれの主要な民事権利を制定したこと。具体的に言えば、人格権の内容を総括的に規定したこと、自然人の個人情報は法律上の保護を受けること、自然人の婚姻家庭〔関係〕から生じる人身の権利は法律上の保護を受けること〔第112条〕、民事主体の物権、債権、知的財産権、相続権、株主権その他の投資的性質を有する権利及び法律が定める民事主体のその他の民事的利益は保護を受けること等である。この他にも、データ及び仮想財産【网络虚拟财产】に対する保護も規定され〔第127条〕、総則編において物権法定主義も規定されている（第116条）(3)。

4. 民事法律行為が有効となる判断基準を明らかにし（第143条）、「意思表示」について独立した節を設け（第六章第二節）、そして職務執行者の代理【职务代理】を規定した（第170条）(4)。

5. 「民事責任」のところ〔第八章〕では、不可抗力、正当防衛、緊急避難及び自発的緊急救助行為〔第184条〕といった特殊な民事責任を負うことについて規定しており、懲罰的損害賠償、履行の継続が民事責任負担方式であること〔第179条〕、そして英雄烈士の人格権益は民法上の保護を受けること〔第185条〕を明確にした。

最後に指摘しておかなければならないことは、《民法典》総則編の中に、本来は債権総則で規定しなければならない内容をも規定していることである。例えば、不当利得〔第122条〕や事務管理（とは何か）〔第121条〕について規定したり、分割債務と連帯債務の基本原則について〔第177条、第178条〕規定している(5)。これらは、独創性ないしは注目点を構成すると言わねばならない。

　（二）物権編に現れた独創性ないしは注目点

　《民法典》物権編は、2007 年《物権法》を基礎にして編纂・制定されたものである。その編纂・制定の指導的思想は小幅修正であって、社会に衝撃を惹き起こさないようにして、民法典全体の編纂過程に影響を及ぼさないようにしたのである。筆者の研究と統計によれば、以下の諸点が、元々の《物権法》を基礎にした上での、《民法典》物権編の独創性又は拡張である。

　1. すでに《民法典》（総則編）第 116 条が物権法定主義を定めているので、元々の《物権法》第 5 条が定めていた物権法定主義は削られるに至った。すなわち、《民法典》物権編でこの原則を再度、規定することはしなかった。

　2. 管理組合及び管理組合理事会の成立について、〔地方人民〕政府〔訳注 3〕の関係部門及び居民委員会が指導及び協力しなければならないことを明確にした〔第 277 条第 2 項〕。建物及びその附属施設の維持修繕資金については、緊急の場合に使用する特別手続〔条項〕を増やした〔第 281 条第 2 項〕。疫病の予防・制御【疫情防控】の必要があるときは、組織又は個人の不動産又は動産を収用することができることを明確にした〔第 245 条〕。マンション管理会社、その他の管理人又は区分所有者【業主】は、政府が法により実施する緊急措置又はその他の管理措置に対して積極的に協力しなければならないことを明確にした〔第 285 条第 2 項〕。区分所有建物の共用部分が生み出す収益は、合理的なコストを控除した後に区分所有者の共有に属することを明らかにした〔第 282 条〕。具体的には、区分所有者の専有部分の面積が占める（区分所有建物の総面積との）割合に応じて分配する（6）。区分所有者の共同決定事項については、「専有部分〔総〕面積の三分の二以上を占める区分所有者にして、かつ三分の二以上の人数の区分所有者が議決に参加しなければなら」ず〔第 278 条第 2 項第 1 文〕、〔前項第 6 号乃至第 8 号に規定する事項については〕「議決に参加した専有部分〔総〕面積の四分の三以上の区分所有者にして、かつ議決に参加した四分の三以上の人数の区分所有者の同意を得なければなら」ず〔同条同項第 2 文〕、あるいは〔前項のその他の事項については〕「議決に参加した専有部分〔総〕面積の過半数の区分所有者にして、かつ議決に参加した過半数の人数の区分所有者の同意を得なければならない」〔同条同項第3文〕。

　3.（住宅）建設用地使用権の期間が満了した時、延長することができ、期間延長の費用の納付又は減免については、法律又は行政法規の規定に基づいて処理されることを明らかにした〔第359条第1項〕。土地経営権を新たに増やし〔第340条〕、土地請負経営権の流通期限が5年以上であるときは、流通契約の効力が生じた時から土地経営権が設定され、登記後には善意の第三者に対抗することができることを明確にした〔第341条〕。同時に、耕地もまた抵当権の設定ができることを認めている。居住権設定契約又は遺言により、登記を経ることで、居住権を設定することができることを明らかにした〔第367条、第371条〕。居住権の設定は、原則として無償でなければならず〔第368条第1文〕、登記が居住権設定の効力発生要件である〔同条第2文、第3文〕(7)。

　4. ファイナンスリース【融資租赁】〔第735条以下〕及びファクタリング【保理】〔第761条以下〕も担保の機能ないしは価値を有することを明確にした。将来のために、統一的な動産抵当及び権利質登記制度を築き、元々の《物権法》中における関係の担保物権の具体的登記制度の規定を削った(8)。複数の抵当権の配当の順序を明らかにした。すなわち、「同一の財産につき複数の債権者のために抵当権が設定されたときは、抵当目的物の競売により得られた価額は、以下の各号に定めるところにより配当する。（一）抵当権が登記されているときは、登記の先後により配当する。（二）登記されている抵当権は登記されていないものよりも優先して配当する。（三）抵当権が登記されていないときは、債権額に按分比例して配当する。その他の登記可能な担保物権については、前項の規定により、その順序を定める」と（第414条）。抵当権存続期間中、抵当権設定者【抵押人】は抵当目的物を譲渡することができることを明らかにした。ただし、当事者が別段の定めをした場合を除く。抵当目的物が譲渡された後も、抵当権者の抵当権は影響を受けず、追及効のルールによって保護される(9)。

　5. 最後に指摘しておかなければならないことは、《民法典》物権編の占有の規則は、全く変更されておらず、追加もされていない。依然として、元々の《物権法》第五編の5ヶ条が維持されている〔第458条乃至第462条〕。

　まとめると、《民法典》物権編の基礎は元々の《物権法》であり、その独創性や拡張は極めて限られている。学術的理論並びに判例実務及び司法解釈の多くの有益な内容も、取り入れられたものは少なく、今日の物権法学の理論や実務の発展状況・水準と比べると、はるかに立ち後れている。この点については、否定的評価を与えなければならないことに疑いがない。

　（三）契約編に現れた独創性ないしは注目点

　1.《民法典》は債権総則【債法总则】を置かなかったので、契約編の第一分編「通則」及び第三分編「準契約」（事務管理と不当利得が規定されている。）〔第 979 条乃至第 988 条〕の中に、多くの、債権総則に属する規範内容が含まれている（10）。さらに、前述のように、《民法典》総則編の中にも、債権総則の規定が少々、置かれている。例えば、債権の定義規定〔第 118 条〕、連帯債務や分割債務についての規定であり、これらはいずれも債権総則に属する内容である。いずれにしても、指摘しておかなければならないことは、債権総則編を独立させて設置する場合と比較すれば、このように債権総則の内容を分散させて多領域で規定を置く立法技術は、些か乱れがあるように見えることである。独立した債権総則編を設定して債権に関する基本的規則を統一して規定するほうが適切であり、妥当である（11）。

　2. 契約の相対性の原則とその例外を明らかにした。契約の相対性の原則というのは、当事者間で法的に成立した契約は、当事者間でのみ法的拘束力を有するというものである（《民法典》第 465 条第 2 項〔本文〕）。この原則は、物権の対世効の原則と区別される。まさにこの原則の故に、契約に基づく債権は相対権と称され、物権は絶対権と称される。但し、契約に基づく債権の相対効の原則には例外もあり、それが「第三者のためにする契約（Vertrag zugunsten Dritter）（12）」と「第三者が負担する契約（Vertrag zu Lasten Dritter）（13）」である。前者はまた、「向第三人履行的合同〔第三者に対して履行する契約〕」と呼ばれ〔第 522 条〕、後者はまた「由第三人履行的合同〔第三者が履行する契約〕」とも呼ばれる〔第 523 条〕（14）。指摘しておかなければならないことは、当事者が約定したことは契約の相対性の原則の例外と見てはならず、法律が〔別途、〕定めているということがあって初めて可となる、ということである（《民法典》第 465 条第 2 項但書）。

　3. 契約の予約【预约合同】を増やしたこと。これはすなわち、《民法典》第 495 条が定めるものである。「当事者が将来の一定の期間内に契約を締結すると約定した引受書【认购书】、注文書【订购书】及び予約書【预订书】等は、契約の予約とする。当事者の一方が契約の予約において約定した契約締結の義務を履行しないときは、相手方は、その予約の違約責任を追及することができる。」この規定により、契約の予約は、当事者が将来、締結する本契約のために行う事前の合意であることが分かる。すなわち、将来、締結する本契約のために事前に行う「予約【预约】」である。それは、通常又は主として、売買関係において起こる。その他の、賃貸借【租赁】、寄託【保管】、請負【承揽】、組合【合伙】等の場合に、予約を行うことは起きない。解釈及び学理によれば、予約を構成するには（例えば、建物の売買の予約）、代金及び具体的な売買目的物がなければならず、すなわち、将来、建物の売買の本契約を結ぶ建物の代金全額と部屋番号がなければならない。さもなければ、予約と言うことはできず、いわゆる「枠組契約【框架合同，frame contract】」又は「枠組合意【框架协议】」に、例えば、実務において多い「戦略的共同協議【战略合作协议】」〔訳注 4〕になってしまい、予約ではなく、枠組合意又は枠組契約になってしまうかもしれない。さらに、《民法典》第 495 条第 2 項によれば、当事者の一方が契約の予約において約定した契約締結の義務を履行しないときは、相手方は、その予約の違約責任を追及することができる。これはいわゆる違約責任であり、違約金の支払い等である（15）。

　4. 契約の効力発生（時期）をはっきりさせたこと。とりわけ、当事者が報告認可申請【报批】義務に違反した場合の法律効果を明らかにした。これはすなわち、《民法典》第 502 条第 2 項に定められている。「法律又は行政法規により、契約において、認可【批准】等の手続を行うことが定められているときは、その規定による。認可等の手続を行わないことが契約の効力発生に影響を及ぼすときは、契約中の、報告認可申請等を義務づける条項及びその関連条項の効力に及ぼさない。認可申請等の手続を行わなければならない当事者が〔その〕義務を履行しないときは、相手方は、その義務違反の責任を負うよう請求することができる。」法律又は行政法規により契約の変更、譲渡又は解除等について認可等の手続を行わなければならないときも、この規定を適用する〔同条第 3 項〕。

　5. 事情変更制度を増やしたこと〔第 533 条〕。事情変更制度は、契約法上の重要な制度ないしは原則であり、契約締結時の法律行為の基礎と契約履行時の社会的基礎、取引条件又は事情との間に非常に大きな、又は顕著な変化が発生し、当事者が契約を締結した時の約定に従って契約を履行するならば明らかに公平を失するが故に、当事者の一方に原契約（条項）の変更又は解除を認めるものである（16）。ここで指摘しておかなければならないことは、事情変更制度は本来、1999 年に統一的《契約法》が制定された時に規定されるべきものであったところ、見解の相違が存在したがために、規定されなかったことである。後に、最高人民法院が《契約法》の司法解釈（二）において、この制度を実質的に確立している。こうした基礎があって、《民法典》契約編は司法解釈の中の規定を法律上の規定に昇格させ、我が国《民法典》契約編で事情変更制度を確立させたのである。

　6. 元々の《契約法》は 15 種類の典型契約を規定していたところ〔第九章から第二十三章〕、現行《民法典》契約編は、これを基礎にして 4 種類の典型契約を追加した。すなわち、保証契約〔第 681 条以下〕、ファクタリング契約、不動産管理契約〔第 937 条以下〕及び組合契約〔第 967 条以下〕である。その中で、保証契約は、元々の《担保法》における保証の規則の内容を取り入れたものである。ファクタリング契約は、経営環境を向上させ、ファクタリング業発展の需要に応じるために、新設された契約形態である。不動産管理契約は、我が国の居住区の管理実務において長期に亘って存在する区分所有者と管理サービス企業間の関係の不明確さ、そしてこのことによって発生する各種の複雑な紛争、甚だしきに至っては刑事事件にまで発展する際立った問題を解決するために特に設けた契約類型である。その趣旨は、区分所有者と管理サービス企業間の法律関係を明確に整えることにより、居住区の区分所有者と管理サービス企業間の正常な関係を規範的なものとし、さらには居住区の共用部分及び附属施設等の管理ないし区分所有者の（生活）行為に有効な管理を得させる点にある。組合契約については、元々、《民法通則》の中にあった個人の組合の規定を《民法典》の中に組み入れて規定したものであり、一歩進めてこれを独立した契約形態として扱っている（17）。

7. 無権処分の効力についての規定を新たに増やしたこと〔訳注5〕。すなわち、無権処分の効力は無効ではなく、有効である。「売主が〔目的物の〕処分権を有しないことにより目的物の所有権を移転することができないときは、買主は契約の解除をすることができ、売主の違約責任を追及することができる」（第597条第1項）。さらに、「法律又は行政法規が目的物の譲渡を禁止し、又は制限しているときは、その規定による」（第597条第2項）。

8. 典型契約の中で、少しばかり、完全化したり、綿密なものとするための規則が新設された。例えば、贈与契約が双方行為であることが明確にされ、贈与者が受贈者に対する「恩恵」の付与を押しつけることはできず、受贈者の「同意」を得ることが必要である（第657条）（18）。そして、「当事者が保証契約において保証方式について何も定めていないか、又は約定が不明確なときは、一般の保証として保証責任を負う」（第686条第2項）ことを明確にした。さらに、所有権変動は賃貸借を破らず〔という原則〕の適用のためには、「賃借人が賃貸借契約により賃借物を占有している期間中に」所有権変動が起きることが必要であることを明確にした（第725条）。

9. 高利貸付けを禁止し、借入利率は国が定める基準を超過してはならないことを明確にしたこと。すなわち、《民法典》第680条第1項は、「高利貸付けは禁止し、借入利率は国の関係規定に違反してはならない。」と定めた。高利貸付けは、今日の社会生活において比較的よく見られる現象である。これが多くの紛争の元となり、社会の安定に影響するので、社会的弱者、すなわち債務者の利益を保護するという観点から、禁止する必要があるわけである。

（1）参见《中华人民共和国民法典》，法律出版社2020年版，第257页。

（2）参见王泽鉴：《民法学说与判例研究》（1），中国政法大学出版社1998年版，第303页；梁慧星：《民法总论》（第五版），法律出版社2017年版，第275页；陈华彬：《民法总则》，中国政法大学出版社2017年版，第284页以下。

（3）参见李适时主编：《中华人民共和国民法总则释义》，法律出版社2017

年版，第 527 页。

（4）参见陈华彬："《民法总则》关于'民事责任'规定的释评"，载《法律适用》2017 年第 9 期。

（5）同注（4）。

（6）参见陈华彬："我国民法典物权编立法研究"，载《政法论坛》2017 年第 5 期。

（7）参见陈华彬："人役权制度的构建——兼议我国《民法典物权编（草案）》的居住权规定"，载《比较法研究》2019 年第 2 期。

（8）同注（1），第 262 页。

（9）参见陈华彬：《物权法论》，中国政法大学出版社 2018 年版，第 541 页以下。

（10）今日の各国又は地区の民法典が債権総則を置いているという立法の前例においては、ほとんどが、事務管理と不当利得を債権総則の中に組み込んでいる。それは、その条文数が少ないが故に単独で章又は節を設定して規定するのは容易ではないからである。

（11）参见陈华彬：《债法通论》，中国政法大学出版社 2018 年版，第 55 页以下；陈华彬："中国制定民法典的若干问题"，载《法律科学（西北政法学院学报）》2003 年第 5 期。

（12）参见［日］山田晟：《德国法律用语辞典》（第 3 版），大学书林 1994 年版，第 683 页。于该第 683 页中，该词条解释说："它是为第三人的利益而订立的契约。又被称为'向第三人给付的契约'（Vertrag auf Leistung an Dritte）或'向第三人给付的约束'（Versprechen der Leistung an einen Dritten）。基于甲、乙间的契约而使第三人丙直接取得权利（《德国民法典》第 328 条第 1 项）。也就是说，它是'为第三人的利益而给予或授予第三人权利的契约'（Berechtigender Vertrag zugunsten eines Dritten）"。

（13）参见［日］山田晟：《德国法律用语辞典》（第 3 版），大学书林 1994 年版，第 683 页。于该第 683 页中，该词条解释说："它是课予第三人以负担的契约。"

（14）参见陈华彬：《债法通论》，中国政法大学出版社 2018 年版，第 265-

271 页。

（15）参见梁慧星：《合同通则讲义》，人民法院出版社 2021 年版，第 93—104 页。

（16）参见彭凤至：《情事变更原则之研究》，五南图书出版公司 1986 年版，第 1 页以下；陈华彬：《民法总则》，中国政法大学出版社 2017 年版，第 287 页以下。

（17）同注（1），第 264 页。

（18）亦即，我国《民法典》对赠与合同系采双方法律行为说，此无疑应值肯定。传统大陆法系法谚也有所谓"恩惠、好处、益处、恩德或善心不能被强制施与（给与）对方"。此盖因系在于尊重与顾及接受赠与一方的意思、内心、感受、尊严与脸面也。

〔訳注 1〕誠信：いわゆる信義誠実条項のこと。この語についての詳細は、徐国棟著/矢澤・李偉群共訳『民法基本原則解釈』（溪水社、2018 年）参照。

〔訳注 2〕社会主義核心価値観：2012 年 11 月、習近平総書記の時代になって以降、特に重視され、大々的に宣伝されてきたのが、「社会主義核心価値観【社会主义核心 价值观】」である。この社会主義核心価値観は、「富強、民主、文明、和諧、自由、平等、公正、法治、愛国、敬業、誠信、友善」の 12 のキーワードを主とするもので、前四者は国家に関する価値目標、中四者は社会に関する価値傾向、後四者は公民に関する価値準則である（http://theory. people. com. cn/GB/68294/384764/index. html、2021 年 1 月 3 日アクセス）。「富強、民主、文明、和諧を唱導し、自由、平等、公正、法治を唱導し、愛国、敬業、誠信、友善を唱導し、積極的に社会主義の核心価値観を育成」しなければならない旨が 2012 年 11 月の中国共産党第十八回党大会において提示されたことに基づく。

〔訳注 3〕中国では、日本でいうところの地方公共団体（県とか市とか）も、「政府」という語で表される点に注意する必要がある（例えば、「市政府」）。

〔訳注 4〕戦略的共同協議というのは、中国の社会生活において、しばしば用いられるもので、将来の協力・提携について巨視的な観点から取り決められるものである。

〔訳注5〕この論題については、拙稿「梁慧星教授による中国民法典審議直前期の反対意見の紹介と若干の検討」北九州市立大学法政論集第 47 巻第 3・4 合併号（2020 年）119 頁以下も参照。

（以上載日本北九州市立大学《法政论集》第 48 巻第 3・4 合并号）

二 これまでにあった民事単行法との比較から見る、《民法典》の独創性ないしは注目点

（三）契約編に現れた独創性ないしは注目点

10. 建物の現在の賃借人は優先的に賃借権を有することを明らかにしたこと。すなわち、《民法典》第 734 条第 2 項は、「賃貸借の期間が満了するにあたり、建物の賃借人は、同等の条件で、優先して賃借する権利を有する」と定めた。この規定は、他でもなく建物の現在の賃借人を保護することにある。けだし、建物の現在の賃借人が占有し、使用し、建物を貸借している以上は、その者は、後の占有、使用（つまり賃借）に対して、現在は占有、使用（つまり賃借）されていない建物についての社会一般人よりも優先すべきだからであろう。

11. 旅客運送契約における当事者の権利・義務についてさらに詳細にし、明確にしたこと。近年来、実社会においてしばしば乗客による悪質な座席占領【覇座】が起きたり、運送人の安全輸送措置に協力しないとか、甚だしきは路線バスの運転手のハンドルを奪ったり、けんかをしたり、バスを運転中の運送人（運転手）を力ずくで押したりといった現象が起きていることに鑑み、《民法典》契約編第 19 章「運送契約」中の第二節「旅客運送契約」において、旅客運送契約当事者の権利・義務について詳細に規定を置いている（第 815 条第 1 項、第 819 条及び第 820 条）。

12. 最後に、前述のように、《民法典》契約編第三分編「準契約」は、事務管理及び不当利得について規定している。これは、《民法典》が債権総則を置かずに、本来は債権総則に属する内容を細切れに分散させて総則編と契約編

に規定した結果である。ここで指摘しておかなければならないことは、事務管理と不当利得は本来、法定債権であり、契約関係によって発生する債権は意思による債権【意定之債】であるから、故に、この両者間の差異は明らかであって、立法形式上、これを契約編に一緒に規定を置くのは無理があるを免れない。しかも、立法の理念と法律の発展進歩の観念上、法定の債の発生原因たる事務管理と不当利得を「準契約」と解釈、ないしは理解するのは、もし近代以前あるいはローマ法の時代であれば不可というわけではなかったであろうが、今日の時代では、立ち後れている、ないしは遅れをとっているのは疑いない（19）。

（四）人格権編に現れた独創性ないしは注目点

人格権が独立した編となったことは、《民法典》の最大の注目点である。すなわち、人格権制度ないしは規則が独立した一編として《民法典》に規定されたこと、しかも人格権編が他の編、すなわち総則編、物権編、契約編、婚姻家庭編、相続編そして不法行為責任編と並立していることは、人格権制度及び規則の民事法中の突出した地位を目立たせており、このことは《民法典》の顕著な注目点となる。ここで指摘しておかなければならないことは、《民法典》人格権編の人格権制度ないしは規則も、全く新たに創設されたものというわけではなく、むしろ、多くは元の《民法通則》、《民法総則》、さらには最高人民法院司法解釈の中ですでに規定となっていたか、あるいは実務において適用されていたものである、ということである。こうした視点から論じれば、《民法典》人格権編の（規定）内容の主要なものあるいは大多数のものは、すでに存在していたか、又は適用されていたものであり、その基礎は依然として既往のものである。以下、人格権編の主要な注目点と独創性のある規定を謹んで提示する。

1. 人格権の意味（定義）を明らかにしたこと。すなわち、人格権とは、「民事主体が享有する生命権、身体権、健康権、氏名権、名称権、肖像権、名誉権、栄誉権、プライバシー権等の権利である。前項に規定する人格権の他、自然人は人身の自由及び人格の尊厳に基づいて生じるその他の人格的権利利益を享有する」（第990条）。学理と法理の総括に基づき、「人格権は法律上の保護を受け、いかなる組織又は個人も侵害してはならない」こと（第991条）、「人格権は放棄し、譲渡し、又は相続してはならない」こと（第992条）を明確にした（20）。司法実務、学理及び法理、並びに最高人民法院司法解釈の規定を採用して（21）、死者の人格的利益も保護されることを明確にした（第994条）。「人格権請求権」を明らかにした。すなわち、「人格権が侵害を受けたときは、被害者はこの法律及びその他の法律の規定に基づき、行為者に対し民事責任を負うよう請求する権利を有する。侵害の停止、妨害の排除、危険の除去、影響の除去、名誉の回復及び謝罪についての被害者の請求権は、訴訟時効の規定を適用しない」（第995条）。「精神的損害の賠償請求権の一括化」を明らかにした。すなわち、「当事者の一方による違約行為のために、相手方の人格権に損害を与え、かつ、重大な精神的損害をもたらし、その違約責任を負うよう請求することを被害者側が選択したときは、被害者側が精神的損害の賠償を請求することに影響を及ぼさない」（第996条）。特に、「人格権〔侵害〕行為禁止令」を明確化した。すなわち、「行為者が民事主体の人格権を侵害する違法行為を現に行なっている、又は間もなく行おうとしており、直ちに制止しなければ、その合法的権利利益が補填しがたい損害を被るであろうことを証明する証拠を民事主体が有するときは、民事主体は、行為者に命じて関連行為を停止させる措置を採るように、法に従い人民法院に対して申請する権利を有する」（第997条）。それ以外にも、「人格権侵害責任認定のために考慮すべき主要な要素」（第998条）、「人格権の合理的な使用」（第999条）及び「影響の除去、名誉の回復及び謝罪等の民事責任の負担」（第1000条）も明らかにした。最後に、「身分権の法適用」を明確化した。すなわち、「自然人の婚姻家庭関係等によって生じた身分的権利の保護については、この法律の第一編及び第五編並びにその他の法律の関連規定を適用する。規定がないときは、その性質に基づき、本編の人格権保護の関係規定を参照し、適用することができる」（第1001条）。

2. 器官の献納の基本原則を明確にしたこと。すなわち、「完全な民事行為能力を持つ者は、そのヒト細胞、ヒト組織、ヒト器官又は遺体を無償で献納することを法に従い自ら決定する権利を有する。いかなる組織又は個人も、その献納を強要し、詐取し、又は利益で誘導してはならない。完全な民事行為能力を持つ者が前項の規定に基づき献納に同意するときは、書面の形式を採らなければならないが、遺言書で定めることもできる。自然人が献納に同意しない意思を生前に示さなかったときは、当該自然人が死亡後に、その配偶者、成人した子又は父母は、献納することを共同で決定することができ、献納の決定は書面の形式を採らなければならない」（第 1006 条）。

3. 人体の売買を明確に禁止したこと。すなわち、いかなる形式であれ、ヒト細胞、ヒト組織、ヒト器官又は遺体を売買してはならない。この規定に反する売買行為は無効とする。

4. ヒトの臨床試験において基本的に守ることを明確にしたこと。すなわち、「新薬若しくは医療機器を研究製造し、又は新しい予防及び治療方法を発展させるために、臨床試験を行う必要があるときは、法に従い関連主管部門の認可及び倫理委員会の審査・同意を経て、被験者又は被験者の監督保護者に試験の目的、用途及び発生し得るリスク等の詳細な状況を告知し、併せてその書面での同意を得なければならない。臨床試験を行う場合は、被験者から試験費用を受け取ってはならない」（第 1008 条）。

5. ヒト遺伝子、ヒト胚等に関連する医学及び科学研究活動に従事するときに基本的に守る事項を明確にしたこと。すなわち、《民法典》第 1009 条は、「ヒト遺伝子、ヒト胚等に関連する医学及び科学研究活動に従事するには、法律、行政法規及び国の関連規定を順守しなければならず、人体の健康を脅かしてはならず、倫理道徳に背いてはならず、公共の利益を損なってはならない。」と規定した。

6. セクシュアルハラスメントの禁止を明確にしたこと。すなわち、「他者の意思に反して、言語、文字、画像、身体行為等の方法により、他者に対してセクシュアルハラスメントを行なったときは、被害者は行為者に対し、法に従い民事責任を負うよう請求する権利を有する。機関、企業、学校等の組織は、合理的な予防、苦情の受理、調査・処理等の措置を採り、職権、従属関係等を利用してセクシュアルハラスメントが行われるのを防止し、制止しなければならない」（第 1010 条）。

7. 行動の自由の侵害と身体に対する不法な捜査を明確に禁止したこと（22）。すなわち、「不法な拘禁等の方法により他者の行動の自由を剝奪し、若しくは制限し、又は他者の身体を不法に捜査したときは、被害者は行為者に対し民事責任を負うよう法に従い請求する権利を有する」（第1110条）。

8. 自然人が氏を選択するときの原則と例外を明確にしたこと（23）。すなわち、《民法典》第1015条は、「自然人は、父又は母の氏によらなければ ならないが、次に掲げるいずれかに該当するときは、父又は母の氏以外から氏を選択することができる。（一）他の直系の尊属の氏を選択すること。（二）法定の扶養者以外の者が扶養することを理由に、扶養者の氏を選択すること。（三）その他公序良俗に反しない正当な理由があること。少数民族の自然人の姓は、その民族の文化的伝統及び風俗習慣によることができる。」と規定した。

9. 氏名又は名称の登記及びその変更が、それ以前に行なった民事法律行為の効力に影響しないことを明確にし（第1016条）、筆名や芸名等に対して保護を与えたこと（24）。具体的に言えば、後者について、「一定の社会的知名度を有する筆名、芸名、ハンドルネーム、翻訳名、屋号、氏名及び名称の略称等が、公衆から混同されるような方法で他者に使用された場合は、氏名権及び名称権の保護の関係規定を参照し、適用する。」と規定した（第1017条）。

10. 肖像権の内容と肖像の定義（第1018条）、肖像権の消極的権能（第1019条）、肖像権の合理的使用（第1020条）、肖像使用許可契約の解釈（第1021条）、肖像使用許可契約の解除権（第1022条）について明らかにしたこと。とりわけ、氏名許可と肉声の保護の参照適用を明確にした。すなわち、氏名等の使用許可については、肖像の使用許可の関係規定を参照し、適用する。自然人の肉声に対する保護については、肖像権保護の関係規定を参照し、適用する（第1023条）。ここで指摘しておかなければならないことは、肉声の人格的法益に対する保護には積極的価値があるということである。《民法典》は肉声権を認めておらず規定してはいないが、自然人が自己の肉声に対して持つ（法的）利益は保護されるべきということに疑いはない。例を挙げれば、自然人の公開の講演、授業、評論又は談話は、主催者又は講演者若しくは授業実施者の明示又は黙示の同意を得ることなしに、他人はみだりに録音して、これにより、本来は瞬く間に消えてゆくものを物化（Verdinglichung）させて、保存又は使用し得るようにしてはならないのである。この他にも、他人の肉声をみだりに模倣して商業広告に用いることもまた、肉声の人格的法益の侵害を構成する（25）。

11. 名誉権の内容と名誉の定義を明らかにしたこと（第1024条）。特に、名誉の内容を定めたことは、社会の民事主体に対する道徳的評価を指すだけでなく、民事主体の声望、才能又は信用等に対する社会的評価又は価値判断をも含んでいるのであり（26）、この点に積極的意義がある。公共の利益のために新聞報道、世論監督を行い（27）、他者の名誉に影響を及ぼした場合は民事責任を負わないが、しかし、事実を捏造又は歪曲した場合、他者が提供した、著しく事実と相違する内容に対し、合理的な事実確認の義務を尽くさなかった場合、そして侮蔑的な言辞等を用いて他者の名誉を毀損した場合はこの限りでない（第1025条）。しかも、行為者が合理的な事実確認の義務を尽くしたか否かを認定するために考量する要素を明確にした（第1026条）。

12. 文学創作及び芸術作品が名誉権を侵害する場合の民事責任を明らかにし（第1027条）、メディアの報道内容が事実と合致せず名誉権を侵害する場合の救済（第1028条）、信用評価（第1029条）及び民事主体と信用情報処理者の間の関係への法律適用（第1030条）について明確にした。

13. 栄誉権がある種の独立した人格権であることを明確にし、栄誉権がある種の独立した人格権であるか否かのかつての論争についてはっきりさせて、平定した。このことは、重要な意義と価値を有する。具体的に言えば、「民事主体は、栄誉権を享有する。いかなる組織又は個人も、他者の栄誉称号を不法に剝奪してはならず、他者の栄誉をおとしめ、又は毀損してはならない。獲得した栄誉称号が記載されるべきであるのに記載されないときは、民事主体は記載するよう請求することができる。獲得した栄誉称号の記載が誤っているときは、民事主体は訂正するよう請求することができる。」と規定した（第1031条）。

14. プライバシーの意味を明らかにしたこと。すなわち、プライバシーとは、「自然人の私生活の安寧及び他者に知られたくないプライベートな空間、活動及び情報のことである」（第1032条第2項）。自然人のプライバシー権は、法律の保護を受け、プライバシー権の侵害となる行為の形態が具体的に列挙されている（第 1033 条）。

15. 個人情報の意味とその保護を明らかにしたこと。個人情報は、「電子的又はその他の方法で記録された、単独又はその他の情報と結びついて特定自然人を識別することができる各種の情報をいい、自然人の氏名、生年月日、身分証番号、生体識別情報、住所、電話番号、電子メールアドレス、健康情報、位置情報等を含む。」と規定された（第 1034 条第 2 項）。そして、自然人の個人情報は法律の保護を受けることを明確にした。

16. 個人情報の処理に際し遵守しなければならない原則と個人情報を処理する行為者が民事責任を負わない場合について明確にした（第 1035 条、第 1036 条）。個人情報の主体の権利、情報処理者の情報の安全を保障する義務並びに国の機関、行政機能を担う法定機構及びその作業人員の秘密保持義務を明確にした（第 1037 条、第 1038 条、第 1039 条）。

（五）婚姻家庭編に現れた独創性ないしは注目点

婚姻家庭編は、自然人の婚姻と家庭関係に関する民事規則である。婚姻家庭は、社会の基礎であり、家庭はさらに社会の細胞であって、家あるところ社会あり、そして国あり、いわゆる「故郷」なり。《民法典》は、婚姻家庭関係規範に関しては、元々、存在する基本規定及び原則を踏襲したこと以外に、以下の面で独創性を打ち出して、変革を行なっている。

1. 養子縁組においては、養子に最も有利となる原則が堅持されねばならないこと、養子と養親の合法的権益が保護されなければならないことが明確にされ、さらに、養子縁組に名を借りた未成年者の売買を禁止することが明らかとされたこと（第 1044 条）。

2. 親族、近親族及び家族構成員の範囲を明確にしたこと。すなわち、親族には、配偶者、血族及び姻族が含まれ、配偶者、父母、子、兄弟姉妹、祖父母〔＝父方の祖父母〕、外祖父母〔＝母方の祖父母〕、孫〔＝息子の子〕及び外孫〔＝娘の子〕が近親族であり、配偶者、父母、子及びその他の共同生活をしている近親族が家庭構成員である（第 1045 条）。

3. 強迫による婚姻の場合に、強迫を受けた者は、その婚姻の取消しを人民法院に請求することができることを明確にした。この取消しの請求は、強迫を免れた後 1 年以内に提起しなければならない（第 1052 条第 1 項、第 2 項）。

　　4. かつて、医学上、結婚の疾病は結婚を禁止する事情と見るべきではないと考えられていたのを削ると同時に、疾病を隠していた場合には婚姻の取消しができることを明確にしたこと。具体的に言えば、《民法典》第 1053 条第 1 項は、「一方に重篤な疾病があるときは、婚姻登記前に、事実の通りに相手方に告知しなければならない。事実の通りに告知しないときは、相手方はその婚姻の取消しを人民法院に請求することができる。」と定めた。

　　5. 婚姻が無効であるか、又は取り消されたときは、過失のない当事者は、損害賠償の請求をすることができることを明確にしたこと（第 1054 条第 2 項）。

　　6. 夫婦の共同債務の範囲を明確にしたこと。すなわち、第 1064 条は、「夫婦双方が共同して署名し、又は夫婦の一方が事後に共同の意思を表示して負った債務及び夫婦の一方が婚姻関係の存続期間中に個人名義で家庭の日常生活の必要のために負った債務は、夫婦の共同債務とする。夫婦の一方が婚姻関係の存続期間中に個人名義で家庭の日常生活の必要を超える債務を負担したときは、夫婦の共同債務に属さない。但し、債権者が、当該債務が夫婦の共同生活若しくは共同生産経営のためのものであること、又は夫婦双方が共同の意思を表示したことに基づくものであることを証明したときは、この限りでない。」と定めた。

　　7. 親子関係確認の訴え又は親子関係否認の訴えについて明らかにしたこと。すなわち、第 1073 条は、「親子関係について異議があり、かつ正当な理由があるときは、父又は母は、人民法院に、親子関係の確認又は否認を求める訴えを提起することができる。親子関係について異議があり、かつ正当な理由があるときは、成年の子は、人民法院に、親子関係の確認を求める訴えを提起することができる。」と定めた。

　　8. 離婚冷却期間制度を定めたこと。すなわち、第 1077 条は、「婚姻登記機関が離婚登記申請を受理した日から起算して三十日内に、当事者のいずれかが離婚を翻意したときは、婚姻登記機関に対し、離婚登記申請の撤回をすることができる。前項に規定する期間満了後三十日内に、両当事者は、婚姻登記機関に自ら出頭し、離婚証の交付を申請しなければならない。その申請を行わないときは、離婚登記申請を撤回したものとみなす。」と定めた。

9. 人民法院が離婚を認めない判決を出した後に、双方が別居して 1 年が経過し、かつ一方が再度、離婚訴訟を提起したときは、人民法院は離婚を許可する判決を下さなければならない（第 1079 条第 5 項）。

10. 夫婦離婚後の子の扶養について、「離婚後において、満 2 歳に満たない子については、母が直接、扶養するのを原則とする。満 2 歳に達している子について、扶養の問題についての父母双方の協議が調わないときは、人民法院は、双方の具体的状況に基づいて、未成年の子にとって最も有利となる原則により判断する。子が満 8 歳に達しているときは、その者の真の意思を尊重しなければならない」ことを明確にしたこと（第 1084 条第 3 項）。このことから、実務において、離婚後の父母子関係について処理するときに、一層、実際の操作性を備えることになる（28）。

11. 離婚時の経済的補償規則を明らかにしたこと。すなわち、《民法典》第1088 条は、「夫婦の一方が、子の扶養、高齢者の療養看護、他方の事業に対する協力等により、多くの義務を負担したときは、離婚時に他方に対して補償を求める権利を有し、他方は補償をしなければならない。具体的な方法については、双方の協議により決定し、協議が調わないときは、人民法院が決定する。」と定めた。

12. 「その他重大な過失」の故に離婚となった場合に、過失のない相手方は損害賠償請求権を有することを明確にしたこと（第 1091 条第 5 号）。すなわち、「その他重大な過失」があることが、離婚の損害賠償の適用の事情となる（29）。

13. 養子となる者の範囲を拡大し、要件に合致する未成年者はいずれも養子となることができることを明確にしたこと（第 1093 条）。加えて、養親となる者は、子がいないか、又は子が一人しかいないときは、養親となることができる（第 1098 条第 1 号）。さらに、「養子となる者の健やかな成長にとって不利となる違法犯罪記録がないこと」が養親となることができる要件であること、及び〔人民政府の〕民政部門は法により養子縁組の評価を行わなければならないことを明確にした（第1098条第4号、第1105条第5項）。

　（六）相続編に現れた独創性ないしは注目点

　相続編は、自然人の死亡後にその者の生前の財産についていかに継承するのか、債務はいかに弁済するのか等についての規則群である。およそ自然人は死すべきものである。その生前に蓄えた財産が自分の死後にどう処分されるのか、そして生前に他人に対して負った債務が自分の死後にどう弁済されるのかは、重要な問題である。故に、《民法典》相続編の規定は、確かに、積極かつ重要な価値及び効用を有している。具体的に言えば、《民法典》相続編は、以下の点で独創性ないしは注目点が出現している。

　1. 同時死亡の推定を明らかにしたこと（第1121条第2項）。二人以上が同時に危難に遭遇し（例えば、自然災害、船舶沈没又は飛行機事故）、その死亡の先後を証明することができないとき、どちらが先に死亡し、どちらが後に死亡したのかを特定することは、一つの重要な問題であり、特に財産の承継と大きな関係がある。中国外には生存推定主義（30）と同時死亡推定主義（31）という2種類の立法例がある。前者は、ローマ法、《フランス民法典》第721条及び第722条並びに《イギリス財産法》〔Law of Property Act 1925（32）〕第18条等が採用しており、《ドイツ失踪法》第11条、《スイス民法典》第32条第2項、《日本民法》第32条の2及び我が国台湾地区の「民法」第11条は、同時死亡推定主義を採用している（33）。我が国最高人民法院の《〈相続法〉の実施を貫徹する若干の問題に関する意見》（1985年9月11日、法〔民〕発〔1985〕22号）〔第2項〕は、次のようなことを規定していた。すなわち、相互に相続関係のある何人かが同一の事故により死亡した場合において、死亡時期の先後を確定することができないときは、相続人のいない者が先に死亡したものと推定する。それぞれに相続人を有し、世代が異なるときは、世代の上の者が先に死亡したものと推定し、世代が同一であるときは、同時に死亡したものと推定する。このことから、折衷主義を採用していたことが分かる（34）。《民法典》第1121条〔第2項〕はこの規定と同じであり、最高人民法院の司法解釈を直接、採用したのである。指摘しておかなければならないことは、同時死亡の推定を受けるのは同時に死亡した者であって、同一危難に遭遇して死亡するという状況が最も多い。しかし、解釈上は、「同時に危難に遭遇」の状況に限られない。およそ法的に利害関係の有する二人以上が死亡し、その死亡の先後を判断できないとき、例えば、父と子の二人が異なる場所で近接した時間に相前後して（危難の遭遇と関係なく）死亡し、その死亡の先後を証明することができないときは、同時死亡の規則は類推することができる。というのは、法律は死亡時期の同時性について推定をしているだけであって、死んだということそれ自体の推定ではないのであるから、同一場所ないしは同一危難に限るべきではない。例えば、二人が外出し、一人が山を登り、一人は海へ行ったところ、不幸にもどちらも死亡した場合において、死亡の先後が判定できないときがこれに当たる（35）。

　2. 相続人に対する宥恕の制度を明らかにしたこと。これはすなわち、相続権の喪失と回復の規則を明確にしたということである。具体的に言えば、相続人について、被相続人を遺棄する行為、被相続人を虐待してその情状が重い行為、遺言書を偽造し、変造し、隠匿し、若しくは破棄して、それらの情状が重い行為、又は詐欺若しくは強迫によって被相続人に遺言をさせ、変更させ、若しくは撤回させ、若しくは被相続人が遺言をし、変更し、若しくは撤回することを妨げて、それらの情状が重い行為があったが、態度を確実に改め、被相続人が宥恕の意思を表示し、又は後に遺言書の中でその者を相続人として記載したときは、その相続人は相続権を失わない（第 1125 条第 2 項）。それから、受贈者が故意により被相続人を殺害したときは、遺贈を受ける権利を失う（第 1125 条第 3 項）。

　3. 代襲相続制度を整備し、被相続人の兄弟姉妹が被相続人より先に死亡したときは、被相続人の兄弟姉妹の子がこれを代襲して相続人となることを明確にしたこと（第 1128 条第 2 項）（36）。

　4. 遺言は、印刷又は録音録画の方式でこれを行うことができることを明確にしたこと。「印刷遺言は、証人二人以上の立会いがなければならない。遺言者及び立会人は、遺言書の全葉に署名し、年月日を明記しなければならない」（第 1136 条）。「録音録画形式で行う遺言は、証人二人以上の立会いがなければならない。遺言者及び立会人は、録音録画の中で氏名又は肖像、及び年月日を記録しなければならない」（第 1137 条）。

5. 公正証書遺言効力優先の規則を取り除いたこと。このことにより、遺言者の真の意思を実際に尊重することとなった（37）。

6. 相続財産管理人制度を明らかにしたこと。被相続人死亡後の相続人が秩序に則って遺産を相続したり、分割したりすることができるようにするため、とりわけ遺産が譲渡されたり、喪失したりしないようにして、相続人及び被相続人（死者）の債権者の利益を保護するため、相続財産管理人の選出方法、職責及び権利について明確にした（第 1145 ～ 1149 条）（38）。

7. 高齢化社会と高齢者扶養の形式の多様化の需要に応じるために、遺贈扶養協定の中で扶養者の範囲を拡大し、相続人以外の組織又は個人が扶養者となることができることを明らかにしたこと（第 1158 条）（39）。

8. 相続人のいない遺産が国庫に帰属するとき、この財産（遺産）は公益事業に用いられなければならないことを明確にしたこと（第 1160 条）（40）。

（七）不法行為責任編に現れた独創性ないしは注目点

不法行為責任編は、民事権利、民事法益又は何らかの民事利益を侵害したことで民事責任を負わなければならないことについての規則の体系である。例えば、物権、人格権、身分権、さらには債権や死者の人格的法益に対して侵害を加えたときは、不法行為責任を負わなければならない。《民法典》不法行為責任編は、元の《不法行為責任法》を基礎として、独創性を示した。このことから、その注目点が明らかとなる。

1. 自ら引き受けた危険の規則を明らかにしたこと（第 1176 条第 1 項）。自ら引き受けた危険はassumption of risk とも言い、被害者が危険の存在を十分、認識した上で、それでも敢えてこの危険領域に入って行き、後にこの危険に由来して生じた損害を受ける場合を指す（41）。ここで指摘しておかなければならないことは、「有過失で」（contributory negligence、過失相殺）はヨーロッパ大陸各国の民法が明文で定めている被告の抗弁事由であるのに、自ら引き受けた危険はそうなっていない、ということである（42）。オランダにおいて、次のような事件が起きた。サッカーの試合において、一方のチームの選手（以下、加

害選手と言う。）が必要のない攻撃的な動きにより相手選手（以下、被害選手
と言う。）の足に対して重篤な傷害を負わせた。加害選手は、損害賠償を請求
された訴訟において、その者が所属するチームはサッカー場の規則を守らずに
攻撃的行為に及ぶ試合のやり方であり、悪名高いチームであるから、周知のよ
うに、被害選手がサッカーの試合に参加するとき、自ら引き受けた危険で損害
を受けているのである、との抗弁を出した。本件加害選手が被害選手の足を攻
撃した行為は違法であり、被害選手は「有過失で」と言うことができるような
ものではない（43）。さらに、ここで述べておかなければならないことは、今
日の外国法と実証的経験において、次のような状況が自ら引き受けた危険に当
たるか否かが検討するに値するということである。すなわち、(1)同意して医療
を受ける、(2)スポーツで負傷させる、(3)車に便乗させてもらう、(4)「中に凶暴
な犬がいます」。中に凶暴な犬がいるという警句を軽視して他人の住宅に入っ
たら、犬に嚙まれて負傷した者は、自ら引き受けた危険ではない。それ故、所
有者は、警句を立てたことで不法行為責任を負わないと主張することはできな
い。しかし、被害者が警句を軽視した行為は「有過失で」を構成するので、そ
の賠償請求は減額されるべきである（44）。（45）

（19）参见平田健治『事務管理の構造・機能を考える』（大阪大学出版会、
2017 年）9 頁以下；陈华彬:《债法分论》，中国政法大学出版社 2018 年版，第
233 页以下、第 263 页以下。

（20）参见梁慧星:《民法总论》（第五版），法律出版社 2017 年版，第 91 页。

（21）陈华彬:《民法总则》，中国政法大学出版社 2017 年版，第 284 页以
下，第 362 页。

（22）陈华彬:《民法总则》，中国政法大学出版社 2017 年版，第 350 页。

（23）陈华彬:《民法总则》，中国政法大学出版社 2017 年版，第 352 页。

（24）陈华彬:《民法总则》，中国政法大学出版社 2017 年版，第 352—
353 页。

（25）陈华彬:《民法总则》，中国政法大学出版社 2017 年版，第 358—359
页；参见王泽鉴:《侵权行为》，北京大学出版社 2009 年版，第 135 页。

（26）参见郑冠宇:《民法总则》（第六版），新学林出版股份有限公司 2019

年版，第 125 页；陈华彬:《民法总则》，中国政法大学出版社 2017 年版，第 349 页。

（27）陈华彬:《民法总则》，中国政法大学出版社 2017 年版，第 349 页。

（28）同注（1），第 271 页。

（29）同注（1），第 271 页。

（30）ローマ法によれば、父子が同時に危難に遭遇し、死亡したとき、子が成年であれば子が父よりも後に死亡したものと推定し、子が未成年であれば、子が父よりも先に死亡したものと推定していた。《フランス民法典》第 720 条以下は、同時に危難に遭遇した者の年齢が 15 歳に満たないときは、年長者が若年者よりも後に死亡したものと推定し、満 15 歳以上であるときは、年長者が若年者よりも先に死亡したものと推定すると規定している。《イギリス財産法》（Law of Property Act 1925，§18）は、二人以上が同時に危難に遭遇したときは、年長者が若年者よりも先に死亡したものと推定すると規定している。こうした点については、刘得宽:《民法总则》（修订新版），五南图书出版公司 1996 年版，第 66 页注释（二）参照。

（31）《ドイツ民法典》第 20 条、《スイス民法典》第 32 条第 2 項、《日本民法》第 32 条の 2 参照。

（32）关于该法的较详细情况，［日］田中英夫等编集《英美法辞典》（东京大学出版会 1991 年版）第 502 页在 "Law of Property Act" 条目下作有释明，其大意为：Law of Property Act 一是指财产权法，另外是指财产法改革的诸法律。就前者而言，它是对中世纪以来复杂的英国财产法，尤其是不动产法进行基本变革的立法，这其中以 1922 年的与 1925 年的 Law of Property Act 最为重要。其主要的改革点系在于为了交易的安全；后者指除 Law of Property Act 1922 与 Law of Property Act 1925 以外，还包括补充它们的一系列的制定法，比如 Administration of Estates Act 1925（遗产管理法）、Land Charges Act 1925（土地负担法）、Land Registration Act 1925（土地登记法）、Settled Land Act 1925（继承的财产设定地法）以及 Trustee Act 1925（受托者法）等。

（33）参见石田穣『民法総則』（悠々社、1992 年）95 頁。

（34）陈华彬:《民法总则》，中国政法大学出版社 2017 年版，第 218 页。

（35）参见刘得宽：《民法总则》（修订新版），五南图书出版公司印行 1996 年版，第 66 页；陈华彬：《民法总则》，中国政法大学出版社 2017 年版，第 218—219 页。

（36）同注（1），第 272 页。

（37）同注（1），第 273 页。

（38）同注（1），第 273 页。

（39）同注（1），第 273 页。

（40）同注（1），第 273 页。

（41）参见詹森林：《民事法理与判决研究》（六），元照出版有限公司 2012 年版，第 348 页。

（42）同注（41）。

（43）同注（41）。

（44）此为德国梅明根（Memmingen）地方法院案例，参见詹森林：《民事法理与判决研究》（六），元照出版有限公司 2012 年版，第 351 页及该页注释 54。

（45）同注（41），第 349—351 页。

（以上载日本北九州市立大学《法政论集》第 49 卷第 1・2 合并号）

二　これまでにあった民事単行法との比較から見る、《民法典》の独創性ないしは注目点

（七）不法行為責任編に現れた独創性ないしは注目点

2. 自救行為（第 1177 条）について明らかにしたこと。いわゆる自救行為（Selbsthilfe）とは、自己の権利を保護するために、他人の自由又は財産に対して拘束、取上げ【押收】又は毀損の行為を行うことをいう。例えば、債務者が財物を売って現金化し、飛行機に乗って国外へ逃亡しようとするとか、レストランにおいて無銭飲食をした後に車に乗って逃げ出そうとしたときに、その人物とかパスポートを取り押さえたり、自動車のカギを取り上げたり、必要があればそのタイヤを毀損して、運転できなくするのである（46）。

法理及び学説に拠れば、自救行為を行うためには、以下の要件を充たして

いなければならない（47）。すなわち、（1）権利者が保護するものは、自己の権利でなければならない。自救行為は、自己の権利を保護することを以て限度とし、他者の権利については自救行為を行うことができない。いわゆる「自己の権利を保護する」の中の「権利」というのは、請求権を指し、しかもその性質上、公権力によって直接、強制執行できるものに適しており、債権の請求権、物権的請求権及び身分に関する請求権がそれである。なぜならば、自救行為は一時的・便宜的な方法であるに過ぎず、事後になおも、国家機関による処理を請求しなければならないからである（48）。強制執行できない権利、例えば、夫婦の同居請求権〔我国台湾地区「民法」第1001条参照〕、請求権が訴訟時効に罹った自然債務は、自救行為を行うことができない。（2）権利者は時機が差し迫っているが故に国家機関による救済では間に合わないものでなければならない。この要件は、法律が自救行為を認めている最も主要な理由である。いわゆる時機が差し迫っているというのは、その時にこれを行うのでなければ、当該請求権は行うことができないか、又はその実行が明らかに困難となるということである。これを具備しているか否かは、客観的状況に基づいて確定する。例えば、債務者が財産を売って現金化し、まさに今、現住所から退去しようとしている。この場合、法定の手続により国家機関に助けを求めていたのでは遅くて急場に間に合わず、かつその時にこれをやらないとその請求権は行うことができないか、又はその実行が明らかに困難となる（49）。（3）権利者は、他者（債務者）の自由を拘束するか、又は他者（債務者）の財産を取り上げ、若しくは毀損することだけができる。言い換えれば、自救行為の対象は、他者（債務者）の自由又は財産に限られる。自救行為の方法は、拘束、取上げ又は毀損を限度とする。いわゆる他者というのは、債務者を指す。拘束は、義務者の自由を制限することであり、逃げたり隠れたりするのを防ぐ。取上げと毀損は、債務者の財産を制限することであり、権利の目的又は執行可能な財産の隠匿又は滅失を防止する。取上げは、直接的に行うことを限度としているわけはなく、国家機関が債務者の処分行為を停止するように請求することもその中に含まれる。例えば、不動産登記機関が債務者が移転してしまうとか登記不動産に物権を設定するのを差し当たり停止するよう請求するのがこれに当たる

（50）。この他、取上げの対象となる財産は、保全しようとする目的物に必ずしも限られず、債務者の一般財産に対しても、取り上げることが可能である。金銭債権を保全することで、特性上、差し押さえができず、強制執行ができない器具については、取り上げることができない。自由を拘束する又は財産を取り上げる目的を達成するため、乗車している乗用車又は貨物を載せているトラックのタイヤを突き破って空気を抜くことができる（51）。（4）自救行為は、権利を保全するのに必要な限度を超えないことを要する。正当防衛、緊急避難及び自救行為は、いずれも例外的な救済手段であり、それ故、自救の方式は、請求権を保全するのに必要な程度に相応しく、かつ超えないものであることが必要である。さもなくば、過剰の自救となってしまう（52）。例えば、財産の取上げが可であれば、人身の自由の拘束は許されない。もし身体的自由の拘束が可能ならば、さらに進んで傷害を行うことは許されない（53）。

　　自救行為の法律効果は、自救行為の違法性が阻却されることであり、行為者は、他人の自由又は財産に対して拘束、取上げ又は毀損をなしたとしても、損害賠償責任を負わない。この他、自救行為は法が許した適法行為であり、行為者が債務者の自由又は財産について拘束、取上げ又は毀損をなす過程において、普通は、債務者に損害を生じさせるが、これは不法行為を構成せず、自ずと、債務者が受けた損害に対して賠償責任を負う必要はない（54）。例えば、レストランにおいて無銭飲食をした後に逃げ出そうとしたときに、思わず引き止めて、そのときに債務者の衣服を破ってしまったり、腕時計のバンドを引っ張って切れてしまっても、不法行為を構成しない（55）。行為者がなした自救行為が自救行為の要件を具備しているかどうかは、行為者が立証責任を負わねばならない。自救行為が過剰であったときは、損害賠償責任を負わねばならない（56）。

　　この他、自救行為を行なった後、債務者が自救行為者の求めに応じて一定の作為又は不作為を行なった場合のように、自救行為者（権利者）の目的が達成したときは、保全の措置は自然に解かれて、自救行為は終結する。請求権が未だに実現せずに、債務者の財産の取上げ又はその自由を拘束しているときは、自救行為者は国家機関の処理を請求しなければならない（57）。

　最後に、自救行為は緊急措置であり、債務者の利益への影響はいたって大きい。それ故、自救行為は保全措置であるに過ぎず、行為者はこれを借りて思うがままに自己の権利を実現することは許されない。行為者は自救行為のために、すなわち他人の自由を拘束したり、あるいは財産を取り上げたりした後、即時に国家機関に対して処理の申請をする必要がある。公力救済と言う。いわゆる「即時に」というのは、すみやかかつ遅延することなくの意味である。自救行為は債務者の自由や財産に対する影響がいたって大きいので、自救行為の初めに自救の要件を満たしていても、実施後の申請が遅れて、損害を生ぜしめたときは、損害賠償責任を負わなければならない（58）。申請が自救要件を満たさない（例えば、過剰自救、誤想自救）又は申請の遅延の故に国家機関によって却下されたときは、行為者の過失の有無に関わりなく、賠償責任を負わなければならず、以て債務者の自由と財産を保障して、随時、侵害されることがないようにしているのである（59）。

　3. 自然人の、人身的意味を持つ特定の物が、不法行為者の故意又は重大な過失によって侵害され、これによって（自然人の）重大な精神的損害を生ぜしめたときに、その自然人は精神的損害賠償を請求する権利を有することが明確にされたこと（第 1183 条第 2 項）（60）。

　4. 故意により他人の知的財産権を侵害し、かつ情状が悪質であるときに、被害者は相応の懲罰的損害賠償を請求する権利を有することを明らかにしたこと（第 1185 条）（61）。

　5. 後見を委託した場合の（不法行為）責任について明らかにしたこと。すなわち、《民法典》第 1189 条は、「民事行為無能力者又は制限民事行為能力者が他人に損害を生ぜしめた場合において、後見人が後見の職務を他人に委託していたときは、後見人は不法行為責任を負わなければならない。受任者に過失があるときは、その者が相応の責任を負う。」と定めた。

　6. ネットワーク不法行為責任【网络侵权责任】を詳細に規定し、権利者による通知規則及びネットワークサービス提供者の通知の転送規則を完全なものにしたこと（第 1195、1196 条）（62）。

　7. 生産者及び販売者が欠陥商品のリコールをする責任を負うときに、被害者がこれによって支出した必要な費用を負担しなければならないことが明確にされたこと（第1206条第2項）(63)。

8. 交通事故の場合の責任主体の賠償の順序について明らかにしたこと。すなわち、《民法典》第1213条は、「自動車による交通事故により損害を生ぜしめた場合において、当該自動車側に責任があるときは、自動車強制保険を引き受けた保険者が強制保険の責任限度額の範囲で先に賠償する。それで足りないときは、自動車商業保険を引き受けた保険者保険契約の約定に従って賠償する。それでも足りないとき、又は自動車商業保険に加入していないときは、不法行為者が賠償する。」と定めた。

9. 医療関係者の説明義務と患者の知る権利・同意権を保障することを明らかにし、患者のプライバシーと個人情報の保護を強化したこと（第1219、1226条）(64)。

10. 環境汚染又は生態破壊による不法行為の懲罰的損害賠償規則を明らかにし、生態環境損害に対する修復責任と公益訴訟の場合の賠償範囲を明らかにしたこと（第1232、1234、1235条）(65)。

11. 高度危険物を占有又は使用して他人に損害を与えた場合の責任負担について明確かつ完全なものにしたこと（第1239条）(66)。

12. 高所投棄物があった場合に、マンション管理会社及び警察等の機関が必要な安全確保措置を講じたり、適時に調査をして責任を明らかにすることが明確にされたこと（第1254条）。

三 我が国《民法典》の時代特性

《民法典》は、新中国の歴史上、5回目の民法典制定活動の所産である。前4回、すなわち、1954年、1962年、1979年及び2001年のときの民法典制定活動はいずれも、様々な理由により成し遂げられなかった。第五次民法典制定は2014年に始まり、これまで6年という期間が経過しているに過ぎない。それに比べて、ドイツ民法典の制定には22年という歳月が用いられ（1874-1896年）、日本は、フランス人ボアソナード（G. Boissonade, 1825-1910年）が1873年（明

治6年）に来日して民法典制定の援助を行うところから1898年に（日本）民法
典が最終的に公布されるまでで考えるならば、25年の歳月が用いられている
（67）。1804年に公布・施行された人類最初の、資本主義国家の、そして資本主
義経済を基礎とするフランス民法典は（68）、いくらかの蓄積や努力を経てよ
うやく最終的な完成を見たのである（69）。前述のように、我が国の今回の民
法典制定運動は、僅かに6年という期間を以てできあがったものであり、一方
で実に称賛に値するが、同時にそれに加えて、その他の理由がこの民法典をし
て明らかな時代特性を帯びさせたが、他方でいささか不足、欠点ないしは欠陥
も伴っている。これについて、以下、いくつかの面を挙げて説明する。

　1. 立法は小修正〔方式〕を採用したため、必要がなければ改正せず、必要
がなければ増加もさせないというやり方ないしは対策は、実際に必要で（急務
のものさえある。）本来、増加、完全化、又は変更すべき制度又は規則が規定、
完全化又は変更されなかった。これは特に、物権編の中での無主物先占、遺失
物拾得、取得時効、担保物権及び建物区分所有権における数多の制度又は規則
が規定、完全化又は変更されず、これにより欠缺ないしは不足が残っている。
さらに、元々の《物権法》第五編中の占有に関する5ヶ条が《民法典》物権編
にそのまま組み入れられただけで、何の追加規定もなく、学理や将来の実務に
よる、占有制度又は規則の需要に対して大きな欠缺を招く（70）。この他、新
たに追加された添付の規定は、その内容設計上、強い（中国的）特色を有して
いるため、伝統的な中国外の共通の法理、学理ないし立法の先例の視点から規
定を作るということを行なっておらず、それ故、将来の実務や学理がこれにつ
いての解釈論（「評注論」、「注釈論」）を展開するときに、それが厄介な難題
となることは免れないであろう（71）。

　2. 前述のように、昨今、公布された《民法典》は、新中国第五次民法典制
定運動の成果である。しかし、これまでの民法典制定運動とは異なり、今回の
民法典編纂は、終始、激しい論争、場合によっては容赦ない論争に満ち溢れて
いた。しかも、この種の論争は今日の《民法典》が公布できたことによっては
休止符を打つことはないのである。例えば、人格権の配置【体例安排】、すな
わち人格権を独立の編にするか否か、居住権を規定すべきか否か、無権処分の

効力を定める規定を削るべきか否かについて〔訳注6〕等、いずれも大いに争われている。これらの論争は今日の《民法典》が持つ時代特性を明らかにしていると考えるべきである。少なくとも、《民法典》によって明確に定められた規則、制度、さらには法典それ自体の配置に異論があり、否定的な声があり、さらには異なる見解、甚だしきは大きく食い違う見解が存在すると考えることができる。

　3.《民法典》は全部で7編に分かれており、それぞれ、総則編、物権編、契約編、人格権編、婚姻家庭編、相続編、そして不法行為責任編である。立法機関の中にはこのような配置の正当性や合理性を懸命に説明する人士もいるが、厳格にして謹厳な民法（典）それ自体の論理、法理、学理、さらには中国外の立法先例の体系から見て、この配列はやはり謹厳さが十分ではなく、甚だしきに至っては些か紊乱しているということを指摘すべきである。とりわけ、人格権編を、総則編、物権編及び契約編の後に（特に後二者の後に）置いたということは、先に財産があり、先に物権があり、その後でようやく「人格（権）」について述べることができるという意味と解釈することができるが、それは、民法（典）は先に人身関係について規律し、その後で財産関係について規律するという既存の規定（《民法典》第2条）に反している。しかも、物権編（第二編）、契約編（第三編）及び不法行為責任編（第七編）はいずれも財産関係の範疇に属し、総則編（第一編）中の「人」（自然人、法人及び非法人団体〔訳注7〕を含む。）についての規定及び人格権編（第四編）の人格権についての規定はまた、いずれも、数多の共通点を持っている。婚姻家庭編〔第五編〕と相続編〔第六編〕を一緒に規定するのは、全くもって不当ではないと言うべきである。以上の点からすれば、筆者は、《民法典》各編の配列は次の二種類のいずれかを選択する方が適切と考える。すなわち、総則編、人格権編、物権編、契約編、不法行為責任編、婚姻家庭編、相続編〔の順〕か、あるいは、人格権編、総則編、物権編、契約編、不法行為責任編、婚姻家庭編、相続編〔の順〕である。

　4. 前述のように、現在の民法典は制定期間が短く、しかも制定過程では争いに満ち溢れ、さらにそれに加えて立法機関は社会の動揺をできる限り少なく

して、期限どおりに民法典を成立させるという方針を守ったため、この法典は
「大慌ての作品【急就章】」という特性をいささか有している。例えば、価値
が比較的低い、あるいは甚だ低い遺失物を拾得した者がその所有権を取得でき
るかどうか、また拾得者は遺失者が拾得物（遺失物）を受け取ったときに報酬
請求権があるかどうかについて、立法機関においては検討されたのかもしれな
いが、最終的には行動（条文の起草）に至らなかった。このようになったのは、
蓋し、これらの問題は重要にして敏感なものであるため、ひとたび条文が作ら
れると社会と人民に議論を惹き起こし、必ずや社会の激しい反響ないし衝撃を
巻き起こし、その結果、民法典の期限どおりの公布に遅れが生じてしまうこと
が必定で、従って、最善の方法が規定しない、議論しないということだったの
である。こうして、元々の《物権法》の規定を直接、組み込んだのである。民
法典の制定過程全体が「道を急いでいる」ような感じで、このことが、いくつ
かの制度又は規則の討論が十分には行われず、徹底できていない原因となって
いる。

　　5. 今日の《民法典》には、数多の独創性ないしは注目点が存在するもの
の、しかし、指摘しておかなければならないことは、その内容と制度又は規則
の設計や条文化が、いくつかの面で（甚だしきに至っては数多の面で）、今日
の民法学説や法理がすでに到達している研究水準及びレベルに達していないと
いうことである。近年の学界における物権法の学説、法理についての研究に限
っても、比較的高い水準及びレベルに達しており、筆者が発表した民法典物権
編の立法についての研究成果だけでも十数編以上あり（72）、これに他の学者
らの研究成果も加わって、物権法の学説、法理の研究は、さらに高い段階に押
し上げられている。残念なことに、これらの提言ないしは既存の学術研究成果
がすでに到達している高さや水準は、立法によって（直接）吸収されたり、採
用されたりしていない。その原因は多岐にわたるものと言えるが、これまでに
指摘してきたいくつかの点がここでの主要な要因となっていることは疑いのな
いことである。

　　6. アメリカの学者であるアラン・ワトソン〔Alan Watson〕曰く、法典編纂
においては、政治的要因が重要であり、法典が世に出るには適切な政治的環境

が存在する（存在しなければならない）（73）。今日の《民法典》の編纂は
〔2014年10月の〕中国共産党第十八期中央委員会第四回全体会議の決議（意
見）に始まったものであり、その時から《民法典》が最終的に可決されるまで
は、政治的要因及び政治的環境は備わっており、十分に存在した。こうした点
から見ると、《民法典》の制定は単純に学界又は立法機関による行動ではなく、
むしろ、多くの面において、政治的要因又は政治的決議若しくは意見が決めた
ものであり、育て上げたものなのである。

四 結語

　人類は、今日に至るまで、主要なものとして四たびの民法典制定のうねり
〔あるいは いわゆる「浪潮、热潮」（74）〕を経験してきた。1回目は、古代
ローマのユスティニアヌスによる西暦6世紀に始まる《ローマ法大全》（また
の名を《市民法大全》、《国法大全》とも言う。）編纂である。2回目は、ヨー
ロッパ大陸及びアジアの日本において19世紀及び20世紀初頭に行われた民法典
編纂であり、1804年の《フランス民法典》、1896年の《ドイツ民法典》及び
《日本民法典》、そして1907年の《スイス民法典》等は、このときの民法典制
定活動の重要な成果である。3回目は、前世紀70年代から90年代に至る民法典
編纂であり、その代表的なものが《オランダ民法典》各編の順次公布である
（75）。そして、我が国の今日の《民法典》は、人類世界の第四次民法典制定と
いううねりの成果であると言うべきである。故に、この《民法典》の意義と価
値をどれほど高く見積もろうとも、やり過ぎることはない。
　《民法典》は「権利の章典」又は「権利の宣言書」と呼ばれ、人民、国家
及び社会に権（利）を授けるもの、right（私権、権利）を規定するものであっ
て、このことから、国家公権力としてのpower（権力、公権）と対照をなしてい
る。right（私権、権利）とpower（権力、公権）の均衡は、一つの国家、社会、
人民について言えば、始終、重要なことである。我が国は、長きに亘って、国
家公権力（power）が比較的強く、優位であり、人民と社会の私権（right）は相
対的に弱かった。《民法典》の公布は、とりわけその中の人格権編が規定する

人格権制度と規則を実施に移したこと【付诸实施】は、（人格）私権に対して積極的な保護的役割を果たし、ひいては行政の公権力（power）が惹き起こすかもしれない恣意又は横暴行為を抑えることができる。このことから、《民法典》の公布は、国家公権力（power）の行使を縮小させ、実に積極かつ大きな意義を有しているのである。

　前述のように、《民法典》は独創性又は長所を有してはいるが、不足、欠缺、甚だしきに至っては、欠点が映し出す時代特性をも有している。後者については、将来、実施の過程において不断に経験を総括し、時宜を得て、法改正、司法解釈又は裁判工作会議録等の多様な形式により、追加、補足又は変更を加え、これらのことによって《民法典》が時代と共に進んでゆくのを実現させ、ひいては《民法典》が国家又は社会の発展、変革又は変遷の需要に不断に対処できるようになることを冀う。このような作業と努力を通じて、我々の国家、社会及び人民が《民法典》の庇護の下で、尊厳が守られ、平穏に、豊かに、調和のとれた状態で、この世での生活を送ることができることを冀うものである。

（46）参见王泽鉴：《民法总则》，北京大学出版社 2009 年版，第 451 页。

（47）陈华彬：《民法总则》，中国政法大学出版社 2017 年版，第 301—302 页。

（48）参见刘得宽：《民法总则》（修订新版），五南图书出版公司 1996 年版，第 426 页。

（49）参见郑冠宇：《民法总则》（第二版），瑞兴图书股份有限公司 2014 年版，第 215 页。

（50）同注（48）。

（51）参见施启扬：《民法总则》（修订第八版），中国法制出版社 2010 年版，第 386 页。

（52）同注（51）。

（53）同注（49）。

（54）同注（49）。

（55）同注（51）

（56）同注（51）。

（57）同注（51）。

（58）行為者が申請を遅延して、取り上げた物を返還せず、又は債務者を釈放しないときは、債務者は、損害賠償を請求することができる他、裁判所にその履行の強制を請求することができる。法律が定める要件を満たしたときは、これに対し、自衛又は自救を行うことができる。この他、ドイツにおいては、《ドイツ民法典》第230条第4項を根拠に次のように解する論者もいる。すなわち、行為者が、直ちに裁判所又はその他の関係機関に対し援助を申請しなければならないという義務に違反したとき、その申請が手続の瑕疵により却下されたとき、又は直ちに、取り上げた物を返還し、若しくは債務者を釈放するという義務に違反したときは、一般の不法行為規則により、故意・過失が備わっていることを要件として損害賠償責任を負う、とするのである。この点については、参见刘得宽：《民法总则》（修订新版），五南图书出版公司1996年版，第427—428页，注释（一）（第427—428页）、注释（二）（第428页）。

（59）参见施启扬：《民法总则》（修订第八版），中国法制出版社2010年版，第387页；施启扬：《民法总则》，台湾大地印刷厂股份有限公司印刷，三民书局总经销，2007年10月7版2刷，第452页。

（60）同注（1），第274页。

（61）同注（1），第274—275页。

（62）同注（1），第275页。

（63）同注（1），第275页。

（64）同注（1），第275—276页。

（65）同注（1），第276页。

（66）同注（1），第276页。

（67）参见西村重雄・児玉寛編『日本民法典と西洋法伝統』（九州大学出版会、2000年）3頁以下；陈华彬：《民法总则》，中国政法大学出版社2017年版，第169—171页以下。

（68）参见谢怀栻：《大陆法国家民法典研究》，中国法制出版社2004年版，第5页。

（69）陈华彬：《民法总则》，中国政法大学出版社 2017 年版，第 147 页以下。

（70）我が国民法典物権編がこれらの制度又は規則につき規定、変更又は完全化することが望ましいという点に関して論証及び分析したものとして、参見陈华彬：《我国民法典物权编立法研究》，载《政法论坛》2017 年第 5 期。

（71）参见陈华彬：《我国民法典物权编添附规则立法研究》，载《法学杂志》2019 年第 9 期。

（72）これについては、参見陈华彬：《民法体系的新展开》（中国政法大学出版社 2021 年版，上、下册）第 3 页以下に载せた関係論文。

（73）参见 ［美］艾伦·沃森：《民法法系的演变及形成》，李静冰、姚新华译，中国政法大学出版社 1992 年版，第 130 页。

（74）梁慧星于 "关于我国民事法律制度的几个问题" ［载全国人大常委会办公厅研究室编：《全国人大常委会法制讲座汇编》（第二辑），中国民主法制出版社 2000 年版，第 136 页］中称为 "热潮"。

（75）参见梁慧星："关于我国民事法律制度的几个问题"，载全国人大常委会办公厅研究室编：《全国人大常委会法制讲座汇编》（第二辑），中国民主法制出版社 2000 年版，第 136—137 页。

〔訳注 6〕これについては、〔訳注 5〕参照。

〔訳注 7〕法文上は「非法人組織【非法人组织】」である。《民法典》第 102 条以下参照。

（以上载日本北九州市立大学《法政论集》第 49 卷第 3·4 合并号，2022 年 3 月）

判例评析

【**本书作者按**】是处收录的"判例评析"乃载周江洪、陆青、章程主编《民法判例百选》，法律出版社 2020 年版，第 181—185 页，作者署名陈华彬。需要指明的是，该判例评析系本书作者接受周江洪教授的委托，由其定下写作模式、写作规范与写作注意事项，以及由本书作者选定应评析的案例后，具体由我其时指导的中央财经大学法学院 2018 级法学硕士研究生陈扬构思、执笔、写作，最终得以完成。发表该判例评析的（原）《民法判例百选》一书因仅能接受该项目（任务）的受托人（陈华彬）署名，故具体构思、执笔、写作该判例评析的陈扬未能见诸署名。对此，谨再次予以特别释明，并向陈扬硕士再致谢忱。

区分所有建筑物楼顶空间及其架空层的所有权归属

——曾李嵘等 15 人与东兴房地产开发有限公司、东淮房地产开发有限公司财产损害纠纷案 [1]

事实概要

原告曾李嵘等 15 人系福建省泉州市丰泽区兴淮花苑小区 B 幢的业主，被告是该小区的开发商：东兴房地产开发有限公司、东淮房地产开发有限公司。被告违反规划图纸的设计方案，擅自将 B 幢第十二层屋顶架空层围砌围墙，违章扩建成楼房。部分业主遂诉至法院，请求判令被告立即停止侵权行为并拆除对屋顶围筑的违章建筑物，严格按规划部门批准的规划设计方案恢复原状。

被告东兴房地产开发有限公司辩称，该屋顶，也就是第十三层的建筑物，是经过政府相关部门批准建筑的，并未作为公摊面积由业主公摊，所以其所有权并不属于原告。B 幢第十二层屋顶与原告不具有利益关系，未侵犯原告的合法权益，请求驳回原告的诉讼请求或中止其诉讼请求。被告东淮房地产开发有限公司辩称，原告没有资格要求拆除建筑物，双方诉争的建筑物属行政部门管理范畴，且该部分未列入原告的公摊部分，请求驳回原告的诉讼请求。

一审法院福建省泉州市丰泽区人民法院认为，原告所提供的证据可以证明兴淮花苑小区 B 幢第十二层屋顶架空层原规划设计中并没有围砌成封闭墙体，被告所提供的证据印证了这一事实，且被告对该事实也不予否认。现被告违反规划设

1　福建省泉州市中级人民法院（2006）泉民终字第 342 号民事判决书。

计，私自将该架空层部分围砌封闭墙体，侵犯了 B 幢业主的权益。该架空部分虽未计入业主的公摊面积，但其使用权仍属 B 幢的业主，被告作为开发商无处分权。原告要求被告拆除私自围砌的封闭墙体合理合法，该诉求应予支持。根据《民事诉讼法》第 13 条、第 64 条第 1 款，《民法通则》第 117 条第 1 款的规定，判决被告限期拆除在兴淮花苑小区 B 幢第十二层屋顶架空层违章围砌的建筑墙体。

东兴房地产开发有限公司、东淮房地产开发有限公司不服，提起上诉。

判决要旨

驳回上诉，维持原判。

二审法院福建省泉州市中级人民法院认为，本案诉争的屋顶架空部分在原规划设计中并没有围砌封闭墙体，也没有涵括在 B 幢建筑面积中，没有计入业主的公摊面积，属于非独立的所有权空间，不属于某位业主所有，也不属于业主的公摊范围，更不属于开发公司的产权保留空间，应属于兴淮花苑小区 B 幢楼房全体区分所有权人共有，上诉人无权处分。上诉人未经该楼房的所有业主同意，违反规划设计，擅自将屋顶架空部分围砌成封闭墙体，改变该架空层的结构和用途，侵犯了该楼房全体区分所有权人的权利。15 位被上诉人是该楼房的部分业主，有权提起民事侵权诉讼，判决驳回上诉，维持原判。

评析

Ⅰ 本判决的思路和意义

本案于 2005 年一审，2006 年二审，当时尚无关于该案件（问题）的明确规定，故法院主要依物权法学理予以裁判。裁判主要围绕该楼顶空间及其架空层的所有权归属问题展开。法院认为，该楼顶空间及其架空层，并非独立的所有权空间，其不属于某业主单独所有，也不属于开发商的产权保留空间，即便未计入公摊面积，仍属于该幢楼房全体区分所有权人共有。该裁判作出了正确的判断，有利于维护业主合法权益，正本清源，值得肯定。

Ⅱ 区分所有建筑物楼顶空间及其架空层的所有权归属的规范与学理或法理

在立法上，关于区分所有建筑物楼顶空间及其架空层所有权的归属，主要经历了如下阶段：第一阶段，原《物权法》颁布以前，原建设部等的相关规定倾向于将此认定为共用部分（但非所有权归属意义上的概念）。1998 年原建设部、财政部《住宅共用部位共用设施设备维修基金管理办法》（现已失效）第 3 条规定："本办法所称共用部位是指住宅主体承重结构部位（包括基础、内外承重墙体、柱、梁、楼板、屋顶等）、户外墙面、门厅、楼梯间、走廊通道等。……" 1992 年原建设部《公有住宅售后维修养护管理暂行办法》（现已失效）第 4 条第 2 款规定："住宅的共用部位，是指承重结构部位（包括楼盖、屋顶、梁、柱、内外墙体和基础等）、外墙面、楼梯间、走廊通道、门厅、楼内自行车存车库等。"第二阶段，原《物权法》阶段，规定了涵括业主共有权在内的建筑物区分所有权，但未明确提及楼顶的权属。原《物权法》第 73 条（《民法典》第 274 条）规定："建筑区划内的道路，属于业主共有，但属于城镇公共道路的除外。建筑区划内的绿地，属于业主共有，但属于城镇公共绿地或者明示属于个人的除外。建筑区划内的其他公共场所、公用设施和物业服务用房，属于业主共有。"此采列举与概括相结合的方式规定共有部分，但未明确"其他公共场所"的意涵，未明确提及是否涵括楼顶空间及其架空层。第三阶段，司法解释阶段，肯定了建筑物的屋顶系共有部分，但仍未明确是全体共有还是部分共有。2009 年最高人民法院发布的《关于审理建筑物区分所有权纠纷案件具体应用法律若干问题的解释》第 3 条第 1 款第 1 项规定："除法律、行政法规规定的共有部分外，建筑区划内的以下部分，也应当认定为物权法第六章所称的共有部分：（一）建筑物的基础、承重结构、外墙、屋顶等基本结构部分，通道、楼梯、大堂等公共通行部分，消防、公共照明等附属设施、设备，避难层、设备层或者设备间等结构部分……"

《物权法》第 70 条（《民法典》第 271 条）规定建筑物区分所有权系由专有权、共有权及共同管理权构成，此即三元论主张。此主张符合当代建筑物区分所有权制度发展的潮流或趋势，应认为其是先进的（陈华彬：《建筑物区分所有权法》，中国政法大学出版社 2018 年版，第 85 页）。其中，共有权的客体是共用部分或共有部分。各国家和地区建筑物区分所有权法通用共用部分或共有部分概念，《物权法》第 70 条（《民法典》第 271 条）仅启用共有部分的术语。尽管如此，我们仍可知悉或明了，我国物权法所称共有部分（共用部分）乃具两项特性：其一，从属性，即共有部分（共用部分）为专有部分的附属物或从物；其二，不可分割性，即共有部分（共用部分）本身不得被分割。原《物权法》对共有部分（共用部分）的这两项特性未予明示，然解释上应借鉴比较法经验或立法成例，认为原《物权法》上的共有部分（共用部分）有此两项特性（陈华彬：《建筑物区分所有权法》，中国政法大学出版社 2018 年版，第 93 页以下）。

关于区分所有建筑物楼顶空间及其架空层所有权的归属，学理上主要有业主共有说、开发商所有说、部分业主专有说等不同观点。业主共有说的主要理由是，楼顶具有从属性和不可分割性，且符合业主共同生活的需要；开发商所有说的主要理由是，开发商基于建造房屋取得所有权；部分业主专有说自利益最密切的角度认为系顶层业主专有。笔者认为，楼顶空间及其架空层的归属主要有两种情况（陈华彬：《建筑物区分所有权法》，中国政法大学出版社 2018 年版，第 176 页）：（1）归业主共有。根据建筑物区分所有权原理，楼顶空间及其架空层事关业主的切身利益和区分建筑物作为一项不动产的判断标准，故此在商品房预售合同或销售合同没有约定其归属时，应推定为业主共有，属于区分所有建筑物结构上的法定共有部分。于此种场合，楼顶空间及其架空层不得登记为一项独立的不动产留给开发商自己，或作为买卖标的物出售于他人，只能公摊到区分所有建筑物的面积中，归业主共有。此时，全体业主或业主委员会有权将楼顶出租，收取租金，但不得单独出卖，盖因它不是一个独立之物（崔建远：《物权法》，中国人民大学出版社 2009 年版，第 206 页）。（2）作为专有部分对待，可单独登记为一项不动产，成立一项不动产所有权。参照最高人民法院《关于审理建筑物区分所有权纠纷案件具体应用法律若干问题解释》第 2 条第 2 款的规定，符合以下条件的屋顶平台宜作专有部分对待而登记为一项不动产：第一，符合规划；第二，具备构造上的独立性，能够明确区分，以及具有利用上的独立性，可以排他使用；第三，建设单位销售时已经根据规划列入该特定房屋买卖合同（杜万华、辛正郁、杨永清："最高人民法院《关于审理建筑物区分所有权纠纷案件具体应用法律若干问题的解释》《关于审理物业服务纠纷案件具体应用法律若干问题的解释》的理解与适用"，载《法律适用》2009 年第 7 期）。需注意的是，于楼顶空间及其架空层归属于某特定的业主、开发商抑或第三人的情况下，其与该栋建筑物的其他业主的不动产权利之间，应适用相邻关系规则予以调整。概言之，区分所有建筑物的楼顶空间及其架空层原则上应属于业主共有，仅于符合特定条件时方可作为专有部分对待。而本案显然不符合前述特定条件的要求，故而实应属于业主共有，法院的判断无疑是正确的。

依共有部分使用人的不同，可将共有部分划分为全体共有部分与一部共有部分。全体共有部分，俗称"大公"，一部共有部分，俗称"小公"；究为全体共有部分还是一部共有部分，于发生疑义时，当应解释为全体共有部分。需指出的是，全体共有部分与一部共有部分的划分标准所强调的是某些共有部分可以为全体业主使用，而某些共有部分由于构造和设计的原因而只能为部分业主使用，惟该共有部分的所有权依然属于全体业主。此种划分标准的意义在于，使用一部共有部分的部分业主要依据合同的约定支付租金（陈华彬：《建筑物区分所有权法》，中国政法大学出版社 2018 年版，第 173—174 页）。因此，楼顶空间及其架空层应属一部共有，即为该幢楼房的业主共有，其可因生活需要而于楼顶安放太阳能热水器、空调外挂机等。然若于临街的楼顶设置广告牌，其产生的收益则不能只归该栋楼房的业主享有，而应归全体业主共同所有〔北京市第一中级人民法院：《关于建筑物区分所有权类案件的调研报告》（2009 年 3 月），第 11—12 页〕。

Ⅲ 既有法院判例的基本态度鸟瞰

有较早裁判认为楼顶空间及其架空层系业主共有，但论述不够充分。比如，在上海市虹古小区业主管理委员会诉上海温哥华物业管理有限公司等排除妨碍案中，法院认为，"上海永乐物业公司既不是受托的管理者，又不是上海市仙霞路620 弄 30 号业主的代表，不具备与被告签订在前述大楼房顶上设置基站协议的主体资格，且损害了业主的合法利益，该协议应为无效"〔上海市长宁区人民法院（1996）长民初字第 2227 号民事判决书〕。

当前诸多裁判明确采业主共有说，比如，在周庆吾诉湖南三诚置业有限公司房屋买卖合同纠纷再审案中，法院认为，"楼顶无疑属于建筑物中业主的共有部分，本案讼争的合同条款约定楼顶所有权归出卖人所有，违反物权法定原则，当属无效"〔湖南省高级人民法（2015）湘高法民再二终字第 54 号民事判决书〕。在王树明诉王国佐等排除妨害纠纷案中，法院认为，"金丰汇贤居小区楼顶平台属于业主共有"〔江苏省高级人民法院（2016）苏民申 3062 号民事裁定书〕。

少数裁判认为特定条件下系由特定业主专有。比如，在原审第三人上海锦绣华城房地产开发有限公司（以下简称"华城公司"）排除妨害纠纷案中，法院认为，该建筑物 1—3 层登记在华城公司名下，门牌号为 3218，房屋性质为商用；该建筑 4 层以上登记在上诉人等业主名下，对应的门牌号是 XX 弄 XX1、XX2 号，房屋性质为居住。业主使用的电梯不能到达该建筑物的 1—3 层，在使用上具有独立性，因此相关部门在进行产权登记时对 1—3 层与 4—19 层作了区分，分别登记在不同的产权证中，且没有标注为共有关系。XX 弄 XX1、XX2 号屋顶与 3218 号屋顶也不存在同一屋顶等基本结构关系。故此，上诉人所在的 XX 弄 XX1、XX2 号与华城公司所有的 3218 号之间已经属于"具有构造上的独立性，能够明确区分；具有利用上的独立性，可以排他使用；能够登记成为特定业主所有权的客体"，争议的 3218 号楼顶平台属于华城公司的专有部分，而非业主共有［上海市第一中级人民法院（2016）沪 01 民终 8802 号民事判决书］。

可见，认定楼顶空间及其架空层系为业主共有乃符合司法实践的趋势与现实的需要或要求，仅特定情形下方可认定为由特定业主专有，而这需要符合专有部分的特性或其严格的构成要件。

Ⅳ 本判决的影响及将来的课题

关于区分所有建筑物楼顶空间及其架空层的所有权归属，于当时的立法尚无明确规定的背景下，法院明确认为，即便未计入公摊面积也属业主共有，开发商无权擅自改变其结构和用途。该裁判对于认定业主共有部分具重要指导意义，对于之后的立法与相关司法解释的出台亦具先驱意义。未来应在原则上坚持将楼顶空间及其架空层认定为业主共有（一部共有），特定情形下认定为专有部分应十分审慎。将来对于楼顶空间及其架空层的科学管理、有效利用乃至产权（所有权）归属的发展趋势与动向，仍有进一步加强研究的空间与必要。

参考文献

陈华彬：《建筑物区分所有权法》，中国政法大学出版社 2018 年版。

陈华彬："论建筑物区分所有权的构成——兼议《物权法》第 70 条的规定"，载《清华法学》2008 年第 2 期。

陈华彬："论建筑物区分所有权的概念"，载《法治研究》2010 年第 7 期。

崔建远：《物权法》，中国人民大学出版社 2009 年版。

杜万华、辛正郁、杨永清："最高人民法院《关于审理建筑物区分所有权纠纷案件具体应用法律若干问题的解释》《关于审理物业服务纠纷案件具体应用法律若干问题的解释》的理解与适用"，载《法律适用》2009 年第 7 期。

北京市第一中级人民法院：《关于建筑物区分所有权类案件的调研报告》（2009 年 3 月）。

访谈摘录

物权法应该对各种所有权平等保护*

——专访《物权法（草案）》起草人之一陈华彬教授

《物权法（草案）》在私有财产的规定方面还比较全面，不足之处是对国家所有权和集体所有权的规定太多，不利于对所有财产和各种所有权的平等保护。

2005年7月10日，全国人大全文公布了《物权法（草案）》，征求社会各界的意见。作为和老百姓生活关系最为密切的一部法律，《物权法（草案）》一经面世就备受瞩目：如何贯彻对个人财产的平等保护？怎样解决法理与中国传统道德观念相冲突的问题？《物权法（草案）》中的相关规定引起了社会各界广泛的争议。

《物权法（草案）》的起草者究竟如何看待这部法律以及现在存在各种争议的问题呢？为此，《法人》就《物权法（草案）》中争议较多的一些问题采访了中国社会科学院法学所研究员、《物权法（草案）》起草人之一的陈华彬教授。

《法人》：我们知道《物权法（草案）》已经几易其稿，并且目前正在公开征求意见当中，现在围绕某些问题仍然存在很大的争议。那么请问这部法律在我国法律体系当中具有怎样重要的地位？为什么这部法律会引起这么多的争议？

陈华彬：物权法是民法的一个组成部分，其地位是十分重要的。物权法是规范财产归属和利用制度的一部法律。它关系到国家的基本的经济体制和制度，关系到国家的基本经济命脉。它是处理人与人之间的财产关系，定分止争的法律。

我们国家对物权法的研究起步较晚，大概是从20世纪80年代中期开始的。

---

* 这是《法人》杂志特约记者张衍阁对本书作者的采访，载《法人》杂志2005年第8期，第76—78页。

在此之前，物权这个词是受到批判的，被认为是私有制的产物。正是因为这样，立法过程中存在很多有争论的问题，包括基础理论的问题、制度的问题、立法政策上的问题等。最重要的是物权制度不仅涉及当事人的利益，也涉及社会第三人的利益，它事关重大，每一个人都可以说和它有切身的利害关系。所以，物权法在制定的过程中争论就特别激烈。

《法人》：您对目前的这份草案满意吗？

陈华彬：打个及格分吧，它还存在一些问题，比如对国家所有权规定得太多、太庞杂。它用很大的篇幅规定国家所有权、集体所有权的客体、范围和内容等。过多规定国家所有权是值得商榷的，这会弱化物权法的私法性质。

另外，这部法律对一些基本概念的表达不够准确。比如物权的基本概念，我认为正确的表达应该是权利人直接支配标的物并排除干涉的权利。不动产登记的公信力等表述也不够准确。

《法人》：物权法的规定应该细化到什么样的程度？物权法怎么样涵盖社会生活当中的各种有形的财产关系？

陈华彬：这是不可能的。社会生活是错综复杂的，很多应该规定的地方还没有规定，比如无主物的"先占"。对于无主物，像捡垃圾的人捡到的垃圾物，如矿泉水瓶，有一种"先占"制度予以解决。这是近现代各国家和地区物权法大多予以规定的一个重要的制度，在我们国家却没有规定。现在垃圾回收是一种产业，对此应该有规定。

另外就是"取得时效"的问题，《物权法（草案）》也没有规定下来。这一方面是因为立法者对理论的研究不熟悉、不深入，让我们的社会生活中还留下许多空白地带没有规范；另一方面是因为社会生活也无时无刻不在发生变化。

《法人》：从反馈来的意见看，目前争议主要集中在哪些方面？

陈华彬：争议的问题还有很多。比如，农村的宅基地使用权能否自由流转？业主建筑区分所有权能否解决物业管理问题，能否解决目前社会生活当中存在的业主与开发商之间的矛盾？另外还有人反映说对地役权等方面的规定太过艰涩难懂，只有研究者才能够看得懂。其他还有是否应该区分国家所有、集体所有和私人所有等。

对国家所有权和集体所有权的规定太多

《法人》：保护私有财产的神圣不可侵犯现在已经成为一种社会共识，您觉得《物权法（草案）》对这一原则体现得充分吗？

陈华彬：《物权法（草案）》还是很好地体现了这一点的，其对私有财产的规定还比较全面。不足之处是对国家所有权和集体所有权的规定太多，不利于对所有财产和各种所有权的平等保护。

《法人》：区分各种所有权是出于怎样的考虑？

陈华彬：这也是从中国的特色出发的。中国社会科学院起草的草案就没有区分国家所有权、集体所有权和私人所有权，而是统一规定一个所有权。这个规定我认为是最科学的。所有权不应该再区分国家所有权、集体所有权和私人所有权。如果要做这种区分，那么还有外商投资企业所有权、独资企业所有权等，你怎么可能把它列举穷尽呢？这种区分从法理上讲是不科学的，不符合物权法甚至民法的原理。这仍然是苏联的民法思想和法律体制的反映。

《法人》：这样区分能否导致国家利益优先，为了国家利益而牺牲个人利益的后果，从而与保护私人所有权的基本原理相悖？

陈华彬：这是有可能的。有可能导致国家利益优先，对国家所有权和集体所有权特殊保护，而对私人所有权则是低位的保护。这也不符合市场经济的规则。市场经济要求对各种所有权平等保护。

《法人》：在三种所有权的界定方面是不是也有值得商榷的地方？怎么去明确界定国家所有权、集体所有权和私人所有权？

陈华彬：国家所有权和集体所有权在理论上是较难界定的，《物权法（草案）》在这方面的规定也是值得探讨的。谁来行使国家所有权和集体所有权，这方面我们国家的理论研究还不够成熟。国家所有权行使的主体还可以规定为国务院，但是集体所有权谁来行使？是村委会呢，还是乡政府，抑或是村民小组？城市当中的集体所有权的范围、主体、客体、内容等也是较难界定的。

《法人》：具体到《物权法（草案）》的内容，你认为其中防止国有资产流失的规定是否合适？

陈华彬：我认为在物权法当中规定国有资产流失的问题是不合适的。这样做只是为了迎合一个潮流。现在国有资产流失是大家关注比较多的问题，物权法中对此问题的规定只能起到宣示性作用和引导性作用。具体到国有资产流失的问题，应该通过公司法、全民所有制工业企业法等专门法律加以规定。

《法人》：我们注意到这份草案当中引入了赃物的善意取得制度，您对这个问题是怎样理解的？保护赃物的善意取得会不会不利于公安机关追回赃物？

陈华彬：这需要改变一个观念。在我国，按照公安与检察实务的做法，购买赃物的人不能取得所有权，这是在保护财产所有权的安全。然新的动向是在赃物被盗的 3 年或者 5 年期间，如果被盗人仍然不能够追回赃物，那么买到赃物的人就可以取得所有权。这是为了让财产的归属秩序早点确定下来的缘故。在这个期间之后被盗人要想取回被盗物品，需要向购买赃物的人支付相应的对价，同时被盗人可以向盗窃人追偿。

建筑物区分所有权

《法人》：围绕建筑物区分所有权的争议表现在哪些方面？

陈华彬：争议在于是否需要加上"业主"两字。加上这两个字是尊重中国的国情。

对于小区的绿地、车库、会所等，是业主共有，还是开发商所有？我认为这要区分不同情况。但是法律应该强制规定绿地等归业主共有，防止开发商在绿地上再建造房屋，有利于保护业主利益。

《法人》：房屋的广告牌收益等是否应该归开发商所有？

陈华彬：不应该归开发商所有。在屋顶或者墙壁做广告牌，收益应该归业主共有，应该按照面积比例分配，现在这一点还没有明确。

《法人》：应不应该规定居住权也是大家比较关心的问题，江平教授和梁慧星教授对此好像持相反的观点。

陈华彬：关于是否规定居住权有不同的观点。江平老师认为应该规定居住权，梁慧星老师则反对。是否应该规定居住权，要看中国目前有没有这个需要，在中国规定居住权能不能解决问题。德国和法国有居住权。我现在正在这个问题上犹豫不决。以前我坚决主张规定居住权，但是现在规定居住权有没有太大的意义，是值得讨论的。

商品房小区共有部分的收益，您收到了？ [*]

    8 年前，北京西城区朱雀门小区业主、央视原主持人赵普与物业公司打官司，为全体业主从物业公司那里获得 86 万余元公共空间的收益一事，相信很多人还记得。当时此消息虽然很有震撼力，但很多人因为自身小区各种障碍并不抱太大希望。如今，《民法典》物权编相对于《物权法》新增了不少内容，对于商品房共有部分的收益归属也做了明确规定，即"共有部分产生的收入，在扣除合理成本之后，属于业主共有"。业主真的能拿到这笔钱吗？如何取得？物业公司不公示收益怎么办？本报记者为此采访了中央财经大学法学院教授、博士生导师陈华彬。

共有部分有法定、天然及约定共有部分

    记者：陈教授，什么叫区分所有建筑物？小区的哪些地方属于共有部分，哪些地方为专有部分？

    陈华彬：区分所有建筑物主要是指商品房住宅，就是指小区（或社区）中的一栋建筑物被区分为若干单元，业主对该单元享有独立（单独）的所有权，通俗点说，区分所有建筑物就是商品房住宅。专有部分就是指各自的有产权的套房，也就是通常所说的建筑面积为多大的住房；所谓共有部分，也称共用部分，是指各自套房以外的建筑物部分、不属于各自住房的建筑物附属物以及约定为共有部分（共用部分）的附属建筑物。比如，一套三室一厅的商品房，套内部分，包括卧室、卫生间、厨房、客厅、阳台，叫做专有部分；共有部分是小区建筑物的电

---

* 这是《人民政协报》记者徐艳红对本书作者的采访，载《人民政协报》2020 年 9 月 1 日第 12 版。

梯、屋顶平台、地下停车场、小区绿地、道路等，也就是大家通常所说的公摊面积。

记者：共有部分有三种，请您跟网友解释下是哪三部分？

陈华彬：共有部分有三种，即法定共有部分、天然共有部分及约定共有部分。根据最高人民法院《关于审理建筑物区分所有权纠纷案件具体应用法律若干问题的解释》，法律、行政法规明确规定属于业主共有的部分，为法定共有部分。依据《民法典》的规定，下列部分属于法定共有部分：建筑区划内的道路、绿地，但属于城镇公共道路、绿地或明确属于个人的除外；小区内的公共停车场、运动场、休闲活动中心、物业服务用房、占用业主共有的道路或者其他场地用于停放汽车的车位、电梯、水箱等属于法定共有部分。

所谓天然共有部分，是指法律没有规定，合同也没有约定，且一般也不具备登记条件，但其属性上天然属于共有的部分，比如，建筑物的基础、承重结构、外墙、屋顶等基本结构部分，通道、楼梯、大堂等公共通行部分，消防、公共照明等附属设施设备，避难层或者设备间等结构部分。

除以上法定共有部分、天然共有部分外，其他不属于业主专有部分，也不属于市政公用部分抑或其他权利人所有的场所和设施等，属于约定共有部分，比如不属于专有部分的其他管理人办公室。

共有部分的收益需要扣除合理成本返给业主，合理成本有哪些？

记者：《民法典》第 282 条规定："建设单位、物业服务企业或者其他管理人等利用业主的共有部分产生的收入，在扣除合理成本之后，属于业主共有。"那么，合理成本有哪些？

陈华彬：如果是电梯出租给别人打广告获得收益 10 万元，就要按照每个业主的专有部分占区分所有建筑物的专有部分的面积的总和的比例来分配这 10 万元。合理的成本是什么？比如打扫费用、维护电梯的费用、电费、疫情期间每天的消毒费用，这些就是合理的成本。对一些老旧小区来说，管理成本要稍高些。

记者：业主获取收益的比例怎么计算？如何获得共有部分所产生的收益？

陈华彬：《民法典》第 283 条有新的规定，明确了怎么来分配获得的收益。

业主如果对共有部分的收益有约定，就按照约定去分配收益；没有约定或者约定不明确的，按照自己的专有部分面积所占的比例来确定。怎么计算？《物权法》讲的是占建筑物总面积的比例，这个是不确切的，所以这次《民法典》物权编把它改过来了，即我的专有部分占全体专有部分的总面积的比例。比如说我家房子面积是 80 平方米，我们这栋楼上有 100 套 80 平方米的房子，那就是一共 8000 平方米专有部分，80 除以 8000，就是我应当获得的收益的比例。

共有部分（共用部分）收益的分配原则是：业主之间有约定的，按照约定；没有约定或者约定不明确的，按照业主专有部分面积所占比例确定。应当注意的是，所谓专有部分面积所占比例，是指某业主的专有部分所占小区或一栋建筑物的专有部分的总面积的比例（比率），而不是指业主专有部分占建筑物总面积的比例（比率）。

记者：在城区的一般都是老旧小区，物业公司从没有公示过小区广告收入和停车场收入，作为业主可以做些什么？

陈华彬：如果以前老旧小区的物业公司没有公示过，理论上业主是可以追回以前的收益的。《民法典》开始实施后，如果物业公司还是不公示，不把这些收益分配给业主，根据《民法典》物权编第 287 条，物业公司是要承担民事责任的，业主可以提起民事诉讼，根据法律上的请求权，让物业公司把收益返还给业主。

记者：物业公司的公示是强制性的，还是说需要业主提要求，物业公司才公示？

陈华彬：物业公司应当主动公示，张贴在大家容易看见的地方，如物业公司门口、小区墙壁上，发在微信群里等。电梯收了多少费用、屋顶平台做广告收了多少费用以及小区停车场出租的费用、外墙壁做广告的费用等，每笔费用都要有明确的公示。

总而言之，收益权是业主作为共有产权人享有的一项基本权利，各共有产权人可依管理规约或业主之间的约定来获得共有部分所产生的利益，这是业主的权益，不应该也不应轻易放弃。

记者：如果业主要求物业公司公示，物业公司置之不理怎么办？业主可否以不交物业费相抗衡？

陈华彬：有人嫌诉讼麻烦，又为了抵抗物业公司不回应业主要求，就以不交物业费、取暖费来对抗，我认为这是不可以的，也就是说不能用一个法律关系来对抗另一个法律关系。我还是提倡走正规的渠道，提起诉讼把共有部分的收益要回来。

记者：目前，物业公司跟业主的关系普遍对立紧张，为什么会出现这种情况？这与我们提出的群众追求美好生活的愿望是相悖的，您认为应该如何改善？

陈华彬：我们看过不少新闻，很多的小区业主和物业公司的关系都很紧张，打架的、吵架的、剑拔弩张的，好像业主与物业总是处于对立状态。这种关系特别不利于实现我们对美好生活的向往和追求。如果物业公司在服务业主期间表现不能让业主满意，服务合同到期后仍不愿意从小区撤走，也不愿意解除合同，怎么办？《民法典》合同编新增了物业服务合同，就解决了这个非常重要的问题。

业主跟物业公司是平等主体，物业公司是业主聘请来提供服务的，表现不合格，合同期满后业主就可以不再续签合同，物业公司就得走人。这是《民法典》合同编里的一个很重要的内容，就是把物业服务合同作为典型合同规定下来了。物业公司以前一直很强势，以后这种状况会有所改观。

社会（学界）之声

在时空坐标内探寻民法制度本源*

易小雯

《民法总则》系《民法典》的开篇之作，其
颁布的历史意义无论如何估量也不为过。由于
《民法总则》具有很强的抽象性，较难理解，对
其进行解读、释明的著作不仅不可阙如，而且十
分急需。陈华彬教授所著《民法总则》（中国政
法大学出版社 2017 年版）一书，做到"一根脉
络、两点融合、三面突破、四维深掘、五度展
望"，带领读者在时空坐标内，进行民法制度最
本源的梳理和探讨。

　　一根脉络——在结构上严格依循《民法总
则》的体例安排，一条主线一以贯之。首先登场的是人（包含自然人、法人和非
法人组织），其次是作为人的对象的物，然后是人的行为，最后是与民法上的问
题相关联的自然现象和时间。这一与立法高度吻合的谋篇布局，经过该书细致、
全面的分析，能让读者更好地体会立法原意，同时方便读者于疑难困惑之时尽快
于书中找到相应解答。

　　两点融合——在内容上整合吸纳前人成果，并新增融入已有研究。以本书

　　* 这是中央财经大学法学院硕士易小雯为本书作者所著《民法总则》（中国政法大学出版社 2017
年版）所写的（学术）书评，发表于《检察日报》2019 年 1 月 30 日第 3 版。获该书评作者之同意，
特收录于是书，谨向易小雯硕士致以衷心谢意和感念，并供追忆。

"第十章代理"为例，代理制度系法律行为延长线上的制度，系法律行为的补充、私法自治的扩张，代理制度及其周边系学术研究不能回避、绕不过去的关键问题，其中代理权授予行为与其基础关系于效力上的关联，究竟该采有因性抑或无因性，一直是学界聚讼盈庭、莫衷一是的难题。该书对两种学说分别进行厘定、分析，进而指明无因性的适宜、妥恰，并证立我国仅对代理权授予行为和商法中的票据行为采无因性的正确主张，完整阐释了代理制度这一体系（系统）。

三面突破——在篇章设计上针对鲜有人涉足的"民法发展史""民事权利、民事义务与民事责任""民事权利的变动与民事法律行为"三座大山，各个击破、逐一释明。大陆法系民法迄今已有近2800年的历史，先后历经罗马民法、日耳曼民法、中世纪民法、近代民法、现代民法及当代民法的不同发展时期或阶段，系一个形成、发展、完善以至蔚成体系的过程。该书对民法的这一发展过程加以回顾、概览，必将裨益于读者从整体和全局的角度把握民法的发展脉络，更好地预测和憧憬民法的未来和发展进路。民法作为权利之科学，正是以权利或民事权利为枢纽性范畴而组成其全部内容，该书以民事权利的语源为切入，翔实、全面地阐述了关于民事权利本质的各种学说，权利的定义、特性及其周边，权利的分类及权利的实现，同时，有鉴于私权行使并非漫无边际、不受限制，陈华彬教授借公共福祉原则、诚实信用原则、禁止权利滥用原则等，对私权的内容及行使方面予以限制。民事义务与民事权利共同构成民事法律关系的本体，为将民事义务的全貌呈现给读者，该书完整列举了关于义务本质的诸学说，义务的特性、内容及分类，其中主给付义务与从给付义务的界分是法科生研习法律时常见的难题，该书透过对两大义务的分别阐释，同时加以翔实的举例、分析，有助于读者厘清主、从义务，同时也可清楚区隔附随义务等类似制度。民事责任规定于《民法总则》，系我国民法的重要特色和创造，该书论述了民事责任与债及民事责任与民事义务的界分、独立和粘连，进而明确了对诸民事责任的各项规定。民事法律行为作为引起民事权利、义务变动的最根本、最重要的法律事实，系整个私法领域最高程度的提取公因式的结果。该书详细论述了法律行为的肇源、扩张、功用与价值，进而列举了法律行为的分类、效力，有助于实现民事法律行为制度的形塑或具体化。

四维深掘——在文献资料及脚注援引上，从古至今，由中及外，在时空穿梭中对《民法总则》进行最系统、最权威的注解。仅关于公私法区分的历史背景考察，就有日本学者村上淳一、美浓部达吉于 20 世纪 60 年代发表刊行的多篇（部）论文及著作予以佐证；论述罗马民法的第一个时期基本特性时，该书所征引的东京大学出版会 1981 年出版的《法学史》一书，时至今日已是绝版，实属珍贵；介绍日耳曼民法及德国民法相关制度时，既有日本学者山田晟的《德国法律用语辞典》作为语源上的信靠支撑，也有德国学者的诸多著作进行历史证成，同时辅以我国台湾地区诸多学者的新近著述予以理论证立。古今中外四维深掘式的旁征博引，必会为《民法总则》的集成、概览提供重要助力。

五度展望——《民法总则》有诸多创新或亮点，但也存在诸多不足或值得斟酌、完善之处，该书鞭辟入里，客观公正地引领读者辩证看待《民法总则》的时代特征。该书指出：一是，应启用"法律行为"概念，取代"民事法律行为"一语，以建构科学、和谐的法律行为制度系统；二是，改定"重大误解"概念及其规则，因其系"时代错误"且已远不能因应司法实践中复杂多样的情形，而宜使用"错误"概念以建构我国的意思表示错误规则体系；三是，将"法理"等确定为处理民事纠纷的法源之一，以作为民法的补充性法源；四是，宜对隐藏行为、戏谑行为及无效行为的转换规则等予以回应并加以建构；五是，完善私力救济的多种渠道，明定自助行为这一暂时性的保全措施。

民法是人类在法律领域唯一的共同语言，具有沟通人类心灵，促进人类交流，使人类世界结成一个"世界联邦"的功用。在构建"人类命运共同体"的当下，请翻开《民法总则》一书，跟随作者，去感悟民法对于每个个体近乎国家的尊重吧。

物权法理论的新发展*

黄盛秦

学术理论的发展应当成为立法工作的"源头活水"。当前，我国《民法典》各分编的编纂工作已经启动，如何在既有《物权法》的基础上编纂科学、自洽、严谨、准确、系统及高质量的民法典物权编，体现法律对产权的全面、平等的保护，是目前立法界、理论界和实务界亟待解决的问题。物权法理论的新发展必会为《民法典》物权编的编纂注入活力与生机。陈华彬教授所著《物权法论》，展现了物权法理论在新时代的新发展与新使命，具体而言，其理论贡献和创新包括以下方面：

第一，以法史学的视角对物权及物权法的肇源和发展进行考究和归纳。在民法的发展长河当中，什么是"物"、什么是"物权"，一直是学者们争论不休、仁者见仁的问题。该书对罗马法和日耳曼法的物权观念进行了详细介绍。物权制度的功能与价值在于定分止争，然而罗马法和日耳曼法对于通过什么样的途径和手段来达到定分止争的目的，有不同的做法。罗马法中强调个人财产价值至上的观念，在近代荡涤封建制度的过程中盛极一时；而从 19 世纪末以至当代，为了修正所有权的绝对性，维护社会整体福利，日耳曼法的团体主义又得到了重视。两种

---

　* 这是中央财经大学法学院硕士黄盛秦为本书作者所著《物权法论》（中国政法大学出版社 2018 年版）所写的（学术）书评，发表于《检察日报》2018 年 7 月 12 日第 3 版。获该书评作者之同意特收录于是书，谨向黄盛秦硕士致以衷心谢意与感念，并供未来追忆。

物权观念在人类社会不同时期扮演着不同的角色。

近现代以来，物权以及物权法也伴随着社会的变化、发展和进步而与时俱进。该书在归纳和总结物权的类型极大丰富、物权的价值化、物权法的国际化等新发展的基础之上，提出立法原则的修正、物权法架构的调整以及法律解释方法的反省。该书通过法史学的视角，考察物权从观念的产生到法定化的过程，借此管窥不同时期的法学理论家对财产权利保护理论的推动、创新和发展，这必将为我国物权法理论体系的构建和发展提供有效而丰富的思路。

第二，主张建构系统、全面的土地空间权和不动产役权，对土地的利用由"平面"转向"立体"。该书精确地指出当代土地问题主要有两类：土地的分配和土地的利用。在这两类问题中，第二类问题表现得尤为强烈，城市土地资源的有限性与城市基础设施的不足，成为当代土地问题最严峻的方面。能否有效解决此类问题，也攸关各国家和地区经济、社会和人民的利益。其中，土地空间权就是为解决此类问题所应运而生的制度。

土地空间权主要是指在土地的地上或者地下横切一立体空间作为物权标的而设定的权利。通过设定土地空间权，可以将地表、地上和地下三部分空间通过分层的形式进行有效利用，例如在地下建造通道、地铁，在空中建造空中走廊，使得不同的空间具备独立的利用价值和经济价值。土地空间权可分为"空间所有权"和"空间利用权"。作为物权的"空间利用权"又包括空间建设用地使用权和空间役权。我国《物权法》于第136条规定"建设用地使用权可以在土地的地表、地上或者地下分别设立"。此即对空间建设用地使用权的明确规定。通过考察其他国家和地区相关制度可看出，空间役权在调整不同权利主体之间的空间权利的过程中起到了重要作用。例如在日本，为了防止地铁经过线路上的地表负担过重而陷落，可以设立限制地表搭建过高或者过重建筑物的役权等。故空间役权存在极大的发展空间。通过设定土地空间权，可使土地的效用获得最大限度的发挥，并使传统的土地法、不动产物权法、相邻关系法等随之作出相应的调整和配合。

除此之外，该书对我国传统土地利用理论的另一重大革新即构建不动产役权制度。我国《物权法》规定的地役权虽为新中国民法发展上的重大进步和正确抉择，但是随着社会变迁与发展，地役权的内容已变化多端，呈现多种多样的形态。目前以调节土地利用关系为核心内容的地役权已经难以满足实际需求，它不能充分发挥包括土地上的定着物在内的所有不动产的价值和效用。而在我国，土地之外的定着物种类繁多，若要发挥役权制度的功用，实现土地及其上建筑物等定着物的利用价值，有必要将供役、需役的对象（客体）扩大到土地上的建筑物等定着物而设立不动产役权。我国台湾地区于 2010 年修改其"民法"物权编时，亦将地役权更改为不动产役权，修改后，供役、需役的对象（客体）扩大为不动产。通过对役权制度的突破和创新，可以迎来其发展的"第二春"，这无疑也符合物权法的经济效益原理。

第三，主张构建区分所有建筑物的修缮、修复和重建制度，注重对区分所有建筑物的管理。我国《物权法》仅于第 76 条对建筑物的改建和重建进行了简要规定，在实践中无法应对各种因区分所有建筑物修缮、修复和重建而产生的问题和纠纷。该书通过对德国法、日本法以及我国台湾地区"法"的比较，提出构建修缮、修复和重建制度的建议。该书对区分所有建筑物专有和共有部分的修缮、修复和重建所应具备的表决程序要件进行分类论述；针对在修缮、修复和重建中涉及的业主之间权益调整和费用分担问题，该书建议设立专项维修资金，由业主大会决定资金的使用；而针对建筑物的重建，为保护业主的利益，该书还主张应借鉴比较法经验，创设卖渡请求权和买回请求权以妥善、公平地照顾少数业主的权益。

该书对区分所有建筑物的管理和维护提出了切实可行的理论和制度路径，以确保人们住有所居，居有所安。

在历史厚重与时代气息间寻觅债法[*]

易小雯

债法为财产交易、流转的规范体系，系财产法系统中最核心的组成部分，债法通论乃系对债法领域各项规范的纲领性总结，系对债法中各项制度"提取公因式"的产物。尽管我国目前欠缺形式意义的债法总则，但存在实质意义的债法规则及其制度系统。陈华彬教授所著《债法通论》体例严明，内容创新，反映了当今国际和民法学界对债法的最新研究水平。具体而言，其前卫性及前瞻性表现如下：

第一，从比较及历史研究的视角厘清了民法上债的概念与民间所谓的债、固有法上的债，并界定了债的含义。在我国民间，债的含义甚为狭窄，专指金钱债务；于固有法上，债的含义则源远流长。该书从《正字通说》开始梳理，历经汉、唐之律令，及至民国时期民法、新中国《民法通则》的颁布，终至 2017 年《民法总则》颁行，合理论证我国民法上债的涵括范围及发生原因的不断扩大过程。同时，该书对大陆法系与英美法关于债的概念的不同称谓进行了汇总、区分与比较。

于现今，债、债之关系、债权、债务的含义之廓清、厘定是学者们仁见智的

＊ 这是中央财经大学法学院硕士易小雯为本书作者所著《债法通论》（中国政法大学出版社 2018 年版）所写的（学术）书评，发表于《检察日报》2018 年 9 月 20 日第 3 版。获该书评作者之同意特将该书评收录于是书。谨向易小雯硕士致以衷心谢意与敬意，并供未来忆念。

问题。该书在总结罗马法及我国固有法的立法体例基础之上，针对《民法总则》及《民法通则》对债（权）涵义的厘定，进行如下释明：（1）债是一类法律关系的总称；（2）债是义务人特定的法律关系；（3）债是按照意思表示或基于法律的规定而发生权利义务的法律关系；（4）债为当事人之间的特别结合关系；（5）债是债权人得请求债务人为特定行为或不为特定行为而取得利益的法律关系；（6）债为财产性法律关系；（7）债是财产流转型法律关系的统称。同时，针对以上各点释明，该书对 19 世纪法典化运动以来比较法上重要的成文法法典的对应部分予以列举，借此管窥不同时期立法及社会思潮的倾向、规范目的，这必将为我国债法研究的完善提供基础性的重要助力。

第二，确立合同原则在债之关系中的原则性地位并划分合同的不同种类。合同原则是指，债法上的权利与义务原则上只能以合同确立、变更或解除。该书从《德国民法典》的相应规定中提炼出"合同应遵守原则"，进而明确指出：当事人间负担法律上义务的意愿与债之原因关系的相连，共同构成当事人缔结合同时的合理基础。有因性与无因性的二元划分系贯穿民法领域的一项重要概念，该书将债之原因与契约发生法律上效力所应具备的要件之一"适法的原因"相粘连，打通了有因性与无因性的任督二脉，论证出债之关系为要因合同（有因合同）的合理依据。

债的发生原因多种多样，合同是其中最复杂、最重要、最常见的原因。除了《合同法》相应条文对之予以规范，《物权法》上的抵押合同、质押合同、建设用地使用权合同、地役权合同等，均涉及这一古老的债的发生原因。立基于此，该书透过 13 种不同的划分标准，对合同自不同维度进行区分，并就实务中较难厘清的合同项类进行隔分，同时，该书通过考察比较法上的相应制度，并辅之以翔实的举例，阐述、释明了因合同所生的债的关系这一具体因由。

第三，全面论述债的效力范围，特别研议合同的特殊效力。债的效力涵括债权的效力和债务的效力。针对前者，该书将完全债权和不完全债权所具有的不同效力一一列明，立基于此，结合关于"强制履行"这一程序法上的制度于法律系统上地位的传统与新近观点之对比，特别是自比较法的视角看"强制履行"的位置，该书精确地指明不同国家和地区所采取的不同态度；对于后者，该书设专节论述不真正义务的效力，明确其特性及常见类型。

合同的效力系债权效力中最重要的类型之一，根据适用范围的不同，可区分为一般效力与特殊效力。针对特殊权利义务关系的发生，该书以特殊效力入手，从合同上的缔约过失、定型化合同、双务合同的效力及涉他合同角度进行论述。特别是，该书根据我国台湾地区民事判决内容，以医疗合同"报酬后付"原则为着眼点，指出被请求人有先为给付义务的，自不得主张同时履行抗辩权而拒绝给付。同时，双务合同的危险负担，因双方当事人互为债权人与债务人，其关系远较一般的债的关系更为繁复，该书自制度本旨入手，在考量其基本出发点之后，将"危险"进行划分，并借其他国家和地区的立法成例，将各类危险中的负担问题进行展示、列举，结合我国合同法相关条文的规定，翔实、全面地展现了各种立法选择，这无疑具有积极功用。涉他合同系突破合同之相对性原理的特殊形式，其涵括第三人利益合同和第三人负担合同，因前者于实务中适用繁复，故该书在归纳、总结第三人间的补偿、对价及给付关系基础之上，就第三人利益合同对三方主体的效力进行分别考察。针对第三人利益合同与债务不履行的牵连，该书提出将可归责事由分别隶属债务人、债权人和第三人而予以厘定；针对第三人利益合同中的保险合同，该书主张保险合同无效时，受益人因其通常出于无偿照顾的对价关系而不符合请求及受领给付的条件，甚或有不当得利请求权；针对第三人利益的处分行为，该书通过德国实务上的实例，以及比较德国实务界和学术界的不同见解，主张认可若处分行为附有第三人利益约款，第三人可直接取得物权。

总之，该书透过理论碰撞与实践指引，以翔实的举例和直接的图表，为读者提供全面而系统的债之领域的规则及其学理与实务的知识，以确保每个债之关系的主体都能使"依法订立的契约，具有相当于法律的效力"。

代表作品与所获荣誉

陈华彬教授主要代表作品与所获荣誉（2021—2022）

一、独著（专著）作品

《民法的构筑》，中国政法大学出版社 2022 年版。

二、主要代表论文与获荣誉等

（一）"中国民法典の独創性と時代特性（1）"，陈华彬著，［日］矢泽久纯译，载日本北九州市立大学《法政论集》第 48 卷第 3·4 合并号（2021 年 3 月）。

【陈华彬按】该"中国民法典の独創性と時代特性（1）"于日本北九州市立大学《法政论集》第 48 卷第 3·4 合并号（2021 年 3 月）发表时的最初（原）标题（名称）为"我が国民法典の独創性と時代特性（1）"，该第一次（第一部分）的翻译文章刊发后，翻译者矢泽久纯教授认为，既然该原始的中国（中文）文章于日本刊物发表，最好将中文文章的原始题目（标题、名称）"我国民法典的创新与时代特征"改为"中国民法典の独創性と時代特性"，而后方予发表。由是之故，该翻译文章的第二部分与第三部分于日本北九州市立大学《法政论集》的第二次［第二期，第 49 卷第 1·2 合并号（2021 年 10 月）］与第三次［第三期，第 49 卷第 3·4 合并号（2022 年 3 月）］刊发时的标题（题目、名称）遂变更为"中国民法典の独創性と時代特性"。对此，作为翻译者的矢泽久纯教授于日本北九州市立大学《法政论集》刊物第二次（第二期、第二部分）刊发时的"后记"［日本北九州市立大学《法政论集》第 49 卷第 1·2 合并号（2021 年

10 月），第 249 页］中作有特别释明，可以参照。

（二）中国民法典の独創性と時代特性（2），陈华彬著，［日］矢泽久纯译，载日本北九州市立大学《法政论集》第 49 卷第 1・2 合并号（2021 年 10 月）。

（三）中国民法典の独創性と時代特性（3），陈华彬著，［日］矢泽久纯译，载日本北九州市立大学《法政论集》第 49 卷第 3・4 合并号（2022 年 3 月）。

（四）"论邻地通行权"，载《法学杂志》2022 年第 1 期。

（五）"中小城市限行限号有必要吗？委员：简单模仿不是现代治理的上策"［载《人民政协报》2021 年 11 月 1 日第 5 版］，此报道中有一段话系报道本书作者对此问题的观点。

（六）指导的陈扬的硕士论文《动产与不动产的附合研究》被评为中央财经大学优秀硕士学位论文（2021 年）。

（七）指导的硕士研究生孙娟荣获 2021 年研究生国家奖学金。

后 记

这部文集的编辑、审读历时数月，付出诸多心力、劳苦，深感不易，乃对刊发本书收录的文章（或论文）的原始载体中的文字、内容、注释、诸段落乃至结构等按今时的学术规范与圭臬做了更动、变易、增加、补足或剔除，以因应如今的阅读习惯与对学术的审美志趣。尽管如此，还是尽可能或尽量维系原始载体刊发、登载或记载时的文章和访谈录的原有风貌，以呈现原文章（或论文）以及访谈录的真切生态，并可作为我学术思想的如实映现。

日本北九州市立大学法学部矢泽久纯教授为我提供其翻译并发表于《法政论集》上的我的文章的日文 word 版，并同意将该日文 word 版文章收录于本书，易小雯、黄盛秦硕士愿将其撰写的对我的《民法总则》（中国政法大学出版社 2017 年版）、《债法通论》（中国政法大学出版社 2018 年版）以及《物权法论》（中国政法大学出版社 2018 年版）的书评收录于是书，谨表达衷心的谢忱并致感念之意。陈扬硕士构思并执笔、写作完成的"判例评析"也收录于是书，对此也谨致谢忱。我指导的在校（在读）硕士生邱佳慧、杨正宇、章竞路把本书收录的我的硕士论文的纸质版（也是 pdf 版）打印（转换）成 word 版文字，硕士生万新、侯安航把收录于本书中的原刊发杂志的个别采访报道或论文的纸质版打印（转换）成 word 版文字，硕士生朱丽、万新、杨正宇帮助或协助我查找、核对本书的有关注释。硕士生杨正宇还在中国知网上帮助下载相关文献并查找有关参考书籍、核对有关文献。硕士生张小玉帮助在中国知网上下载有关文献。硕士生陈姝羽为本书收录的我的硕士论文制作封面并翻译本书的英文书名。硕士生阚建伟调整本书收录的矢泽久纯教授翻译的我的文章的日文 word 版格式。硕士生朱丽将本书收录的照片的纸质版转换成 word（电子）版并做调整置于书的适当之处，她还帮助购买本书的有关参考书籍。另外，硕士生朱丽还帮助打印一些日文的假名或词汇。雷悦也提供积极助益。刘欣戎、周萌也对本书的出版给予帮助。以上诸同学踏实认真，付出辛苦劳动，谨致由衷谢忱，特谨记于此，以供感念、回忆。

再过十三日，我将迎来人生的五十六载，值此谨感念我的家人对我的宽容、恩德及深厚的爱。我迄于现今取得的点滴成就都是与他（她）们的共生中获得的。对于他（她）们，我的内心既充满感恩，又抱有歉意和内疚。"父母在，不远游"，家人在，共永生。

是为后记。

陈华彬

二○二一年十二月八日